Athènes

INTEMPORELLE ET MODERNE

Athènes est une destination où les ruines sont remplies de la plus belle et ancienne des histoires : celle de l'humanité. Du passé antique au présent, Athènes s'en est remplie, et la visiter c'est avant tout découvrir les décors de la vie moderne et la splendeur du passé. Chaotique dans les rues, mais paisible à ses terrasses. Bétonnée, mais étonnamment verte et respirable. Antique et en pleine inscription de son histoire moderne, Athènes est un îlot contradictoire, attachant – cœur fidèle et vivant d'une Grèce qui revendique son avenir, lentement, mais sûrement. Véritable carrefour d'influences, entre l'Europe et l'Anatolie, les Balkans et le Moyen-Orient, Athènes est une ville multiculturelle et surprenante. Méditerranéenne, on s'y rend pour la saveur de la vie et le rythme local. Plurielle, mais pas surpeuplée, engagée, mais pas répressive, culturelle, artistique, ensoleillée, les habitants y sont d'une nature chaleureuse et protectrice. Bien que l'on pourrait privilégier la destination pour son passé, les amateurs de bonne cuisine, des sports nautiques ou des randonnées y trouveront leur compte. N'oublions pas non plus celles et ceux qui préfèrent le shopping ou bien profiter de la vie nocturne ou d'une vie nonchalante. En famille, en solitaire ou en amoureux, Athènes offre tout ce dont on peut rêver, et même quelques surprises supplémentaires. Et c'est dans tous ses paradoxes que réside son intemporelle, rare et profonde beauté. Ceux qui la saisiront seront de ceux qui reviendront !

Retrouvez cette offre en page 68

SOMMAIRE

Vue de l'Acropole de nuit. © MADZIA71

© BORCHEE

Pause café. © TELLA_DB - ISTOCKPHOTO.COM

157 (SE) FAIRE PLAISIR

Artisans, commerçants et brocanteurs, boutiques de luxe, produits locaux et épices exotiques, friperies et grandes surfaces, Athènes peut combler toute envie selon votre budget !

Souvenirs typiques. © NICKSUS - ISTOCKPHOTO.COM

© DAVID LOUIS ECONOPOULY - SHUTTERSTOCK

169 BOUGER & BULLER

Détente, sports nautiques, randonnées, la capitale grecque au rythme décontracté est une ville à vivre à son tempo !

© EMICRISTEA - ISTOCKPHOTO.COM

173 SORTIR

Ville moderne, cosmopolite, traditionnelle, rock, underground et alternative, Athènes, festive et animée, adore se coucher à l'aube !

Lac de Vouliagmeni. © LEONID KATSYKA / SHUTTERSTOCK.COM

181 LES ENVIRONS D'ATHÈNES

Riches en histoire et d'un environnement naturel varié, L'Attique, l'île d'Eubée et les îles Saroniques méritent vraiment que l'on s'y attarde.

© MARBEN - SHUTTERSTOCK.COM

251 ORGANISER SON SÉJOUR

Retrouvez toutes les informations pratiques pour organiser un séjour à Athènes sans heurts.

QUAND Y ALLER

JANVIER

6° / 13°

ÉPIPHANIE

© VERVERIDIS VASILIS - SHUTTERSTOCK.COM

Lors de la célébration du baptême de Jésus, les eaux de la mer, des rivières et lacs sont bénies par les prêtres orthodoxes.

$

FÉVRIER

7° / 14°

LUNDI PUR

© VERVERIDIS VASILIS - SHUTTERSTOCK.COM

Le Katheri Deftera (ou lundi pur), premier lundi du carême orthodoxe, les enfants lancent des cerfs-volants dans le ciel.

$

MARS

8° / 16°

FESTIVAL DU FILM FRANCOPHONE

Festival qui, depuis plus de 20 ans, fait découvrir au public grec le cinéma français. Un festival qui connait un immense succès.

FÊTE NATIONALE

Fête nationale grecque commémorant le début de la guerre d'indépendance contre l'Empire ottoman et célébrant l'Annonciation.

$

JUILLET

23° / 33°

ROCKWAVE FESTIVAL

Un festival avec des groupes de rock venant du monde entier, proposant pendant 3 jours des soirées camping et concert.

$ $ $

AOÛT

23° / 33°

DORMITION DE LA VIERGE

Le jour de la célébration de la Dormition de la Vierge, en plein cœur du mois d'août, plusieurs festivités ont lieu en Grèce.

$ $ $

SEPTEMBRE

19° / 29°

AESCHYLIA FESTIVAL

Festival annuel très renommé, se déroulant au début de septembre à Eleusis et qui réunit des artistes de tout horizon artistique.

$ $

D'un climat méditerranéen, Athènes, voilée d'ancien marbre, d'ocre et d'un certain gris déconcertant, est attrayante en toute saison. D'une luminosité légendaire, le ciel est d'un bleu unique, tandis qu'en hiver, les journées alcyoniennes livrent à nouveau la ville à son soleil éblouissant ! En juillet et août, la chaleur peut être torride. La saison touristique d'Athènes ne correspond pas à celle des îles et les tarifs diminuent généralement en juillet et août.

AVRIL

11° / 20°

PÂQUES

© GTS - SHUTTERSTOCK.COM

La fête de Pâques, l'événement religieux le plus notable et célébré de l'année, marque également l'arrivée du printemps.

$

MAI

16° / 25°

FÊTE DU TRAVAIL
Lors de la fête du travail, les grecs s'échappent dans la nature afin de cueillir les premières marguerites de l'année.

JOURNÉE INTERNATIONALE DES MUSÉES
Date très populaire chez les Grecs propice à une entrée gratuite à tous les musées et à des célébrations.

$

JUIN

20° / 30°

FESTIVAL D'ATHÈNES
Depuis 1955, ce festival des arts du spectacle, un des plus renommés d'Europe, réuni des artistes réputés grecs et internationaux.

$$

OCTOBRE

15° / 24°

BIENNALE D'ART CONTEMPORAIN
Événement annuel, d'octobre en décembre, en vue de la promotion de la recherche et des échanges artistiques contemporaines.

$

NOVEMBRE

12° / 19°

MARATHON CLASSIQUE D'ATHÈNES

© ANASTASIOS71 - SHUTTERSTOCK.COM

Calqué sur la célèbre course du soldat Phidippidès après la bataille de Marathon en 490 av. J.-C., c'est un événement !

$

DÉCEMBRE

8° / 15°

NOËL
Noël, aux arômes de cannelle et miel, est l'occasion de se retrouver en famille autour d'un festin et faire la fête entre amis.

$

LES BONNES RAISONS D'Y ALLER

UNE CAPITALE SURPRENANTE

Berceau de la culture occidentale, Athènes préserve les traces de son histoire millénaire.

UNE MOSAÏQUE SAISISSANTE

L'espace urbain, contrasté, est situé entre la modernité et le temps où tout semble s'arrêter.

SOUS UN SOLEIL, PRESQUE OMNIPRÉSENT

Climat méditerranéen, ciel bleu envoutant, chaque saison est propice pour visiter Athènes.

UNE VIE NOCTURNE ANIMÉE

Ville festive, les nuits s'imprègnent de musique, de bonne humeur et durent jusqu'à l'aube.

UN ÉTAT D'ESPRIT MÉDITERRANÉEN

La capitale grecque vous apprend à prendre le temps de savourer le goût de chaque instant.

UNE VILLE ACCUEILLANTE

Athènes, plurielle et cosmopolite, préserve ses valeurs d'hospitalité et de solidarité.

UNE VIE FASCINANTE EN PLEIN AIR

D'un climat propice, la capitale offre aux visiteurs ses trésors et secrets à ciel ouvert.

LES BONNES RAISONS D'Y ALLER

UN RELIEF SURPRENANT

Entourée de collines, à proximité de la mer, Athènes est tout un paysage à découvrir.

UNE DESTINATION GASTRONOMIQUE

La capitale grecque, regorgeant de surprises gustatives, sait séduire les visiteurs.

UNE ARCHITECTURE ÉLOQUENTE

Les œuvres architecturales qui ornent la ville évoquent son histoire millénaire.

LES 12 MOTS-CLÉS

#ACROPOLE

Incontournable, le rocher de l'Acropole se dresse fièrement au-dessus d'Athènes. Surmonté du Parthénon, le site voit défiler des milliers de visiteurs avides de fouler ce lieu emblématique, considéré comme le berceau de la démocratie. Au fil des siècles, la ville se développe autour de ce rocher, entre ses versants et le pied des monts voisins.

#BÉTON

Surnommée la tsimentopoli – « la ville de béton » – par ses habitants, Athènes est constituée de blocs entreposés de manière anarchique et de hauteur aléatoire. Toutefois, le Jardin national, situé à deux pas de Syntagma, est une vraie oasis, ainsi que le tout récemment réaménagé Pedion tou Areos (Champ de Mars), à proximité du Musée archéologique.

#CAFÉ GREC

Vous serez étonné par la diversité existant dans la manière de préparer et de boire le café en Grèce. On y trouve bien sûr le café grec, qui ressemble au café à la turque. En été, rien de tel qu'un café glacé : frappé (à base de Nescafé) ou *freddo* (à base d'expresso). Préciser la quantité de sucre souhaitée, car elle est directement incorporée au café.

#JEUX OLYMPIQUES

L'organisation des Jeux olympiques en Grèce, en 2004, devient le symbole du retour de cet événement sportif mondial dans son pays d'origine. C'est Athènes qui, à l'aube du troisième millénaire, reçoit les Jeux, et offre au monde entier une cérémonie d'ouverture à couper le souffle et une excellente organisation dans le déroulement de la manifestation.

© DUNCAN1890 - ISTOCKPHOTO.COM

#KOMBOLOÏ

On dirait un chapelet, mais ce n'en est pas un car on se sert d'un komboloï juste pour s'occuper les mains. Il aurait, paraît-il, d'authentiques vertus anti-stress. *Kombos* veut dire « nœud » et *loï* vient de *logia*, « les paroles »… On en trouve dans tous les magasins pour touristes, tandis que l'authentique se doit d'être un bel objet et en ambre.

#MARATHON

Athènes feuillète tous les ans quelques pages de son histoire à l'occasion de l'organisation de la course du marathon. Compétition sportive mondiale, l'épreuve, commémorant la victoire stratégique des cités grecques enfin réunies contre l'ennemi commun, les Perses, se veut un vrai symbole de la victoire de la démocratie sur le totalitarisme.

#MEZZEDES

Comparables aux tapas espagnoles, les mezzedes (le pluriel de *mezzé*) sont davantage une habitude gastronomique méditerranéenne qu'une spécialité culinaire. C'est un type de repas très convivial : on cuisine divers plats, tels que le fameux tzatziki ou le tarama, qui seront disposés au centre de la table, laissant chacun choisir ce qu'il veut.

© KIME AIT - SHUTTERSTOCK.COM

#OUZO

Apéritif aromatisé à l'anis, l'ouzo accompagne les jours ensoleillés des Grecs et rend leur quotidien assez vite festif ! On le boit sec, avec des glaçons ou en ajoutant quelques gouttes d'eau dans son verre. Un peu partout à Athènes, il existe des ouzeries, des petites tavernes où l'on apprécie l'ouzo tout en dégustant de succulents mezzedes.

LES 12 MOTS-CLÉS

#PERIPTERO

Lieu incontournable, le *periptero* est le terme grec désignant le kiosque à journaux, souvent ouvert tard le soir et les jours fériés. Outre des journaux, on y trouve des cigarettes, des boissons fraîches, des chewing-gums, des bonbons, des mouchoirs en papier, des cartes à jouer, des préservatifs, des peignes, des souvenirs et même de l'aspirine !

#STREET ART

Athènes est la ville du street art. On a parfois l'impression que chaque centimètre carré des murs cherche à être recouvert ou on se distrait en essayant de reconnaître la signature d'un artiste. Mais l'idéal, c'est certainement d'aller admirer les œuvres les plus impressionnantes dans les quartiers d'Exarchia, de Psiri, de Gazi ou de Monastiraki.

#SYNTAGMA

Syntagma est la mention qui figure sur la carte d'identité d'Athènes. Entre le Parlement et le quartier commercial d'Athènes, la très animée place de Syntagma, point de repère, des rendez-vous, des manifestations ou des va-et-vient sans raison, se situe en plein cœur de la ville et rime avec la vitalité et le dynamisme de la capitale grecque.

© YIANNISSCHEIDT - SHUTTERSTOCK.COM

#THALASSA

I thalassa ou « la mer » en grec est un élément vivant très présent dans le paysage et le quotidien. Profitez du fait que la riviera de la capitale grecque soit bordée par toutes ces plages au caractère si différent. Pas très loin du centre d'Athènes, elles sont incomparables pour une baignade entre deux visites ou de longs moments de détente.

VOUS ÊTES D'ICI, SI…

- Vous ignorez les passages cloutés et vous faufilez entre les voitures arrêtées devant le feu au moment où elles démarrent !
- Vous klaxonnez en ville sans répit alors que vous êtes arrêté devant un feu rouge !
- Vous prenez le temps de flâner en sirotant votre tasse de café ou votre verre sur une terrasse sans pour autant renouveler votre commande !
- Vous jouez aux raquettes de plage au bord de la mer en empêchant tous les autres de se détendre !
- Vous vous précipitez pour payer l'addition pour tout le monde ou vous vous laissez inviter. C'est vexant de vouloir payer uniquement sa part !
- Vous vous mélangez aux locaux lors d'une fête publique, d'un concert, d'une cérémonie religieuse… La convivialité est le mot de passe pour entrer dans l'ambiance et l'esprit grecs !
- Vous défendez votre indépendance ! C'est la raison pour laquelle vous occupez à vous seul une table prévue pour quatre personnes pendant des heures, surtout aux heures de pointe !

MON ATHÈNES

avec Kalliopi Morfi, auteure du guide

© DR

Interview

Kalliopi Morfi est l'auteure de cette nouvelle édition *Country Guide Athènes.* De nationalité grecque, elle est constamment à la recherche des secrets et des pages cachées de l'histoire des pays qu'elle explore. Elle partage avec vous les trésors d'Athènes où elle a choisi de résider, une ville captivante, intemporelle et moderne à la fois, et qu'elle ne finit pas de découvrir.

TOP 10

A VOIR / A FAIRE

Amateurs d'histoire, d'archéologie, de culture, vous allez trouver à Athènes à quoi satisfaire vos intérêts : entre l'Acropole, les églises orthodoxes, les vestiges ottomans et les monuments de la période moderne, il y a tout pour s'émerveiller. Bons vivants et amateurs d'une vie nonchalante, la capitale grecque saura aussi combler vos envies. Le cœur de la Grèce bat dans cette ville proposant ainsi aux visiteurs une gamme très variée de lieux d'intérêt et de secrets à découvrir. Voici une sélection des incontournables.

© SAMOTT_FOTOLIA

104

ACROPOLE

Les monuments de l'Acropole, les symboles universels d'Athènes, sont l'héritage culturel que la Grèce antique lègue à l'humanité.

W© PHOTO.UA - SHUTTERSTOCK.COM

113

CATHÉDRALE SAINT-DENIS L'ARÉOPAGITE

L'Athènes contemporaine célèbre le 3 octobre, dans cette magnifique cathédrale chrétienne orthodoxe centenaire, son saint patron.

ANCIENNE AGORA

Démarquant les limites entre l'Antiquité et la période moderne, ce site permet d'arpenter le centre politique de l'Athènes antique.

© SBORISOV - FOTOLIA

107

© ALEXANDROS MICHAILIDIS - SHUTTERSTOCK.COM

114

GALERIE NATIONALE D'ATHÈNES

Trois siècles d'art moderne sont retracés à travers les chefs d'œuvre exposés : El Greco, Delacroix, Rodin, Tetsis, Tsarouchis…

LAC DE VOULIAGMENIS

LOUTRAKI

Une charmante escapade nonchalante et régénératrice à proximité d'Athènes pour une plongée dans le bleu du ciel et du lac.

194

118

MUSÉE NATIONAL ARCHÉOLOGIQUE D'ATHÈNES

Cet impressionnant musée national abrite une extraordinaire collection de l'époque néolithique retraçant la richesse de la Grèce.

123

JARDIN NATIONAL

Véritable havre de paix en plein centre-ville, ce jardin à la végétation luxuriante est idéal pour se ressourcer et se détendre.

STAVROS NIARCHOS FOUNDATION CULTURAL CENTER

PALAIO FALIRO

La culture, l'esthétique, l'art et la conscience écologique sont les joyaux de cette Fondation qui orne l'Athènes moderne.

222

149

GAZARTE

Etablissement culturel urbain très branché avec un bar-restaurant huppé au dernier étage offrant une pleine vue sur l'Acropole.

228

TEMPLE DE POSÉIDON

SOUNION – SOUNIO

Depuis le rocher où trône ce temple splendide dédié à Poséidon, veillant sur la grande bleue, le coucher du soleil est envoûtant.

TOP 10

SE RÉGALER

Savoureuse et copieuse, la cuisine grecque est un must. Impossible de passer à côté, elle fait partie intégrante de la découverte du pays et de ses plaisirs. Vous serez rarement déçu, car même dans les tavernes de la capitale grecque, les plats qui vous seront servis sont cuisinés sur place, à la main, chaque matin, avec des produits frais du marché. Voici une sélection de nos adresses préférées !

© ACROPOLIS SECRET BAR RESTAURANT

EN PHOTO

130 ACROPOLIS SECRET BAR RESTAURANT

Restaurant avec bar et piscine situé dans le centre historique d'Athènes offrant une belle vue sur la colline de l'Acropole.

140 AMA LACHEI AT NEFELI'S

Un restaurant historique à Athènes proposant une cuisine traditionnelle.

132 O PLATANOS

Taverne classique à Athènes proposant une excellente cuisine à prix corrects.

132 POINT A

Cuisine grecque inventive dans un restaurant offrant une des plus belles vues sur le rocher sacré et le musée de l'Acropole.

132 SAMANO RADIO RESTAURANT

Expérience gastronomique assurée avec des plats succulents et raffinés, concoctés avec délicatesse et plusieurs notes de musique.

136

TA KARAMANLIDIKA TOU FANI

Épicerie fine et cuisine gastronomique anatolienne, à quelques pas du marché central, dans le cœur commercial d'Athènes.

144

VASSILENAS

Voyage dégustatif et gastronomique aux quatre coins de la Grèce, à travers un menu fin et une carte de vins impressionnante.

135

SEYCHELLES

Restaurant avec terrasse proposant une cuisine traditionnelle grecque à prix compétitifs.

144

VINTAGE WINE BAR & BISTRO

Excellente adresse située au centre d'Athènes, connue pour la variété de fromages grecs et de viandes cuites à la perfection.

138

SIMUL

Cuisine inventive à base de produits frais et de saison du talentueux chef Nick Thomas dans un restaurant avec terrasse.

TOP 10

SE LOGER

Les quartiers du centre d'Athènes regroupent le plus grand nombre d'hôtels, les plus charmants, design et originaux de la ville. Ils privilégient l'accès aux sites archéologiques et aux musées situés au cœur du centre historique de la capitale grecque et ils permettent, en même temps, de profiter à fond de la vie quotidienne et nocturne de la ville. Par leur emplacement à distance égale de la mer et des banlieues, ils permettent, également, de découvrir les environs de la capitale, riches en beautés naturelles et histoire. On vous invite à découvrir nos établissements coup de cœur !

© ACROPOLIS HILL HOTEL

EN PHOTO

267 ACROPOLIS HILL HOTEL

Hôtel situé à proximité du superbe musée de l'Acropole et du centre historique d'Athènes.

268 ATHENS CENTER SQUARE

Hôtel 3 étoiles à Athènes disposant d'un restaurant-bar avec vue sur l'Acropole.

272 ART SUITES ATHENS

Boutique-hôtel situé à côté du Megaro Moussikis, dans le quartier résidentiel d'Ilisia, avec wifi, bar et piscine.

275 ATHENS UTOPIA

Hôtel situé à deux pas du Parlement grec proposant des chambres rondes et équipées de toutes les prestations nécessaires.

271 **O&B HOTEL**
Boutique-hôtel décoré avec goût, situé à quelques pas du métro Thissio, offrant une vue impressionnante sur le Parthénon.

SAINT-GEORGE LYCABETTUS 272
Hôtel 4-étoiles avec spa situé près des boutiques et cafés branchés de Kolonaki offrant une vue sur l'Acropole et le Pirée.

276 **THE ZILLERS**
Boutique-hôtel, de luxe, abrité dans une bâtisse néoclassique, offrant un petit déjeuner avec vue imprenable sur l'Acropole.

IVIS 4 271
Nouveau boutique-hôtel très design, situé en plein cœur de Psirri, qui s'incline au street art de SimpleG.

271 **HÔTEL ARION**
Hôtel avec terrasse situé dans le quartier de Psiri, proche de Monastiraki et de son métro.

ELECTRA PALACE HOTEL 268
Hôtel de grand standing avec piscines et spa offrant une vue sur l'Acropole.

TOP 5

FAIRE UNE PAUSE

Athènes et ses banlieues regorgent de cafés, bistrots et bars où l'on pourra se reposer entre deux visites et à tout moment de la journée. À l'intérieur ou sur une terrasse bien ombragée, on peut flâner à son aise en sirotant son café ou son verre !

© 360°

EN PHOTO

147 **360°**
Le rooftop emblématique d'Athènes, très branché, disposant d'un bar/bistrot et donnant pleine vue sur l'Acropole et Plaka.

137 **DEXAMENI CAFÉ**
Établissement estival situé sur la place de Dexameni à Athènes pour déguster de la fava.

134 **AVLI**
Bistrot traditionnel grec, très huppé, abrité dans une demeure du XVIIIe siècle avec sa cour intérieure.

155 **CAFÉ DU MUSÉE NUMISMATIQUE**
Café/bistrot situé dans le jardin du musée Numismatique, l'ancienne demeure de l'archéologue H. Sliemann datant du XIXe siècle.

208 **TO FRAGMA**
MARATHON – MARATHONAS
Café-restaurant au bord du lac de Marathon jouissant d'une vue imprenable dans un cadre verdoyant.

TOP 5

(SE) FAIRE PLAISIR

On trouve dans la capitale grecque des magasins et des boutiques pour tous les goûts. Artisans, créateurs, brocanteurs, commerçants de toute sorte seront contents de satisfaire vos besoins et envies. Le choix étant difficile, il y a quelques adresses coups de cœur à retenir !

164 ILIAS LALAOUNIS

Boutique de bijoux emblématique du centre-ville pour admirer ou s'offrir une des créations de l'illustre orfèvre grec I. Lalaounis.

166 LIKE YESTERDAY'S

Très belle collection de vêtements et d'accessoires vintage, pour tous les goûts et à des prix plus qu'abordables !

161 ARAPIAN

Saveurs d'Anatolie et de la Grèce du nord, charcuterie artisanale de qualité et fromages fermentés grecs à déguster et découvrir.

160 MICROPOLIS

Échoppe de souvenirs originaux et reproductions fidèles aux objets exposés aux musées, située dans le quartier de Plaka.

161 HADZIGEORGIOU

Depuis 1937, cette boutique est incontournable pour se procurer en épices et condiments de qualité venant du monde entier.

TOP 5

BOUGER & BULLER

Ne vous fiez pas aux idées reçues : Athènes dispose bien d'endroits pour se détendre ! Laissez-vous tenter par une séance dans les centres de bien-être, tels que les hammams, les piscines en rooftop ou des soins esthétiques, afin d'y trouver la source d'énergie et du lâcher-prise !

172 HAMMAM BATHS

Nettoyage en profondeur du corps, libération de l'esprit, détente assurée dans ce hammam traditionnel décoré de marbre.

VERNIKOS YACHTS 171

Compagnie réputée, proposant des locations des yachts en tout genre, idéale pour sillonner la mer Egée en toute sécurité.

172 HOLMES PLACE SPA

Club de sport et de détente, très branché, en plein cœur d'Athènes, pour une remise en forme rapide et efficace !

E.O.O.A. - SOCIÉTÉ GRECQUE D'ALPINISME 171

Des cartes gratuites, à jour, et des conseils des professionnels passionnés et fiables pour les meilleures randonnées et escalades autour d'Athènes.

MAVILI BEACH-AIRHOTEL ALEXANDROS 172

Une plage cycladique, sablonneuse, des oliviers et bougainvilliers autour de la piscine située sur la terrasse d'un hôtel !

TOP 5

SORTIR

Profiter de la vie nocturne et bien animée d'Athènes fait partie intégrante de votre voyage ! C'est, en effet, la manière la plus décontractée pour découvrir la ville. Tavernes typiques, bistrots branchés, bars et cafés huppés proposent des soirées inoubliables.

© YOURIDEAIPHOTO - SHUTTERSTOCK.COM

EN PHOTO

TAF - THE ART FOUNDATION

180

Cette galerie culturelle branchée accueille dans ses salles d'exposition et de spectacle et dans son bar-restaurant les passionnés d'art.

HALF NOTE

179

Le meilleur club de jazz d'Athènes où se produisent des artistes reconnus grecs et de la scène internationale.

CINÉ RIVIERA

178

Cinéma emblématique d'Exarcheia, de plein air, pour cinéphiles et pour apprécier dans un espace verdoyant des films en VO.

FESTIVAL D'ATHÈNES

179

Sensations fortes et souvenirs inoubliables à l'affiche, grâce au programme proposé en juin par le Festival annuel d'Athènes et d'Epidaure !

TECHNOPOLIS

180

Ancienne usine reconvertie en centre culturel moderne qui propose un large éventail de spectacles et d'événements artistiques.

ALLO ?

Pour appeler un numéro de téléphone athénien avec un numéro étranger, pensez à ajouter l'indicatif grec : +30 (soit 0030) sans le zéro initial. Pour appeler vers la France depuis Athènes, utilisez l'indicatif français +33. Depuis 2017, les frais d'itinérance ont été supprimés dans les 27 pays membres de l'Union européenne. Un plafond peut toutefois avoir été défini par votre opérateur.

ACCESSIBILITÉ

Les personnes à mobilité réduite et les bébés en poussette ne sont malheureusement pas une priorité en Grèce. L'accessibilité est donc réduite, notamment dans les bus locaux. Toutefois, à Athènes, plusieurs hôtels ont aménagé les lieux afin de faciliter l'accès et le séjour aux personnes à mobilité réduite. Dans les musées, on a plutôt aménagé l'accès au niveau des salles se trouvant au rez-de-chaussée qui fort heureusement sont les plus riches en objets exposés. Il reste encore beaucoup à faire pour l'accessibilité des sites archéologiques mais, heureusement, depuis peu, le Parthénon est accessible par un ascenseur. Pour un séjour confortable, il est conseillé de vous adresser à une agence spécialisée.

SANTÉ

Vous ne risquez rien en vous rendant à Athènes. Assurez-vous toutefois que vos vaccins (DT Polio, etc.) sont à jour. Pensez également à vous protéger contre les moustiques en utilisant une crème ou une lotion spéciale. Une lotion contre les brûlures du soleil est également indispensable. Par ailleurs, il est très important de bien s'hydrater à Athènes, surtout en été : pensez à avoir toujours une bouteille d'eau sur vous.

- **En cas de maladie ou de problème grave**, n'hésitez pas à consulter un pharmacien (tél. de garde : 14 494) : ils sont en général très compétents.
- **Les services médicaux à Athènes** sont très performants et très compétents. La ville possède un grand nombre d'hôpitaux publics qui sont de garde en alternance ainsi que des cliniques ou des dispensaires. Deux hôpitaux publics se trouvent également au Pirée et alentour. N'hésitez pas non plus à demander de l'aide à des passants : ils vont tout faire pour vous aider. Il est, toutefois, de bon conseil de voyager en Grèce en étant muni de la carte européenne d'assurance maladie. Cette carte est délivrée par les services français d'assurance maladie.
- **Sur le site de l'ambassade de France**, vous aurez tous les numéros disponibles en cas d'urgence en tout genre, la liste de notoriété médicale et des auxiliaires médicaux (médecins francophones) y compris : https://gr.ambafrance.org/Listes-des-avocats-medecins-et-notaires-francophones#Athenes-8e91

URGENCES SUR PLACE

- **Numéro grec d'urgence** : le 166
- **Sur le site de l'ambassade de France**, vous aurez tous les numéros disponibles en cas d'urgence (https://gr.ambafrance.org/Numeros-d-urgence) ou appelez au + 30 210 33 91 200.

SÉCURITÉ

Pour les pays membres de l'UE, le numéro d'appel d'urgence est le 112.

- **Athènes figure parmi les capitales les plus sûres en Europe.** Partout en ville et en Attique, on trouve un poste de police, tandis qu'au Pirée et dans les villes portuaires les autorités sont également responsables de la sécurité du port. Bien qu'il y ait très peu de problèmes à signaler dans la capitale grecque et alentour, il peut être utile de noter le standard de la police (le 100) où un opérateur parlant en général anglais vous répondra.
- **Toutefois, il y a quelques précautions à prendre** : il est préférable de ne pas s'aventurer près de la place Omonoia ou dans le quartier de Metaxourgheio et à ces endroits où la vie nocturne et bien animée n'a pas encore pris le dessus sur les coins sombres après 22h, ni autour des gares ferroviaires de Peloponissou et de Larissis.
- **Soyez également prudent** lorsque vous vous promenez dans les quartiers touristiques ou si vous utilisez les transports publics aux heures de pointe : des pickpockets sont en général en vadrouille ! Il est donc de bon conseil de laisser dans votre chambre les documents importants. Pas besoin de paniquer non plus. Athènes reste une destination sûre, mais il vaut mieux rester vigilant.
- Pour plus de renseignements, consultez le site de l'ambassade de France : https://gr.ambafrance.org/Conseils-aux-voyageurs-11405

LGBTQ

Athènes est une destination populaire auprès de la communauté gay. Si peu de structures ont été mises en place, l'accueil dans les établissements classiques ne posera aucun problème. Si vous rencontrez un problème, n'hésitez pas à contacter une association LGBTQI d'Athènes qui saura vous protéger ou vous conseiller sur des endroits *gay friendly* et sûrs. Pour les plus jeunes, il y a ColorYouth, et pour les personnes d'âge mûr, ΟΛΚΕ (http://olkegr.blogspot.gr/). Les agences spécialisées auprès de cette population de voyageurs sont membres de l'IGLTA (International Gay and Lesbian Travel Association) et de l'ISGLMP (International Society of Gay and Lesbian Meeting Professionals).

AMBASSADE ET CONSULATS

▸ **L'ambassade de France en Grèce** se situe à deux pas du Parlement grec et la place Syntagma et plus précisément au 7, avenue Vassilis Sofias. Sur le site, vous trouverez toutes les informations nécessaires concernant votre séjour à Athènes et en Grèce : https://gr.ambafrance.org/-Francais-. Heures d'ouverture (sur rendez-vous) : du lundi au vendredi, de 8h30 à 13h30.

▸ **Le consulat de France en Grèce** se situe au 6, rue Akadimias. Pour plus de renseignements, consultez le site : https://gr.ambafrance.org/-Consulat-a-Athenes-

POSTE

Vous trouverez des bureaux de poste facilement : vous pouvez toutefois vérifier sur Internet. La poste s'appelle « ΕΛΤΑ » (ELTA) et a un site en anglais pour vous aider à trouver les bureaux : www.elta.gr/en-us/home.aspx. Le site vous renseigne sur les horaires d'ouverture et de fermeture. Les postes ferment en général à 14h-14h45 au plus tard, du lundi au vendredi, et sont fermées le week-end, sauf celle de la place Omonia. Vous pourrez y acheter des timbres ou envoyer des colis. Un timbre pour la France ou l'Union européenne vaut 1 €, pour un envoi simple. Il faut compter environ trois jours ouvrés pour qu'une carte arrive à destination en Europe, mais les services peuvent parfois se révéler considérablement ralentis par des raisons qui nous échappent. Attention, pour que vos colis arrivent à leurs destinations, préférez l'envoi en recommandé. Les boîtes aux lettres sont jaunes, et ne se trouvent en général qu'à côté d'un bureau de poste et non pas partout dans la ville.

MÉDIAS LOCAUX

▸ **Télévision.** Les Grecs regardent énormément la télévision, malgré la qualité moyenne de la plupart des programmes diffusés. Le marché de la télé a été ouvert en 1989, et depuis seul un groupe média est public, ERT (composé de trois chaînes généralistes : ET1, ET2 et ET3). En juin 2013, le gouvernement du Premier ministre Antonis Samaras avait décidé de fermer les chaînes publiques brutalement, créant un tollé international. Tout à coup, l'écran des chaînes publiques est en effet devenu noir et les employés se sont retrouvés au chômage. Avec l'arrivée au pouvoir d'Alexis Tsipras en janvier 2015, l'ERT a rouvert ; c'était l'une de ses promesses de campagne. Une station parlementaire existe aussi, To Kanali Tis Voulis. Parmi les chaînes privées : Alpha TV, Star, Antenna, Skai, Open, etc. Pratiquement tous les foyers reçoivent la chaîne TV5 en français. Des bouquets payants tels que Nova ou Cosmote TV proposent des chaînes dédiées surtout au sport et au cinéma. Le paiement de la redevance télé est obligatoire (même pour ceux qui n'en ont pas !) et elle est incluse dans la facture d'électricité.

Dans le quartier de Plaka.

Presse. Les quotidiens les plus lus sont *Ta Nea* (centre), *Kathimerini* (centre droit), *To Vima* (centre gauche) et *I Efimerida ton Syntakton* (plutôt de gauche). Même si l'abonnement numérique et la livraison des journaux à la maison (y compris la presse internationale) sont assez développés, les Athéniens préfèrent encore acheter leurs journaux en kiosque. Les journaux utilisent des outils tels que des DVD et des cadeaux divers pour augmenter leurs ventes, ce qui a participé au succès des tirages.

Radio. Les meilleures stations de radio musicales sont Kosmos (93.6) pour la musique world, Diesi (101.3) qui passe de la bonne musique grecque entre autres, Pepper (96.6) qui passe davantage de la musique alternative. Kiss FM (92.9) est davantage axée sur la pop et les nouvelles chansons modernes. Best (92,6) est aussi une radio pour la musique moderne et pop-rock, et EnLefko (87,7) pour le jazz. Lampsi FM (92.3) et Melodia (99.2) sont classées stations de musique grecque populaire. La municipalité d'Athènes diffuse sa propre radio : Athènes 98.4.

odysseus.culture.gr est le site officiel du ministère de la Culture grec. Il est disponible en anglais et liste tous les sites archéologiques de Grèce, avec descriptif détaillé et informations pratiques. Particulièrement utile pour pister les nombreux changements d'horaires des grands sites historiques.

www.visitgreece.gr : le très beau site officiel de l'office de tourisme grec. Disponible uniquement en anglais ou en grec, il regorge d'informations sur Athènes et alentour, les îles, les hôtels et les différents moyens de transport inter et intra-îles.

www.greece-is.com : un site *lifestyle* complet sur la Grèce, en anglais, qui propose des dossiers spéciaux sur la Grèce (gastronomie, patrimoine, sites à visiter, anecdotes et portraits de la vie locale).

LES PHRASES CLÉS

Bonjour, mon téléphone ne fonctionne pas, pouvez-vous m'aider s'il vous plait ?
Γειά σας, το τηλέφωνό *μου* δεν λειτουργεί, *μ*πορείτε να *μ*ε βοηθήσετε;

Je ne me sens pas bien, pouvez-vous m'amener à l'hôpital le plus proche ?
Δεν νιώθω καλά, *μ*πορείτε να *μ*ε πάτε στο πιο κοντινό νοσοκο*μ*είο;

Est-ce que vous avez un médecin qui parle français ?
Υπάρχει γιατρός που να *μ*ιλάει γαλλικά;

Je viens de me faire voler mes papiers, où est le poste de Police le plus proche ?
Μόλις *μ*ου έκλεψαν το διαβατήριο, πού είναι το πιο κοντινό αστυνο*μ*ικό τ*μ*ή*μ*α;

Est-ce un quartier dangereux ou je peux y aller sans crainte ?
Αυτή η περιοχή είναι επικίνδυνη ή *μ*πορώ να κάνω βόλτα χωρίς να ανησυχώ;

Avez-vous des timbres pour une carte postale à envoyer en France ? C'est combien ?
Έχετε γρα*μμ*ατόση*μ*α για τη Γαλλία; Πόσο κοστίζουν;

DÉCOUVRIR

Capitale surprenante, la découverte d'Athènes va au-delà de l'exploration de son passé antique. Moderne et branchée, elle s'offre tel qu'un canevas à ciel ouvert aux street artistes et se tapisse de couleurs révélatrices de son vécu. Riche de 3 000 ans d'histoire, chaque musée ou site archéologique témoigne de son évolution tumultueuse. Entourée de monts, à proximité de la mer, elle s'efforce contre vents et marées de respirer de l'air pur. Mélange d'architectures, allant de la prédominance du marbre pentélique au béton, son charme ne se limite pas au seul Parthénon. Carrefour des civilisations, elle est mécène des arts sans cacher son faible pour le théâtre et les spectacles à ciel ouvert. Gastronomique, l'art de se mettre à table est ici fondé sur le plaisir du partage. Noctambule, nonchalante mais solidaire en dépit de son rythme urbain, on y déambule, s'y cultive, s'y amuse et on découvre une capitale étonnante et attachante.

UNE CAPITALE DU STREET ART

Athènes est une capitale moderne à multiples facettes. Ville de grands contrastes, parfois chaotique du fait d'une évolution mouvementée qui a forgé son identité unique, elle se dévoile par étapes à ceux qui désirent la connaître sans préjugés, ni idées reçues. Loin du fantasme figé d'une ville antique, il faut sillonner Athènes à la découverte de ses rues d'aujourd'hui, véritables musées urbains à ciel ouvert. Parmi ses multiples visages, le plus moderne et le plus subversif se retrouve dans le street art qui exprime en couleurs et au grand air ce qui est pensé en sourdine. Se revendiquant de la rue, il expose désirs et mécontentements à coups d'aérosols multicolores et de litres de peinture sur les murs de la ville. Les graffitis qui habillent les immeubles, les entrepôts et les anciens quartiers industriels dotent Athènes d'une parure multicolore et donnent un coup de pouce dynamique à la réhabilitation de son espace public.

« La connaissance parle, la sagesse écoute »

Un street artiste incontournable à Athènes est WD, alias Wild Drawing, qui marque le paysage urbain de la capitale dès ses premières créations en 2013. Originaire de Bali, il se fait connaître du grand public en 2015, grâce à son œuvre murale représentant une chouette au croisement des rues Samou et Konstantinou Palaiologou, en plein cœur de Metaxourgeio. WD démontre par sa chouette que l'art peut fleurir en dépit de tout. En effet, le pays est alors sérieusement touché par la crise économique et commence tout juste à se remettre d'une période tragique pour envisager un avenir moins morose. En plein milieu de ce quartier délaissé du centre d'Athènes, l'artiste choisit les murs d'un bâtiment appartenant à deux institutions culturelles pour nous rappeler qu'il faut toujours garder un regard perspicace et profond, même en plein milieu de la nuit la plus noire. La chouette, symbole éternel d'Athènes, devient ici une métaphore pour exprimer la situation contemporaine du pays. La portée de cette fresque dépasse rapidement les frontières de la capitale grecque et devient virale dans le monde entier. Après ce succès, WD reste fidèle à ses principes créatifs et continue de produire des œuvres à forts messages sociaux et politiques. Il choisit la façade d'un immeuble délabré d'Exarcheia, au croisement des rues Méthonis et Arachovis, pour son œuvre emblématique *No land for the Poor* afin de rendre hommage aux sans-abri de Grèce et d'ailleurs. L'espace public d'Athènes est ainsi révélé aux yeux du monde, véritable galerie d'art aux mille œuvres parfois méconnues, qui restent à découvrir.

Depuis la mise en lumière de WD, plusieurs street artistes aussi bien étrangers que grecs se sont emparés des murs, des stores, des façades des vieux quartiers renaissants et en pleine effervescence autour du centre historique de la ville. Ils y laissent œuvres et signatures en couleur partout où l'espace public le permet, transformant les rues d'Athènes en gigantesque exposition urbaine. A Metaxourgeio, au 2 rue Megalou Alexandrou, laissez-vous surprendre par la subtilité d'une peinture murale signée SimpleG, représentant une jeune femme en train de lire et s'appuyant contre une petite table avec une pile de livres derrière elle. Le titre de l'œuvre est éloquent : *So many Books, so little Time*. SimpleG, participant au projet de réhabilitation de ce quartier livré pendant des années à la prostitution, a voulu réhabiliter l'image de la femme tout en jetant un regard critique sur notre époque où les rythmes effrénés éloignent les gens des émotions profondes, suscitées notamment par la lecture.

Les hot spots de street art

Gazi et Kerameikos, les deux quartiers limitrophes du centre historique d'Athènes, sont devenus le canevas préféré des artistes de street art ces dernières années. Parmi eux, INO, le plus reconnu des artistes grecs, doit sa renommée internationale à son style particulier et son talent unique qu'il exprime sur des fresques grand format depuis le début des années 2000. On le retrouve sur les surfaces les plus inattendues de la ville et de nombreuses œuvres portent sa marque de fabrique, à savoir des visages cachés par un masque à gaz. Devenu très connu au fil des ans, il a décidé de garder précieusement cachés les traits de son identité

Quartier de Gazi.

et de son visage, comme pendant la période de ses débuts, lorsqu'il sillonnait la ville en douce, une fois la nuit tombée. Les messages muraux portés par INO s'intéressent à la situation sociale et politique du pays mais aussi à des sujets d'intérêt international, comme la paix, la télésurveillance des citoyens, la cruauté du capitalisme… Sa fresque murale *The Last Supper* (2019), longue de 90 mètres, transforme les murs de l'ancien dépôt de bus situé sur la rue Piraios, à Gazi. Elle représente une parodie de *La Cène* : 11 personnages sans visages dévorent des billets d'argent alors qu'à la place du Christ, on distingue le Parthénon… La composition est complétée par des mains qui tentent désespérément d'approcher ce dîner. Inspiré par Léonard de Vinci, INO fait précéder sa *Cène* captivante par les non moins captivants et allégoriques yeux de *La Joconde*…

L'autre quartier du centre d'Athènes qui rime avec graffitis et street art est celui de Psirri. On y admire, entre autres, l'œuvre *Apocalypse Now* d'INO, des œuvres des Grecs Taxis ou Vasmoulalis (place Iroon), *Hope dies Last* de WD (située au 9 rue Katsikogianni), ou encore *All Dogs go to Heaven* de Billy Gee, Alex Martinez et N. Grams (située au 2 rue R. Palamidou), dédiée au chien errant dit Loukanikos qui protégeait les manifestants pendant les émeutes produites par la crise, jusqu'à sa mort en 2014. Pour la petite histoire, ce chien avait été nommé personnalité de l'année par *Time Magazine* en 2011…

Le quartier mouvementé d'Exarcheia offre volontiers et par principe ses coins de rues aux artistes de street art. Ici, le canevas est souvent recyclé et l'éphémère des tags et des graffitis n'enlève rien à la qualité de certaines œuvres. Ainsi, les grandes créations murales d'artistes reconnus font partie intégrante du paysage : sur la rue Navarinou, à côté du parc géré par les habitants du quartier, l'artiste italien Blu signe une création pleine de couleurs évoquant les valeurs de la solidarité sociale, de la lutte collective et de l'autogestion. Ailleurs, on retrouve les figures féminines de Sonke un peu partout dans le quartier.

Enfin, les artistes ne se limitent pas aux quartiers centraux d'Athènes : les étudiants des Beaux-Arts laissent leurs signatures tout au long de la rue Piraios, l'axe central qui relie la capitale au port du Pirée, sans oublier la galerie permanente qu'est devenu le campus de l'École Polytechnique dans le quartier de Zografou… Malgré quelques regards parfois suspicieux voire hostiles concernant les graffitis, Athènes s'appuie aujourd'hui sur le talent des street artistes afin de repenser ses relations avec les habitants et les visiteurs.

HISTOIRE

Athènes, ville au destin exceptionnel, n'était pas initialement promise à la prééminence. Elle sort tout d'un coup, avec éclat, de l'arrière-plan de l'histoire pour s'émanciper à jamais. Par un concours de circonstances, la démocratie naît à Athènes et c'est dans un contexte de liberté et d'égalité que ses citoyens découvrent le droit, la richesse et le sens de la beauté et de l'esthétique. Le visiteur reconnaîtra ces traces d'antan en se rendant sur l'Acropole et aux musées archéologiques de la ville. Pourtant, il lui reste d'autres pages d'histoire à feuilleter s'il désire découvrir les sources d'où la capitale grecque puise sa vitalité et son goût de l'aventure, et ce, en dépit de tout. Avec 3 000 ans d'histoire tumultueuse, ayant traversé des périodes de gloire et de déclin, des moments sombres ou enflammés, Athènes est une métropole qui évolue, forgée par les vestiges et les séquelles de son passé.

1600-1100 AV. J.-C

L'Athènes mycénienne

Habitée dès la période néolithique, c'est vers 1400 av. J.-C. qu'Athènes s'affirme en tant que centre mycénien relativement important. Quelques humbles traces architecturales appartenant à un genre de palais, découvertes sur l'Acropole, ainsi qu'une partie des remparts datant de la période mycénienne donnent l'image d'une citadelle fortifiée.

Xe - VIIIe S. AV. J.-C

Vers l'émergence d'Athènes

Dans son passé lointain, Athènes formait avec d'autres petites cités primitives avoisinantes une agglomération. L'unification de ces cités, connue sous la fondation très particulière de *synœcisme*, est attribuée à Thésée et on estime qu'elle a eu lieu entre, peut-être, le Xe et le VIIIe s. av. J.-C. C'est grâce à cette union que l'Attique formera un État, et qu'Athènes émergera comme son indiscutable capitale.

VIIIe SIÈCLE AV. J.-C - VIIe SIÈCLE AV. J.-C

Athènes, la polis

Même si Athènes est devenue une *polis* vers la fin du VIIIe siècle av. J.-C., ce n'est pas pour autant que les querelles dans la région d'Attique prennent fin. Une aristocratie guerrière maîtrise les terres, la vie politique, les principaux sacerdoces, la justice et le droit. La plus grande masse de la population est donc une sorte de clientèle constituée par des paysans dépendants. Le petit nombre des paysans libres est assez aisé pour se payer une « panoplie » (les armes), servir dans la phalange des « hoplites », et constituer de la sorte la force militaire d'Athènes.

VERS 630 AV. J.-C

L'Acropole en siège !

Athènes entre de force dans l'histoire à proprement parler vers 630 av. J.-C. lorsqu'un certain Cylon, vainqueur aux Jeux olympiques, s'empare de l'Acropole aidé par le tyran de Mégare, Théagène, son beau-père. Mégaclès, un *archonte* (chef politique) d'Athènes, lance l'appel au peuple qui prend les armes, assiège l'Acropole et finit par la libérer de ses usurpateurs. Voici donc un épisode qui, pour la première fois, met en avant un corps qui commence à peser lourd dans l'histoire d'Athènes et qui marquera à jamais son évolution : le peuple, le *démos*. La voie vers la démocratie vient d'être tracée !

VIe SIÈCLE AV. J.-C

Et la démocratie fut !

A l'aube du VIe siècle av. J.-C., Solon marque les débuts de la longue période vers la conquête de la démocratie. Celle-ci débute en 594 av. J.-C. par la proclamation de *siesactheia*, la « levée du fardeau », en d'autres termes l'abolition des dettes qui accablaient les paysans athéniens. L'aristocratie se trouve alors démunie de ses privilèges et se limite à rendre la justice selon le nouveau code institué par Solon. Le long chemin, non sans troubles violents, vers l'instauration de la démocratie est tracé.

561-528 AV. J.-C

La tyrannie de Pisistrate

Vers 561 av. J.-C., Pisistrate s'empare du pouvoir. Semblable à un tyran démagogue de l'époque archaïque, il respectera toutefois la législation de Solon et exerce le pouvoir avec modération. Cette sorte de tyrannie « éclairée » va être suivie par les deux fils de Pisistrate, Hipparque et Hippias, jusqu'en 510 av. J.-C. Pendant cette période, les arts et les lettres au service de la politique à larges vues vont se développer à pas décisifs. L'Acropole va être aménagée, la sculpture et la peinture fleurissent, les travaux publics font d'Athènes une grande cité, les Panathénées et les concours dramatiques sont instaurés.

FIN DU VIe S. AV. J.-C

La réforme de Clisthène

L'aventure vers la conquête de la démocratie s'accélère à la fin du VIe siècle av. J.-C. En effet, Clisthène, le « père de la démocratie », proclame l'*isonomie*, selon laquelle tous les citoyens devenaient égaux devant la loi. Par ailleurs, les réformes clisthéniennes minent sérieusement les fondements des classes aristocratiques et réussissent à souder la majorité des Athéniens. C'est grâce à cette unité de la nouvelle « cité-nation », unique en son genre dans le monde grec, qu'Athènes sortira vainqueur des guerres médiques.

Ve S. AV. J.-C

L'âge d'or

Athènes se révèle être le grand vainqueur des guerres médiques (490-478 av. J.-C.). Ainsi, la cité sort de l'espace restreint de l'Attique et devient une force thalassocratique redoutable. C'est dans ce contexte qu'arrive le « siècle de Périclès », la période pendant laquelle la démocratie atteint son apogée. Pendant cinquante ans, Athènes maintient sa puissance. L'évolution philosophique, artistique et culturelle fait de cette cité-État « l'École de la Grèce », selon Thucydide.

431-404 AV. J.-C

La guerre du Péloponnèse

Alors qu'Athènes s'enivrait de sa prospérité, son ennemie jurée et de longue date, Sparte l'oligarchique, cherche à mettre fin à l'émergence de la cité et son emprise sur le monde égéen. La guerre du Péloponnèse va donc être le champ d'une opposition féroce entre deux cités rivales, deux modèles politiques et économiques opposés, deux puissances à intérêts conflictuels. À l'issue de cette guerre, Athènes est affaiblie et, malgré ses efforts, elle ne saura pas faire face à l'assaut de Philippe, le roi de Macédoine, la nouvelle puissance qui s'empare de l'Égée.

338 - 200 AV. J.-C

L'Athènes hellénistique

Il est d'usage de considérer que la bataille à Chéronée (338 av. J.-C.), où se sont affrontés la coalition des cités grecques et Philippe II, met fin à la cité d'Athènes. Or, ce qui est mort à cette date-là, ce n'est pas la cité mais Athènes en tant que grande puissance. Aristote, Démosthène et Ménandre vécurent à cette époque-là. Même si Athènes ne rayonne plus comme pendant le Ve siècle av. J.-C., elle reste une grande cité dont l'influence intellectuelle et culturelle continue de s'étendre sur le monde méditerranéen.

146 AV. J.-C -267 APR. J.-C

La période romaine

En 146 av. J.-C., Athènes se soumet aux Romains. Elle mise à nouveau sur son héritage culturel ainsi que sur la politique des empereurs romains visant à promouvoir le développement des villes grecques et elle reprend la route de la prospérité, réservée cette fois-ci à une élite restreinte. Sous l'Empire romain, la ville est dotée de monuments, de bâtiments publics, de sanctuaires, de lieux de spectacles. Ainsi, deux siècles et demi se déroulent avant qu'Athènes ne se couvre littéralement de cendres, suite à l'invasion dévastatrice des Hérules.

395-1456 APR. J.-C

La période byzantine

L'an 395 apr. J.-C. marque la concession d'Athènes à Byzance. Les écoles philosophiques sont fermées, les temples se transforment en églises chrétiennes. Durant la période byzantine, Athènes traverse des étapes de développement variables. Entre les XXe et XIIe siècles, elle est décrite comme une belle ville peuplée, entourée de champs fertiles. A la fin du XIIe siècle, pillée par les Sarrasins, elle devient une proie facile pour les Francs, en 1204. Puis elle passe sous la domination des Catalans, des Napolitains et des Vénitiens. Les Ottomans finissent par conquérir Athènes en 1456.

1456-1833

L'Athènes ottomane

Sous l'Empire ottoman, Athènes est une ville qui dépasse les 10 000 habitants. La ville se limite à l'actuelle place de la Constitution (Syntagma), Plaka, Monastiraki et Gazi. Lors des guerres vénéto-ottomanes, Athènes reçoit deux coups dévastateurs. En 1466, elle est saccagée par les forces de l'amiral vénitien Vincenzo Capello. En 1687, les Vénitiens, menés par Morosini, assiègent Athènes : une poudrière explose et endommage sérieusement le Parthénon. Athènes sera définitivement libérée des Ottomans en 1833.

1834

Athènes, capitale de la Grèce

Au lendemain de la proclamation de son indépendance, rien ne laissait envisager qu'Athènes serait la capitale du nouvel État grec. Étant à l'écart des enjeux politiques de l'époque, la ville émerge comme la meilleure solution. On pouvait y appliquer l'idéal « néoclassique », tant voulu par le roi Othon, on pouvait faire appel à son passé antique pour plaider la continuité interrompue de la nation grecque. En 1834, le roi grec Othon de Bavière visite pour la première fois Athènes. Quelques mois plus tard, Athènes est devenue la capitale du pays, le théâtre d'opérations de l'histoire moderne et contemporaine de la Grèce.

Yiannis Makriyiannis

© BILL PERRY - SHUTTERSTOCK.COM

1797-1864

Makriyiannis, né Ioannis Triantaphyllou, figure parmi les plus fervents inspirateurs de la guerre d'indépendance grecque de 1821. Après avoir participé à plusieurs batailles décisives menées contre l'armée ottomane, le 1er janvier 1823 il est nommé responsable de l'ordre public d'Athènes libérée. Lors de la contre-attaque et du débarquement de l'armée ottomane et égyptienne sous les ordres d'Ibrahim pacha à Pylos, au sud-est du Péloponnèse, en 1825, il contribue à la défense de la région. En 1826, il se met à la tête des opérations de défense de l'Acropole, assiégée par les forces de Rachid et Omer Pacha. Après la libération de la Grèce, en 1829, Makriyiannis est nommé par le premier gouverneur grec, et Ioannis Kapodistrias, commandant en chef de la force exécutive du Péloponnèse. C'est alors qu'il commence à écrire ses *Mémoires* (1829-1850), l'œuvre qui lui vaut sa renommée jusqu'à nos jours. Bien que complètement analphabète, Makriyiannis lègue par ses textes un trésor historique et littéraire d'un grand souffle et d'une authenticité saisissante et c'est ainsi qu'il figure parmi les précurseurs de la littérature moderne grecque. Homme politique et militaire intègre, intransigeant, d'un jugement solide, il est à jamais associé à la révolte du 3 septembre 1843, suite à laquelle le roi Othon est contraint d'accorder au peuple grec le droit d'élaborer une constitution. Accusé en 1852 d'avoir participé à un complot d'assassinat du roi, il est jugé coupable et condamné à mort, en 1853. Gracié et libéré un an plus tard, il sort de prison brisé et se retire de la vie publique. Il ne revient qu'en 1862, lors de l'insurrection du 10 octobre qui finit par la chute d'Othon. Parmi les insurgés, les fils de Makriyiannis, dont Othon, filleul du roi, qui s'introduit au palais, s'empare de la couronne royale et l'offre à son père comme butin de guerre. La foule enthousiaste de la fin de la royauté, porte Makriyiannis en triomphe à travers les rues d'Athènes. Élu député, il meurt trahi par son état physique presque deux ans plus tard.

La proclamation de la Constitution

3 SEPTEMBRE 1843

Le premier roi de la Grèce, le seul d'ailleurs à porter ce titre, Othon de Bavière, a mené une politique autoritaire et d'austérité. Le mécontentement grandit et conduit à la destitution du roi en 1862. Entretemps, le 3 septembre 1843, à la suite d'un mouvement unissant la majorité du peuple, le roi est obligé de céder à la revendication des insurgés et à la constitution. Depuis cette date, la place qui se trouve devant l'assemblée actuelle grecque, palais royal à cette époque-là, prend le nom de la place de la Constitution. Dorénavant, la place Syntagmatos sera le lieu des rassemblements et des manifestations.

1864-1936

Eleftherios Venizélos

Homme politique, né en Crète, il figure parmi les plus proéminents Premiers ministres de la Grèce moderne. Son premier mandat électif est effectué en Crète (1899), un an après la déclaration d'indépendance de l'Empire ottoman. E. Venizélos, à la tête du parti libéral et Premier ministre depuis 1910, mène une politique de modernisation du pays. Adepte passionné de l'union de l'île avec la Grèce (1913), diplomate doué et homme politique de grande notoriété, il prône la « Grande Idée », à la veille des guerres balkaniques et de la Première Guerre mondiale. Cette « Idée » consistait à étendre le territoire grec au monde hellénistique d'antan : le détroit du Bosphore, Constantinople et une partie de l'Asie Mineure peuplée de Grecs. Projet ambitieux ou piège, Venizélos comptait sans les jeux entre les Alliés. Toutefois, allié fervent de l'Entente, il voit une partie de son projet se réaliser à la signature des traités de Sèvres et de Lausanne. Il finit ses jours exilé en France, condamné à mort par contumace par ses ennemis monarchistes et d'extrême droite.

1912 - 1913

Les guerres balkaniques

A l'issue des guerres balkaniques, la Grèce voit sa superficie et sa population doubler. La Macédoine et l'Épire, les îles de la mer Égée sauf le Dodécanèse font désormais partie du pays et l'indépendance de la Crète est reconnue par l'État grec. Athènes n'est plus le centre des décisions politiques d'un petit royaume fermé sur lui-même. La politique victorieuse menée par le Premier ministre Elefthérios Venizélos a suscité en Grèce l'espoir d'un pays moderne et puissant.

1918

La Première Guerre mondiale

Officiellement, l'entrée de la Grèce dans la Première Guerre mondiale date de 1918 et ne se fait pas sans heurts. En effet, le roi grec d'origine germanique, Constantin Ier, sensible à une alliance avec la Triplice, prône la neutralité de la Grèce. Le Premier ministre, E. Venizélos, s'oppose aux desseins du roi philogermanique grec. Congédié par le roi, Venizélos forme un gouvernement provisoire à Salonique. Les Alliés forcent le roi à abdiquer et c'est ainsi que la Grèce rentre dans le camp des vainqueurs et accède à de nouveaux territoires, notamment Smyrne, l'actuelle Izmir, en Asie Mineure.

1919-1922

La guerre gréco-turque

En 1919, les Alliés déclarent la guerre à l'Empire ottoman. La Grèce participe à leurs côtés et mène l' « Expédition de l'Asie Mineure ». Venizélos, encouragé et soutenu par la France et l'Angleterre, les vainqueurs de la Première Guerre mondiale, fait débarquer l'armée grecque à Smyrne (Izmir). Le désir du Premier ministre grec était de voir les Ottomans capituler avec en tête la « Grande Idée » : l'expansion territoriale grecque au-delà de la mer Égée. Or, l'armée grecque va connaître en 1922 une lourde défaite face à l'armée turque obéissant à Kemal Atatürk. Le nationalisme grec prend le plus grand coup de son histoire, mais ce n'est pas pour autant qu'il a disparu.

1922

L'Athènes d'après l'expédition en Asie Mineure

Suite à la défaite désastreuse de l'armée grecque en Asie Mineure (1922) et le traité de Lausanne (1923) instituant l'échange des populations entre la Grèce et la Turquie, la carte démographique du pays change dramatiquement. La population à Athènes augmente de 192 080 immigrés et de 129 380 réfugiés alors que les locaux ne dépassent pas les 28 % de la population totale, selon le recensement de 1928. La capitale grecque commence à s'industrialiser et la première main-d'œuvre provient des réfugiés, installés, au début, dans les baraques des faubourgs de la capitale.

L'occupation allemande

1941-1945

La Grèce sort victorieuse de la guerre contre l'armée italienne (1940-1941) qu'elle repousse au-delà de l'Épire du Nord et les forces de l'Axe reçoivent leur premier coup. Cette victoire accélère l'intervention des troupes allemandes en Grèce. L'armée grecque est défaite en 1941 et le pays est occupé. Une période farouche commence. Suite au pillage des ressources et des vivres, Athènes compte en hiver 1941 à peu près 64 000 morts, suite à la « Grande Famine ». La capitale grecque sera libérée par les maquis d'ELAS, le plus grand groupe armé de la résistance, le 12 octobre 1944.

Les événements de décembre

1944

La grande influence que le Parti communiste grec avait acquise au sein de la Résistance allait à l'encontre des intérêts britanniques en Grèce. Le 3 décembre 1944 ont lieu des affrontements dans les rues de la capitale entre, d'une part les corps britanniques, la gendarmerie grecque, une milice constituée des collaborateurs nazis, et, d'autre part, les résistants de l'EAM (FLN). Athènes, épargnée des bombardements allemands pendant la guerre, est meurtrie par les rafles de l'aviation britannique. Jusqu'en 1945, une guérilla sanglante secoue Athènes. La guerre froide est là, la guerre civile grecque (1946-1949) se profile.

Aris Velouchiotis

1905-1945

Aris Velouchiotis, né Thanassis Klaras, militant communiste, organise les premiers groupes armés résistants contre les occupants allemands au début 1942, sur les montagnes de la Grèce centrale. De ces groupes va naître l'ELAS (Armée grecque pour la libération), le corps armé de l'EAM (FLN), qui compte à la fin de la guerre plus de 100 000 membres. Velouchiotis devient un *kapetanios* (général en chef) incontesté et approuvé par la majorité de ses compagnons mais aussi par le peuple grec qui, grâce à l'ELAS, se voit libéré puis auto-administré, ville après ville, du joug allemand. Après la Libération, il s'oppose à la décision des dirigeants du FLN de signer l'accord de Varkiza (1945) qui exigeait le désarmement des résistants contre l'amnistie et l'épuration. Désavoué par le parti communiste grec, il reprend la route des maquis alors qu'à Athènes les répressions et massacres contre les anciens résistants ont déjà commencé. Pris au piège par un corps paramilitaire, il se suicide avec une grenade le 16 juin 1945. Sa mort marque les débuts d'une des plus obscures et sanglantes périodes de l'histoire contemporaine grecque : la guerre civile (1946-1949). Cette guerre laisse 150 000 morts, un tribut lourd que la Grèce paie à la guerre froide. Ce déchirement du pays laissera des séquelles qui influenceront considérablement la vie politique du pays jusqu'à une époque récente.

L'Athènes des années 1950-1960

1950-1960

Pendant la guerre civile, un mouvement migratoire vers les grandes villes de la Grèce commence. Le plus grand nombre de migrants s'installe dans la périphérie d'Athènes. Au cours de deux décennies, la population de la capitale grecque, tenant compte des réfugiés d'Asie Mineure, double. Athènes devient le pôle essentiel du développement économique, des intérêts et enjeux nationaux. L'industrie lourde se concentre autour d'Eleusis à l'ouest, alors que l'est, au détriment de l'Hymette et du littoral vers Sounion, est réservé aux habitations des classes aisées montantes. L'Attique est divisée en deux.

La dictature des colonels

1967-1974

C'est dans un climat d'instabilité politique que se produit, le 21 avril 1967, le coup d'État de Papadopoulos, Pattakos et Makarézos. S'appuyant sur l'armée, les trois militaires instaurent un État policier pendant sept ans. L'opposition est neutralisée, les chefs des partis arrêtés ou forcés à l'exil, alors que la torture devient le moyen d'empêcher toute résistance. Les déportations, notamment d'intellectuels, vers les îles de Yaros et Leros vont dans le même sens. Le slogan de la junte militaire voulait tout dire : « La Grèce des Grecs chrétiens ».

1919-1999

George Papadopoulos

Symbole de l'obscurantisme et du pouvoir coercitif imposé en Grèce pendant la « dictature des colonels » (1967-1974), G. Papadopoulos, militaire, participe au coup d'État de 1967 et forme avec les deux autres chefs de la conjuration, N. Makarezos et S. Pattakos, un gouvernement qui érige en routine l'autoritarisme, l'oppression et la torture pendant sept ans. Il devient successivement Premier ministre, régent de Grèce et, après l'abolition de la monarchie en 1973, chef de l'État. Arrêté en octobre 1974, après la restitution de la république, il est jugé coupable pour haute trahison et est condamné à mort par peloton d'exécution, peine transformée en prison à vie. Il a purgé sa peine jusqu'à sa mort.

17 NOVEMBRE 1973

En novembre 1973, dans l'enceinte de l'École Polytechnique d'Athènes, se barricadent des étudiants, des lycéens, des ouvriers et des citoyens qui pendant plusieurs jours manifestent contre la dictature. Les chars militaires prennent place devant le parlement et les autres points stratégiques de la ville. Les dictateurs interviennent, laissant derrière eux, officiellement, 34 morts. Cette révolte organisée, dont la lutte a rapidement gagné l'ensemble du pays, a contribué au réveil des consciences et marque le début de la fin de la dictature.

1974-1981

La restitution de la démocratie

La chute de la dictature en 1974 advient suite à l'invasion de Chypre par la Turquie. Le référendum qui est aussitôt organisé règle définitivement le système politique du pays qui retourne à la démocratie : ce sera une République ! Constantin Caramanlis en est le Premier ministre : respecté par tous et farouchement pro-européen, il sera l'artisan de l'entrée de la Grèce dans la CEE (1981).

1981-2000

Les années d'espoir et de désillusion

Les années 1980 sont marquées par la victoire historique du parti socialiste (PASOK). En 1981, Andréas Papandréou remporte les élections et reste au pouvoir pendant sept ans. Son gouvernement finit par être impliqué dans des scandales politico-économiques qui se poursuivent au cours des années 1990 et 2000. Deux grandes familles politiques vont se partager le pouvoir en alternance, le PASOK de Papandréou et le parti néo-libéral Nouvelle Démocratie de Constantin Mitsotakis, le père de l'actuel Premier ministre grec. Les années 1990 et 2000 sont fastes pour la Grèce qui semble crouler sous l'argent « gratuit » de Bruxelles. Corruption et népotisme battent leur plein alors que le pays rejoint l'Union monétaire européenne en trafiquant ses résultats économiques.

2010-2021

Les années de crise économique

En 2009, le pays est confronté à l'une des plus graves crises économiques de son histoire, entraînant la crise politique et sociale dont l'expression la plus inquiétante est l'entrée du parti néonazi, l'Aube dorée, au parlement. Toutefois, le parti radical de gauche Syriza accède au pouvoir en 2015. La population grecque sort exsangue de cette période-là, marquée, en outre, par la crise humanitaire internationale liée à l'arrivée massive de réfugiés du Moyen-Orient sur les côtes grecques. Suite aux élections législatives de 2019, le fils de Constantin Mitsotakis, Kyriakos Mitsotakis, du parti néo-libéral (ND), devient Premier ministre. La vie politique devient à nouveau l'affaire des grandes familles politiques, en partie responsables de la crise.

Par ailleurs, les deux phases du confinement imposé par la pandémie de Covid-19, en 2020 et 2021, auront des conséquences économiques et sociales qui restent encore difficiles à évaluer. Il est donc certain que le malaise social et politique persistera en Grèce et il faut prévoir encore plusieurs années avant d'envisager une réelle sortie de crise.

L'ATHÈNES OTTOMANE

Capitale aux mille et une devantures, Athènes est une ville aux nombreux trésors à découvrir. Un parcours dans l'Athènes ottomane permet de s'imprégner de son histoire, afin de mieux l'appréhender. Il suffit de commencer par un aperçu de l'organisation de la ville. Pendant presque quatre siècles (1456-1833), Athènes se développe selon le modèle urbanistique fondé sur l'opposition forteresse/ville basse. La forteresse, la colline de l'Acropole, est exclusivement destinée aux Ottomans et plus particulièrement au chef de la garnison et ses soldats. Ainsi, entre les anciens monuments de la colline on construit de petites maisons réservées aux soldats de la garde, on loge le harem dans l'Érechthéion et on transforme le Parthénon en mosquée.

Les maisons et les édifices publics sont réservés à la ville basse qui correspond plus ou moins aux actuels quartiers de Plaka, Monastiraki et Psyri, ce dernier étant habité exclusivement par des familles chrétiennes. Les quartiers sont densément construits, sans plan urbain précis. Les maisons de plaisance appartenant aux classes aisées de toutes les communautés se trouvent en dehors de la ville, au milieu de grands jardins, entourées d'oliveraies, de champs de citronniers et d'orangers. Quant à la vie économique, administrative et religieuse, elle se déploie également en ville basse. Les activités commerçantes prennent lieu quotidiennement au *bazar* (le marché) installé à l'ancienne agora romaine, où l'on trouve toujours aujourd'hui la Bibliothèque d'Adrien. Il s'agit d'un marché riche avec toute sorte de produits, mais également des matières précieuses et des marchandises de grande valeur. Parmi ces marchandises, les olives et l'huile d'olive provenant des champs riverains de la ville et le savon fait avec les cendres de lentisque sont également destinés à l'exportation, vers Marseille ou l'Italie, via le port du Pirée. D'autres édifices et lieux publics complètent l'Athènes ottomane tels que les mosquées, les hammams, les tékés ou les fontaines.

Progressivement, la ville devient un noyau cosmopolite, avec des touches européennes à partir du XVIIe siècle, grâce à la présence de plusieurs diplomates d'Europe. Pôle d'attraction du fait de son passé antique, la ville devient une destination très prisée auprès des voyageurs entre le XVIIe et le XIXe siècle et c'est grâce à leurs pérégrinations et récits de voyage que l'on tient des informations précieuses sur l'Athènes ottomane. Les différentes communautés religieuses vivent dans une certaine harmonie et, à l'occasion d'une fête, elles s'amusent ensemble, très souvent au milieu des vestiges antiques. Dans la ville, on entend parler le turc, le grec et l'albanais alors que chez les savants, le grec ancien est encore d'usage.

Aujourd'hui, on peut visiter la plus ancienne mosquée de la ville (XVIIe siècle), la mosquée Fethiyé, sur le site de la Bibliothèque d'Adrien, tandis que la mosquée Tzisdarakis (XVIIIe siècle) est située sur la place de Monastiraki. Le hammam Abid-Efendi (XVIIe siècle) à Plaka, au 8 rue Kirrystou, abrite aujourd'hui une partie du musée de la culture moderne grecque. Il fut le plus beau hammam de la ville, en fonction jusqu'en 1965, et mérite vraiment le détour. Pas très loin, sur le site de l'agora romaine et à proximité de la Tour des Vents, se trouve le porche de la médressé (école coranique) d'Athènes (XVIIIe siècle).

Pour avoir un bel aperçu des demeures de la période ottomane, il faut saisir l'occasion de visiter la « demeure de Benizelon » (XVe et XVIe siècles), située au 96 rue Adrianou, à Monastiraki, ainsi que les vestiges de la demeure du consul britannique de l'époque, dite « demeure Logothétis » (XVIIe siècle) au 14b rue Areos, à Plaka, où lord Elgin avait caché les *Caryatides* avant de les envoyer à Londres. De passage devant le 32 rue Tripodon à Plaka, on admire un beau témoignage architectural (XIXe siècle) d'une maison ayant appartenu à Hadji Halil, un juge ottoman. Au croisement des rues Epicharmou et Scholeiou, à Plaka, on a restauré l'unique édifice fortifié à trois étages datant du XVIIIe siècle, ultérieurement devenu la « demeure Dialisma », qui servit de tour de garde à ses débuts.

Enfin, aussi étonnant que cela puisse paraître, la construction des églises chrétiennes n'a pas cessé au fil des années ottomanes. Au 10 rue Evangelistrias, pas très loin de la place Monastiraki, on peut visiter une des rares églises de la période ottomane ayant survécu, la Panagia tis Romvis (XVIe et XVIIe siècles), basilique dédiée à la Dormition de la Vierge.

LA VILLE VERTE

Athènes s'étend aujourd'hui jusqu'au port du Pirée, sur les bords de la mer Égée, et jusque dans la plaine de l'Attique où elle est ceinturée de monts. La capitale grecque se caractérise également par une grande densité, qui a pour corollaire un manque d'espaces verts. La géographie de la ville a favorisé les « néfos », ces nuages de pollution liés aux véhicules diesel mais aussi aux pics de chauffage au bois. En 1978, des statues originelles ont été retirées de l'Acropole pour les soustraire à la pollution. En 1982 a été instaurée, sans grand effet, la circulation automobile alternée. Athènes a développé depuis différentes actions en matière environnementale : taxe diesel, transports en commun, aménagements pour les mobilités actives, création d'espaces verts. La gestion des déchets s'améliore. Les incendies dévastateurs de l'été 2021, aux portes de la ville, ont mis en exergue la vulnérabilité du territoire au réchauffement climatique.

Des espaces verts pour un meilleur environnement

Athènes abrite des parcs et jardins qui favorisent la qualité de vie des habitants et façonnent un environnement plus vertueux pour tous, humains et non humains. Les espaces verts contribuent ainsi à lutter contre les îlots de chaleur, la pollution de l'air, mais aussi contre les effets des inondations, en facilitant l'absorption des eaux de pluie. Certains de ces espaces ont pour projet d'être connectés pour former des continuums favorables à la biodiversité, comme les parcs de Lycabette et Strefi. Le mont Lycabette fait aussi l'objet d'une étude de réaménagement, visant à concilier valorisation du patrimoine naturel et culturel du site et accueil des publics. L'initiative de « parcs de poche » (*pocket parks*), développée dans le cadre du projet « *adoptez votre ville* » contribue également à une meilleure qualité de vie, en transformant des espaces publics délaissés en jardins. Le Jardin national d'Athènes (jardin Amalia) constitue quant à lui un bel exemple de parc paysager du XIXe siècle, remanié en jardin anglais et planté d'espèces méditerranéennes. Parmi les havres de paix, on citera le Jardin botanique Diomidous. Le Parc national du mont Parnitha**,** situé à 40 km au nord de la capitale, est traversé de sentiers pédestres et cyclables. Il abrite une riche biodiversité floristique et faunistique (dont l'emblématique cerf élaphe).

Vive l'économie circulaire !

Si la gestion des déchets s'améliore dans la capitale, avec par exemple le déploiement en 2019 d'un dispositif d'envoi de SMS pour avertir des horaires de collecte, le déchet le moins polluant reste celui qu'on ne produit pas. Crise aidant, les Athéniens ont développé de nombreux projets d'économie circulaire sur leur territoire. On citera par exemple des projets d'upcycling tels que Pitsaki, qui réutilise du plastique usagé pour fabriquer des sacs ou des montures de lunettes. Côté bois, l'entreprise Rokani récupère des palettes dans la rue pour créer des meubles, et PHEE collecte les dépôts d'herbiers de posidonies qui s'amassent sur les plages pour concevoir des étuis de téléphone.

Pour découvrir d'autres initiatives : www.thisisathens.org/shopping/green-designers-greece

Face au réchauffement climatique

Le changement climatique en cours a pour effet la multiplication et l'intensité des phénomènes extrêmes. En témoignent la grande vague de chaleur et les incendies ravageurs de l'été 2021 qui ont traversé le pays, jusqu'aux portes de la capitale. La Grèce, pays méditerranéen, est particulièrement exposée au changement climatique. Le rapport du GIEC d'août 2021, la déclaration d'Athènes sur le changement climatique et l'environnement dans la Méditerranée du 17 septembre 2021, puis la COP 26 de Glasgow deux mois plus tard, ont appelé à une action internationale et concertée, afin de contenir le réchauffement climatique en dessous de +1,5 °C par rapport à l'ère pré-industrielle. Mais les engagements et les actions demeurent à ce jour insuffisants.

Voyager autrement

Athènes est accessible en train et dispose d'un port et d'un large réseau de transports en commun. De nombreux cyclo-voyageurs rallient chaque année la capitale grecque, située sur l'EuroVelo8, à la force de leurs mollets. Athènes a développé des aménagements cyclables et a également rendu piétonnes plusieurs zones de son centre-ville. Le marché municipal (Kypseli) et les marchés de quartier (*laikes agores*) fournissent des produits locaux, notamment des fruits et légumes. Le voyageur en partance pour Athènes pourra également trouver toute une offre en matière de restauration et d'hébergements écologiques.

Vue sur Athènes depuis le parc de Strefi.

ARCHITECTURE

Avant de découvrir les splendeurs de la ville, il faut d'abord traverser des extensions urbaines tentaculaires aux enchevêtrements de constructions pour le moins anarchiques... Mais au bout de cette traversée inattendue, la voilà qui s'offre à vous : la splendide et mythique Athènes. Surplombant la ville, l'Acropole et ses joyaux, le légendaire Parthénon en tête, vous transportent dans une Antiquité où arithmétique et géométrie présidaient à l'harmonie d'une architecture monumentale et fastueuse. Vous découvrirez ensuite quelques vestiges des périodes byzantine et ottomane, avant d'être emporté dans un tourbillon néoclassique, symbole d'une indépendance retrouvée et d'un passé sublimé, dont les centaines d'édifices publics se font les fiers représentants. Au début du XXe siècle, Athènes fut un laboratoire de la modernité, avant de connaître un nouveau souffle au début du XXIe siècle avec les JO de 2004 et d'attirer de grands architectes.

Splendeurs antiques

A l'époque archaïque, le temple domine la cité. Au départ essentiellement de brique crue et de bois, ce dernier, désormais rectangulaire et périptère (entouré d'un péristyle à une rangée de colonnes), est de plus en plus souvent érigé en pierre. A cette époque, les temples sont de plan très simple, constitués d'une pièce unique appelée naos ou cella. L'époque classique représente, elle, l'âge d'or de l'architecture grecque, caractérisée par une quête du rationnel et de l'harmonie. Le plan des temples s'étoffe en suivant le schéma suivant : pronaos (entrée ou vestibule) – naos (sanctuaire contenant la statue de la divinité, souvent à 3 nefs) – opisthodome (porche postérieur symétrique). C'est à cette époque que se développent les ordres grecs.

L'ordre dorique s'illustre par sa simplicité. Massives et trapues, les colonnes y jouent un rôle porteur, ne possèdent aucune base et leurs chapiteaux sont vierges de tout décor. Le Parthénon, symbole de la politique de prestige menée par la Grèce, délaisse les matériaux modestes des époques précédentes pour la majesté du marbre et illustre dans toute sa splendeur l'harmonie dorique. L'Héphaistéion, dans la ville basse, est un autre chef-d'œuvre de marbre. De nombreuses recherches menées dès le XIXe siècle ont d'ailleurs révélé que ce marbre n'avait alors pas la blancheur qu'on lui connaît aujourd'hui, mais était au contraire paré de couleurs, sublimant notamment l'importante et imposante statuaire !

L'ordre ionique se manifeste, lui, par son élégance et sa légèreté. Les colonnes sont plus graciles, reposent désormais sur une base et leurs chapiteaux se parent de deux volutes. Le Temple d'Athéna Nike et l'Erechthéion, tous deux sur l'Acropole, en sont de parfaits exemples. Une grande importance est donnée à la recherche des proportions idéales et les architectes, pour souligner la majesté des édifices, n'hésitent pas à réaliser quelques corrections optiques sous forme d'incurvation et d'infléchissement des lignes, afin d'éviter les impressions d'affaissement ou de trop grande verticalité. La décoration est aussi plus travaillée. Les entablements qui reposent sur les colonnes entre les chapiteaux et le toit s'ornent de corniches et de frises rythmées par des triglyphes, éléments sculptés en saillie. Les trésors, petits édifices votifs recevant les offrandes, permettent aux architectes de laisser libre cours à leur imagination, notamment à travers une décoration tout en moulures et frises sculptées. L'époque hellénistique est celle de la monumentalité et du faste. Désormais, les temples – dont les portiques s'allongent, doublent leur travée et gagnent un étage – ne sont plus les seuls bâtiments phares de la cité. Théâtres, salles du conseil et gymnases se multiplient. Des thermes font même leur apparition. Les portiques, toujours plus impressionnants, délimitent l'espace des sanctuaires et des places publiques, tandis que des propylées (porches monumentaux) font leur apparition sur l'Acropole. Ce savant jeu de robustesse et de légèreté est souligné par une décoration raffinée mêlant les ordres dorique et ionique, en y ajoutant un troisième ordre, l'ordre corinthien, avec ses feuilles d'acanthe et ses colonnes crénelées. Étonnamment, l'ordre corinthien sera surtout utilisé par les Romains aux désirs de grandeur pour le moins monumentaux, comme l'illustre bien le Temple de Zeus Olympien au pied de l'Acropole.

Cette période est également marquée par une montée de l'individualisme. Désormais, les riches et puissants décorent leur villa avec luxe pour montrer leur réussite. Ces maisons s'organisent autour d'une cour centrale entourée d'un

© VANIA TONOVA - SHUTTERSTOCK.COM

Temple d'Athéna Nike.

péristyle. Les décors en mosaïque y sont d'un grand raffinement. En parallèle se développe un urbanisme raisonné qui présidera à la construction de nouvelles villes comme Le Pirée. L'urbaniste Hippodamos de Milet conçoit un schéma directeur sous forme de plan géométrique par lequel la ville se trouve quadrillée par des rues rectilignes qui se coupent à angle droit formant des îlots de même dimension comprenant 8 maisons... un nombre qui ne doit rien au hasard, l'urbaniste cherchant par là même à contrôler le nombre d'habitants dans la cité. Il sépare également les zones et fonctions de la ville (zone commerçante, zone militaire, zone cultuelle et publique, zone d'habitation) pour en faciliter la lecture. L'agora, servant de trait d'union entre les différentes zones, est le lieu central de la cité et ses portiques permettent tout à la fois de circonscrire sa position et d'offrir aux citoyens d'agréables espaces ombragés. Un plan directeur logique et raisonné qui, vous n'aurez pas manqué de le remarquer, ne s'est pas appliqué à Athènes !

Athènes byzantine et ottomane

Du IVe au XVe siècle, la Grèce fait partie de l'Empire byzantin. Cette période, que l'on qualifia souvent d'obscurantisme médiéval en opposition à la grandeur éclairée de l'Antiquité, a pourtant donné à la Grèce de superbes témoins d'un étonnant syncrétisme où l'architecture se fait le lien entre cultes païens et traditions chrétiennes. Désormais religion officielle, le christianisme a besoin de nouveaux édifices pour marquer sa puissance. Les chrétiens vont donc développer de nouvelles solutions architectoniques sur les structures gréco-romaines existantes. Les thermes servent de modèle aux baptistères et les mausolées des empereurs inspirent les sanctuaires. Quant aux basiliques – qui servaient jusqu'alors de marchés couverts, places publiques et cour de justice –, elles deviennent des églises. Elles devaient permettre à l'assemblée de se tourner vers l'autel... c'est ainsi qu'est né le plan longitudinal ou plan basilical avec sa salle centrale entourée de colonnades. Puis la Grèce va progressivement adopter un plan centré en forme de croix. La décoration est extrêmement raffinée, comme en témoignent les somptueux décors de mosaïques et fresques colorées. Les mosaïques sont alors constituées de cubes de pâte de verre colorée par des oxydes métalliques et appliqués sur un lit de ciment frais, avant d'être couvertes de fines feuilles d'or ou d'argent. L'église de la Vierge installée dans le Parthénon est l'illustration parfaite de ce syncrétisme entre cultes païens et tradition chrétienne, tandis que le monastère de Daphni, non loin de la capitale, impressionne par son église à plan central octogonal décoré de somptueuses fresques et mosaïques.

Du XVIe au XIXe siècle, la Grèce est intégrée au puissant Empire ottoman. De nombreuses églises byzantines sont transformées en mosquées, adaptant ainsi des sanctuaires chrétiens aux rites de l'islam. Pour les mosquées construites de toutes pièces, les Ottomans privilégient des proportions modestes, les mosquées se limitant bien souvent à une salle de prière. Hammams, bazars et caravansérails jalonnent le territoire. A Athènes, on peut encore voir les vestiges de la mosquée Fethiye et des bains turcs.

Bibliothèque nationale.

Néoclassique et modernisme

1821, la Grèce est libérée du joug ottoman et célèbre son indépendance. La jeune nation cherche à redonner à ses cités leur caractère authentiquement grec. Il est alors décidé de faire table rase du passé ottoman. Le roi Otton Ier, ancien prince de Bavière, fait venir de nombreux architectes étrangers qui vont importer le style néoclassique. Ce style, qui reprend tous les codes de l'architecture antique (colonnes, pilastres, frontons, monumentalité…), permet aux Grecs de refermer la parenthèse ottomane en renouant avec leur passé le plus glorieux. C'est aussi un moyen pour le pays de se rapprocher encore un peu plus des autres pays d'Europe très friands de ce style. C'est particulièrement visible à Athènes, devenue capitale en 1834. Un tout nouveau quartier sort de terre et témoigne d'un renouveau urbanistique majeur pour la ville : la création de larges et grandes artères, telles les rues Stadiou et Panepistimiou, inspirées des grandes avenues des capitales européennes. Sous l'impulsion de l'architecte danois Theophil Hansen, secondé ensuite par l'Allemand Ernst Zeller, la capitale se pare de centaines d'édifices publics aux allures de temples classiques. C'est à Hansen que l'on doit notamment l'Académie (dont les colonnes ioniques sont inspirées de l'Erechthéion), la Bibliothèque Nationale en marbre (inspiré du style dorique du temple d'Héphaïstos (p.109)), ou bien encore l'Université. Le néoclassique est également très prisé des classes aisées, les armateurs en tête, qui se font ériger des villas cossues aux rez-de-chaussée rythmés de colonnes doriques et pilastres encadrant des porches monumentaux en saillie, tandis qu'à l'étage, élégantes colonnes ioniques et balcons ornent les façades. Frontons et bas-reliefs sculptés sont alors très à la mode. La maison du grand archéologue Schliemann et son tombeau décoré de colonnes, caryatides et d'une réplique du Temple d'Athéna Nike en sont de parfaits exemples.

En 1933, au large d'Athènes, la Charte d'Athènes est signée à l'occasion du 4e congrès du CIAM (Congrès Internationaux d'Architecture Moderne). Manifeste du mouvement moderniste et théorie d'un urbanisme fonctionnaliste, cette charte reprend tous les points édictés par Le Corbusier, alors figure clé du CIAM. De nombreux immeubles d'Athènes portent la marque de ce modernisme : utilisation du béton armé, grandes baies vitrées, absence d'ornementation…Un grand programme avait même été initié par le ministère de l'Éducation pour populariser le modernisme et contrer les vives critiques dont il faisait l'objet du fait de son aspect austère. Ce programme consistait notamment en la construction de nombreuses écoles. Les années 1950, elles, sont marquées par une pression démographique toujours plus importante sur la ville, phénomène qui pousse les promoteurs à raser des quartiers historiques entiers pour construire toujours plus vite et à moindre coût des barres d'immeubles sans âme et des habitations aux qualités pour le moins discutables, dans un enchevêtrement irraisonné qui donne à la ville une impression de désordre dont elle aura du mal à se départir. Un phénomène qui contraste totalement avec le néoclassicisme toujours très populaire après-guerre et utilisé pour les grandes réalisations publiques. Les années 1960 marquent, elles, l'avènement du style international dont le mur-rideau de verre est le grand représentant. Les bureaux de Valsamakis sur la place Kapnikareas en sont un bon exemple. Un style international mêlant harmonieusement verre et béton dans des édifices aux lignes sobres et épurées que l'on retrouve dans trois créations phares de l'époque : l'ambassade des USA par Walter Gropius, le Terminal Hellenikon Est par Eero Saarinen, et la Fondation Nationale Hellénique par Constantinos Doxiadis, dont la façade de marbre lisse n'est pas sans rappeler les œuvres d'Oscar Niemeyer, autre grande figure de ce style international. A la même époque, la ville voit naître ses premiers gratte-ciel, tandis que Xenia, le grand plan gouvernemental de promotion touristique, fait apparaître un peu partout de nombreux hôtels au design résolument moderne.

Architecture contemporaine

Au début des années 2000, l'architecte italien Mario Botta imagine le siège administratif de la Banque Nationale de Grèce, dont la moderne monumentalité mêlant les nuances de beige de la pierre, le noir du granit et les teintes claires du bois contraste de façon étonnante avec le classicisme des édifices voisins. Mais ce sont bien les JO d'Athènes 2004 qui vont marquer un tournant majeur pour la ville. Athènes s'est d'abord dotée de nouvelles infrastructures sportives, dont son Complexe Olympique imaginé par Santiago Calatrava. L'un des éléments phares en est le Stade Olympique avec son toit de verre et d'acier suspendu par des câbles à une grande arche. Les JO sont également l'occasion pour la ville de repenser entièrement son centre-ville. Il s'agit alors de le rendre plus agréable à vivre pour les visiteurs comme pour les habitants. Une grande promenade piétonne pavée comme au temps de l'Athènes antique relie désormais l'ensemble des sites archéologiques et, le soir venu, elle s'illumine de somptueux jeux de lumière imaginés par Pierre Bideau (créateur génial de l'éclairage de la tour Eiffel) ; le réseau du métro est étendu ; et une rocade nouvellement construite permet désormais le contournement d'une partie de la ville. Tandis que le centre d'Athènes retrouve des allures de village, d'anciens sites industriels abandonnés sont réhabilités, à l'image de l'ancien complexe gazier du Gazi transformé en un grand centre culturel baptisé Technopolis, ou bien encore de l'ancienne Brasserie Fix qui accueille désormais, dans un décor résolument industriel, le Musée National d'Art Contemporain.

Les JO achevés, l'effervescence ne retombe pas et la ville continue à mener tambour battant une politique culturelle, multipliant notamment la création de musées et centres culturels ultra modernes. Les deux plus célèbres de la ville sont sans aucun doute le **Musée de l'Acropole** (p.109) et le Centre Culturel Stavros Niarchos. Le premier est l'œuvre de Bernard Tschumi. Considéré par certains comme l'élégant pendant du Parthénon et par d'autres comme une « verrue postmoderne » ayant nécessité la destruction d'une partie d'un quartier historique (un comble pour un musée !), ce dernier ne laisse personne indifférent. Bâtiment ultra moderne de verre, d'acier et de ciment gris, le musée s'organise autour d'une cella ceinte de colonnes d'acier (en nombre égal à celles du Parthénon) et offre une vue étonnante sur les fouilles archéologiques en cours via un sol en verre. La Fondation Stavros Niarchos est, elle, l'œuvre de Renzo Piano. Créé sur une île artificielle, l'édifice surplombe légèrement la baie. L'architecte y a également dessiné un vaste parc reliant le bâtiment à la mer. Les deux éléments phares y sont l'Opéra et la Bibliothèque Nationale, tous deux reliés par une agora, une élégante canopée y assurant une protection contre le soleil… soleil qui inonde les panneaux photovoltaïques placés en nombre sur les bâtiments. En parallèle, nombreux sont les architectes athéniens à promouvoir des actions moins grandiloquentes et mieux ciblées de façon à donner envie aux habitants de réinvestir les différents quartiers de leur ville, notamment le centre. Piétonisation et végétalisation sont les maîtres mots. L'agence Point Supreme Architects (qui rêve encore à son projet fou baptisé « Athens by Hills » redonnant à chaque colline de la ville une fonction principale et transformant le quartier de Kallithea en vaste parc reliant l'Acropole à la mer !) multiplie les interventions élégantes et durables dans la ville, comme avec le très populaire bar/centre culturel Six D.O.G.S dont les structures de terre et de bois sont résolument durables.

© ALI CALISKAN - SHUTTERSTOCK.COM

Musée de l'Acropole.

BEAUX-ARTS

La Grèce, territoire à l'histoire éclatante et turbulente, a traversé les siècles pour offrir aujourd'hui un patrimoine culturel inégalable et passionnant dans toute son hétérogénéité. De ses sculpteurs antiques à ses photographes contemporains, le pays est doté de talents singuliers et regorge de lieux où admirer leurs œuvres : musées historiques ou galeries alternatives, il y en a pour tous les goûts. C'est bien entendu à Athènes que se concentre l'essentiel de l'activité artistique du pays, bien que Thessalonique soit de plus en plus attractive. La capitale, où abondent les trésors antiques et byzantins, traces de son riche passé, est aujourd'hui devenue l'un des grands hubs artistiques européens et se fait remarquer pour son caractère rebelle et chaotique, qui fait aussi son charme. Pour ne rien manquer de cette culture dense et complexe, il vaut mieux en connaître les nuances et s'organiser en conséquence. Voici donc quelques conseils.

Art et sculpture antiques

L'art antique s'est développé dans un style sobre et élaboré à la fois. Il se caractérise notamment par ses sculptures, l'une des formes qui a le mieux survécu au passage du temps. Trois grands sculpteurs grecs ont marqué le pays : Phidias (vers 490-431 av. J.-C.), Polyclète (Ve siècle av. J.-C.) et Praxitèle (vers 390-330 av. J.-C.).

Élève d'Agéladas d'Argos, Phidias a été chargé par son ami Périclès de la décoration du Parthénon et de la direction de la construction de l'Acropole. Ses œuvres les plus connues sont l'*Athéna Promachos* (vers 453), bronze de 8 mètres de hauteur placé sur l'Acropole, et l'*Apollon de Cassel* (vers 460). Son talent s'illustre en particulier dans les statues chryséléphantines (en ivoire et en or) d'Athéna pour le Parthénon et de Zeus pour le temple d'Olympie, dont il ne reste aujourd'hui que des fragments.

Polyclète est un sculpteur et architecte originaire d'Argos, élève d'Agéladas. Ses œuvres obéissent à la théorie des proportions du corps humain qu'il avait énoncée dans son ouvrage le plus important, le *Canon* (littéralement, « la règle »). La statue du *Doryphore*, *Le Porteur de lance*, considérée comme une base du classicisme et *Le Diadumène*, représentant un athlète se couronnant (conservé au musée d'Athènes), servirent de modèles à ses héritiers. Lysippe n'a-t-il pas appelé le *Doryphore* « son seul maître » ?

Né à Athènes, Praxitèle a créé avec l'*Aphrodite de Cnide* (copie antique) un type d'Aphrodite dont l'harmonie des courbes a influencé l'époque hellénistique. Il ne reste de lui malheureusement qu'une seule œuvre : la célèbre statue en marbre représentant *Hermès jouant avec l'enfant Dionysos*, conçue pour le temple d'Héra à Olympie. Elle se trouve aujourd'hui au musée d'Olympie.

Un autre genre qui a traversé les siècles est bien entendu la mosaïque, considérée comme l'une des formes d'art les plus anciennes du monde. Déjà populaires pour leur résistance dans le monde mésopotamien, avant d'être décoratives, elles ont pu démontrer leur qualité durable plus que de raison. C'est vers le VIIIe siècle avant notre ère que les Grecs s'emparent de cette technique et la modernisent en développant un processus de fabrication beaucoup plus élaboré. L'utilisation d'unités très petites et l'introduction de la géométrie et de la symétrie permettent de faire apparaître des images complexes, véritables chefs-d'œuvre, le plus souvent réalisées au sol. Elles représentent principalement des dieux païens, des hommes ou des animaux et nous en apprennent beaucoup sur la culture et les modes de vie antiques. Pour découvrir les mosaïques et d'autres formes d'art antique, on recommande bien évidemment le Musée archéologique d'Athènes, doté d'une très belle collection.

Art byzantin

L'art byzantin est essentiellement caractérisé par des œuvres et des édifices religieux orthodoxes (églises, monastères, basiliques, fresques, icônes…). Les églises byzantines répondent toujours aux mêmes formes architecturales : un plan en croix grecque avec une coupole centrale. Elles représentent l'univers, la création divine, et sont ornées par des fresques, des mosaïques et des icônes. Dans la religion orthodoxe, l'icône est vénérée comme une image sacrée. Elle est plus qu'une simple représentation, elle est censée incarner un saint ou une divinité. Dans les églises et les foyers, l'icône est sollicitée pour ses miracles et ses pouvoirs de guérison. Rendez-vous au splendide Musée byzantin d'Athènes pour apprécier les trésors de cette civilisation, de ses débuts jusqu'à sa chute en 1453.

© PHILIP BIRTWISTLE - SHUTTERSTOCK.COM

Vestiges du temple d'Olympie.

Un art moderne foisonnant connecté au continent

Après la période des peintures religieuses datant de l'époque byzantine, les influences se sont multipliées, notamment italiennes. À partir du XIXe siècle, les artistes grecs, très attachés à leur culture et à leur héritage, s'expriment à travers leur histoire. La guerre d'indépendance marque notamment les esprits et suscite des vocations : Theodoros Vryzakis (1814-1878) et Dyonissios Tsokos (1814-1878) ont illustré cette période avec talent, entre portraits et scènes de batailles, très idéalisés.

Les peintres grecs célèbres des XIXe et XXe siècles sont fortement influencés par les écoles de Munich, comme Nikiforos Lytras (1832-1904), Constantinos Volanakis (1837-1907), Nikolaos Gysis (1842-1901), et Georgios Iakovides (1853-1932). Dans le courant du XXe siècle, on laisse peu à peu plus de place et d'influence aux impressionnistes et modernes, la plupart des convaincus de l'école de Munich se tournant vers celle de Paris. On abandonne pour un temps la représentation d'événements historiques pour préférer des paysages de la Grèce remplis de couleurs et de lumière. On sent poindre cette influence chez Périclès Pantazis (1849-1884) ou Nikolaos Lytras (1883-1927), deux figures de l'impressionnisme grec. Petit à petit, différents mouvements postimpressionnistes émergent : fauvisme et expressionnisme, entre autres. Ainsi, Constantinos Maleas (1879-1928), proche du fauvisme, est considéré comme l'un des précurseurs de l'art moderne grec, avec ses paysages du pays dont il présente des interprétations très personnelles. Outre ces évolutions tournées vers l'Occident, les influences byzantines et orientales persistent, notamment dans les arts populaires. Theophilos Hadjimichail (vers 1870-1934) se fait connaître comme peintre naïf dans les années 1930.

En termes de sculpture, on retient Giannoulis Halepas (1851-1938). Né à Tinos, une île qui a une tradition de sculpture sur marbre, Giannoulis Halepas est le plus réputé des sculpteurs grecs de l'époque moderne. Sa mère, pensant que la maladie mentale dont était victime le sculpteur était à l'origine de son art, a malheureusement détruit une partie de ses œuvres. On peut admirer son talent à la **Glyptothèque** (p.114) d'Athènes mais aussi en parcourant les allées du **Premier cimetière** (p.124) d'Athènes.

Après-guerre, des peintres grecs, comme l'expressionniste George Bouzianis (1885-1959) ou Yannis Tsarouchis (1910-1989), continuent de développer l'art moderne et permettent l'éclosion de styles originaux. Alekos Kontopoulos (1904-1975) est quant à lui le premier artiste moderne ayant introduit l'abstraction dans la peinture grecque. À la fin du XXe siècle, Giorgio De Chirico (1888-1918), un Italien né en Grèce, fonde l'art métaphysique, alors même que Giannis Kounellis (1936-2017) figure parmi les chefs du mouvement Arte Povera et que Takis s'impose comme le grand maître de l'art cinétique (1925-2019). On peut admirer les œuvres de ces artistes à la Pinacothèque nationale d'Athènes.

© SAIKO3P - SHUTTERSTOCK.COM

Le musée Benaki.

Du daguerréotype à la photographie contemporaine

Les daguerréotypes ont été mentionnés pour la première fois dans la presse grecque en 1842, trois ans après leur invention en France, tandis que le premier portrait grec a été réalisé un an plus tard. Une dizaine d'années après commencent à s'établir les premiers photographes grecs et la photographie devient très populaire dans les décennies qui suivent. À l'époque, c'est une technique avant d'être un art et les praticiens doivent avant tout répondre aux commandes de leurs clients. La photographie se limite donc principalement au portrait et à la documentation de sites naturels ou de monuments. Au début du XXe siècle, les techniques se simplifient, ce qui provoque une forte augmentation du nombre de photographes professionnels, mais aussi l'apparition d'une photographie amateur. Ces années de trouble politique sont également marquées par l'essor du photojournalisme, un nouveau genre permettant de documenter les guerres dans les Balkans et en Asie Mineure.

Dans les années 1920-1930, un style proprement grec se développe, un pictorialisme singulier influencé par la littérature et l'ethnographie. Elly Seraidari (1899-1998), mieux connue sous le nom professionnel de Nelly's, active en Grèce de 1924 à 1939, est une figure clé de cette période dite « classique » d'avant-guerre, tout comme Spiros Meletzis (1906-2003). Pendant la guerre et après, Voula Papaioannou (1898-1990), Dimitris Harissiadis (1911-1993) et Kostas Balafas (1920) comptent parmi les photographes les plus reconnus. Papaioannou est une figure particulièrement remarquable. Autodidacte, elle commence la photographie à l'âge de quarante ans et produit pendant deux décennies un corpus extrêmement abouti, permettant à la Grèce de se démarquer sur la scène de la photographie moderne. Son travail documente l'époque de l'occupation et de la guerre civile et est doté d'une forte dimension sociale.

Dans les années 1950, l'intérêt pour la photographie se renouvelle, avec la création de la Greek Photographic Society et la tenue de plusieurs grandes expositions. Néanmoins, le phénomène s'essouffle rapidement face au manque de soutien institutionnel et de professionnalisme, jusqu'à l'apparition d'une « nouvelle photographie grecque » au milieu des années 1970. La création de centres photographiques et de programmes d'études spécialisés permet alors un renouvellement de la scène grecque. Ces nouvelles générations, bien que ne formant pas une école homogène, s'éloignent des clichés visuels grecs (plages ensoleillées et ruines antiques) et explorent leur environnement sous de nouveaux angles, dans ses aspects sociaux, urbains, post-industriels, ou bien simplement d'un point de vue intime. Le pays est aujourd'hui doté d'une culture photographique riche et dynamique, que l'on peut découvrir au Hellenic Center for Photography par exemple, où se tient chaque année le Athens Photo Festival.

Un art contemporain en plein essor

La création contemporaine en Grèce se concentre à Athènes et à Thessalonique. Athènes est devenue, au cours de ces dernières années, l'un des centres d'art contemporain les plus dynamiques et créatifs en Europe. Un réseau d'artistes, de passionnés et de mécènes s'est tissé, fort de ses ramifications à l'international. Les galeries d'art contemporain sont très nombreuses dans le centre d'Athènes, surtout à Kolonaki. Chaque année, divers événements comme Art Athina, la foire internationale d'art contemporain d'Athènes (www.art-athina.gr) ou ADAF, le festival d'Arts numériques (adaf.gr), ponctuent le calendrier. La Biennale d'Athènes a lieu une fois tous les deux ans (athensbiennale.org). Le musée national d'Art contemporain (EMST) n'a ouvert qu'au début des années 2000 et, bloqué par la crise économique, n'a pas pu développer ses collections aussi rapidement que prévu – ce n'est que depuis la Documenta 14 qu'il s'est considérablement rempli, et il vaut vraiment le détour.

En effet, ces dernières années, la ville a été choisie pour accueillir différents événements d'ampleur mondiale qui ont contribué à l'ancrer sur la scène artistique internationale. En 2016, le **musée Benaki** (p.116) a été l'hôte de « As one », un programme de sept semaines durant lequel a été présentée la « Méthode Abramovic » en présence de la célèbre performeuse serbe Marina Abramovic. Au printemps 2017, c'est l'exposition allemande Documenta qui décide de s'installer en terres helléniques, pour bénéficier d'une énergie créatrice en contraste avec celle de Kassel, la ville germanique d'origine. En correspondance, les deux villes se targuent d'échanger connaissances et visions du monde. *Learning from Athens* (Apprendre d'Athènes) est le sous-titre de cette exposition colossale qui mobilise la ville entière pendant près de quatre mois. Le musée national d'Art contemporain, le **musée Benaki** (p.116), l'école des Beaux-Arts, le conservatoire d'Athènes et l'université d'Architecture sont les principaux bâtiments ayant abrité les œuvres, performances, concerts, projections et autres discussions programmés pendant la Documenta. En outre, les parcs de la ville ainsi que ses places centrales ont été partiellement habités par cette vague artistique. À cette occasion, de nombreux artistes contemporains locaux sont mis en valeur, à l'instar de Zafos Xagoraris, pour n'en citer qu'un. Né en 1963, il a étudié à l'école des Beaux-Arts d'Athènes et au Massachusetts Institute of Technology (MIT). Son travail défie les genres artistiques classiques et consiste principalement en des installations publiques, des événements participatifs, des dispositifs visuels ou sonores. La Documenta a donc un impact à long terme sur la scène locale, agissant comme une vitrine et un tremplin de l'art contemporain grec. Néanmoins, de nombreuses oppositions émergent face à cette grande manifestation, jugée contradictoire avec le propos qu'elle est censée soutenir, et ce sont notamment les anarchistes du quartier d'Exarchia qui la critiquent le plus violemment, refusant l'instrumentalisation de la crise économique grecque et de celle des réfugiés, faisant bloc contre « l'intellectualisme », « l'exotisme » et « le post-colonialisme » associés à la Documenta.

En plus des événements majeurs qui ont secoué la ville ces dernières années, de nombreux lieux culturels soutiennent et abritent la création contemporaine. Les centres culturels **Onassis** (p.179)/Stegi, la **Stavros Niarchos Foundation** (p.222) et le Ileana Tounta Contemporary Art Center sont les plus renommés. AMOQA, le musée des Arts queer (amoqa.net), a ouvert ses portes récemment, encourageant les artistes dont les problématiques sont reliées aux thèmes du corps et de la sexualité, des sujets abordés de manière politique à travers performances, documentaires et débats. Certains petits bars athéniens accueillent également des expositions d'art contemporain éphémères, comme Barrett et **TAF** (p.180) à Psirri.

Le street art, symbole de l'énergie rebelle athénienne

Puisque l'origine du mot graffiti provient du grec *graphein*, qui signifie « écrire », « dessiner » ou « gratter », le street art en Grèce prend tout son sens. La pratique telle que nous la connaissons aujourd'hui a fait un long chemin avant d'arriver à Athènes, où elle jouit depuis quelques années d'une très grande popularité. En effet, Athènes est une ville très colorée et ses murs sont couverts d'affiches, de décorations et de fresques en tous genres. On trouve plusieurs immenses peintures murales, apparues grâce au soutien de la municipalité, notamment à l'occasion des Jeux olympiques de 2004. Nombre d'entre elles ont été réalisées par de jeunes artistes locaux, dont certains sont issus de l'école des Beaux-Arts d'Athènes, l'une des rares écoles à posséder un programme d'études dans cette (in)discipline !

Le street art est ainsi devenu l'un des caractères distinctifs de la ville, se fondant à merveille dans son énergie populaire, rebelle et festive. Des grandes fresques très travaillées aux expressions plus protestataires et spontanées, ces graffitis sont un moyen d'expression publique sans équivalent et font des murs de la ville un véritable lieu de débat. C'est dans les quartiers proches du centre-ville, en particulier à Exarchia, Psyrri, Anafiotika et Gazi, que l'on en retrouve le plus. Bien que ces œuvres puissent disparaître à tout moment, voici quelques pièces iconiques qui devraient durer : les peintures murales réalisées par le collectif brésilien Os Gemeos et la fresque emblématique d'Alexandros Vasmoulakis. Les premières se situent sur les murs de l'ILPAP, le dépôt de bus situé à proximité de la zone archéologique de Kerameikos. Elles se caractérisent par un style très coloré et par des personnages à la peau jaune. La seconde se trouve sur la place principale de Psyrri et se distingue par son aspect très graphique, à mi-chemin entre collage, photographie et peinture.

MUSIQUES ET SCÈNES

Tandis que la Grèce était aux prises avec sa dette publique puis avec l'Union européenne, sa scène artistique, par réaction, touchait doucement son point d'ébullition. De ce foisonnement, on connaît la « Greek New Wave », le renouveau du cinéma local dont le visage le plus connu est le réalisateur multi-récompensé Yorgos Lanthimos. Ce qui s'est produit dans le cinéma trouve un écho dans tous les arts. Malgré les coupes budgétaires drastiques, la musique, le théâtre et la danse se sont maintenus à flot – voire ont prospéré, comme l'opéra – grâce à des choix artistiques pertinents et un public en constante augmentation. Mais de loin, naturellement, on ne perçoit que la surface. De la culture grecque, on connaît la Callas, on reconnaît le bouzouki. Il suffit alors d'un voyage sur place pour sonder la profondeur de la musique, du théâtre ou de la danse grecque, dont l'histoire est millénaire.

La musique classique

Existe-t-il une musique classique ou savante grecque ? Voilà la question qui a longtemps taraudé de nombreux experts et artistes locaux. Très schématiquement, la période ottomane en Grèce (entre les XVe et XIXe siècles) cantonne le pays à la musique byzantine ecclésiastique. Il faut attendre la création du Conservatoire d'Athènes en 1871, et surtout un homme, Manolis Kalomiris (1883-1962), pour envisager l'établissement d'une « école nationale grecque » en musique. Dans le même esprit qu'un Bartok en Hongrie, Kalomiris rêvait d'une musique nationale, basée sur les chants populaires. Considéré comme la figure de proue de la musique savante grecque du XXe siècle, il a surtout marqué celle-ci par la création d'institutions importantes (dont le Conservatoire national) plus que par ses compositions (redécouvertes après sa mort). Son héritier le plus direct est sans aucun doute Nikos Skalkottas (1904-1949). Figure révérée, cet élève de Schoenberg concrétise le rêve de Kalomiris avec les *36 Danses grecques* où il marie folklore local et avant-garde musicale. À l'international, le nom le plus prestigieux dans le domaine musical est de loin Mikis Theodorakis (1925-2021). Célèbre auteur de la musique du film *Zorba le Grec*, on connaît moins ses cinq opéras, quatre ballets et sept symphonies traversés par une écriture puissante, pleine de démesure. Theodorakis fut aussi le chef de file du « Entekhno », ce mouvement des années 1950 introduisant des mélodies et rythmes folkloriques grecs dans la musique orchestrale. Moins connu, plus contemporain, Thanos Mikroutsikos (né en 1947) demeure un grand nom de la musique atonale qui a grandement participé à la libération formelle de la musique grecque. Et il serait injuste de parler de musique classique grecque sans aborder les artistes Mitropoulos et Xenakis. Dimitris Mitropoulos (1896-1960), le Mahler du pays, fut un pianiste étonnant, une personnalité hors-norme et un chef d'orchestre exigeant. Plus contemporain, Yannis Xenakis (1922-2001) était quant à lui un grand musicien de recherche, célèbre pour ses travaux sur l'électroacoustique auxquels la musique actuelle doit énormément.

Pour écouter de la musique classique ou de l'opéra en Grèce continentale, le plus simple est de suivre la carrière de Mýron Michaïlídis. Grand chef d'orchestre grec, il a élevé vers l'excellence chaque lieu et ensemble dont il a eu la direction. Entre 2004 et 2011, Michaïlídis est directeur artistique général de l'Orchestre symphonique d'État de Thessalonique dont il a renouvelé la programmation et redoré le blason. Pour voir ce dernier, il faut se rendre au Thessaloniki Concert Hall, petit bijou d'architecture dominant la mer, réalisé par l'architecte japonais Arata Isozaki. Michaïlídis a ensuite été directeur artistique de l'Opéra national de Grèce à Athènes entre

Mikis Theodorakis.

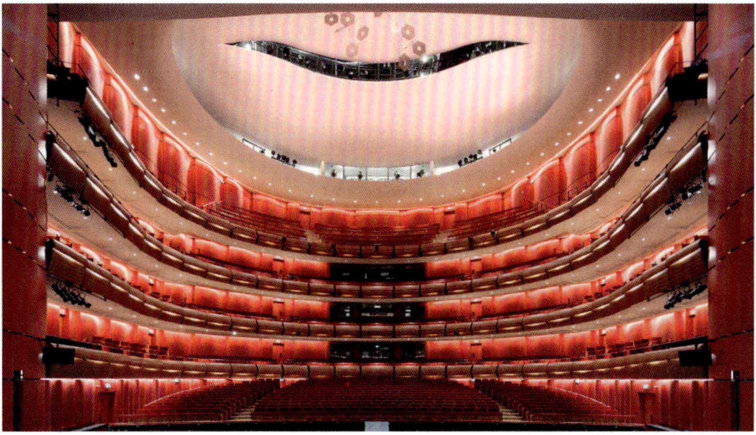

Fondation Stavros Niarchos.

2011 et 2017. Tour de force (pour ne pas dire de magie), en pleine crise grecque, il sauve l'institution de la banqueroute, renouvelle son public, sa programmation ainsi que sa réputation. On y voit des coproductions internationales avec de grands théâtres lyriques européens, des maîtres (Verdi, Wagner ou Puccini) impeccablement mis en scène ou des œuvres grecques contemporaines. C'est sous son impulsion que l'Opéra national a déménagé de l'Olympia, son théâtre historique du centre d'Athènes, vers la Fondation Stavros Niarchos, un centre des arts de la scène ultra-contemporain, dessiné par Renzo Piano. Autre nom à suivre : Byron Fidetzis. Ce chef d'orchestre a beaucoup travaillé autour du répertoire grec et le voir diriger l'Orchestre national d'Athènes ou l'Orchestre symphonique national de Thessalonique offre un panorama intéressant sur le répertoire local. Lieu emblématique d'Athènes, impossible aussi de ne pas citer le **Megaron Moussikis** (p.179), le « Palais de la Musique ». Complexe moderne, inauguré en 1991, il programme le meilleur de la musique classique et de l'opéra international. C'est dans ce joyau moderne à l'excellente acoustique que l'on voit les stars mondiales, la programmation est donc à surveiller de près. Et des stars mondiales justement, le pays en a vu naître quelques-unes. Côté solistes, citons le pianiste Dimitris Sgouros ou le violoniste virtuose que les orchestres s'arrachent, Leonidas Kavakos, sans oublier le très charismatique chef d'orchestre Teodor Currentzis, « l'enfant terrible du classique », réputé pour ses interprétations radicales. Et il y a bien entendu Maria Callas, « la Callas », soprano magnifique qui passionna les foules autant sur scène qu'en dehors. La diva demeure aussi célèbre pour l'intensité de ses interprétations, l'étendue de son registre, la tessiture de sa voix, que pour sa liaison tumultueuse avec l'armateur Aristote Onassis. Abandonnée pour Jackie Kennedy et ayant perdu sa voix, elle est morte isolée en 1977. Depuis, le mythe Callas ne cesse de vivre et le trentième anniversaire de sa mort en 2007 fit l'objet de grandes manifestations à Athènes.

Les musiques traditionnelles et populaires

Dès que l'on parle de musiques traditionnelles ou populaires en Grèce, viennent immédiatement en tête des images de « sirtaki » ou des échos de bouzouki, la mandoline grecque. Si ces deux aspects monopolisent l'imaginaire, un monde d'une profondeur fabuleuse se dissimule derrière. Carrefour de la Méditerranée, envahi à maintes reprises, l'histoire du pays est imprimée dans ses musiques traditionnelles et populaires. Cela s'entend dans la richesse de ses influences, à la fois slaves, turques, vénitiennes ou arabes. Si toutes les îles, par leur passé, connaissent des folklores propres, la Grèce dans son ensemble partage trois grands piliers musicaux : le *dimotiko*, le *rebetiko* et le *laïko*.

▸ **Le *dimotiko*,** c'est le chant populaire grec le plus ancien. Il est communément divisé en deux mouvements, l'akritique, datant du IXe siècle, et le klephtique, courant durant toute l'occupation ottomane, de la fin de la période byzantine au début de la Révolution grecque de 1821. Ce dernier style est particulièrement intéressant d'un point de vue documentaire car il relate une part importante et sombre de l'histoire grecque (via des histoires d'amour, d'exil, de liberté, de mort...). Le *dimotiko* est aussi l'occasion d'entendre tous les instruments typiques de la musique folklorique : la *gaida* (cornemuse), la *lira*, le *laouto* (le luth grec), le *tambouras* (un autre luth grec), le *daouli* (tambour)...

© SNFCC - NIKOS KARANIKOLAS

Agora de la fondation Stavros Niarchos.

▶ **Le *rebetiko*.** Mais le genre grec emblématique par excellence, d'ailleurs classé patrimoine culturel immatériel de l'humanité, c'est le *rebetiko*. C'est par lui que la musique populaire a pris son essor, au début des années 1960. Ce « blues grec », chant des déracinés, des exclus, des marginaux, est né dans les cafés souterrains du quartier du Pirée à Athènes ainsi qu'à Thessalonique, dans les années 1920. Il raconte le quotidien fait de pauvreté, de douleur, de faim ou de toxicomanie des « Micrasiates », ces réfugiés grecs expulsés d'Asie Mineure en 1922. Une très belle musique gorgée de spleen qui a connu son heure de gloire entre les mains de Vassilis Tsitsanis, Markos Vamvakaris ou Marika Ninou. Écouter du *rebetiko* est un rituel, un incontournable du voyage en Grèce. Pour en trouver, direction le vibrant quartier d'Exarchia à Athènes. Ici, trois excellentes adresses ne déçoivent jamais : Aggelos restaurant caché à l'étage d'un vieux bâtiment, avec du bon *rebetiko* (et parfois quelques voix connues du genre), le pétillant Trichordo et son groupe maison, ou Kavouras, une charmante gargote conviant de très bons artistes locaux. Autrement, le brut et sombre Hamam de Petralona est considéré comme une des meilleures scènes *rebetika* en ville.

▶ **Le *laïko*** est apparu plus récemment. Signifiant « populaire », le mot désigne un style de musique pop, descendant du *rebetiko*, apparu dans les années 1950 et 1960. Il a évolué avec le temps et qualifie désormais la pop moderne grecque dans son ensemble (il peut même s'entendre comme synonyme de « mainstream »). Véritable variété locale, le laïko a porté deux stars dans les années 1960 : Stelios Kazantzidis et Manolis Angelopoulos. Parmi les grands noms de la musique grecque contemporaine, son plus illustre ambassadeur fut Manos Hatzidakis (1925-1994). Célèbre compositeur des *Enfants du Pirée*, il est aussi le découvreur de Nana Mouskouri et a fait voyager le *rebetiko*. Il est, avec Melina Mercouri, de ces artistes qui ont donné une dimension internationale aux airs grecs. Depuis les années 1980, les grands noms de la musique populaire grecque sont Dionysis Savvopoulos, Charis Alexiou, Nikos Papazoglou, Giorgos Dalaras ou le rockeur Vassilis Papakonstandinou. Pour goûter à toutes les musiques populaires grecques, comme le laïko, Pontiki est un incontournable à Kypseli. Sinon le Melodeion, à Lavrion, centre culturel dédié à la musique grecque – qu'elle soit populaire, rock ou contemporaine – est également une excellente adresse.

Le jazz

Sans pour autant parler de « renouveau jazz », la Grèce a porté ces dernières années quelques noms très remarqués sur la scène internationale. Parmi les plus importants, on peut noter le contrebassiste Petros Klampanis, le grand vibraphoniste Christos Rafalides ou Vassilis Tsabropoulos, passionnant pianiste, aussi très actif dans le classique contemporain. En Grèce, il n'y a pas de traditions jazz et le folklore local ne s'y est jamais vraiment marié (comme en Hongrie par exemple). Mais comme partout le genre a ici de nombreux adeptes. Ainsi, chaque année depuis 2001, la capitale accueille le Athens Technopolis (p.180) Jazz Festival, évènement porté sur les nouvelles formes de jazz et les nouvelles scènes mondiales. Toujours gratuit, ce rendez-vous très prisé se tient à Technopolis, une ancienne usine à gaz reconvertie en musée et centre culturel. Autrement, les amateurs de jazz adoreront The Zoo, bar un poil excentré qui mérite le détour pour son ambiance, Half Note, plus vieux jazz club de la ville et point de chute des gros groupes de passage en ville, ou encore le Spiti Art bar, un incontournable avec de bons groupes et un très joli cadre.

Les musiques actuelles

Après plus d'une décennie de crise et de politique d'austérité, les difficultés à maintenir un projet artistique à flot dans le pays sont innombrables. Et pourtant, beaucoup d'artistes ont fait le choix de ne pas s'expatrier. Parmi ceux qui alimentent la scène locale et tout en cultivant une reconnaissance internationale, on peut citer Dimitris Papadatos (connu comme Jay Glass Dubs), Panagiotis Melidis (aka Larry Gus) et surtout le duo Keep Shelly In Athens. Trois entités connues à l'étranger, trois projets de musique électronique. Et ce n'est sans doute pas dû au hasard. Le pays a regorgé d'artistes visionnaires dans le domaine par le passé comme Vangelis (compositeur de la B.O. de *Blade Runner*) dans les années 1980 ou Léna Plátonos, une pionnière et fierté locale. L'importance de la musique électronique dans la jeune création actuelle peut aussi s'expliquer de deux manières. La première est que le genre est quasi systématiquement instrumental. Sans parole, il transcende la barrière de la langue et s'exporte très facilement. Et puis la musique électronique est souvent une bande-son de la vie nocturne. Et le moins que l'on puisse dire, c'est qu'Athènes et Thessalonique sont particulièrement vivantes la nuit. Dans la capitale, c'est bien simple, on n'a que l'embarras du choix. Un des lieux les plus prisés de la scène artistique locale (et du public) est **Six D.O.G.S** (p.179). Niché dans le quartier de Monastiraki, l'endroit propose des évènements quasiment tous les soirs et parvient à réunir la crème de l'électronique locale et internationale avec une petite inclination pour l'avant-garde. Unique en ville. Un autre incontournable des nuits blanches athéniennes, c'est **Booze Cooperativa** (p.176). Décoré comme nul autre avec ses longues tables en bois, ses bancs, ses expos photo et son atmosphère néo-indus, Booze détonne dans le paysage local. Arty et LGBT-friendly, même dans sa programmation (par ailleurs très vaste : électro, pop, hip-hop, etc.). Lui aussi singulier, lui aussi néo-industriel, lui aussi adoré des Athéniens : le **Romantso** (p.176). Cette ancienne imprimerie reconvertie en espace de *coworking*, bar et club compose une programmation exigeante faite de talents locaux. Une bonne adresse pour goûter au meilleur de la création locale. La programmation la plus pointue de la scène locale revient haut la main au bien-nommé Temple. Situé à deux pas de **Technopolis** (p.180) dans Gazi, l'endroit compose des nuits comme on ne pensait en voir qu'à Berlin.

À noter que la capitale jouit aussi d'une très belle scène rock (particulièrement « stoner rock »). On en écoute au Kyttaro, un centre névralgique pour le genre depuis 1970 situé vers Exarchia ainsi qu'au Gagarin 205.

Enfin, n'oublions pas qu'il fut un temps où l'on venait d'Athènes pour profiter des nuits de Thessalonique. Hideuse et froide pour certains, la ville se dévoile la nuit sous un nouveau jour : festive, décontractée, jeune, métissée. Désormais, si la vie nocturne bat toujours son plein, la qualité des événements proposés n'égale pas ceux d'Athènes.

La danse

Fait amusant, le *sirtaki* n'est pas une danse traditionnelle, mais elle est l'est devenue avec le temps. Créée en 1964 par Jean Vassilis (sur une musique de Théodorakis) pour le film *Zorba le Grec* de Michel Cacoyannis, elle s'inspire néanmoins d'une danse traditionnelle, le *hasápikos* (ou *hasaposerviko*) de Constantinople mais n'existait pas à proprement parler avant ça. La danse traditionnelle la plus célèbre du pays n'est donc pas « traditionnelle ». Et pourtant des danses folkloriques, en Grèce, il y a en a énormément – on en dénombrerait même 10 000 différentes sur tout le territoire. Et si elles sont le reflet des spécificités régionales, elles partagent un socle commun. Par exemple, à l'instar du *syrtos*, de nombreuses danses sont exécutées en rond. En effet, à l'origine, en formant un cercle, les danseurs entendaient se protéger des influences néfastes. Parmi les danses régionales remarquables, dans le Péloponnèse on trouve le *tsakonikos*, reconnaissable par sa ronde qui s'achève en formation labyrinthique. En Thessalie, on voit des *karagouna* aux costumes fabuleux. Dans l'Épire, on danse le *tsamiko*, entre hommes seulement et en se tenant la main à hauteur d'épaule. Et en Macédoine, il n'est pas rare d'assister à une *anastenaria*, rituel de la marche sur le feu accompagné de chants et de danses.

DÉCOUVRIR

Danseurs folkloriques.

© MICHALAKIS PPALIS - SHUTTERSTOCK.COM

Joueur de laouto.

L'histoire de la danse classique en Grèce est incarnée par une figure majeure : Tatiana Mamaki. Elle fut chorégraphe de l'Opéra national, fonda l'École de ballet d'Athènes et permit à la danse grecque de rayonner hors de ses frontières. Aujourd'hui, le Ballet national grec est entre les bonnes mains de Konstantinos Rigos. Directeur de l'institution depuis 2018, il entreprend de donner une lecture grecque contemporaine à de grands classiques (*Le Lac des cygnes*) tout en valorisant des piliers du patrimoine local comme Hatzidakis. Côté danse contemporaine, le pays jouit de quelques chorégraphes adorés à l'international et réputés pour l'intensité et l'ingéniosité de leur proposition, comme Dimitris Papaioannou ou Toúla Limnaios. Pour savourer la danse contemporaine locale, le mieux est de se rendre à la Fondation Onassis d'Athènes. Gigantesque complexe de 18 000 m² entièrement dédié à l'art (danse, théâtre et arts plastiques), aux tarifs particulièrement accessibles, l'endroit s'est imposé à un moment où la capitale manquait cruellement de salles de spectacle d'envergure.

Le théâtre

Si l'on cherche le berceau du théâtre occidental, on atterrit forcément en Grèce. D'Eschyle, père de la tragédie, à Sophocle et ses dilemmes moraux en passant par Euripide, qui a bouleversé l'écriture du récit héroïque, le théâtre moderne doit énormément à la Grèce antique. Eclipsé par l'importance de son aïeul, le théâtre grec contemporain est moins remarqué mais certainement pas moins remarquable. Des dramaturges comme Iákovos Kambanéllis, Dimítris Dimitriádis (jadis mis en scène en France par Patrice Chéreau), Níkos Kazantzákis (auteur du roman qui a inspiré *Zorba le Grec*), Yánnis Mavritsákis (joué en France à l'initiative d'Olivier Py) ou encore Lèna Kitsopoùlou portent l'écriture grecque dans ce qu'elle a de plus diverse et vivante sur la scène internationale. Et si la crise de 2008 et ses coupes budgétaires ont laissé supposer une baisse d'activité ou de qualité, le théâtre grec contemporain s'est, à l'inverse, redynamisé, porté par une nouvelle génération d'acteurs et de metteurs en scène surprenants et audacieux.

Une des meilleures adresses du pays reste le Théâtre National de la Grèce. Fondé en 1930, il visait à l'époque la promotion de la culture grecque à travers des productions de théâtre grec ancien. Sous l'impulsion de son actuel directeur artistique Dimitris Lignadis, l'endroit se tourne désormais aussi vers la dramaturgie moderne et le théâtre expérimental. Autre très bel endroit en ville, le Théâtre Poreia propose des mises en scène actuelles et efficaces de textes qu'ils sont toujours les premiers à jouer. Et, comme pour la danse contemporaine, la Fondation Onassis est un point d'ancrage important du théâtre contemporain grec. Le succès est inébranlable, les représentations ont souvent lieu à guichets fermés. Mais l'épicentre du théâtre en Grèce demeure le Festival d'Athènes et d'Epidaure. Dirigé par Yorgos Loukos, il est un des plus denses et beaux festivals de théâtre européens et sa programmation propose d'excellents textes et auteurs. Les représentations se déroulent dans les lieux les plus prestigieux de la capitale, dont l'Odéon d'Hérode Atticus sur la silhouette illuminée de l'Acropole. Il est bon de se renseigner car assister à une pièce antique ou à un ballet contemporain sur ces gradins de marbre plurimillénaires est une expérience tout simplement unique.

LITTÉRATURE

Berceau de la mythologie, de la littérature et de la philosophie, la Grèce est une destination incontournable pour tous les amoureux des lettres. Fondateurs de la philosophie occidentale, les célèbres Socrate, Platon et Aristote marquent encore aujourd'hui les œuvres contemporaines. Leurs pensées ont influencé de nombreux domaines : religion, politique, science... Ils incarnaient la philosophie comme art de la pensée, à la source de toute création artistique. Parmi eux, les dramaturges antiques tiennent une place particulière. De nombreux auteurs modernes ont également donné leurs lettres de noblesse à la littérature grecque. La Grèce a hébergé deux prix Nobel de littérature en 1963 et 1979, respectivement Georges Séféris et Odysseus Elytis. Qu'elle soit d'inspiration religieuse, philosophique ou politique, la littérature grecque a toujours rayonné sur l'Europe et sur le monde et reste une source de fierté pour ses habitants.

La marque de l'héritage homérique

Impossible de parler de la Grèce sans évoquer Homère, auteur de l'*Iliade* et de l'*Odyssée,* qui marque le passage d'une littérature orale à une littérature écrite. Ces deux œuvres évoquent principalement les thèmes de l'épopée, du voyage et de l'altérité. Elles rappellent les rapports entre les Anciens et les morts, basés essentiellement sur le souvenir du défunt et les offrandes. On sait très peu de choses sur la vie de Homère, si ce n'est que l'aède vécut dans la première moitié du VIIIe siècle av. J.-C., à Smyrne notamment. Certains spécialistes ont d'ailleurs émis l'hypothèse que la figure d'Homère aurait été inventée de toutes pièces et que l'*Iliade* et l'*Odyssée* seraient le fruit de plusieurs auteurs anonymes. Une chose est sûre : le succès de ces deux épopées ne s'est jamais démenti. L'*Iliade*, qui trouva chez les Anciens la plus grande faveur, célèbre la prouesse individuelle, dans un style fougueux et abondamment fleuri. L'épopée retrace la dernière année de la guerre de Troie, exactement six journées et six nuits. Pour faire simple, ce conflit, qui durera dix ans, oppose deux peuples : les Achéens (Grecs) et les Troyens. Il débute après l'enlèvement d'Hélène, épouse de Ménélas, par le Troyen Pâris. Le récit dépeint les combats livrés par des héros hors du commun : Hector, Ajax, Achille...

Quant à l'*Odyssée*, elle narre le retour du héros Ulysse, qui a permis grâce à sa ruse (son cheval) de pénétrer dans Troie, sur son île d'Ithaque où son épouse Pénélope l'attend. Un retour qui prendra dix longues années, ponctuées de diverses aventures. Le héros grec devra en effet affronter les Cicones, les Lotophages, les Cyclopes, la belle et enchanteresse Circé, le royaume des morts d'Hadès, les sirènes, Charybde et Scylla...

DÉCOUVRIR

Ulysse et les prétendants, épisode de l'Odyssée.

Sophocle.

Pendant tout ce temps, la fidèle Pénélope fera tout ce qu'elle peut pour repousser tous les prétendants. Pour cela, sa ruse consiste à dire qu'elle épousera un nouvel époux lorsqu'elle aura terminé sa tapisserie. Ainsi, pour ne jamais la terminer, chaque nuit elle défait son travail. C'est une véritable inspiration héroïque qui éclate ainsi dans cette *Odyssée* initiatique d'un homme qui, en vingt ans de guerres et d'aventures, ne désespéra jamais : Ulysse absent ou présent, rusé et invincible, reste, même misérable, le héros humain par excellence.

Les grands noms de la littérature antique

Regardons de plus près qui sont ces auteurs qui ont marqué toute la littérature de leur génie et qui continuent encore à influencer les artistes et à imprégner les penseurs contemporains. Commençons par le philosophe Héraclite (vers 540-480 av. J.-C.) : il nous reste des fragments de son ouvrage *De l'Univers* qui aborde autant la physique ou la politique que la théologie. Il y définit le feu comme l'élément primitif de la matière. Le monde, perpétuellement en mouvement et en devenir, trouve son origine et son harmonie dans le conflit des contraires. De son côté, Eschyle (vers 525-456 av. J.-C.) est considéré comme le fondateur de la tragédie grecque. De ses 90 œuvres nous n'en connaissons que sept, dont *Les Perses* et *Prométhée enchaîné*. Il a donné au drame ses lois rigoureuses en faisant une plus grande place aux dialogues et à l'action. Il a introduit le masque et a innové en matière de mise en scène. Connaissez-vous *Œdipe roi*, *Antigone* ou encore *Électre* ? Ce sont les pièces les plus célèbres du poète tragédien Sophocle (entre 496 et 494-406 av. J.-C.). Sur plus d'une centaine de pièces créées, sept nous sont connues. Contrairement à Eschyle chez qui les dieux jouent un rôle primordial dans les affaires humaines, l'œuvre de Sophocle semble influencée par le spectacle d'une Athènes démocratique à l'apogée de son système social et politique.

C'est d'ailleurs dans une Athènes déclinante, où les classes sociales, les traditions et les institutions deviennent vacillantes, qu'Euripide (480-406 av. J.-C.) compose ses 92 pièces, dont 18 seulement nous sont parvenues. C'est une œuvre qui rompt avec la célébration traditionnelle du passé et qui innove en s'interrogeant sur les passions des hommes de son temps. La modernité de son œuvre lui a valu une gloire posthume. De lui sont connues les pièces *Les Bacchantes*, *Médée*, *Électre*... Venons-en maintenant à Socrate (vers 470-399 av. J.-C.). Ce philosophe athénien, hostile à tout enseignement dogmatique, n'a jamais écrit aucun traité de philosophie. Sa pensée est surtout connue par *Les Dialogues* de Platon, *Les Nuées* d'Aristophane et *Les Mémorables* de Xénophon. Sa méthode repose sur des interrogations qui doivent amener ses interlocuteurs à dépasser leurs propres contradictions. En résumé, il s'efforce de perfectionner la devise : Connais-toi toi-même. Accusé d'impiété envers la religion d'État et de corruption de la jeunesse, il est condamné à boire la ciguë (plante toxique des chemins et des décombres) après avoir refusé de s'enfuir par respect des lois de la cité. De son côté, Démocrite (vers 460-370 av. J.-C.) hérite de la tradition philosophique d'Ionie. Aucun texte original ne nous étant parvenu, ce sont Aristote et Diogène Laërce qui nous ont fait connaître sa philosophie. Fondateur de son école, sa pensée définit la nature comme une infinité d'atomes, particules invisibles, indestructibles et complémentaires entre elles, dont le mouvement dans le vide est à l'origine des êtres, des mondes et de l'univers. Pour lui, le bonheur est à rechercher dans la modération des désirs. Peut-être moins connu du grand public, Aristophane (vers 445-380 av. J.-C.) est un poète satirique fort apprécié de son temps. Il critique avec un humour caustique l'actualité sociale et politique. De son œuvre de 44 pièces, appartenant à la comédie ancienne, 11 pièces seulement nous sont parvenues. De tendance conservatrice, il attaque les démocrates en guerre contre Sparte dans *Les Acharniens*, raille les philosophes tels que Socrate ou Euripide dans *Les Nuées* et *Les Grenouilles* ou encore traite de problèmes sociaux dans *L'Assemblée des femmes*. Pour ce qui est de Platon (vers 428-348 av. J.-C.), on l'imagine dispensant son enseignement dans les jardins d'Académos, là où il avait créé son académie, le doigt levé, comme nous le montre Raphaël dans *L'École d'Athènes*. La connaissance pour lui n'est concevable que si l'on dirige l'âme vers la contemplation du Bien et du Vrai. Toute son œuvre s'applique à transmettre cet idéal : *L'Apologie de Socrate*, *Le Banquet* (sur l'amour), *La République* (sur l'organisation de l'État), *Les Lois* (sur celles de la cité). Quant à Aristote (384-322 av. J.-C.), il fut le précepteur d'Alexandre le Grand à partir de 342, mais, plus encore, l'élève brillant de Platon. Très vite, pourtant, il crée sa propre école à Athènes, rivale de l'académie de Platon : le Lycée ou Peripatos, sorte de péristyle où l'on apprend en discutant et en se promenant. Aristote s'intéressera à la physique, à la métaphysique, aux sciences naturelles, à la littérature.

Littérature moderne

L'histoire de la littérature grecque moderne est étroitement dépendante de la question de la langue. Au IIIe siècle av. J.-C., quelques linguistes décident de figer le grec littéraire dans une sorte de crispation archaïsante. C'est la *katharévousa* qui s'oppose totalement au grec vivant qui, lui, évolue au fil des siècles et qu'on appelle la langue démotique. Cette dernière triomphera dans la littérature à partir du XIXe siècle. Mais cette opposition linguistique a largement paralysé l'expression littéraire grecque. Forme du nationalisme, la littérature grecque a par ailleurs pâti d'un manque d'identification nationale face à de multiples occupants (Vénitiens, Génois, croisés, Ottomans). La poésie orale grecque est la première forme littéraire moderne à se structurer. On note ici le rôle du poète du XVIIe siècle, Vitsentzos Cornaros qui, dans son *Erotokritos*, reprend la tradition des chants populaires crétois et rejette une langue figée et savante. Ces chants populaires locaux ont une importance primordiale dans l'émergence d'une littérature grecque moderne et permettent l'utilisation de la langue démotique, vivante et parlée, comme langage poétique et littéraire. Le clivage entre libéraux et réactionnaires perdure jusqu'au XIXe siècle. Le poète Dionysios Solomos (1798-1857) s'inscrit dans la lignée du chant populaire et réalise la synthèse poétique qui permet la victoire du démoticisme. La littérature grecque moderne est née ! Une figure domine cette nouvelle génération qui va s'illustrer jusque vers 1920 : c'est le poète Costis Palamas (1859-1943), dont l'œuvre est le reflet du lyrisme nationaliste en vogue dans le nouvel État grec. La génération de 1880 puise allègrement dans le folklore populaire, comme Alexandre Papadiamantis (1851-1911), maître en la matière. Ce dernier est considéré comme l'un des plus grands écrivains modernes grecs et comme le fondateur des lettres modernes. C'est un auteur prolifique, puisqu'il a écrit près de deux cents essais, nouvelles et romans. Certaines de ses œuvres ont été publiées en feuilleton dans des journaux, mais beaucoup le seront après sa mort. Il a écrit par exemple des romans historiques comme *Les Immigrés*. (1881), *Les Marchands des Nations* (1882), mais a également tourné sa plume vers la vie et les mœurs de son siècle, les passions amoureuses. Ceux qui aiment se plonger dans la vie des auteurs auront un grand plaisir à découvrir sa maison dans la ville de Skiathos, devenue musée.

Les auteurs contemporains

Comme pour mieux faire écho à ses ancêtres, la Grèce a hébergé deux prix Nobel de littérature en 1963 et 1979, respectivement Georges Séféris (1900-1971) et Odysseus Elytis (1911-1996). Citons également Nikos Kazantzakis (1883-1957) qui doit sa renommée à son œuvre la plus célèbre, *Alexis Zorba* (1946). Constantin Cavafy (1863-1933) continue de donner à la poésie grecque ses lettres de noblesse. Enfin, Stratis Tsirkas (1911-1980) est considéré comme l'un des meilleurs romanciers contemporains. Sa trilogie *Cités à la dérive* (1960-1965) a remporté, en France, le prix du meilleur livre étranger. Des écrivains encore plus contemporains comme Vassilis Alexakis (1943-2021), Takis Théodoropoulos, Alexis Stamatis, Ersi Sotiropoulos ou Petros Markaris ont une production littéraire également remarquable.

DÉCOUVRIR

© HELEFTY - ISTOCKPHOTO.COM

Aristote.

TOP 10

LECTURE

Mythologie, philosophie, voilà de quoi se nourrir de la richesse littéraire de la Grèce... La littérature antique sait également laisser sa place aux plumes modernes et contemporaines qui ne manquent pas de caractère !

UN BEL OUVRAGE

Naissance de la Grèce : De Minos à Solon, 3200 à 510 avant notre ère. Pour les amoureux d'histoire qui souhaitent tout connaître sur la Grèce.
Collectif – *Belin, 2019.*

UNE BD RIGOLOTE ET SAVANTE À LA FOIS

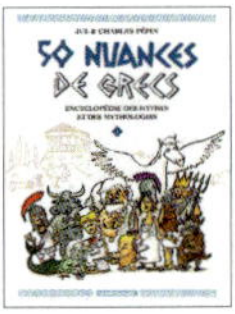

© DARGAUD

50 nuances de Grecs, Tome 1 : Encyclopédie des mythes et des mythologies. L'auteur s'amuse à mettre en scène les mythes dans des contextes actuels.
Jul – *Chronique Éditions, 2017.*

À PARTIR DE 3 ANS

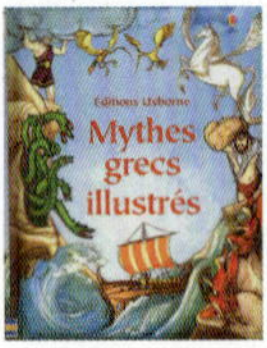

© EDITIONS USBORNE

Mythes grecs illustrés. Pas mal pour découvrir la mythologie dès le plus jeune âge.
Collectif – *Usborne, 2013.*

PRIX NOBEL 1963

© GALLIMARD

Poèmes (1933-1955), suivi de *Trois poèmes secrets*. Une poésie teintée de pessimisme et de désespoir.
Georges Séféris – *Gallimard.*

PAR UN GRAND AUTEUR

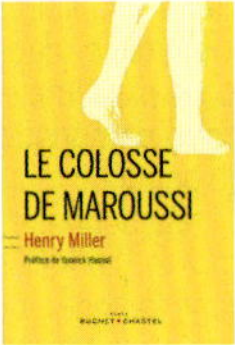

© BUCHET CASTEL

Le Colosse de Maroussi. Miller nous propose le récit de son voyage en Grèce en 1939.
Henry Miller – *Stock, 1941.*

ENTRE FICTION ET RÉALITÉ

© ACTES SUD

Une lampe entre les dents, chronique athénienne. La crise grecque métamorphosant la ville.
Christos Chryssopoulos – *Actes Sud, 2013.*

À LIRE ET À RELIRE

Zorba le Grec (1964) en est l'adaptation cinématographique.
Alexis Zorba, Nikos Kazantzakis – *Pocket.*

POUR LES AMATEURS DE BD

L'œuvre d'Homère en BD (trois tomes), original ! L'Iliade, sous la direction de Luc Ferry - *Glénat, 201*

UN BON POLICIER

Liquidations à la grecque. Une intrigue qui se déroule dans le monde de la finance.
Petros Markaris – *Seuil, 2011.*

PRIX NOBEL 1979

Temps enchaîné et *Temps délié*. Pour découvrir la plume de cet auteur proche des poètes surréalistes français.
Odysseus Elytis – *L'Échoppe.*

A L'ÉCRAN

Bizarre, vous avez dit bizarre ? Faut-il vraiment s'étonner que la crise économique sans précédent qu'a connue la Grèce en 2008 ait coïncidé avec le jaillissement d'une nouvelle génération de cinéastes à l'imagination fertile, adeptes de jeux théoriques cruels et d'humour noir ? On connaît les legs de son histoire millénaire que contemplent imperturbablement des paysages aux airs de paradis. Pêle-mêle : mythologie, sens du tragique et de la comédie, démocratie athénienne, brutalité spartiate, ignorance malicieuse de Socrate, métaphysique de Platon ou cynisme de Diogène. Voilà qui explique peut-être cette singularité du cinéma grec, dont « la vague bizarre » n'est que le dernier avatar : une faculté à faire fi de l'adversité et des catastrophes de l'histoire. Ne nous y trompons pas : si le cinéma grec est un fleuve d'images dans lequel on ne se baigne jamais deux fois, c'est qu'il invite plutôt à se laisser surprendre.

Des débuts chaotiques

Le cinéma grec a presque toujours dû composer avec une situation politique instable. Quelques années après l'apparition du septième art, les guerres balkaniques puis gréco-turques et l'expulsion des grecs d'Asie donnent le *la* à un siècle houleux. Le premier long-métrage grec, *Golfo* (Konstantinos Bachatoris, 1915), est un échec. C'est aussi le premier-né d'un genre cher au cinéma grec, les films en fustanelle, du nom d'un costume traditionnel : ce sont des mélodrames bucoliques qui idéalisent la vie à la campagne et une forme d'innocence prémoderne. La création de la Dag Films, la première des sociétés de production véritablement professionnelle, en 1927 sous la houlette des frères Gaziádis, marque un premier tournant. Mais l'avènement du parlant vient renforcer le poids de la concurrence étrangère et porter un nouveau coup à une production déjà exsangue et étranglée par la censure. Quelques rescapés résistent : des tentatives de productions gréco-turques suggérant un timide rapprochement qui ne prend pas vraiment, ou *Daphnis et Chloé* (Orestis Laskos, 1931), chef-d'œuvre du cinéma muet grec. L'histoire veut que ce soit le premier film à présenter une scène de nudité, ce qui rapporté à la sculpture antique n'a rien d'étonnant. Finos Film, qui deviendra l'une des plus grandes sociétés de production, créée en 1942, amorce un nouveau changement alors que les sorties grecques étaient devenues quasiment inexistantes. On lui doit *La Voix du cœur* (Dimitris Ioannopoulos, 1943), émouvant mélodrame qu'il est coutume de considérer comme le véritable acte de naissance du cinéma grec mais il faut attendre la fin de la guerre civile pour que le studio connaisse son véritable envol. Yórgos Tzavéllas, autre pionnier, signe le premier film – déjà considéré comme un chef-d'œuvre – *Applaudissements* (1944) d'une œuvre qui sera couronnée de succès.

Une parenthèse dorée (1950-1960)

La relative stabilité politique des années 1950 et 1960 correspond à l'une des périodes les plus fécondes du cinéma grec. Michael Cacoyannis en est le réalisateur emblématique. Les accents tragiques de *Stella (1955)* proviennent du fond des âges mais son héroïne rétive au mariage est éminemment moderne. Le film fait d'emblée de Melina Mercouri – pour laquelle c'est alors le premier rôle au cinéma – une star. Pour son rôle dans *Jamais le dimanche* (1960), réalisé par Jules Dassin avec qui elle s'est mariée, elle reçoit le prix d'interprétation à Cannes. Le film est le versant joyeux de *Stella*, réunissant et opposant une prostituée au grand cœur et un Américain, féru de culture antique, qui voudrait la réformer. Les éléments de folklore dont joue le film sont en passe de devenir des clichés : la taverne comme décor central, la danse et les airs de bouzouki, un tempérament volcanique. *Zorba le Grec* (Michael Cacoyannis, 1964), tourné en Crète à la Cranée et dans la péninsule d'Akrotíri, devient la vitrine de ce folklore à l'international et la musique de Míkis Theodorákis, qui illustre une célèbre scène de sirtaki (une danse populaire grecque rendue célèbre par *Zorba le Grec*), fait le tour du monde. Entretemps, Níkos Koúndouros signe *Ville magique* (1954), aux influences néoréalistes, qui oppose les habitants pauvres mais dignes du quartier de Dourgouti au monde dépravé de la pègre, assimilé à la modernité, et surtout *L'Ogre d'Athènes* (1956), qui en poursuit le thème mais vire davantage au noir. Le réalisateur Tákis Kanellópoulos (*Ciel* en 1962, *L'Excursion* en 1966 et *Parenthèse* en 1968) qui a fait ses armes avec des documentaires, signe des films qui représentent des tentatives tout à fait à part de cinéma lyrique, détaché de toute référence littéraire (ils sont quasiment dénués de dialogues pour les deux derniers).

Plage de Stavros où a été tourné le film « Zorba le Grec ».

Fort dans la tourmente

La dictature des colonels (1967-1974) s'accompagne d'une forte répression : bon nombre de cinéastes, dont la créativité s'en trouve comme décuplée, vont se retrouver derrière les barreaux ou contraints à l'exil. Parmi les réussites, miraculeuses compte tenu du contexte, on peut citer *Evdokia* (Alexis Daminos, 1971), tourné dans la périphérie d'Athènes, où l'on retrouve l'archétype de la prostituée élevée au rang d'héroïne tragique. Le film contient une célèbre scène de zeibekiko, une danse traditionnelle. *Les Fiançailles d'Anna* (Pandélis Voulgaris, 1972) se présente comme une double critique de la bourgeoisie et de la dictature à travers l'histoire d'une bonne asservie. Une kyrielle de films historiques, qui prennent les libertés de rigueur avec l'histoire, sont produits avec la bénédiction du régime. *Qu'as-tu fait à la guerre, Thanassis ?* (Dínos Katsourídis, 1971) en est une satire, et son succès annonce une prise de conscience politique de la part des spectateurs, alors que comédies sans distinction et films érotiques dominent le circuit commercial. Au même moment, celui que l'on considère aujourd'hui comme l'un des plus grands cinéastes grecs, Theo Angelopoulos, fait ses débuts. Un hermétisme certain lui permet d'échapper à la censure de la dictature. A n'en pas douter, son cinéma lent, contemplatif et austère peut aussi tenir à distance le spectateur qui, pressé, risque de passer à côté de sa force mélancolique et méditative. Comme dans *Le Voyage des comédiens* (1975), qui suit les pérégrinations d'une troupe de théâtre jouant *Golfo*, une pièce grecque et bucolique, à travers le pays, son œuvre multiplie les références à la tragédie antique. Ses films fleuves collectionneront les prix, dont une Palme d'or pour *L'Eternité et un jour* en 1998, qui se déroule à la frontière gréco-albanaise. Le cinéma local a peiné à se relever de la dictature mais les productions étrangères se sont engouffrées dans la voie qui leur était ouverte : *Une femme à sa fenêtre* (Pierre Granier-Deferre, 1976) avec Romy Schneider, qui dresse le portrait d'une bourgeoisie décadente (qui est aussi l'objet des *Fainéants de la vallée fertile* de Nikos Panayotopoulos en 1978), un épisode de James Bond évidemment (*Rien que pour vos yeux*, John Glen, 1981) où le monastère des Météores et Corfou sont mis à l'honneur, etc. La réalisatrice anglaise Clare People a tourné une comédie estivale délicieuse et méconnue, *Soleil Grec* (1987), à Lindos, sur l'île de Rhodes. Son thème ? Le désagrément causé par l'invasion touristique aux habitants permanents. Le film le plus célèbre des années 1980 est aussi le plus coûteux : *Rebétiko* (Costa Ferris, 1983) tient son nom d'une musique traditionnelle grecque. La vie de la chanteuse Markia Ninou en est à la fois la source d'inspiration et le prétexte pour célébrer la résilience du peuple grec à travers quarante ans d'histoire. Le cinéma grec semble momentanément coincé comme Ulysse chez Circé, profitant peut-être d'une tranquillité retrouvée. Toujours est-il que la production des années 1980 et 1990, hormis celle d'Angelopoulos, est singulièrement pauvre ou sous-évaluée. Exception très marginale, les films de Nikos Nikolaïdis, qui préfigurent vingt ans à l'avance la « vague bizarre » du cinéma grec : *Singapore Sling* (1990) est une variation sadique à la bizarrerie frénétique ou forcée, au choix, sur *Laura* de Preminger. *Safe Sex* (Thanasis Papathanasiou, Michalis Reppas, 1999) fête la fin du siècle en devenant provisoirement le plus grand succès du cinéma grec. La place lui sera ravie par un *Un ciel épicé* (Tassos Boulmetis, 2003) qui revient sur le pogrom d'Istanbul en 1965.

Les années 2000

De manière générale, alors que la crise se profile, le cinéma grec présente des signes de vitalité de plus en plus nombreux. D'abord un huis-clos, *Boîte d'allumettes* (Yannis Economides, 2002), qui met en scène une famille en implosion dans la banlieue d'Athènes. Des films plus conventionnels : les mariages forcés qui prévalaient au début du siècle précédent fournissent le sujet de deux beaux mélodrames de Pantelís Voúlgaris, *Les Mariées* (2004), puis *Little England* (2013) tourné à Andros. *Hardcore* (2004) évoque la vie de deux jeunes filles dans le bordel où elles ont échoué. Son réalisateur, Dennis Iliasdis, est parti aux Etats-Unis pour s'y consacrer au cinéma d'horreur. *100 % grec* (Filippos Tsito, 2009) dont le titre français n'est pas très fidèle à l'original, *L'Académie de Platon* ironise sur trois buralistes qui passent leurs journées à deviser et sur leur racisme larvé. Rien ne laisse alors vraiment présager la « vague bizarre » du cinéma grec lancée par *Canine* de Yorgos Lanthimos en 2009, alors que le pays s'est enfoncé dans la crise. Le film connaît un retentissement à l'étranger inhabituel pour un film grec dans le sillage duquel vont s'engouffrer *L* (Babis Makridis, 2011), *Attenberg* (2012), puis *Chevalier* (2015) d'Athina Rachel Tsangari. En 2016, son septième film, *The Lobster*, bénéficie d'un casting international, de Colin Farrell à Léa Seydoux, et remporte également un franc succès, dépassant les frontières helléniques. Il est encore revenu en compétition à Cannes en 2017 avec *La Mise à mort du cerf sacré* (*The Killing of a Sacred Deer*), un huis clos pervers et violent avec (encore) Colin Farrell et Nicole Kidman. Yorgos Lanthimos a étudié à l'école de cinéma Stavrakos à Athènes. Il s'est marié avec l'actrice française Ariane Labed, rencontrée lors du tournage du film *Attenberg* d'Athina-Rachel Tsangari. Il revient en 2019 avec *La Favorite* (*The Favourite*) avec Olivia Colman, Emma Stone et Rachel Weisz. Absurde, cruauté, abstraction, loufoquerie plus ou moins glaciale caractérisent ce mouvement qui prend un malin plaisir à rompre avec la vraisemblance. *Miss Violence* (Alexandros Avranas, 2013) s'ouvre par le suicide d'une enfant, avant de rassembler les pièces de ce puzzle. Tourné sur l'île d'Antiparos, *Suntan* (Argyris Papadimitropoulos 2017) est une variation pleine de noirceur sur le thème du démon de midi. Pendant ce temps, Hollywood a donné l'impression de redécouvrir la Grèce, au gré de *Capitaine Corelli* (John Madden, 2001) qui vaut essentiellement pour ses visions de Céphalonie, la plus grande des îles ioniennes, *Mamma Mia !* (Phyllida Lloyd, 2008), tourné sur les îles de Skiathos et Skopelos dans le village côtier de Damouchari, ou *The Two Faces of January* (Hossein Amini 2014), qui pérégrine de l'Acropole, parmi les ruines de l'agora jusqu'à la Crète, la cité minoenne de Cnossos et le port de La Canée.

Décor grec, également, pour le troisième volet d'une trilogie romantique, *Before Midnight* (Richard Linklater, 2013) qui voit ses deux personnages se promener dans le Magne, dans le Péloponnèse. Et enfin, le dernier film de Costa Gavras *Adults in the Room* (2019), un thriller politique dont l'action a lieu dans la Grèce d'après les six premières années de crise économique lors de l'avènement au pouvoir, pour la première fois dans l'histoire grecque, de la gauche radicale et les coulisses du pouvoir de l'Union européenne. Considéré par son réalisateur comme « une tragédie grecque ancienne des temps modernes », ce film est inspiré de l'ouvrage de G. Varoufakis, ministre des Finances, *Invincibles vaincus*.

© DALIU - SHUTTERSTOCK.COM

Le port de La Canée a servi de décor au film « The Two Faces of January ».

GASTRONOMIE

La Grèce continentale offre des contrastes saisissants : des montagnes boisées de l'Épire et de la Macédoine jusqu'aux rivages déchiquetés de l'Attique et du Péloponnèse, la cuisine locale a su bénéficier de la diversité de ces paysages. Un repas grec traditionnel commence souvent par des mezzedes, des bouchées apéritives qui se déclinent à l'infini avant de passer au plat principal. Le régime méditerranéen reste de mise et l'huile d'olive comme les légumes, les fruits de mer, les céréales, les fromages, les viandes – notamment l'agneau et le porc – sont savamment assaisonnés pour préserver la saveur des plats sans trop en altérer le goût. Un grand nombre de desserts sont accompagnés du fameux café grec alors que côté boissons alcoolisées, le vin – héritier d'une tradition millénaire – domine aux côtés de nombreuses liqueurs dont l'ouzo, à base d'anis, que l'on sert à toutes les occasions.

L'art du mezze

Comme dans le reste de la Méditerranée, les Grecs commencent les repas par des petites bouchées pour se mettre en appétit, appelées mezzedes en l'occurrence, terme venant de l'arabe et que l'on retrouve également en Turquie et au Liban. Ils peuvent cependant constituer un repas entier, tant ils sont divers et surtout délicieux. L'ouzerie est un lieu spécialisé pour les amateurs d'ouzo, que l'on sert abondamment avec les mezzedes. Cette eau-de-vie est servie glacée et souvent allongée avec de l'eau comme le pastis, dont le goût s'en rapproche. Chacun picore dans les assiettes parmi un choix souvent impressionnant.

Parmi les mezzedes les plus connus, citons évidemment la fameuse *horiatiki* ou salade grecque à base de tomate, concombre, oignon, olive et feta, le tout couvert d'huile d'olive et d'origan. Ensuite vient le tzatziki, une délicieuse crème au yaourt, avec concombre, aneth et ail pilé. Il est d'ailleurs servi aussi bien comme hors-d'œuvre que pour accompagner des viandes grillées. Le *taramosalata* est une purée à base d'œufs de poisson fumé et d'huile d'olive. Ne vous étonnez d'ailleurs par s'il est jaune pâle lorsqu'on vous le sert : c'est sa couleur naturelle, les industriels français ayant pris la mauvaise habitude d'y rajouter des colorants lui donnant une teinte rose fluo lorsqu'on l'achète au supermarché. On retrouve d'autres préparations crémeuses à déguster avec du pain comme le *mélitzanosalata*, un caviar d'aubergine citronné ou l'houmous qui, bien que d'origine arabe, compte parmi les mezzedes les plus appréciés en Grèce. La *fava* est une crème de pois cassés proche de l'houmous, mais elle est servie aussi bien tiède qu'à température ambiance et garnie d'oignons crus émincés et de quelques olives. Les légumes marinés sont généralement appréciés comme les *piperies florinis*, des piments doux de Florina, rôtis avec de l'huile de l'olive et du vinaigre. Les inratables *dolmadakia* (ou *dolma/dolmades*) sont des feuilles de vigne en saumure farcies de riz et d'oignon, relevées d'aneth et de jus de citron. Elles sont servies chaudes ou froides.

Mais il existe de nombreux mezzedes chauds comme les *kalamarakia tiganita* ou calamars frits qui sont au moins aussi populaires que le *htapothi sti skhara*, le fameux poulpe grillé au barbecue. Plus surprenants, les *tomatokeftedes* sont des croquettes frites à base de tomate, parfumées de menthe et d'origan. Mais les Grecs adorent également d'autres types de beignets comme les *kolokythokeftédes*, des croquettes de courgettes râpées, ou les hortokeftédes, des croquettes de légumes feuilles (épinards, pissenlit, chou, oignon vert). Les *kolokythoanthoi*, sont des beignets de fleurs de courgette farcies de fromage. Enfin il y a aussi de nombreuses viennoiseries salées – qui sont d'ailleurs souvent dégustées sur le pouce toute la journée – comme le *tiropita*, un chausson feuilleté en pâte filo fourré de feta, ou le *spanakopita*, garni d'épinards. Les *piroski* sont des chaussons frits fourrés de diverses garnitures (viande, fromage, épinards, etc.).

Les fromages grecs sont souvent servis en tant que mezzedes, simplement arrosés d'un filet d'huile d'olive mais on les retrouve aussi cuits. C'est le cas du *saganáki*, une entrée de feta grillée à la poêle, et de la feta psiti, ou feta au four, rôtie avec quelques herbes et des tranches de tomate. La plupart des fromages sont produits dans les régions du nord (Macédoine, Épire et Thessalie), à base de lait de chèvre et de brebis, comme l'*anthotyros* ou le *manouri*, proches de la feta mais au goût plus doux et plus crémeux. Le *kefalotyri* est à l'inverse beaucoup plus sec et dur, comme du parmesan. Certains fromages sont également confectionnés à base de lait de vache comme le *metsovone*, qui est parfois même fumé. Il existe aussi des préparations froides comme le *galotiri*, une crème à base de feta et de yaourt.

Beaucoup de ces plats sont généralement présents en Turquie et dans le monde arabe sous d'autres noms. À noter par ailleurs que la différence entre plat principal et hors-d'œuvre en Grèce est moins marqué qu'en France par exemple. Ainsi, beaucoup de spécialités citées ci-dessus peuvent être servies en plus grosse quantité en tant que plat principal.

Les essentiels de la cuisine grecque

Bien que la Grèce semble être un pays constamment baigné par le soleil, beaucoup de régions en hiver, notamment dans les terres, peuvent être carrément froides et il existe beaucoup de recettes de soupes nourrissantes faites avec des produits simples comme la fasolada, à base de haricots blancs et de légumes assorties, ou le faki confectionné avec des lentilles. L'*avgolemono* se prépare à partir d'un bouillon qui est ensuite épaissi avec un mélange de jaune d'œuf et de jus de citron. Mais on déguste aussi des soupes plus légères comme la *kakavia*, sorte de bouillabaisse mêlant poissons, pomme de terre, carottes et safran. Enfin, les plus curieux testeront la *patsas*, à base de tripes, qui aurait la vertu de guérir la gueule de bois.

En plat principal, les grillades sont à l'honneur et elles constituent souvent une page entière dans les menus des restaurants grecs. Le souvlaki se présente sous la forme d'une grosse brochette de viande, le plus souvent de porc ou de poulet, mais aussi parfois de bœuf ou d'agneau. Dans le même genre, la *païdakia* désigne généralement des côtelettes d'agneau grillées et finement épicées, alors que les *keftédès* sont des boulettes de viande hachée parfumées d'oignon, d'origan, de menthe et d'aneth. Elles peuvent être simplement grillées ou cuites dans une sauce tomate épaisse et sont alors appelées *keftedes me saltsa domata*.

En dehors des grillades, on distingue un grand nombre de plats cuisinés comme la moussaka alternant viande hachée et aubergines confites, le tout nappé de béchamel et gratiné ou dans le même esprit le *pastitsio* où les aubergines sont remplacées par des macaronis. En effet, en plus des pâtes italiennes traditionnelles, on retrouve beaucoup de pâtes en Grèce comme les *kritharaki* [ressemblant à du riz] ou les *hilopites* [petites nouilles carrées]. Le *giouvetsi*, cuit au four, se compose de poulet, d'agneau ou de bœuf et de petites pâtes et de sauce tomate parfumée avec de la cannelle, du clou de girofle et du laurier. Le terme *yemista* désigne différents types de légumes [notamment des poivrons et des aubergines] farcis de riz et de viande hachée et cuits au four. Le *stifado* est un copieux ragoût de bœuf – plus rarement de porc ou de lapin – confit dans une sauce aigre-douce à base de vin, d'échalote et de cannelle. Le *soutzoukakia smyrneika* est un plat de croquettes de viande en sauce tomate d'inspiration turque. Assez proche, le *spetsofai* est un ragoût de saucisse aux poivrons et à la tomate.

Les Grecs consomment également beaucoup de légumes qui entrent dans la composition de nombreux plats cuisinés. La *fasolakia* est un plat de haricots verts en sauce tomate. Dans le *gigandes plaki*, les haricots verts sont remplacés par d'énormes haricots blancs, appelés en Grèce *fasolia gigandes*. Le *prasorizo*, une sorte de risotto aux poireaux, se fait très populaire en hiver.

Poissons et gyros

Même sans compter les innombrables îles qui entourent la Grèce continentale, le pays en lui-même possède un ensemble de caps, de baies, de presqu'îles et autres golfes, qui rendent les produits de la mer indispensables à la cuisine grecque. Rouget, daurade, espadon, crevettes, poulpe et calamars constituent les classiques, le plus souvent grillés ou frits, délicatement assaisonnés et servis avec quelques quartiers de citron. Le maquereau [*safridia*] grillé est par exemple très apprécié pour sa chair grasse. On observe cependant des plats plus élaborés tels que le *psari plaki*, un poisson au four couvert d'un mélange de tomates et d'oignons confits, ou encore les *garides me feta*, un plat de crevettes mijotées dans une sauce tomate et couvertes de feta émiettée. Les *mýdia saganáki* sont une recette assez similaire, mais à base de moules. Enfin, le poulpe est souvent grillé, tant sous forme de mezze qu'en plat principal. Sinon, on retrouve également le *stifado* de poulpe, longuement mijoté dans du vin rouge. Les *psarotavernas* sont des restaurants spécialisés dans le poisson et les fruits de mer.

Côté street food, il est absolument impensable de passer à côté du fameux gyros, version grecque du kebab, composé d'un pain pita bien moelleux, garni de viande effilochée [porc ou poulet], de frites, de tomates, d'oignons et de tzatziki. Idéal pour les petits budgets, son prix dépasse rarement les 3 €.

© ZORYANCHIK - ISTOCKPHOTO.COM

Dolmadakias.

DÉCOUVRIR

Desserts et pause café

En dessert, on termine souvent son repas par des fruits frais : pêches, melons, pastèques ou encore abricots, notamment en été où les températures parfois cuisantes appellent à un peu de fraîcheur. Parfois, le repas peut aussi se conclure par un simple yaourt nappé d'un filet de miel avec quelques pistaches. Beaucoup de douceurs sont en effet dégustées pendant la journée avec un café. Elles se composent surtout d'une base d'amandes, de pistaches ou de sésame, parfumées au miel, à la fleur d'oranger ou à la cannelle, comme le baklava, un gâteau en forme de losange à base de pâte filo et de fruits secs – notamment des noix – et imbibé d'un sirop à la cannelle. Assez proche, le *kataïfi* remplace la pâte filo par des cheveux d'anges. Ce gâteau très sucré est également connu sous d'autres noms en Turquie et dans le monde arabe. Le *galaktoboureko* se compose aussi de pâte filo qui renferme une crème à base de lait et de semoule parfumée au citron. Très proche, le *bougatsa* est fourré d'une crème au fromage frais. Moins connue, la *moustalevria* est une sorte de pudding de jus de raisin proche d'une pâte de fruit, que l'on garnit de noix hachées et de graines de sésame. Le *moustokouloura*, un type de sablé en forme d'anneau, se parfume à la mélasse de jus de raisin et à la cannelle.

Il existe plusieurs spécialités liées aux fêtes religieuses comme la *koulourakia*, une brioche vanillée aux graines de sésame préparée pour Pâques. C'est aussi le cas du *tsouréki*, une brioche souvent tressée parfumée avec des zestes d'agrumes et de la mahaleb, une poudre obtenue à partir de noyaux de cerises sauvages. La *lazarakia*, pain brioché, se consomme pendant le premier samedi de la Semaine sainte. Le *vasilopita* est l'équivalent du gâteau des rois – mangé entre le Jour de l'An et l'Épiphanie – dont l'aspect, assez libre, se situe entre un gâteau et une brioche avec une pièce cachée dans la pâte. Les *melomakarono* sont des biscuits au miel de Noël tout comme les *kourabiedes*, de gros sablés aux amandes entièrement couverts de sucre glace. Les *diples* sont de fins beignets croustillants en forme de tubes, que l'on imbibe de sirop avant de le saupoudrer de cannelle et de noix hachées, très communs au Nouvel An et pour les mariages.

Enfin, le café tient une place essentielle en Grèce. Le typique café grec (équivalent du café turc) n'est pas filtré, il vaut mieux attendre quelques minutes pour que la couche de marc se dépose au fond de la tasse. Essayez-le sucré (*glyko*), moyen (*metrio*) avec du lait (*me gala*) ou sans lait (*choris gala*). Un café infuse dans un petit pot à long manche (*briki*) en utilisant des grains de café très finement moulus. Il est servi souvent avec un verre d'eau. Sinon le classique expresso est servi dans tous les bars et restaurants.

Vins, ouzo et autres produits du marché

Avec une histoire viticole vieille de plus de 6 000 ans, il est évident que la Grèce a un savoir-faire unique en matière de vin. Pendant l'Antiquité et jusqu'au Moyen Âge, les vins grecs étaient importés à travers l'Europe pour les têtes couronnées et les négociants les plus fortunés. Pour les blancs, goûtez les châteaux Matsas, Tsandali, Aghioritiko, Strofilia, Lazaridi et Gerovassileio. Pour les rosés, tentez les Tsandali et Calligas. Enfin, pour les rouges, les vins de Naoussa Boutari, Hadjimihali, Karras, Lazaridi,

Stifado.

© DOGAYUSUFDOKDOK - ISTOCKPHOTO.COM

Baklavas.

Gerovassileiou et Malvazia sont à tester. Parmi les AOC (Appellation d'Origine Contrôlée) en Grèce continentale, on peut citer les cépages de Némée, de Mantinée, de Patras, du Mavrodaphni de Patras, du Mavrodaphni de Rio et du Muscat de Patras dans le Péloponnèse. En Macédoine, on retrouve l'Amyntaio, le Gouménissa, l'Epanomi et le Naoussa. Dans l'Épire, on ne compte que le cépage de Zitsa, alors qu'en Thessalie on peut citer le Rapsani, l'Anchialos et le Mesenikola.

Si la bière n'est pas originaire de Grèce, c'est une boisson alcoolisée très populaire. On observe bien sûr diverses marques internationales, bien que les bières grecques, telles que Mythos ou Alpha, soient tout à fait respectables et souvent moins chères. Parmi toutes les liqueurs grecques, l'ouzo occupe une place centrale. Il se consomme généralement à l'apéritif. On peut le boire sec avec un glaçon ou le diluer dans de l'eau glacée, qu'il rendra laiteuse comme du pastis. Parfumé à l'anis, il titre généralement aux alentours de 40°. Dans un restaurant, il est souvent moins cher de commander une petite bouteille pour deux ou trois personnes plutôt que de prendre des verres séparés. Le *retsina* ou vin résiné est un vin sec blanc ou rosé produit à travers le pays depuis plus de 2 000 ans. À l'origine, les vins étaient transportés dans des amphores en terre cuite dont on augmentait l'étanchéité en les enduisant de résine de pin, donnant au vin un goût unique. La *retsina* bénéficie d'une AOC et est majoritairement produite dans l'Attique et l'Eubée. Une autre liqueur plus étonnante, l'*arbaroriza*, se prépare à base de feuilles de géranium odorant. Le *mavrodafni*, un vin fortifié, et la *tentura*, une liqueur de cannelle et de clou de girofle, sont originaires de Patras, en Grèce occidentale. Le *tsipouro*, une liqueur de marc de raisin, est notamment produite dans l'Épire, la Macédoine et la Thessalie. Enfin, la *mastiha* est une liqueur à base de résine de mastic, un arbre proche du pistachier.

Un régime à l'huile d'olive

L'huile d'olive est évidemment l'un des produits les plus caractéristiques de la Grèce et parmi les 19 variétés bénéficiant d'une AOP, on en retrouve cinq produites en Grèce continentale : Halkidiki, Kalamata, Lygourio, Laconie et Olympia. Mais bien sûr les olives en elles-mêmes sont un produit de choix à rapporter dans ses valises. Les olives de Kalamata produites dans le sud du Péloponnèse sont les plus connues. Ces olives violettes et charnues bénéficient d'une Appellation d'Origine Protégée (AOP), mais ce ne sont pas les seules. Les olives Konservolia produites à Amfissa, Arta, Volos et les olives vertes de Halkidiki jouissent également d'une AOP. Si les raisins de Corinthe – produits dans toute la Grèce évidemment – sont très communs en France, on retrouve dans la région d'Aeghion, au nord du Péloponnèse, les raisins secs de Vostizza, connus pour leur goût unique, qui bénéficient d'une Appellation d'Origine Protégée (AOP). On peut également citer le miel de sapin de *Menalou vanilia*, dont le statut est protégé. Il est produit dans 24 municipalités et communautés au sein d'Arcadia, dans le Péloponnèse central. Enfin, si l'Iran assure presque 95 % de la production mondiale de safran, la Grèce arrive en deuxième sur le podium. Le safran de Kozani, en Macédoine, est souvent considéré comme l'un des meilleurs du monde et possède également une AOP.

AGENDA

Malgré la crise et les coupes budgétaires en matière culturelle, Athènes reste une ville animée où les festivités sont nombreuses. Outre les célébrations religieuses comme Pâques, Noël ou le 15 août, qui donnent lieu à des *panygiria*, des fêtes traditionnelles avec musique et banquet et des marchés, des festivals en tout genre, des événements sportifs et des concerts ont lieu toute l'année. Avant votre arrivée, vous pouvez notamment consulter le site de la mairie d'Athènes en anglais : www.thisisathens.org. Ou alors, connectez-vous sur la page Facebook « Free Athens events » qui propose un grand nombre de bons plans. La plupart des billets pour les événements suivants peuvent être achetés au grand magasin Public, place Syntagma, ou sur le site : tickets.public.gr. Les dates suivantes sont à retenir, car elles bloquent souvent la ville : le jour du Non, le 28 octobre, et la commémoration du 17 novembre.

AGHIOU IOANNI [SAINT-JEAN]

Akadimias Platonos

Le 24 juin, de 21h à 1h30.

Equivalent de la Saint-Jean française : pour accueillir l'été, pour se protéger du mauvais sort et s'épurer des démons de l'année passée, pour célébrer le jour le plus long de l'année… On se rejoint sur les places des villages – et à Athènes, le plus gros rassemblement est au parc Akadimias Platonos – pour sauter au-dessus d'un gros feu, en ronde, au son de musiques traditionnelles, tambours et clarinettes. Entre transe collective et festival de village grec, on y passe un bon moment. Le feu reste allumé jusqu'à 1h30.

ATHENS XCLUSIF DESIGNERS WEEK

✆ +30 210 92 11 013

www.axdw.gr

Fin octobre généralement. Les dates peuvent changer : consultez le site.

L'Athens Xclusif Designers Week donne l'opportunité aux créateurs grecs de faire défiler leurs collections et de montrer les dernières tendances de la haute couture et du prêt-à-porter devant un parterre de stylistes reconnus, de journalistes et de fashion addicts. Les médias étrangers ont déjà commencé à relayer l'événement, signe prometteur pour la haute couture grecque. Tous les ans, des créateurs internationaux sont également sur le haut de la liste des invités d'honneur.

BIENNALE D'ART CONTEMPORAIN D'ATHENES

7 Pydnas

✆ +30 210 52 32 222

www.athensbiennale.org/contact-gr/

D'octobre à décembre.

Depuis la première biennale, sur le thème « Destroy Athens », l'événement s'est tenu chaque année à Athènes, d'octobre à décembre. La fondation Biennale se revendique comme une plateforme d'échanges, de collaboration et de recherche entre les différents acteurs de la scène artistique contemporaine à travers le monde. En 2018, le sujet était ANTI (Contre). Connectez-vous sur www.athensbiennale.org/en/ pour plus d'informations.

COMICDOM CON ATHENS

✆ +30 694 471 8514

www.comicdom-con.gr/en/

En avril. Les manifestations ont lieu à l'Union Hellénique-Américaine et à l'Institut Français d'Athènes. Entrée gratuite.

La convention de bande dessinée d'Athènes prend majoritairement place dans les locaux de l'Institut français et de l'Union américaine, tandis que depuis peu de temps des expositions et autres manifestations ont également lieu en plein air. Au rendez-vous, artistes grecs et internationaux, concours de cosplay, dédicaces, ventes de dessins et de livres. Parmi les invités : Ribić, dessinateur de Marvel Comics tandis que Wonder Woman a fêté ses 80 ans, en 2022 à Athènes, en collaboration avec le Cartoon Art Museum de San Frascisco ! C'est bondé, mais c'est jovial.

COMMÉMORATION DE LA RÉVOLTE DU 17 NOVEMBRE 1973

École polytechnique d'Athènes

Manifestations du 15 au 17 novembre.

Le 17 novembre, chaque année, une grande commémoration a lieu à l'École polytechnique d'Athènes. A cette date en 1973, les étudiants et plusieurs citoyens ont occupé l'Université et se sont révoltés contre la dictature des Colonels. Les chars d'assaut avaient alors pénétré dans l'établissement, écrasant plusieurs étudiants. Depuis, on vient déposer des fleurs dans l'enceinte de l'École polytechnique, et, pendant trois jours, des manifestations et conférences sont organisées.

FESTIVAL D'ATHÈNES

✆ +30 210 9282900

www.greekfestival.gr

De mai à octobre.

Le festival d'Athènes est l'événement par excellence des arts du spectacle. Créé en 1955, c'est l'un des plus anciens et des plus renommés festivals d'Europe. Chaque année, des artistes réputés, grecs et internationaux, dévoilent leur talent devant un public nombreux et exigeant. Les représentations du théâtre ancien grec et contemporain, les performances de danse, les concerts ont lieu dans des anciens bâtiments industriels réhabilités, dans plusieurs espaces publics et de plein air et, surtout, dans l'Odéon d'Hérode Atticus, au pied de l'Acropole.

EKO RALLYE ACROPOLIS

✆ +30 210 6898357

www.acropolisrally.gr/portal/el/

Se renseigner sur le site car les dates changent selon les années.

Malgré les difficultés économiques, le rallye de l'Acropole, la plus grande et la plus mondialement connue compétition automobile de l'Attique et de Grèce en général, continue d'attirer les foules, mais sur une période qui désormais ne dure que 6 jours. La compétition se déroule la dernière semaine du mois de mai ou la première semaine de juin. Le point de départ a traditionnellement lieu au pied de l'Acropole et l'arrivée a lieu devant le Zappeion. Le parcours dure 6 jours et couvre une grande partie de la Grèce continentale et de l'Attique.

FESTIVAL DU FILM FRANCOPHONE ★

✆ +30 210 33 98 600

www.festivalfilmfrancophone.gr/

Fin mars-début avril.

Dans un souci de promotion du cinéma français dans le monde, le Festival du film francophone de Grèce, organisé par l'ambassade de France, révèle le succès des films français en Grèce. Le festival commence à Athènes et se poursuit à Thessalonique. Depuis plus de 20 ans et pendant une semaine, les spectateurs se divertissent tout en découvrant différents créateurs, acteurs, auteurs et courants esthétiques sans lesquels le septième art ne pourrait se concevoir.

ÉPIPHANIE

6 janvier.

Dans le rite orthodoxe, l'Épiphanie célèbre le baptême de Jésus dans les eaux du Jourdain par saint Jean-Baptiste. On l'appelle Théophanie ce qui veut dire « l'apparition de Dieu », puisqu'à cette occasion-là, le Saint Esprit est apparu pour la première fois. Tous les ans en Grèce, le jour de l'Épiphanie, les prêtres procèdent à une bénédiction des eaux et lancent une croix dans la mer, les rivières ou les lacs. Des plongeurs peu frileux, ou très croyants, sautent alors dans les eaux pour récupérer la croix sacrée. Des processions sont organisées.

FESTIVAL D'ART NUMÉRIQUE D'ATHÈNES [ADAF]

✆ + 30 210 32 30 005

www.athensvideoartfestival.gr

En mai.

Le festival de l'art digital et des nouveaux médias se tient à Athènes chaque année, vers la fin mai et le début juin, proposant pendant une semaine toute une série d'installations vidéo, d'animations, de web art, de performances numériques faisant ainsi de la réalité virtuelle un événement artistique. Innovant et souvent bluffant. Les organisateurs de ce festival, qui devient de plus en plus connu dans le monde entier, ont créé le programme ADAF Kids destiné aux enfants.

FÊTE DE LA SAINT-BASILE

1er janvier.

En Grèce, nos fêtes de fin d'année (Noël et Jour de l'An) sont célébrées pour la Saint Basile, soit le 1er janvier. C'est à cette occasion que le « père Noël orthodoxe », Agios Vassilis, offre des cadeaux aux enfants grecs qui font le tour des maisons en chantant des *kalanda*. On déguste la *vassilopita*, brioche parfumée à la fleur d'oranger à l'intérieur de laquelle on cache un flouri, une pièce de monnaie : celui qui tombe dessus aura la chance pour lui le restant de l'année. Traditionnellement, on offre les 4 premières parts à Dieu, Jésus, la Vierge et la maison.

FÊTE NATIONALE

25 mars, fête nationale, jour férié.

C'est la fête nationale grecque, en commémoration du début de la guerre d'indépendance contre l'Empire ottoman, lancée symboliquement le 25 mars 1821 dans le Péloponnèse et officiellement institutionnalisée en 1838. Selon le calendrier religieux orthodoxe, le 25 mars on célèbre aussi l'Annonciation. Ainsi, le choix de la date de cette première fête nationale de l'État grec moderne est revêtu d'une dimension religieuse : la cause était juste et ne pouvait qu'être victorieuse car bénie par Dieu ! Jour férié dans tout le pays.

FÊTE DU 1ER MAI

Le 1er mai, outre les manifestations syndicales, un grand marché est organisé dans la banlieue nord de Nea Filadelfia, accessible depuis le centre par le trolley n°6. Sur des kilomètres, les étals se succèdent et l'on peut y trouver, à des prix défiant toute concurrence, des vêtements, des accessoires, des jouets et de multiples gadgets. La tradition veut également que le 1er mai, on achète des couronnes de fleurs qui sont ensuite suspendues aux portes des maisons.

FOIRE DE FLEURS DE KIFISSIA

✆ +30 210 628 9000

www.kifissia.gr/el/flowerexhibition

Fin avril jusqu'au 13 mai, environ.

Le Kifissia Flower Show prend place chaque année au parc de Kifissia, banlieue nord d'Athènes. Plus de 50 espèces de fleurs sont présentées, de la rose au dahlia, par de nombreux producteurs venus de toute la Grèce, et plus particulièrement d'Attique, de Volos et de Thèbes. Vous y obtiendrez également de nombreux conseils de jardinage pour fleurir vos terrasses, balcons et jardins.

FÊTE DU PRINTEMPS

1er mai.

Le 1er mai en Grèce est appelé « Protomagia », littéralement : le premier jour de mai. C'est la journée internationale du travail - et un jour férié - mais c'est aussi la fête du printemps et de la nature. A cette occasion, les familles accrochent des guirlandes de fleurs au-dessus des portes des maisons et aux capots des voitures. Le « protomagia » puise aussi ses racines dans Anthestria, une fête en l'honneur de Dionysos, célébrant les plantes, les fleurs et la renaissance de l'homme et de la nature. Couronnes et bouquets ne seront décrochés que fin juin.

JOUR DU NON

Le 28 octobre.

Le Jour du Non est la fête nationale en l'honneur de la résistance face aux fascistes italiens en 1940. À cette occasion, des défilés militaires et étudiants sont organisés à Athènes. Cette célébration revient sur un épisode de la Seconde Guerre mondiale : le dictateur Metaxás endosse le rôle du héros national en refusant l'ultimatum de Mussolini le 28 octobre 1940 (« Jour du Non »). Après une farouche résistance contre les Italiens, la Grèce est envahie par l'Allemagne nazie en avril 1941. Le 28 octobre est un jour férié partout en Grèce.

larre de passer des heures
ur internet pour trouver
es bons plans ?
my petit fute
M'A FAIT GAGNER UN TEMPS FOU AVEC SES RECOMMANDATIONS D'ITINÉRAIRES ET SES BONS PLANS TESTÉS PAR DES RÉDACTEURS LOCAUX.
VOTRE GUIDE NUMÉRIQUE SUR MESURE EN MOINS DE 5 MINUTES POUR 2,99 €
mypetitfute.fr

petit futé
2023-2024
Athènes
Attique, îles Saroniques et d'Eubée
VERSION NUMÉRIQUE OFFERTE
+ PLAN DÉTACHABLE
CITY GUIDE

JOURNÉE INTERNATIONALE DES MUSÉES

18 mai.

C'est LE jour où arpenter les musées en toute tranquillité, ou presque. Le 18 mai est en effet fêtée la Journée internationale des musées, instaurée par le Conseil international des musées (ICOM) en 1977. Concrètement, non seulement l'entrée à tous les musées est gratuite, mais beaucoup en profitent pour organiser des célébrations ou des festivités particulières. Sachant que l'on est encore relativement hors saison, cette date est une aubaine pour les visiteurs. Néanmoins, elle est aussi très populaire chez les Grecs qui en profitent pour sortir en famille.

OPEN AIR FILM FESTIVAL

✆ + 30 210 60 18 565

www.aoaff.gr/

De juin à septembre. Entrée gratuite.

Ce festival de cinéma en plein air, créé en 2011, projette des films (souvent des classiques, ainsi que des œuvres grecques ou internationales) dans différents quartiers d'Athènes. Une vingtaine de projections gratuites sont organisées, tout simplement magiques quand elles ont lieu dans des sites comme celui de l'Olympiéion ou sur l'esplanade située devant le musée archéologique national. C'est l'occasion idéale pour découvrir une capitale nostalgique de cette époque où les cinémas de plein air rimaient avec les vacances estivales.

MARATHON CLASSIQUE D'ATHÈNES

✆ +30 2111877718

Début novembre.

Considéré comme étant le plus difficile marathon au monde, puisque athlètes et participants ont à parcourir 10 km en montée sur une distance totale de 42 km, la course a lieu tous les ans, début novembre. Entre le tumulus de Marathon, point de départ symbolique et l'arrivée au Stade Panathénaïque d'Athènes, le trajet est calqué sur la course de Phidippidès, soldat grec qui a annoncé la victoire de l'armée grecque contre les Perses, lors de la bataille de Marathon, en 490 av. J.-C.

PÂQUES

Les prochaines Pâques orthodoxes auront lieu les 16 avril 2023 et 5 mai 2024.

La plus grande fête religieuse grecque, dont la date varie chaque année, est l'occasion de plusieurs jours de fête et de recueillement. Au programme : une semaine au ralenti, rythmée par les célébrations religieuses avec notamment la procession de l'*epitafios* le vendredi et la messe du samedi soir, suivie d'un grand repas et de la *lamayiritsa* (une soupe d'abats). Il est particulièrement intéressant de visiter Patmos où se tiennent les célébrations les plus solennelles, avec reproduction de la Cène et lavement des pieds le Jeudi saint.

NOËL

Le 25 décembre.

Moins importante que la fête de Pâques, la fête de Noël est toutefois célébrée en Grèce. Signes de l'occidentalisation en cette terre orientale, les sapins, les décorations et les cadeaux ont fait leur apparition dans les foyers grecs. Toutefois, traditionnellement, c'est plutôt saint Basile qui joue les pères Noël le 31 décembre au soir. Noël est l'occasion de partager des gourmandises comme les gâteaux *melomakarona*, en forme d'œufs parfumés au miel et à l'huile d'olive, et les *kourabiedes*, des sablés aux amandes saupoudrés de sucre glace.

ROCKWAVE FESTIVAL

✆ +30 210 8820426

www.rockwavefestival.gr

Derniers jours de juillet.

Créé en 1996, c'est le plus grand rendez-vous des fans de la scène pop rock en Grèce. Soirées camping et concerts entre fans pendant 3 jours. En 2015, ils ont accueilli The Prodigy, The Black Keys ou encore Manu Chao. En 2022, c'était Placebo et Social Distortion qui jouaient, en tête d'affiche. Le festival se déroule dans un immense parc verdoyant un peu en dehors du centre-ville d'Athènes. D'une renommée internationale, cette grande manifestation musicale est en outre membre du YOUROPE, l'association des plus grands festivals de musique de l'UE.

PASSPORT
N
W
E
S

SE REPÉRER / SE DÉPLACER

Athènes n'a rien d'un dédale et se parcourt, pour beaucoup, à pied. Il est aisé de se repérer et se déplacer. Depuis 2018, une carte de transport à puce magnétique, l'Ath.ena Card, a remplacé les tickets en papier (*isitíria*). Gratuite et rechargeable, elle se trouve aux guichets des stations de métro ou aux distributeurs automatiques. Elle est utilisable dans le métro, les bus et les trolleybus. Elle peut être rechargée avec le nombre de tickets à l'unité de son choix ou des forfaits à la journée (4,10 €) ou pour 5 jours (8,20 €). Avec trois lignes, le métro est, de loin, le moyen de transport le plus rapide et le plus efficace, qui s'ajoute aux bus bleus et aux trolleybus. Plus lent, le tramway part de Syntagma vers la côte jusqu'aux abords du Pirée et le long de la côte. Comme ailleurs en Grèce, le taxi reste pratique et économique. Enfin, comme d'autres capitales et grandes villes, Athènes a vu fleurir les trottinettes électriques.

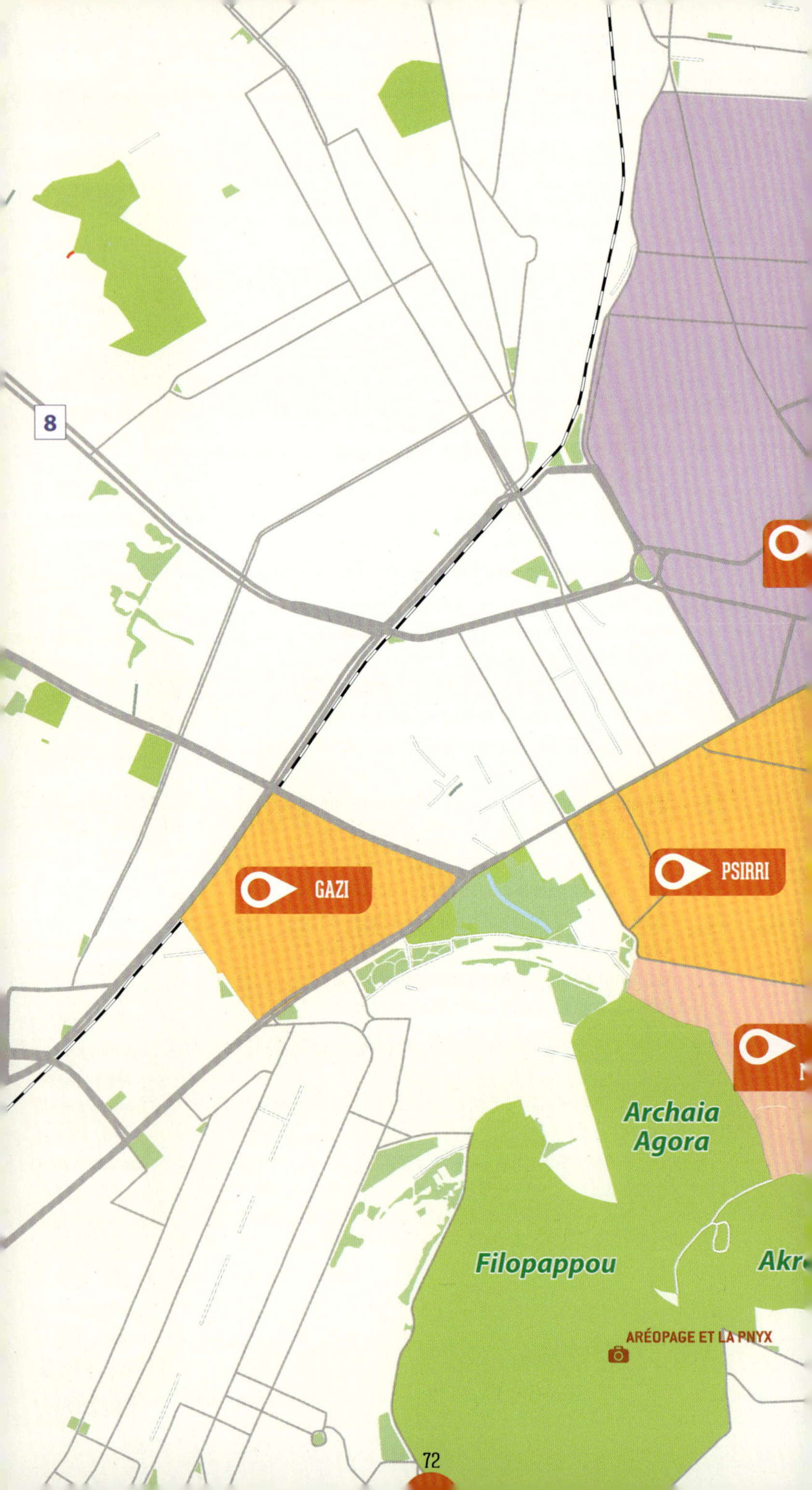

8
GAZI
PSIRRI
Archaia Agora
Filopappou
Akr
ARÉOPAGE ET LA PNYX

Quartiers d'Athènes
Pedion
Areos
MUSÉE NATIONAL ARCHÉOLOGIQUE D'ATHÈNES
MONT LYCABETTE
Lykavittos
RA
ACROPOLE
KOLONAKI
SYNTAGMA
MUSÉE BENAKI
MUSÉE D'ART CYCLADIQUE – LA COLLECTION GOULANDRIS
ODÉON D'HÉRODE ATTICUS
Ethnikos
Kipos
PARTHÉNONA
MUSÉE DE L'ACROPOLE
500 M

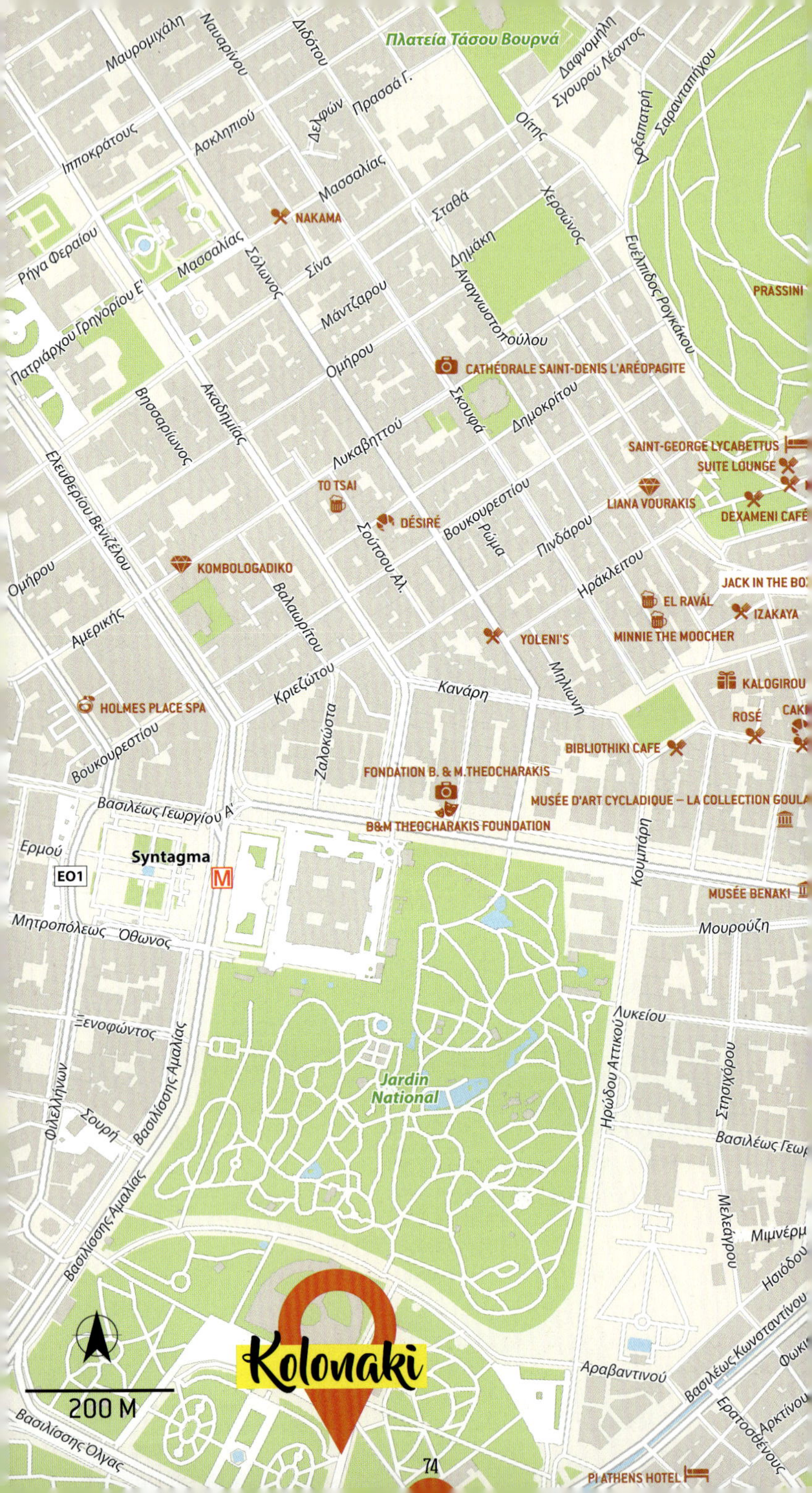
Πλατεία Τάσου Βουρνά
Μαυρομιχάλη
Ναυαρίνου
Διδότου
Δαφνομήλη
Σγουρού Λέοντος
Σαρανταπήχου
Πρασσά Γ.
Δελφών
Οίτης
Δοξαπατρή
Ιπποκράτους
Ασκληπιού
Μασσαλίας
NAKAMA
Σταθά
Χερσώνος
Ρήγα Φεραίου
Μασσαλίας
Σόλωνος
Σίνα
Δημάκη
Ευελπίδος Ρογκάκου
PRASSINI
Πατριάρχου Γρηγορίου Ε'
Μάντζαρου
Αναγνωστοπούλου
Ομήρου
CATHÉDRALE SAINT-DENIS L'ARÉOPAGITE
Βησσαρίωνος
Ακαδημίας
Σκουφά
Δημοκρίτου
Λυκαβηττού
SAINT-GEORGE LYCABETTUS
SUITE LOUNGE
Ελευθερίου Βενιζέλου
TO TSAI
DÉSIRÉ
Βουκουρεστίου
Ρώμα
LIANA VOURAKIS
DEXAMENI CAFÉ
Σούτσου Αλ.
Πινδάρου
Ομήρου
KOMBOLOGADIKO
Βαλαωρίτου
Ηράκλειτου
JACK IN THE BOX
EL RAVÁL
IZAKAYA
Αμερικής
YOLENI'S
MINNIE THE MOOCHER
Κριεζώτου
Μηλιώνη
Κανάρη
KALOGIROU
HOLMES PLACE SPA
ROSÉ
CAKE
Βουκουρεστίου
Ζαλοκώστα
BIBLIOTHIKI CAFE
FONDATION B. & M.THEOCHARAKIS
Βασιλέως Γεωργίου Α'
MUSÉE D'ART CYCLADIQUE – LA COLLECTION GOULANDRIS
B&M THEOCHARAKIS FOUNDATION
Ερμού
Syntagma
EO1
M
Κουμπάρη
MUSÉE BENAKI
Μητροπόλεως
Όθωνος
Μουρούζη
Λυκείου
Ξενοφώντος
Βασιλίσσης Αμαλίας
Jardin National
Ηρώδου Αττικού
Στησιχόρου
Φιλελλήνων
Σουρή
Βασιλέως Γεωργίου
Βασιλίσσης Αμαλίας
Μιμνέρμου
Μελεάγρου
Ησιόδου
Kolonaki
Αραβαντινού
Βασιλέως Κωνσταντίνου
Φωκίωνος
200 M
Βασιλίσσης Όλγας
Ερατοσθένους
Αρκτίνου
PI ATHENS HOTEL

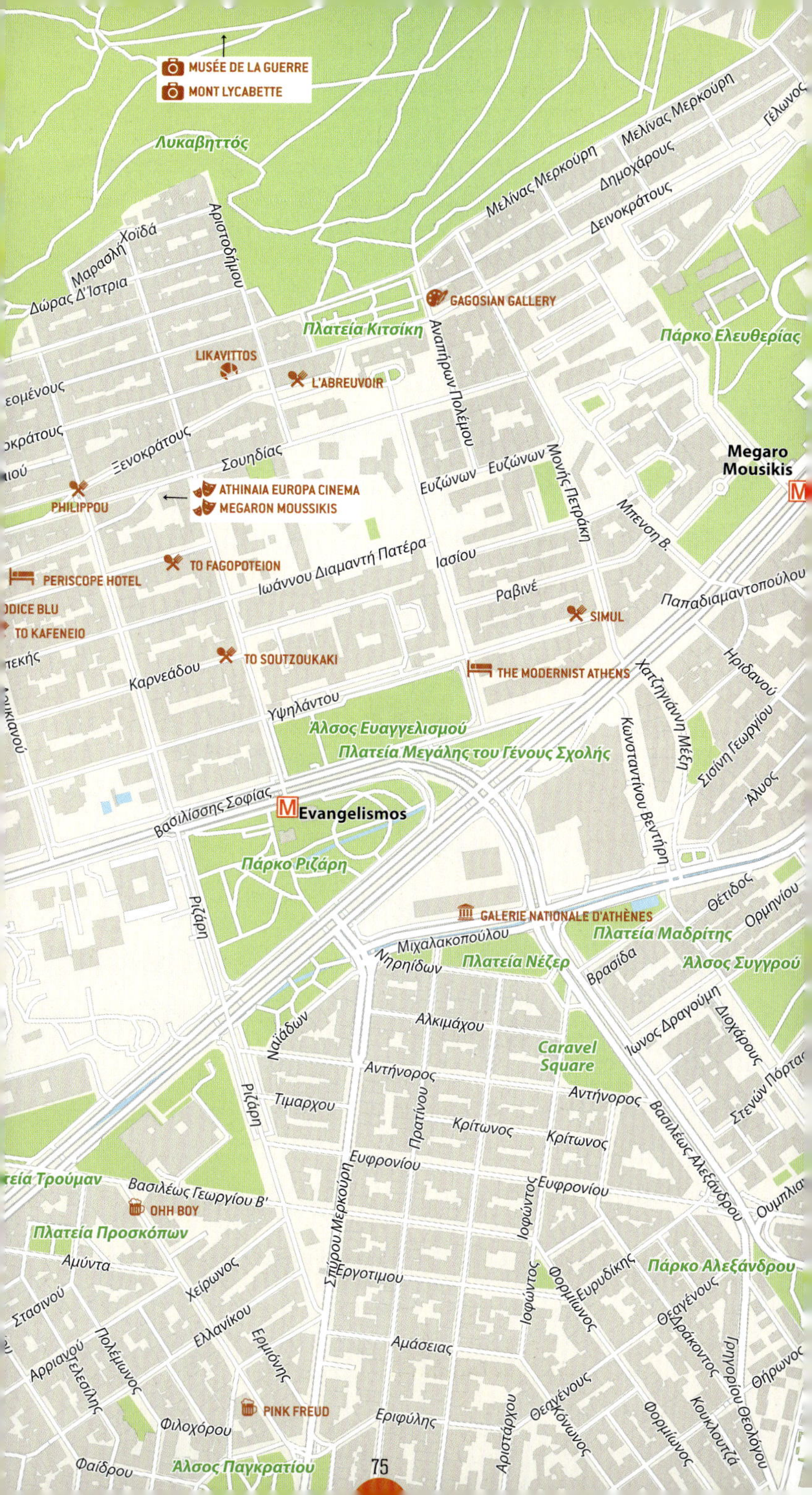
MUSÉE DE LA GUERRE
MONT LYCABETTE
Λυκαβηττός
Μελίνας Μερκούρη
Γέλωνος
Δημοχάρους
Δεινοκράτους
Χοϊδά
Μαρασλή
Αριστοδήμου
Δώρας Δ'Ίστρια
GAGOSIAN GALLERY
Πλατεία Κιτσίκη
Πάρκο Ελευθερίας
LIKAVITTOS
L'ABREUVOIR
Αναπήρων Πολέμου
Ξενοκράτους
Σουηδίας
Ευζώνων
Μονής Πετράκη
Megaro Mousikis
PHILIPPOU
ATHINAIA EUROPA CINEMA
MEGARON MOUSSIKIS
Μπενάκη Β.
TO FAGOPOTEION
PERISCOPE HOTEL
Ιωάννου Διαμαντή Πατέρα
Ιασίου
Ραβινέ
Παπαδιαμαντοπούλου
SIMUL
TO KAFENEIO
TO SOUTZOUKAKI
Καρνεάδου
THE MODERNIST ATHENS
Υψηλάντου
Χατζηγιάννη Μέξη
Ηριδανού
Άλσος Ευαγγελισμού
Πλατεία Μεγάλης του Γένους Σχολής
Κωνσταντίνου Βεντήρη
Σισίνη Γεωργίου
Άλυος
Βασιλίσσης Σοφίας
Evangelismos
Πάρκο Ριζάρη
Ριζάρη
GALERIE NATIONALE D'ATHÈNES
Θέτιδος
Ορμηνίου
Πλατεία Μαδρίτης
Μιχαλακοπούλου
Νηρηίδων
Πλατεία Νέζερ
Βρασίδα
Άλσος Συγγρού
Ναϊάδων
Αλκιμάχου
Ίωνος Δραγούμη
Διοχάρους
Caravel Square
Αντήνορος
Τιμάρχου
Πρατίνου
Κρίτωνος
Στενών Πόρτας
Βασιλέως Αλεξάνδρου
Ευφρονίου
Πλατεία Τρούμαν
Βασιλέως Γεωργίου Β'
OHH BOY
Ιοφώντος
Ουμπλιανής
Πλατεία Προσκόπων
Σπύρου Μερκούρη
Αμύντα
Χείρωνος
Εργοτίμου
Φορμίωνος
Ευρυδίκης
Πάρκο Αλεξάνδρου
Θεαγένους
Στασινού
Ελλανίκου
Δράκοντος
Αρριανού
Πολέμωνος
Τελεσίλλης
Ερμιόνης
Αμάσειας
Γρηγορίου Θεολόγου
Θήρωνος
PINK FREUD
Φιλοχόρου
Εριφύλης
Αριστάρχου
Θεαγένους
Κόνωνος
Κουκλουτζά
Φαίδρου
Άλσος Παγκρατίου

La quartier de Psirri.

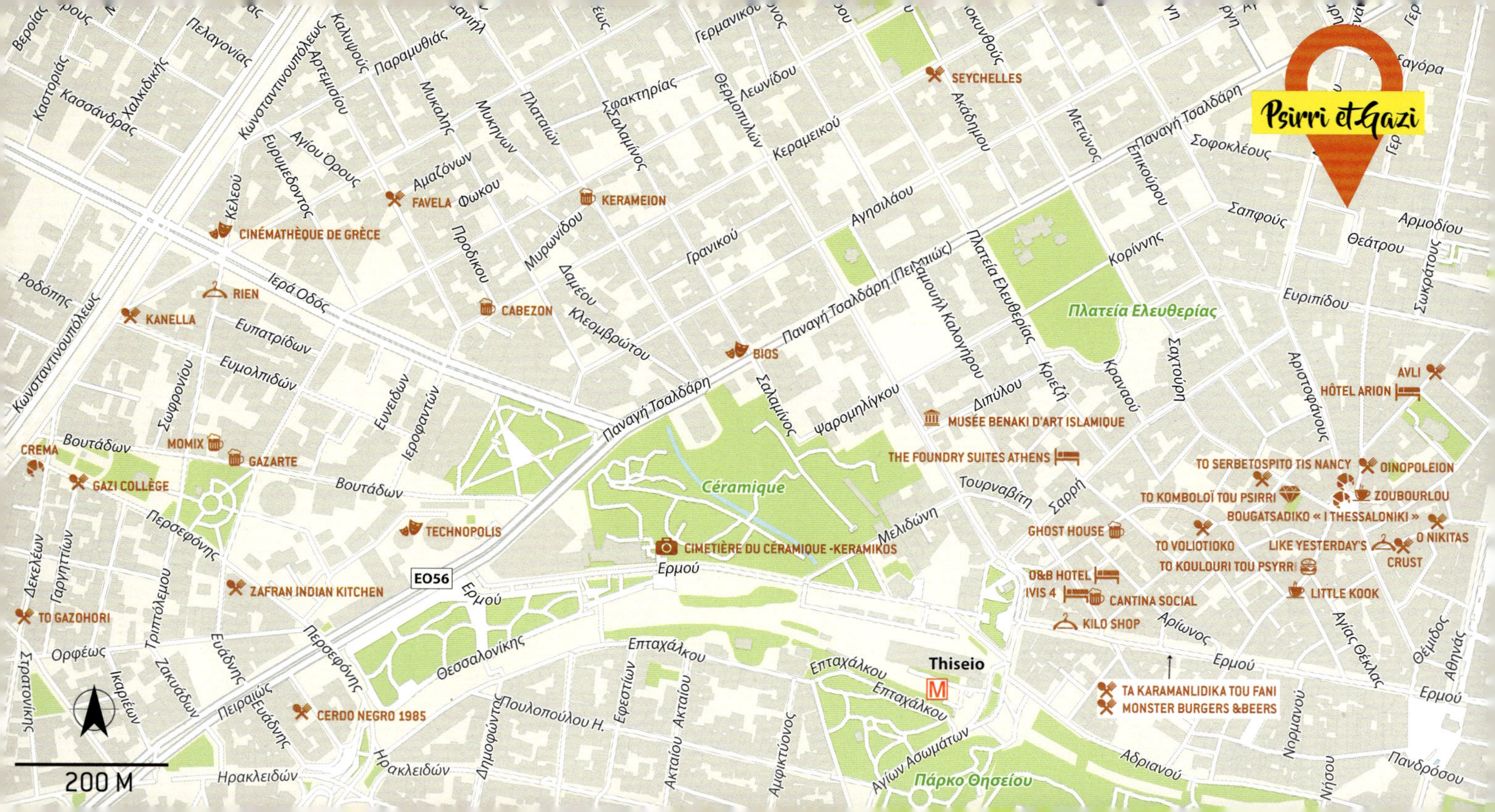
Psirri et Gazi
SEYCHELLES
FAVELA
KERAMEION
CINÉMATHÈQUE DE GRÈCE
RIEN
KANELLA
CABEZON
BIOS
AVLI
HÔTEL ARION
MUSÉE BENAKI D'ART ISLAMIQUE
THE FOUNDRY SUITES ATHENS
TO SERBETOSPITO TIS NANCY
OINOPOLEION
TO KOMBOLOÏ TOU PSIRRI
ZOUBOURLOU
BOUGATSADIKO « I THESSALONIKI »
O NIKITAS
GHOST HOUSE
TO VOLIOTIOKO
LIKE YESTERDAY'S
CRUST
TO KOULOURI TOU PSYRRI
O&B HOTEL
IVIS 4
CANTINA SOCIAL
LITTLE KOOK
KILO SHOP
TA KARAMANLIDIKA TOU FANI
MONSTER BURGERS &BEERS
CREMA
MOMIX
GAZARTE
GAZI COLLÈGE
TECHNOPOLIS
CIMETIÈRE DU CÉRAMIQUE -KERAMIKOS
ZAFRAN INDIAN KITCHEN
TO GAZOHORI
CERDO NEGRO 1985
Céramique
Πλατεία Ελευθερίας
Πάρκο Θησείου
Thiseio
EO56
200 M
Παναγή Τσαλδάρη
Παναγή Τσαλδάρη (Πειραιώς)
Ιερά Οδός
Ερμού
Επταχάλκου
Θεσσαλονίκης
Περσεφόνης
Βουτάδων
Πειραιώς
Ηρακλειδών
Κωνσταντινουπόλεως
Πλατεία Ελευθερίας
Σαμουήλ Καλογήρου
Σαλαμίνος
Ψαρομηλίγκου
Μελιδόνη
Τουρναβίτη
Σαρρή
Κρανασού
Σαχτούρη
Αριστοφάνους
Ευριπίδου
Σοφοκλέους
Σαπφούς
Θεάτρου
Αρμοδίου
Σωκράτους
Κορίνης
Αγησιλάου
Γρανικού
Κεραμεικού
Λεωνίδου
Θερμοπυλών
Μυρωνίδου
Κλεομβρώτου
Δαμέου
Προδίκου
Φωκου
Αμαζόνων
Ευπατριδών
Ευμολπιδών
Σωφρονίου
Ευνειδών
Ιεροφαντών
Ακαδήμου
Μετώνος
Επικούρου
Αγίας Θέκλας
Αρίωνος
Αδριανού
Αγίων Ασωμάτων
Αμφικτύονος
Ακταίου
Εφεστίων
Πουλοπούλου Η.
Δημοφώντος
Ευάδνης
Ζακυάδων
Τριπτολέμου
Ικαριέων
Ορφέως
Στρατονίκης
Γαρηττίων
Δεκελέων
Ροδόπης
Καστοριάς
Κασσάνδρας
Χαλκιδικής
Πελαγονίας
Βεροίας
Κελεού
Ευρυμέδοντος
Αγίου Όρους
Αρτεμισίου
Καλυψούς
Παραμυθιάς
Μυκαλης
Μυκηνων
Πλαταιών
Σφακτηρίας
Κριεζή
Διπύλου
Θεμιδος
Αθηνάς
Νορμανού
Νιπου
Πανδρόσου

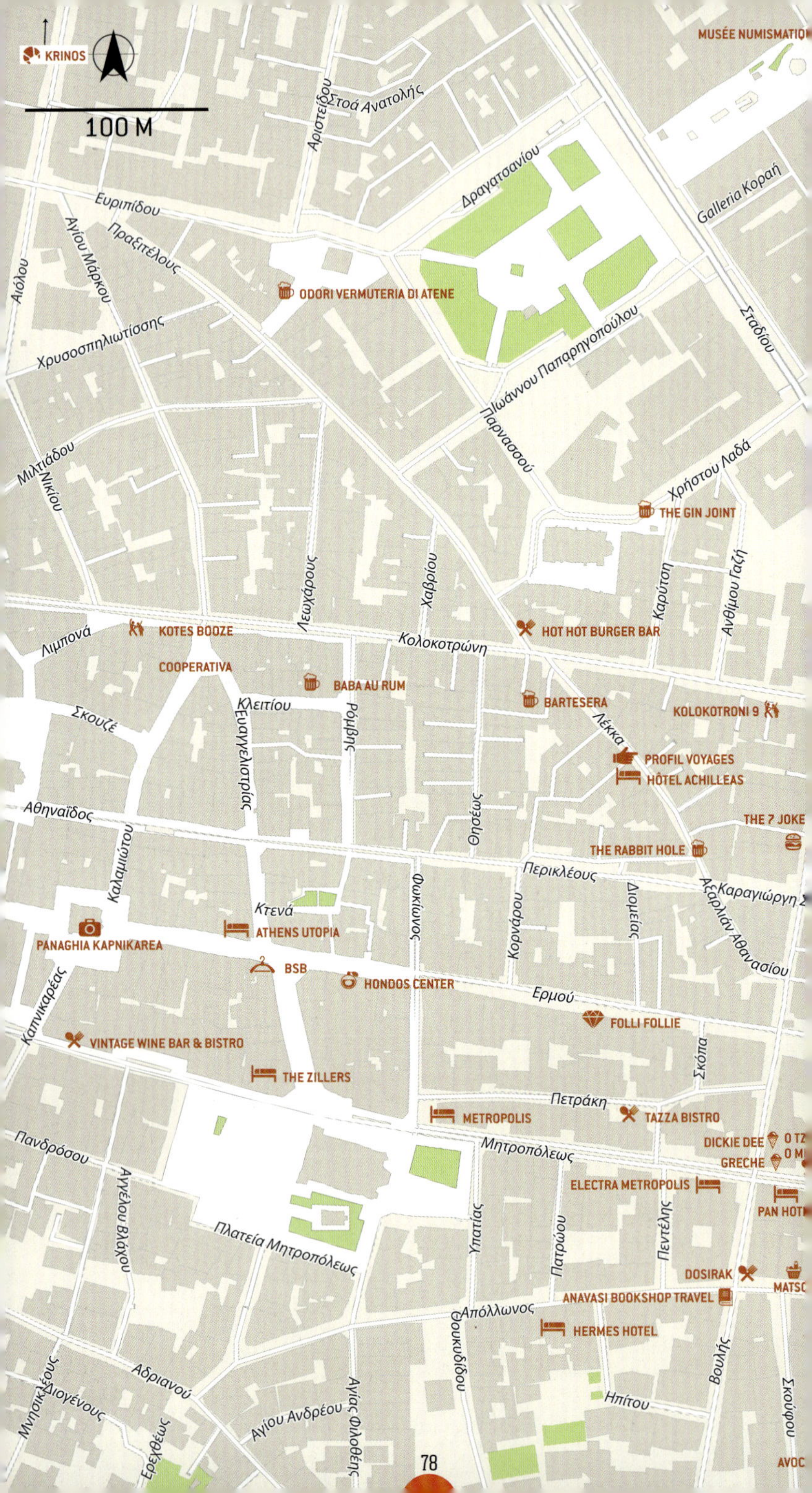
KRINOS
100 M
MUSÉE NUMISMATIQ
Στοά Ανατολής
Αριστείδου
Δραγατσανίου
Galleria Κοραή
Ευριπίδου
Πραξιτέλους
Αγίου Μάρκου
Αιόλου
ODORI VERMUTERIA DI ATENE
Σταδίου
Χρυσοσπηλιωτίσσης
Ιωάννου Παπαρηγοπούλου
Παρνασσού
Μιλτιάδου
Νικίου
Χρήστου Λαδά
THE GIN JOINT
Λεωχάρους
Χαβρίου
Καρύτση
Ανθίμου Γαζή
Λιμπονά
KOTES BOOZE
HOT HOT BURGER BAR
Κολοκοτρώνη
COOPERATIVA
BABA AU RUM
Κλειτίου
Ρόμβης
BARTESERA
KOLOKOTRONI 9
Σκουζέ
Ευαγγελιστρίας
Λέκκα
PROFIL VOYAGES
HÔTEL ACHILLEAS
Αθηναΐδος
THE 7 JOKE
Θησέως
THE RABBIT HOLE
Καλαμιώτου
Περικλέους
Καραγιώργη Σ
Φωκίωνος
Διομείας
Κτενά
Κορνάρου
Αεροπλάν Αθανασίου
ATHENS UTOPIA
PANAGHIA KAPNIKAREA
BSB
HONDOS CENTER
Ερμού
FOLLI FOLLIE
Καπνικαρέας
VINTAGE WINE BAR & BISTRO
Σκόπα
THE ZILLERS
Πετράκη
METROPOLIS
TAZZA BISTRO
DICKIE DEE
O TZ
GRECHE
O M
Πανδρόσου
Μητροπόλεως
ELECTRA METROPOLIS
Αγγέλου Βλάχου
PAN HOTI
Υπατίας
Πεντέλης
Πλατεία Μητροπόλεως
Πατρώου
DOSIRAK
MATSC
ANAVASI BOOKSHOP TRAVEL
Απόλλωνος
HERMES HOTEL
Θουκυδίδου
Βουλής
Μνησικλέους
Αδριανού
Διογένους
Ηπίτου
Σκούφου
Αγίου Ανδρέου
Αγίας Φιλοθέης
Ερεχθέως
AVOC

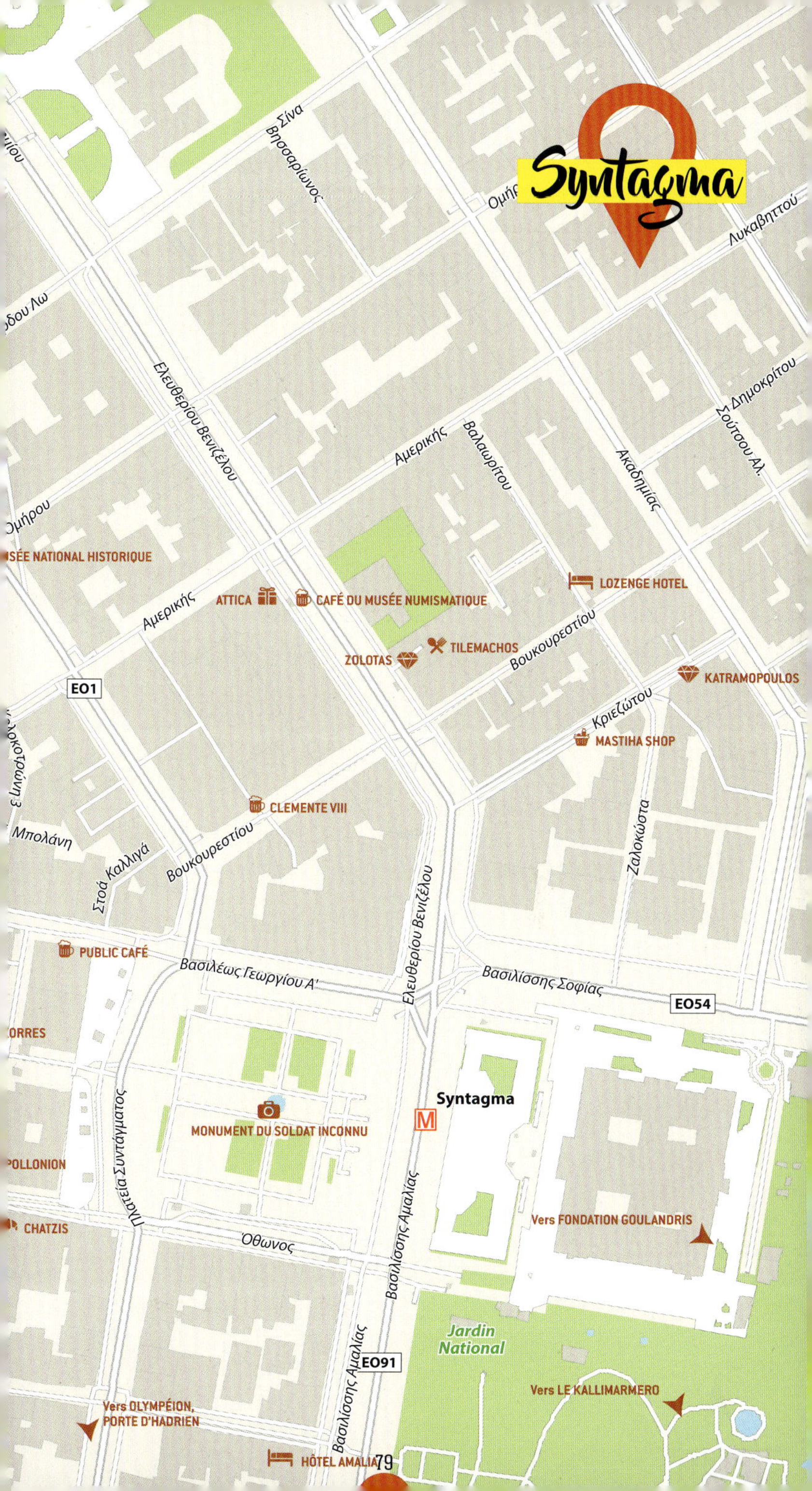
Syntagma
Σίνα
Βησσαρίωνος
Λυκαβηττού
Ελευθερίου Βενιζέλου
Δημοκρίτου
Σούτσου Αλ.
Αμερικής
Βαλαωρίτου
Ακαδημίας
Ομήρου
MUSÉE NATIONAL HISTORIQUE
LOZENGE HOTEL
ATTICA
CAFÉ DU MUSÉE NUMISMATIQUE
Βουκουρεστίου
TILEMACHOS
ZOLOTAS
KATRAMOPOULOS
EO1
Κριεζώτου
MASTIHA SHOP
CLEMENTE VIII
Μπολάνη
Στοά Καλλιγά
Βουκουρεστίου
Ζαλοκώστα
PUBLIC CAFÉ
Βασιλέως Γεωργίου Α'
Βασιλίσσης Σοφίας
EO54
Syntagma
M
MONUMENT DU SOLDAT INCONNU
Πλατεία Συντάγματος
Vers FONDATION GOULANDRIS
Όθωνος
Βασιλίσσης Αμαλίας
Jardin National
EO91
Vers LE KALLIMARMERO
Vers OLYMPÉION, PORTE D'HADRIEN
HÔTEL AMALIA

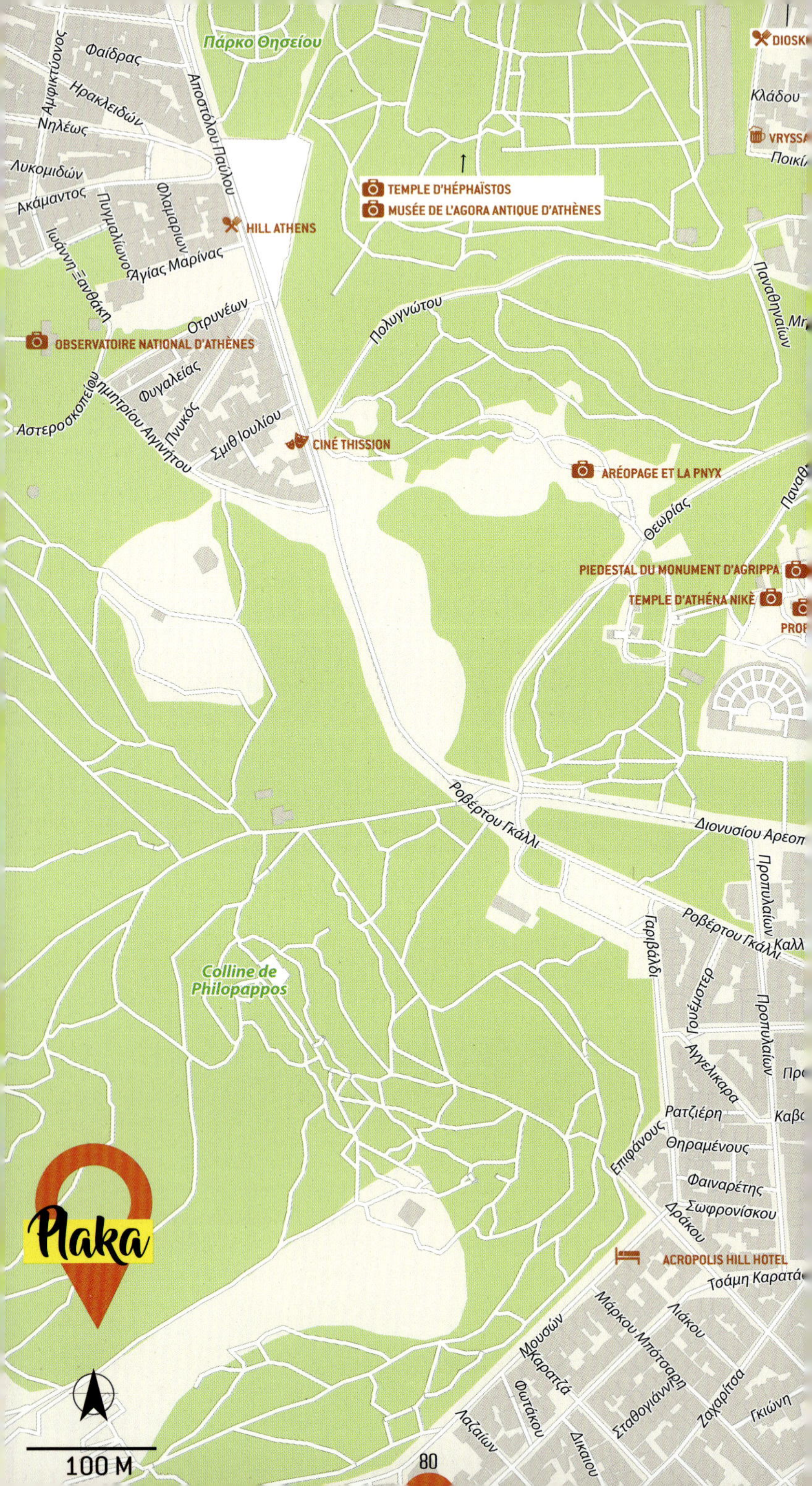

Πάρκο Θησείου
TEMPLE D'HÉPHAÏSTOS
MUSÉE DE L'AGORA ANTIQUE D'ATHÈNES
HILL ATHENS
OBSERVATOIRE NATIONAL D'ATHÈNES
CINÉ THISSION
ARÉOPAGE ET LA PNYX
PIEDESTAL DU MONUMENT D'AGRIPPA
TEMPLE D'ATHÉNA NIKÈ
Colline de Philopappos
ACROPOLIS HILL HOTEL
Φαίδρας
Ηρακλειδών
Νηλέως
Λυκομιδών
Ακάμαντος
Αμφικτύονος
Πυγμαλίωνος
Φλαμαρίων
Αγίας Μαρίνας
Ιωάννη Ξανθάκη
Αποστόλου Παύλου
Οτρυνέων
Φυγαλείας
Πυκνός
Σμιθ Ιουλίου
Αστεροσκοπείου
Δημητρίου Αιγινήτου
Πολυγνώτου
Παναθηναίων
Κλάδου
Θεωρίας
Ροβέρτου Γκάλλι
Διονυσίου Αρεοπ
Προπυλαίων
Γαριβάλδι
Γουέμστερ
Αγγελικαρα
Ρατζιέρη
Θηραμένους
Επιφάνους
Φαιναρέτης
Σωφρονίσκου
Δράκου
Τσάμη Καρατά
Μάρκου Μπότσαρη
Λιάκου
Μουσών
Καρατζά
Φωτάκου
Σταθογιάννη
Ζαχαρίτσα
Γκιώνη
Λαζαίων
Δικαίου
Plaka
100 M

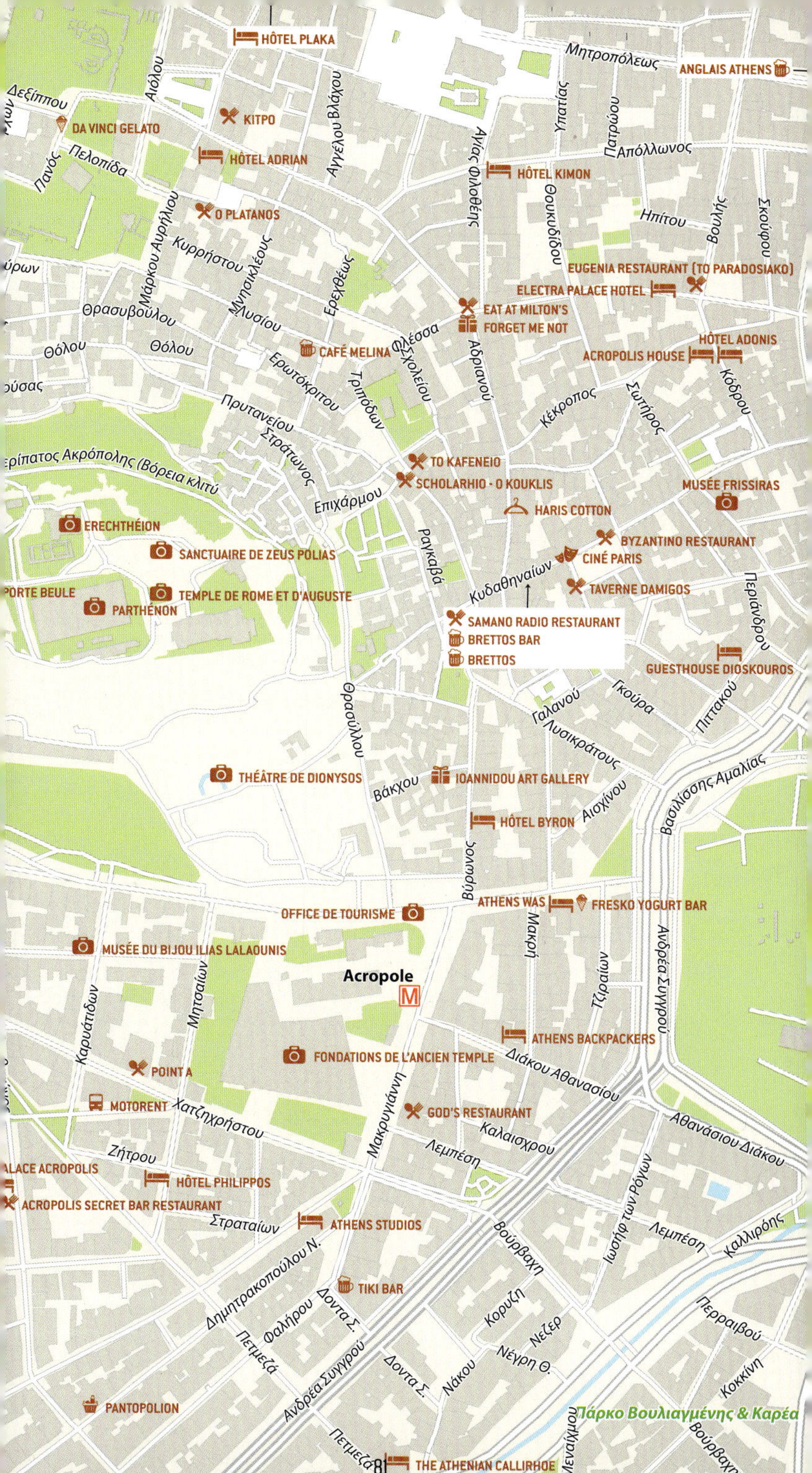
HÔTEL PLAKA
ANGLAIS ATHENS
DA VINCI GELATO
KITPO
HÔTEL ADRIAN
HÔTEL KIMON
O PLATANOS
EUGENIA RESTAURANT (TO PARADOSIAKO)
ELECTRA PALACE HOTEL
EAT AT MILTON'S
FORGET ME NOT
HÔTEL ADONIS
CAFÉ MELINA
ACROPOLIS HOUSE
TO KAFENEIO
SCHOLARHIO - O KOUKLIS
MUSÉE FRISSIRAS
HARIS COTTON
ERECHTHÉION
BYZANTINO RESTAURANT
CINÉ PARIS
SANCTUAIRE DE ZEUS POLIAS
PORTE BEULE
TEMPLE DE ROME ET D'AUGUSTE
TAVERNE DAMIGOS
PARTHÉNON
SAMANO RADIO RESTAURANT
BRETTOS BAR
BRETTOS
GUESTHOUSE DIOSKOUROS
THÉATRE DE DIONYSOS
IOANNIDOU ART GALLERY
HÔTEL BYRON
ATHENS WAS
FRESKO YOGURT BAR
OFFICE DE TOURISME
MUSÉE DU BIJOU ILIAS LALAOUNIS
Acropole
M
ATHENS BACKPACKERS
FONDATIONS DE L'ANCIEN TEMPLE
POINT A
MOTORENT
GOD'S RESTAURANT
ALACE ACROPOLIS
HÔTEL PHILIPPOS
ACROPOLIS SECRET BAR RESTAURANT
ATHENS STUDIOS
TIKI BAR
PANTOPOLION
THE ATHENIAN CALLIRHOE
Μητροπόλεως
Δεξίππου
Αιόλου
Αγγέλου Βλάχου
Αγίας Φιλοθέης
Υπατίας
Πατρώου
Απόλλωνος
Πελοπίδα
Πανός
Μάρκου Αυρηλίου
Ηπίτου
Βουλής
Σκούφου
Θουκυδίδου
Κυρρήστου
Μνησικλέους
Ερεχθέως
Θρασυβούλου
Λυσίου
Φλέσσα
Αδριανού
Θόλου
Ερωτόκριτου
Σχολείου
Τριπόδων
Κέκροπος
Σωτήρος
Κόδρου
Πρυτανείου
Στράτωνος
Επιχάρμου
Ραγκαβά
Κυδαθηναίων
Περιάνδρου
Θρασύλλου
Γαλανού
Γκούρα
Πιττακού
Λυσικράτους
Βασιλίσσης Αμαλίας
Βάκχου
Αισχίνου
Βύρωνος
Μακρή
Ανδρέα Συγγρού
Τζιραίων
Καρυάτιδων
Μητσαίων
Διάκου Αθανασίου
Χατζηχρήστου
Μακρυγιάννη
Καλαισχρου
Αθανάσιου Διάκου
Ζήτρου
Λεμπέση
Στραταίων
Ιωσήφ των Ρόγων
Καλλιρόης
Βούρβαχη
Δημητρακοπούλου Ν.
Φαλήρου
Δοντα Σ.
Κορυζή
Νεζερ
Νέγρη Θ.
Περραιβού
Πετμεζά
Νάκου
Κοκκινη
Πάρκο Βουλιαγμένης & Καρέα
Μενάιχμου

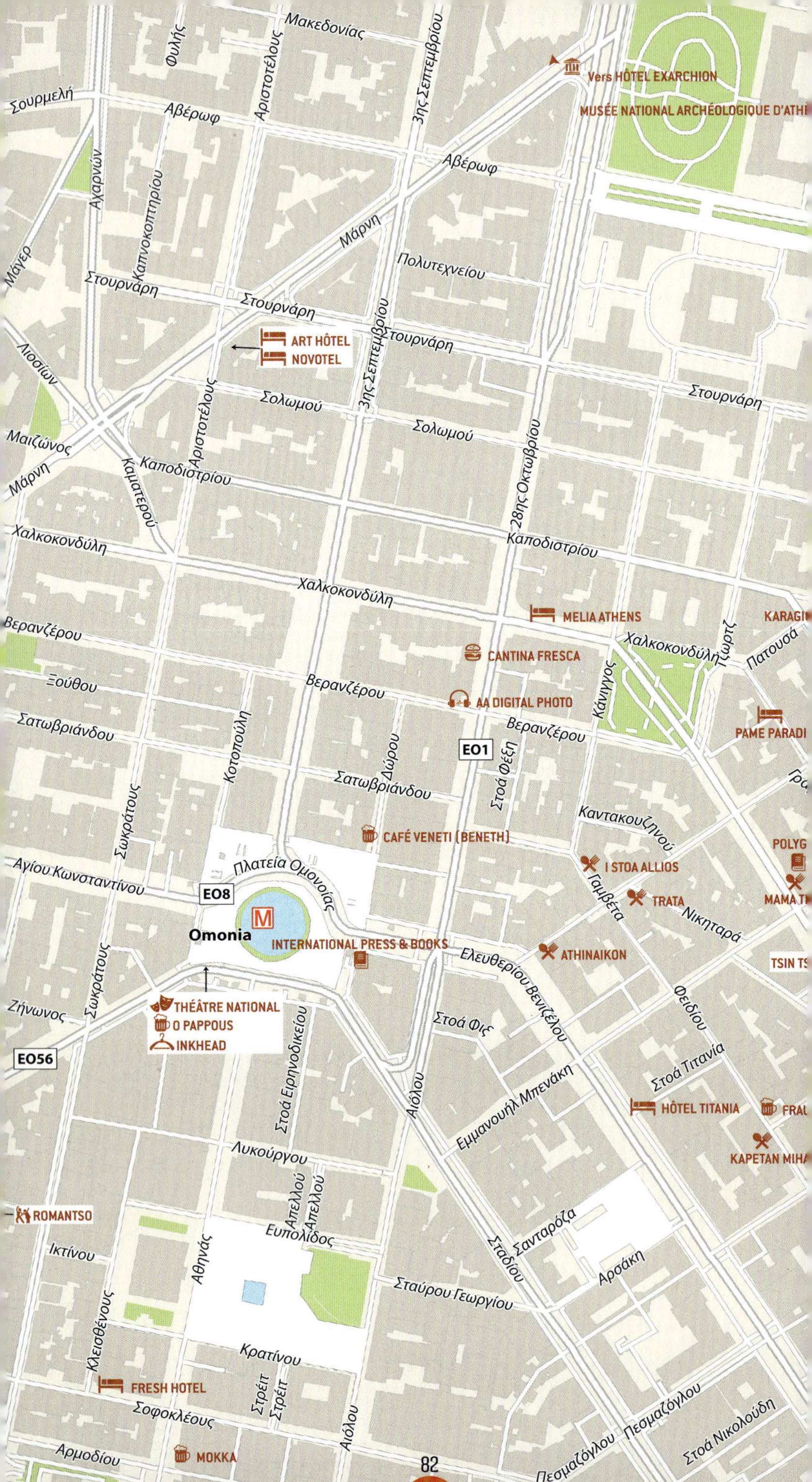

Vers HÔTEL EXARCHION
ART HÔTEL
NOVOTEL
MELIA ATHENS
CANTINA FRESCA
AA DIGITAL PHOTO
CAFÉ VENETI (BENETH)
I STOA ALLIOS
TRATA
ATHINAIKON
Omonia
M
INTERNATIONAL PRESS & BOOKS
THÉÂTRE NATIONAL
O PAPPOUS
INKHEAD
HÔTEL TITANIA
ROMANTSO
FRESH HOTEL
MOKKA
EO1
EO8
EO56
Μακεδονίας
Φυλής
Αριστοτέλους
3ης Σεπτεμβρίου
Σουρμελή
Αβέρωφ
Αχαρνών
Καπνοκοπτηρίου
Μάρνη
Πολυτεχνείου
Μάγερ
Στουρνάρη
Λιοσίων
Σολωμού
Μαιζώνος
Καμπτερού
Καποδιστρίου
28ης Οκτωβρίου
Χαλκοκονδύλη
Βερανζέρου
Ξούθου
Σατωβριάνδου
Κοτοπούλη
Δώρου
Στοά Φέξη
Κάνιγγος
Γεωργ
Πατουσά
Καντακουζηνού
Σωκράτους
Πλατεία Ομονοίας
Αγίου Κωνσταντίνου
Γαμβέτα
Νικηταρά
Ελευθερίου Βενιζέλου
Φειδίου
Ζήνωνος
Στοά Φιξ
Στοά Ειρηνοδικείου
Αιόλου
Εμμανουήλ Μπενάκη
Στοά Τιτανία
Λυκούργου
Απελλού
Ευπολιδος
Σανταρόζα
Αρσάκη
Ικτίνου
Αθηνάς
Σταδίου
Σταύρου Γεωργίου
Κλεισθένους
Κρατίνου
Στρέιτ
Σοφοκλέους
Αρμοδίου
Πεσμαζόγλου
Στοά Νικολούδη

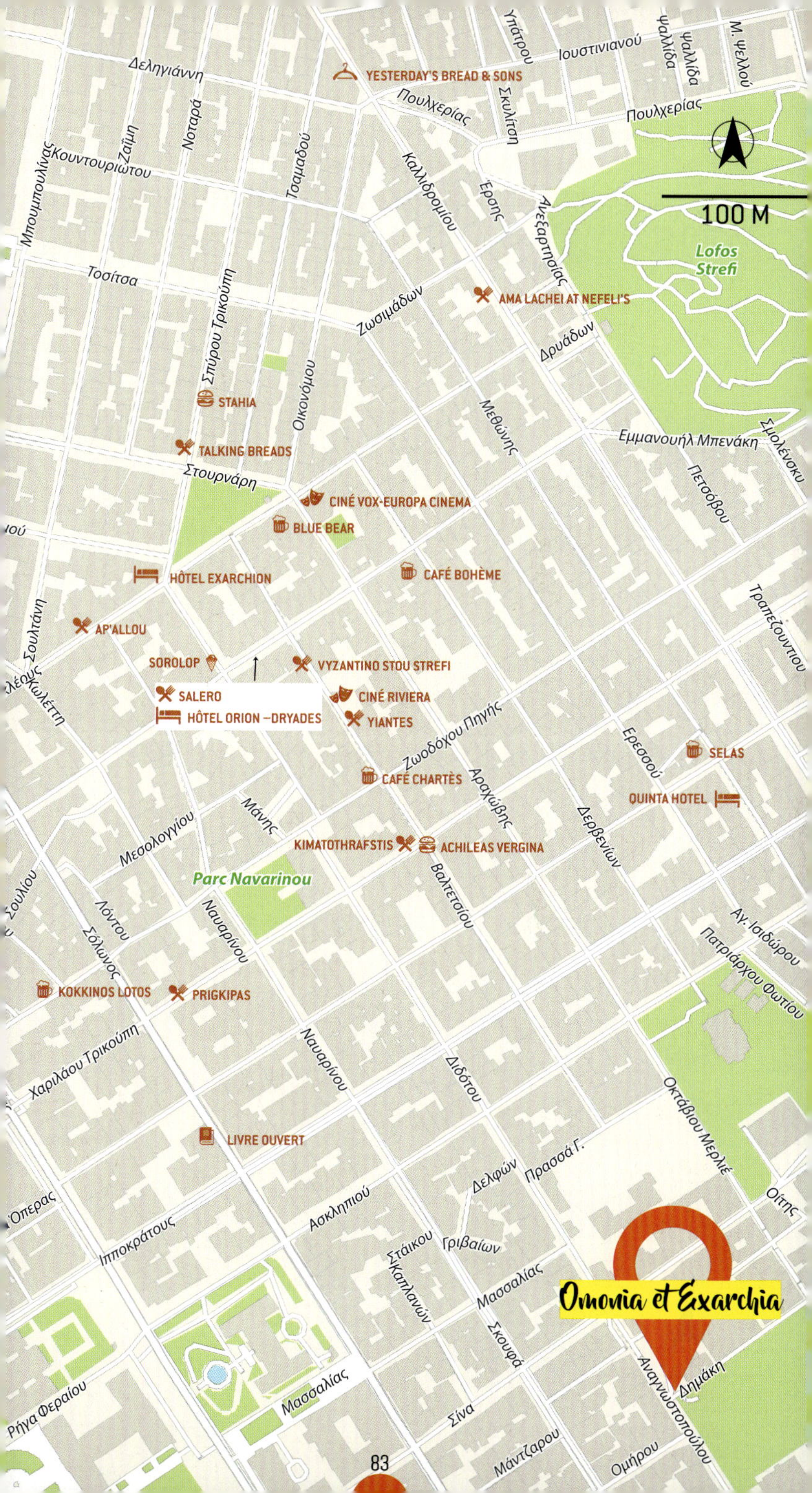
Omonia et Exarchia
100 M
Lofos Strefi
YESTERDAY'S BREAD & SONS
AMA LACHEI AT NEFELI'S
STAHIA
TALKING BREADS
CINÉ VOX-EUROPA CINEMA
BLUE BEAR
HÔTEL EXARCHION
CAFÉ BOHÈME
AP'ALLOU
SOROLOP
VYZANTINO STOU STREFI
SALERO
HÔTEL ORION –DRYADES
CINÉ RIVIERA
YIANTES
SELAS
CAFÉ CHARTÈS
QUINTA HOTEL
KIMATOTHRAFSTIS
ACHILEAS VERGINA
Parc Navarinou
KOKKINOS LOTOS
PRIGKIPAS
LIVRE OUVERT
Δεληγιάννη
Πουλχερίας
Σκουλίτση
Υπάτρου
Ιουστινιανού
Ψαλλίδα
Μ. Ψελλού
Κουντουριώτου
Μπουμπουλίνας
Ζαΐμη
Νοταρά
Τσαμαδού
Καλλιδρομίου
Έρσης
Ανεξαρτησίας
Τοσίτσα
Σπύρου Τρικούπη
Ζωσιμάδων
Δρυάδων
Οικονόμου
Μεθώνης
Εμμανουήλ Μπενάκη
Σμολένσκι
Πετσόβου
Στουρνάρη
Τραπεζούντιου
Σουλτάνη
Κωλέττη
Ζωοδόχου Πηγής
Ερεσσού
Αραχώβης
Μάνης
Μεσολογγίου
Δερβενίων
Βαλτετσίου
Σουλίου
Λόντου
Σόλωνος
Ναυαρίνου
Αγ. Ισιδώρου
Πατριάρχου Φωτίου
Χαριλάου Τρικούπη
Διδότου
Οκτάβιου Μερλιέ
Πρασσά Γ.
Δελφών
Ασκληπιού
Ιπποκράτους
Ομήρου
Οίτης
Στάικου
Γριβαίων
Καπλανών
Μασσαλίας
Σκουφά
Αναγνωστοπούλου
Δημάκη
Ρήγα Φεραίου
Σίνα
Μάντζαρου

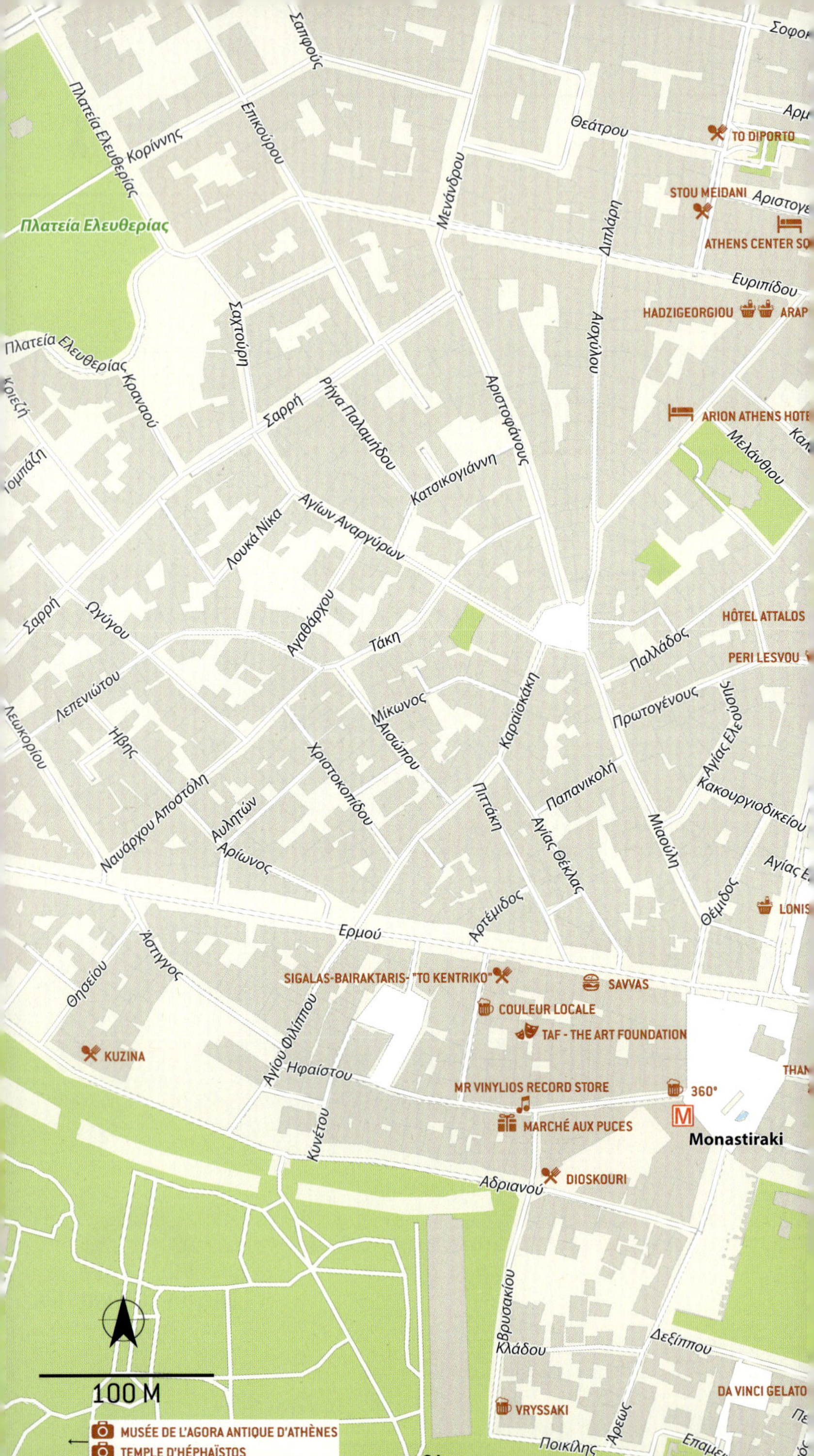

Σαπφούς
Σοφοκ
Πλατεία Ελευθερίας
Κορίννης
Επικούρου
Μενάνδρου
Θεάτρου
Αρμ
TO DIPORTO
STOU MEIDANI
Αριστογε
Πλατεία Ελευθερίας
Διπλάρη
ATHENS CENTER SQ
Ευριπίδου
HADZIGEORGIOU
ARAP
Σαχτούρη
Αισχύλου
Πλατεία Ελευθερίας
Κριεζή
Κρανάου
Σαρρή
Ρήγα Παλαμήδου
Αριστοφάνους
ARION ATHENS HOTEL
Μελάνθιου
Κατσικογιάννη
Αγίων Αναργύρων
Λουκά Νίκα
Σαρρή
Ωγύγου
Αγαθάρχου
Τάκη
HÔTEL ATTALOS
Παλλάδος
PERI LESVOU
Λεπενιώτου
Μίκωνος
Καραϊσκάκη
Πρωτογένους
Αγίας Ελεούσης
Λεωκορίου
Ήβης
Αισώπου
Χριστοκοπίδου
Παπανικολή
Κακουργιοδικείου
Ναυάρχου Αποστόλη
Αυλητών
Πιττάκη
Αγίας Θέκλας
Μιαούλη
Αρίωνος
Αγίας Ε
Θέμιδος
Αρτέμιδος
LONIS
Ερμού
Αστιγγος
Θησείου
SIGALAS-BAIRAKTARIS-"TO KENTRIKO"
SAVVAS
COULEUR LOCALE
TAF - THE ART FOUNDATION
KUZINA
Αγίου Φιλίππου
Ηφαίστου
THAN
MR VINYLIOS RECORD STORE
360°
MARCHÉ AUX PUCES
M
Monastiraki
Κυνέτου
DIOSKOURI
Αδριανού
Βρυσακίου
Κλάδου
Δεξίππου
100 M
DA VINCI GELATO
VRYSSAKI
MUSÉE DE L'AGORA ANTIQUE D'ATHÈNES
TEMPLE D'HÉPHAÏSTOS
Ποικίλης
Άρεως
Επαμεινώνδα
Πανός

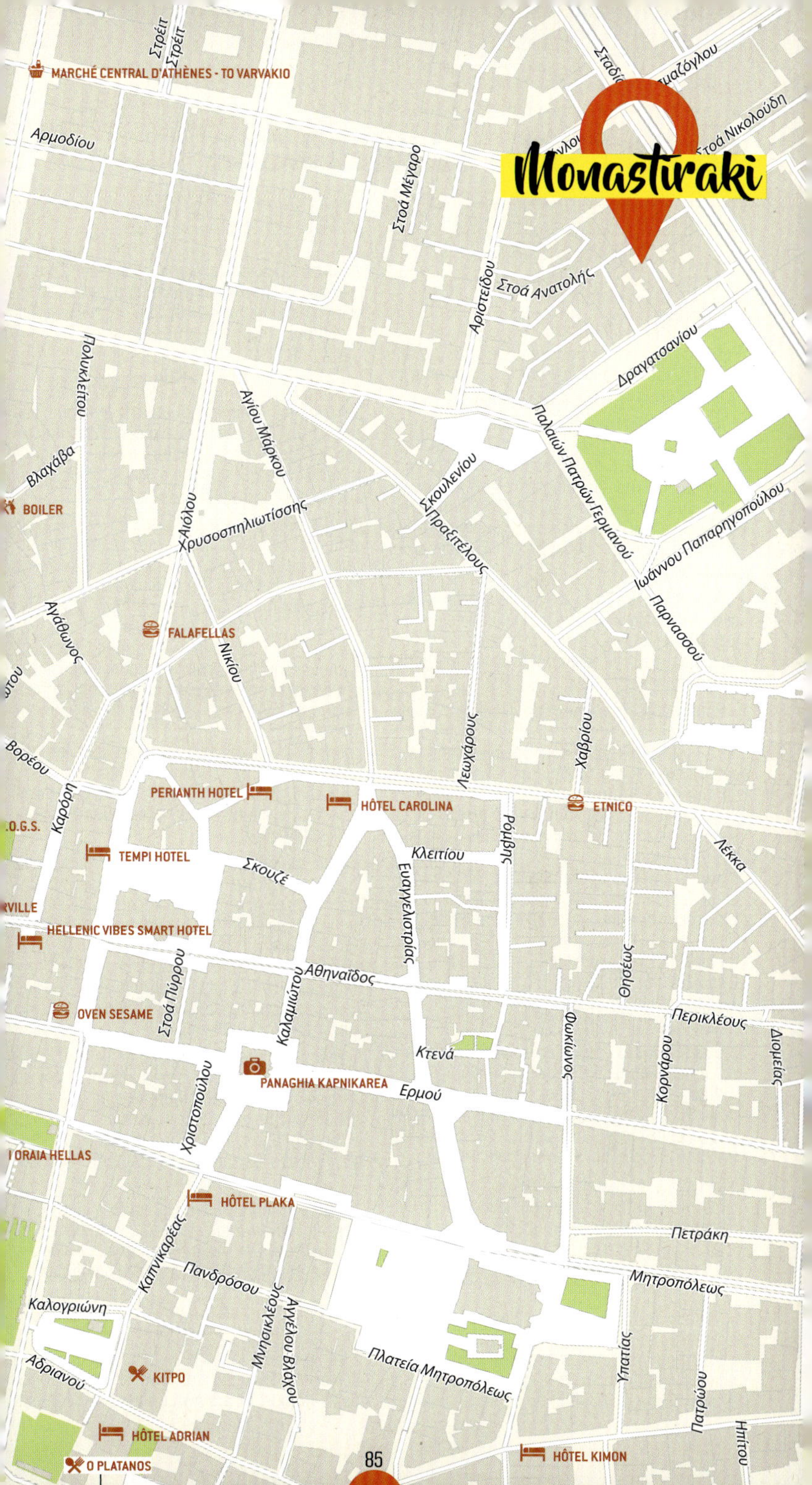
Monastiraki
MARCHÉ CENTRAL D'ATHÈNES - TO VARVAKIO
BOILER
FALAFELLAS
PERIANTH HOTEL
HÔTEL CAROLINA
ETNICO
TEMPI HOTEL
HELLENIC VIBES SMART HOTEL
OVEN SESAME
PANAGHIA KAPNIKAREA
HÔTEL PLAKA
KITPO
HÔTEL ADRIAN
O PLATANOS
HÔTEL KIMON
Αρμοδίου
Στοά Μέγαρο
Αριστείδου
Στοά Ανατολής
Στοά Νικολούδη
Δραγατσανίου
Πολυκλείτου
Βλαχάβα
Αγίου Μάρκου
Σκουλενίου
Πραξιτέλους
Παλαιών Πατρών Γερμανού
Ιωάννου Παπαρηγοπούλου
Αιόλου
Χρυσοσπηλιωτίσσης
Αγάθωνος
Νικίου
Παρνασσού
Βορέου
Καρόρη
Λεωχάρους
Χαβρίου
Λέκκα
Ρόμβης
Κλειτίου
Ευαγγελιστρίας
Σκουζέ
Αθηναΐδος
Καλαμιώτου
Στοά Πύρρου
Θησέως
Περικλέους
Φωκίωνος
Κοριάρου
Κτενά
Ερμού
Χριστοπούλου
Πετράκη
Μητροπόλεως
Καπνικαρέας
Πανδρόσου
Καλογριώνη
Μνησικλέους
Αγγέλου Βλάχου
Αδριανού
Πλατεία Μητροπόλεως
Υπατίας
Πατρώου

PRATIQUE

SE REPÉRER / SE DÉPLACER

DE L'AÉROPORT AU CENTRE-VILLE

L'aéroport international, Venizélos, est situé à 35 km du centre-ville. Pour le rejoindre, plusieurs options :

Métro. Le métro est le moyen idéal de se rendre à l'aéroport, de n'importe quelle station de la ville. Ligne 3, de Monastiraki ou Syntagma, compter environ 40 minutes et 10 € jusqu'à l'aéroport. Fréquence : toutes les 30 minutes environ à partir de 5h30 le matin, jusqu'à 23h30 le soir (horaires variables selon la station du métro).

Suburbain. Un train de banlieue relie l'aéroport au nord de la ville, au port du Pirée et même à Corinthe (durée du trajet 1 heure 20). Correspondance avec le métro. Pour informations, consultez www.trainose.com (en français).

Bus urbain. Des lignes express bleu et jaune ont été mises en place pour desservir l'aéroport. Les tickets à 6 € sont valables dans tous les transports en commun. De l'aéroport, ils se prennent au niveau des arrivées. Plusieurs lignes en fonction de votre lieu de résidence. La ligne X93 part des terminaux de bus nationaux KTEL (Kifissiou et Liossion) toutes les 30-45 minutes environ. Durée du trajet : 65 minutes. La ligne X95 part de la place Syntagma toutes les 10 ou 30 minutes, de jour comme de nuit. Durée du trajet : 60 minutes. La ligne X96 part du port du Pirée toutes les 15-30 minutes, jour et nuit. Durée du trajet : 90 minutes. La ligne X97 part de la station de bus Daphni toutes les heures. Durée du trajet : 70 minutes.

Bus régionaux. Vers et en provenance de Rafina (environ toutes les heures de 4h50 à 22h15, 2,40 €, 30 minutes), Lavrio (toutes les heures de 6h30 à 22h, 4,90 €, 40 minutes) et Markopoulo (toutes les heures de 6h30 à 22h, 4 €, 15 minutes). Bus KTEL, au niveau des arrivées.

Taxis. Le transfert en taxi de l'aéroport au centre-ville est soumis depuis peu à un forfait. Comptez 40 € en journée et 55 € la nuit. Les taxis vous attendent au niveau des arrivées de l'aéroport et se prennent à n'importe quel endroit en ville, à condition de les héler.

Voiture de location. L'aéroport est très bien indiqué du centre-ville. Suivre le petit sigle avion Eleftherios Venizelos et préparer 2,80 € pour pouvoir emprunter la voie express qui mène à l'embarquement. À l'aéroport, chaque loueur de voitures, ou presque, a une succursale dans le terminal. Muni d'un GPS ou d'une bonne carte, vous ne devriez pas avoir trop de mal à rallier votre hôtel.

ARRIVÉE EN BATEAU

Si l'on désire joindre la capitale grecque par bateau, on a le choix entre le port d'Ancône, de Bari, de Venise et de Brindisi, en Italie. On arrive à Patras, ville qui se situe à l'ouest du Péloponnèse et à 211 km d'Athènes.

Il y a trois ports à Athènes : Le Pirée, Lavrio et Rafina. La plupart des ferries se prennent au célèbre port du Pirée, et desservent quasiment toutes les îles de la Grèce. Rafina dessert prioritairement Andros, mais aussi Tinos, Mykonos, Ios, Naxos et Santorin. Lavrio est le port de prédilection lorsqu'il s'agit de se rendre à Kea ou à Kythnos. Certains ferries desservent aussi des îles de l'est comme Agios Efstratios et Lemnos. Pour les horaires, se renseigner dans n'importe quelle agence de voyages. Par ailleurs, beaucoup de journaux athéniens publient les horaires, chaque jour. Sinon, consultez les sites : www.viva.gr ou www.gtp.gr qui vous donneront tous les renseignements nécessaires ou appelez le 14541.

Pour se rendre au Pirée, prendre l'avenue Pireos en voiture, qui part d'Omonia, le métro (terminus de la ligne 1) ou encore le bus urbain de la compagnie ETHEL (www.oasa.gr), numéro 40, rue Filellinon à Syntagma, qui part toutes les 10 minutes de 5h à minuit et toutes les demi-heures pendant la nuit. Sur le port du Pirée, vous pouvez emprunter la navette gratuite qui relie les différents terminaux.

Pour se rendre à Rafina, prendre le bus Suburbain qui part de Pedion Areos, le parc à côté du métro Victoria. Environ toutes les heures et 70 minutes de trajet. En voiture, prévoir aussi 1h15 en partant d'Omonia ou Syntagma. En revanche, seulement à 20 minutes de l'aéroport. Tickets à 2,60 €.

Pour se rendre à Lavrio, prendre le bus Suburbain de Pedion Areos et prévoir quasiment deux heures de trajet. Tickets à 5,30 €. En voiture, 1h15 en partant d'Omonia ou de Syntagma.

TRANSPORTS EN COMMUN

Le métro est le moyen le plus pratique de se déplacer à Athènes. Il dessert les lignes principales de bus, de tramway ainsi que de suburbain (le *proastiakos*). Il est composé des trois lignes (1, 2 et 3) dont la ligne 1 est celle qui relie Athènes à la banlieue nord (Kifissia) et le port du Pirée. Fréquence : toutes les 4-5 minutes en semaine et 5 minutes les samedis et dimanches. Ticket : 1,20 €, valable 90 min, à recharger au préalable sur la nouvelle Athena Card. Horaires et plan : www.ametro.gr/?lang=en

- **Le centre-ville d'Athènes** est traversé par plus de 65 lignes de **bus et trolleybus**. C'est le moyen de transport qui peut vous faire connaître tous les coins de la capitale et de ses environs et avoir, ainsi, un aperçu plus concret de la ville et de la vie de tous les jours de ses habitants. Billet : 1,20 € (à se procurer dans les stations du métro et à certains kiosques du centre-ville). Les horaires sont assez réguliers et fréquents.

- **Pour se rendre aux environs d'Athènes**, il faut prendre les bus de la **compagnie KTEL** (www.e-ktel.com). On a la possibilité d'acheter les billets auprès du chauffeur ou au point de départ des bus. Pour tout renseignement, consulter le site de la compagnie.

- **Pour accéder facilement à la côte sud** en provenance du centre-ville, il faut prendre le tram ; les stations sont nombreuses et les trajets très fréquents. Ça peut être une solution agréable pour s'éloigner du centre-ville et profiter de la mer au même prix qu'un ticket de métro. Se renseigner au www.stasy.gr/index.php?id=343&L=1

VÉLO, TROTTINETTE & CO

- **Le vélo commence à faire son apparition** dans les rues et les environs d'Athènes. Il faut cependant être très prudent lorsqu'on n'est pas un habitué de la conduite des automobilistes grecs. Petit à petit, ils sont acceptés dans certains moyens de transport urbains, à certaines heures et sous conditions. Se renseigner avant de prévoir une excursion de ce genre. S'il y a beaucoup de rues piétonnes dans certains quartiers, il n'y a qu'un nombre très réduit de pistes cyclables et l'on peut se décourager assez vite en évaluant la dangerosité des routes et les hauts et bas permanents d'Athènes et ses collines !

- **Les motos et les scooters** sont des moyens de transport très répandus en ville, car ils sont économiques et permettent d'éviter les embouteillages. Mais conduire un scooter à Athènes relève cependant du domaine de l'art. Méfiez-vous ! Et ne vous laissez pas impressionner par ces livreurs en mobylette qui, le casque au bras, brûlent un feu rouge ou passent sur un trottoir, le téléphone portable à l'oreille !

Le port du Pirée.

AVEC UN CHAUFFEUR

Les taxis athéniens restent fort utiles et surtout très économiques quand on sait les pratiquer. On interpelle les taxis en annonçant le nom du quartier où l'on veut se rendre et on ne donne l'adresse qu'après. Si le chauffeur ne s'arrête pas, c'est que votre destination ne lui convient pas ! Ils ont un compteur qu'il faut tenir à l'œil. Il est possible de se retrouver avec d'autres personnes dans un même taxi, sans pour autant qu'il vous revienne moins cher, mais cela reste rare.

Voici quelques ordres de grandeur : le tarif de nuit est valable de minuit à 5h du matin. Pour le trajet aéroport-centre-ville, un forfait spécial est entré en vigueur : 38 € le jour et 54 € la nuit. Le montant minimum d'une course est de 3,20 €. Il faut également prévoir une majoration de l'ordre de 5 € pour les bagages depuis les gares KTEL de Kifissos et Larissis ainsi que lorsqu'on commande un taxi depuis son hôtel ou autre lieu de séjour.

EN VOITURE

La voiture est sans doute le moyen de locomotion le plus efficace pour découvrir le pays, sa capitale et alentour. Cependant, nous vous recommandons la plus grande prudence au volant, tant les Grecs sont inventifs en matière d'interprétation du code de la route. Lorsqu'une voiture a décidé de vous doubler, il n'est pas rare qu'elle le fasse sur la voie de gauche. C'est à vous de vous rabattre sur la bande d'arrêt d'urgence afin de la laisser passer. Les lignes au milieu de la route ne servent à rien, mais sachez pour votre culture générale que deux lignes blanches signifient l'interdiction de dépasser… En ville, et surtout à Athènes, le klaxon est l'arme principale. Dès que le feu passe au vert, c'est un concert de klaxons que vous entendrez dans votre dos si vous mettez plus d'un dixième de seconde à démarrer. Le tout est de ne pas se vexer et de garder son calme en toutes circonstances. En cas de comportement suspect, par exemple si vous roulez à vive allure et qu'un automobiliste semble prêt à s'engager sur un carrefour où vous avez la priorité, klaxonnez ou faites des appels de phares afin de prévenir que vous êtes là et qu'il n'a pas intérêt à y aller. C'est la façon des Grecs d'anticiper… Le parc automobile grec s'étant renouvelé très rapidement, vous serez surpris de voir le nombre de grosses cylindrées en circulation, leur propriétaire n'hésitant pas à monter jusqu'à 170 km/h ou 180 km/h. Ce n'est pas une raison pour les imiter ! Si vous louez une voiture dans le pays, nous vous conseillons tout de même d'opter pour une catégorie intermédiaire pour plus de sécurité, les coquilles de noix pouvant s'avérer vraiment dangereuses. Autre élément important, l'état des routes laisse franchement à désirer : les nids-de-poule, les bosses, les cadavres d'animaux, sont autant de pièges qui peuvent endommager gravement votre voiture.

En cas d'accident. Un constat de police est obligatoire en cas d'accident de la circulation mettant en cause un tiers. Composez le 100 pour joindre la police et attendez-la pour faire le constat quel que soit le type d'accident et le délai d'attente. En effet, les assurances ne remboursent pas sans déclaration d'accident. S'il y a des victimes, le conducteur étranger peut être gardé à vue, puis présenté au tribunal de police qui se chargera de déterminer sa responsabilité. Dans la majorité des cas, il y a lieu de faire appel à un avocat local pour assurer sa défense. Il est donc nécessaire de vérifier les risques couverts par son contrat d'assurance (responsabilité civile, versement d'une caution de garantie et assistance juridique). Un taux d'alcoolémie supérieur à 0,24 g/l est passible d'une contravention, tandis que s'il est supérieur à 0,50 g/l, il est considéré comme un délit.

Location de voitures. Internationaux (tels qu'Avis ou Hertz) ou locaux, les loueurs de voitures sont innombrables. Vous trouverez des agences dans les aéroports et près des gares, aussi bien que dans le centre des villes et les centres touristiques. Cette concurrence garantit des prix peu élevés qui commencent à partir de 20 € par jour environ avec un tarif dégressif pour plusieurs jours de location. Dans la plupart des agences possédant plusieurs points de location, on peut rendre le véhicule dans un autre lieu sans payer de surcoût. Attention : si certaines agences affichent un prix défiant toute concurrence, ne vous laissez pas aveugler et comparez vraiment l'offre. Faites attention si vous passez par des petites agences de location indépendantes non agréées, elles ne fournissent pas toujours aux clients des véhicules révisés et offrant toutes les garanties de sécurité. Surtout, lisez bien toutes les clauses du contrat d'assurance, les agences s'arrangeant souvent pour que l'assurance ne s'applique jamais ! Sachez que la location de voitures depuis la France, quelquefois plus commode, peut revenir moins cher lors d'un forfait compris par exemple avec votre billet d'avion.

Formalités. Selon les contraintes imposées par le code de la route grec, les personnes souhaitant conduire une automobile doivent posséder un permis de conduire international valide, ainsi que divers documents officiels avec photographie, carnet de bord ou contrat de location et une assurance auto appropriée. En cas de non-présentation d'une des pièces susmentionnées sur simple demande des autorités, une amende sera délivrée sur-le-champ. Les triangles de présignalisation sont obligatoires. Les voitures peuvent être importées pour une durée maximale de six mois. Un carnet de passage est nécessaire pour une camionnette ; pour les caravanes ou remorques, mention sur la carte verte et bref inventaire du contenu. N'oubliez pas aussi que, pour louer une voiture, il faut avoir plus de 21 ans et être titulaire d'un permis de conduire B depuis au moins un an, voire deux ans. Le permis de conduire vous sera demandé même si vous ne louez qu'une mobylette ou un scooter.

Informations et assistance. Un des gros problèmes en Grèce : les routes. Nids-de-poule, creux, bosses, feux rouges en plein milieu de l'autoroute, absence de marquage, signalisation défaillante… Certains tronçons de l'autoroute sont payants en fonction de la distance parcourue et du type de véhicule. Gardez à l'esprit que la Grèce est un pays montagneux à 80 % et que les distances sont certes courtes, mais que le temps pour les franchir peut paraître franchement long…

ACCESSIBILITÉ

Les personnes à mobilité réduite et les bébés en poussette ne sont malheureusement pas une priorité en Grèce. L'accessibilité est donc réduite, notamment dans les bus locaux. Le métro reste le moyen de se déplacer le plus convenable pour les PMR. Au centre-ville, les trottoirs sont en majorité aménagés pour les PMR. Possibilité, également, de commander un taxi ou des navettes dédiés aux personnes à mobilité réduite.

LES PHRASES CLÉS

Bonjour, comment puis-je me rendre à…
Παρακαλώ, πώς θα μπορούσα να πάω στο…

Est-ce loin à pied ? Y a-t-il le métro ou un bus... pour y aller ?
Είναι μακρυά με τα πόδια; Μπορώ να πάρω το μετρό ή το λεωφορείο για να πάω εκεί;

Pouvez-vous me montrer cet endroit sur la carte s'il vous plait ?
Μπορείτε να μου δείξετε το μέρος αυτό στον χάρτη;

Où puis-je acheter les tickets de transport ? Est-ce que je peux payer en carte de crédit ?
Πού μπορώ να αγοράσω εισιτήρια για τα μέσα μαζικής μεταφοράς; Μπορώ να πληρώσω με πιστωτική κάρτα;

Où est la sortie ? À gauche, à droite ou tout droit ?
Πού είναι η έξοδος Αριστερά, δεξιά ή ευθεία;

Je suis perdu et je suis en retard, s'il vous plait, aidez-moi ! Merci beaucoup !
Χάθηκα και έχω καθυστερήσει, βοηθήστε με σας παρακαλώ! Σας ευχαριστώ πολύ!

LES QUARTIERS D'ATHÈNES

Athènes est une grande ville coincée entre trois monts et la mer, et où il est facile de se perdre. Surnommée Tsimentopouli (la « ville de ciment »), elle abrite 3,6 millions d'habitants, soit plus d'un tiers de la population nationale, répartis dans des quartiers aux contrastes surprenants. Pour vous aider à mieux vous repérer dans la capitale grecque, nous avons découpé son centre touristique en cinq quartiers qui ont chacun leurs particularités et que l'on peut généralement parcourir à pied. Vous commencerez sans doute par Plaka et Monastiraki, près de l'Acropole, dans le cœur historique et touristique de la ville. Si Psirri est partie prenante du centre-ville et à quelques minutes à pied des attractions d'Athènes, le quartier de Gazi est un peu plus excentré. Mais vous passerez aussi par Kolonaki, Syntagma et même Omonia ou le quartier alternatif d'Exarchia où il fait bon prendre un verre le soir, un peu en dehors des sentiers battus…

Plaka et Monastiraki

Les deux quartiers sont liés. D'ailleurs, pour visiter Plaka, la station de métro Monastiraki est toute conseillée. Il peut aussi être abordé à pied, après dix minutes de marche, en descendant des métros Syntagma ou Acropoli. Le quartier de Plaka s'étire entre les axes perpendiculaires de Fillelinon et de Mitropoleos. Ici, les rues deviennent soudain plus étroites, bordées de belles villas néoclassiques. Certaines, animées et piétonnes, alignent tavernes, terrasses de cafés et boutiques de souvenirs. La promenade y est agréable à toute heure de la journée, y compris le soir. En s'enfonçant un peu plus dans ce vieux quartier, accroché au flanc nord-est de l'Acropole, le charme d'un voyage dans le temps fait effet. On sent le mode de vie d'autrefois dans ces ruelles enchevêtrées dont les hautes bâtisses néoclassiques, couleur crème aux volets verts, aux tuiles ocre et rondes, aux balcons en fer forgé débordant de fleurs, cachent parfois des jardins clos et boisés, enserrés derrière de hauts murs. Au détour d'un chemin en escalier, découvrez quelques maisons datant de l'occupation turque, restées intactes ou désormais en ruine. Des églises byzantines jalonnent également votre déambulation. Visitez l'Anafiotika, un vieux village cycladique sur la pente qui même au Parthénon. Des maisons blanches et bleues, de propres rues étroites, on se croirait sur une île. C'est magnifique. Habité depuis l'époque préhistorique, il a traversé l'histoire et connaît tous les secrets de la cité. Après l'indépendance, les couches supérieures de la société athénienne vinrent résider à Plaka. Aujourd'hui, c'est le quartier le plus touristique d'Athènes. Il respire, à son rythme, loin de l'agitation de la ville moderne. N'hésitez pas à vous y perdre pour quelques heures et à vous asseoir à l'une de ses terrasses, dans le haut de la vieille ville, plus paisible.

Lorsque vous aurez fait le plein de plénitude, vous serez prêt à affronter Monastiraki, surtout connue pour son marché aux puces qui élit domicile dans les petites ruelles qui mènent de l'Ancienne Agora à la place Avissinias. Collé à l'Agora, ce quartier restreint renferme des sites antiques, des églises byzantines, deux vieilles mosquées et de belles maisons du XIXe siècle. La promenade piétonne le long de l'Agora et du train électrique de la ville, qui descend vers Le Pirée, se fait au coude à coude, entre les terrasses de cafés et de restaurants. Elle reste cependant incontournable, que l'on soit athénien ou de passage, et vous conduit jusqu'à Thissio, point de départ des avenues piétonnes Apostolou Pavlou puis Dionyssiou Areopagitou, aménagées autour du rocher de l'Acropole.

Psirri et Gazi

L'artère Athinas, qui mène d'Omonia au métro Monastiraki, délimite la frontière est du quartier de Psirri. Derrière la haute rangée d'immeubles de l'avenue, les ruelles se multiplient et s'entrecroisent autour des places Iroon et Saint-Anargyron, cœurs de ce quartier de noctambules. De minuscules tavernes et *mezedopoleia*, dont les chaises et tables tiennent le pavé, nourrissent les habitants depuis des décennies, tandis que de nouvelles adresses de cuisine moderne et internationale voient le jour. La journée, petits artisans et brocanteurs d'objets improbables rendent aux ruelles leur âme populaire tandis que le soir, des groupes d'Athéniens et de touristes investissent les bars et clubs à la mode. Incontestablement, Psirri est un quartier assez animé pendant toute la journée alors qu'aux heures plus tardives la fête déborde dans les petites ruelles.

Place Monastiraki

© SCHROPTSCHOP - ISTOCKPHOTO.COM

Place Monastiraki.

N'hésitez pas à visiter ce quartier en journée et vous faufiler dans ces petites ruelles débordant d'authenticité et reflétant l'atmosphère de la vie au XIXe siècle. Il faut se rendre sur la place Aghias Irinis, à deux pas de Psirri. Idéale pour un café matinal ou un brunch, cette place ainsi que les petites ruelles biscornues qui l'entourent méritent le détour à toute heure du jour.

On déboule à Gazi par l'agréable promenade sur la rue d'Ermou, à partir de Thissio, ou par le métro Keramikos, dont la bouche s'ouvre sur la place centrale et très animée du quartier. Autour de celle-ci, les terrasses de bar se côtoient, débordant de jeunes et de musique électronique et souvent *mainstream*. Technopoli, ancienne usine de gaz, est un bâtiment immanquable, désormais centre culturel et lieu de concerts. Aux alentours, les ruelles s'entrelacent, délimitées par la voie ferrée, la Iera Odos et l'avenue Pireos. Dans ce quartier, certaines façades de belles demeures néoclassiques subsistent à côté de maisonnettes basses et toutes simples, abritant des familles entières d'immigrés ou d'artisans. La rupture avec le centre-ville est totale, l'ambiance et le rythme de vie radicalement différents. La jeunesse de la ville s'est approprié ce quartier populaire, devenu assez branché.

Kolonaki

Quartier chic et dandy par excellence, sur le versant sud-ouest du mont Lycabette, Kolonaki a perdu de son arrogance avec la crise. Il y a peu, les boutiques de luxe et les ateliers de grands couturiers se targuaient d'ouvrir à Kolonaki. Aujourd'hui, les Grecques fortunées et pomponnées continuent d'y faire leurs emplettes, puis de s'asseoir, de manière la plus visible possible, à la terrasse d'un café de la place de Kolonaki, mais l'ostentation tend à disparaître. Nombreuses sont les façades de magasins vides. Mais tout de même, c'est bien toujours ici que se nichent d'excellentes adresses de restaurants à des prix plus ou moins abordables. À la limite de sa frontière avec Exarchia, « une zone tampon » offre un mix des plaisirs de Kolonaki, agrémentés de la touche alternative d'Exarchia. Les nombreux cafés et restaurants de Skoufa sont ainsi archi-bondés du matin au soir, pris d'assaut par la jeunesse active d'Athènes. De ce quartier, les ruelles piétonnes se transforment en escaliers ombragés, grimpant jusqu'au mont Lycabette d'où la vue sur la ville est impressionnante.

Avoisinant Kolonaki, Pagrati est un autre quartier authentique d'Athènes. Il s'étire entre les avenues Vasilissis Sofias, Vasileos Konstantinou et Vassileos Alexandrou. Situé à la frontière avec le quartier branché de Kolonaki, au sud du Stade panathénaïque et du Premier cimetière d'Athènes, Pagrati est un quartier en pleine évolution et compte déjà un grand nombre de joyaux à découvrir. Il s'agit d'un quartier résidentiel bourgeois apprécié autrefois des intellos plutôt bohèmes. On y trouve Spondi, un des meilleurs restaurants gastronomiques et étoilés d'Athènes, ainsi qu'un nombre considérable de bistrots, de cafés lounge, de bars et de tavernes qui valent une halte. Se rendre à Pagrati devrait figurer sur votre liste de choses à faire pour une nuit inoubliable.

Omonia et Exarchia

Voilà, côte à côte, des quartiers à l'atmosphère complètement opposée : de jour, Omonia est bruyante et fourmille de passants pressés et de voitures, tandis qu'Exarchia, avec ses petites rues bordées d'arbres, offre une certaine tranquillité aux terrasses des cafés. Mais de nuit, la zone d'Omonia est moins rassurante. On l'évite pour privilégier Exarchia, l'un des plus fréquentés lieux de vie nocturne, surtout l'été. Et entre les deux quartiers, le Musée archéologique national est certainement la plus grande attraction susceptible de faire venir les visiteurs dans cette partie de la ville !

Quartier dit tantôt anarchiste, tantôt bohème, Exarchia est le quartier voisin de l'École polytechnique qui a vu naître la révolte des étudiants pendant la dictature des colonels. Chargée d'histoire, vous verrez dans sa cour la porte d'entrée qu'un tank de la dictature avait écrasée en 1973, avant de tirer sur des élèves et de faire commencer la révolution. Le quartier reste aujourd'hui investi par les jeunes et les artistes, dans cette ambiance qui se veut donc un peu contestataire. Délimité par Akadimias, Zoodohou Pigis et la colline Strefi, il vit au rythme des bars rock et tendance. Au croisement des rues Koletti et Messologgiou, quelques jolis petits bars colorés s'étalent dans les rues piétonnes et créent une super ambiance pour passer la soirée. Passez par la jolie rue Kallidromiou, qui a son marché de produits locaux et légumes le samedi matin, ainsi que quelques cafés et restaurants.

Omonia est surtout un quartier pratique, car il est central et très bien desservi par les transports en commun, que ce soit pour se rendre vers Le Pirée ou l'aéroport. C'est d'ailleurs la raison pour laquelle vous y trouverez bon nombre d'hôtels. Malheureusement, depuis quelques années, il ne fait pas bon s'y promener. On y dort, c'est tout. Récemment rénovée, la place d'Omonia abrite quelques bâtisses néoclassiques, mais le vaste rond-point en ciment de la place peine à trouver une identité malgré les quelques arbres plantés à la va-vite pour les Jeux olympiques.

Syntagma

Le métro Syntagma, débouchant sur la vaste place de la Constitution, est le centre de la ville, où chaque Athénien passe régulièrement. Tout autour, le Jardin national (au sud et à l'est), l'avenue Ermou (à l'ouest) et l'avenue Panepistimiou (au nord) partent de Syntagma pour rayonner, chacun dans sa direction.

La place Syntagma (place de la Constitution) est le lieu emblématique de l'Athènes d'aujourd'hui. Siège des manifestations quand il y en a, elle reste cependant un lieu central et convivial où se concentrent tous les attributs modernes de la ville. Juste en face se dresse l'élégante bâtisse couleur saumon du Parlement (la Vouli), où se prennent toutes les décisions politiques engageant l'avenir du pays.

Devant la tombe du Soldat inconnu, la relève de la garde des Euzones, dont les chaussures à pompons battent le pavé, est d'ailleurs une attraction appréciée des touristes qui s'y pressent, caméra au poing. Ils portent les uniformes de leurs ancêtres qui libérèrent la Grèce du joug ottoman durant la guerre d'Indépendance (1821-1828).

Non loin de là, le Jardin national, autrefois attenant au Palais royal, est une oasis de paix et de verdure en plein milieu de la ville. Ces allées, aménagées dès 1838, sont bordées de mille variétés d'arbres et de plantes. À la sortie du jardin, côté sud, on jette un œil au majestueux Zappéion et au stade de marbre, le Kallimarmaro, où se déroulèrent les premiers Jeux olympiques modernes. Si vous souhaitez faire une halte archéologique, rendez-vous au temple de Zeus et à la porte d'Hadrien, à deux pas.

L'artère commerciale et piétonne d'Ermou débute place Syntagma, et conduit jusqu'à Monastiraki. Toutes les plus grandes enseignes internationales y ont pignon sur rue. Autour de la Kolokotroni, on plonge dans l'Athènes populaire, et les boutiques de mercerie et d'articles de maison sont légion. Enfin, déboucher sur l'avenue Stadiou, c'est refaire surface dans le monde moderne. Artère principale de la ville, Stadiou et ses parallèles Panepistimiou et Akademias desservent les principaux quartiers de la capitale.

Quartier de Syntagma.

AEGEAN AIRLINES

Athens International Airport Eleftherios Venizelos
✆ +30 210 626 1000
fr.aegeanair.com

Aegean Airlines, la compagnie nationale, dessert au départ d'Athènes de très nombreuses îles grecques comme l'île de Chios, de Corfou, Cythère, Ikaria, Kalymnos, Karpathos, Kassos, Kos, La Canée, Leros, Milos, Mykonos, Naxos, Rhodes, Samos, mais aussi Thessalonique, Ionnina et bien d'autres localités intérieures, toujours plus nombreuses chaque année. L'avion est une solution de transport de plus en plus plébiscitée par les Grecs car l'avion est, malheureusement pour l'environnement, bien plus rapide que les ferrys et étonnamment pas plus onéreux.

PROASTIAKOS

✆ 1110
www.trainose.gr
Tarifs en fonction de la destination.

Inauguré à la veille des Jeux olympiques, le suburbain ou « Proastiakos » relie maintenant l'aéroport au centre-ville et au Pirée, ainsi que le Péloponnèse à l'ouest et l'Eubée à l'est du pays. Cette ligne vous servira donc à la fois pour rejoindre le centre-ville ou pour prendre un bateau au Pirée ou vous évader immédiatement vers d'autres contrées comme la ville de Corinthe (Kiato) dans le Péloponnèse ou Chalkida en Eubée. Ce service, récent, est très efficace. Les horaires et tarifs sont consultables sur le site, disponible en version bilingue.

AÉROPORT INTERNATIONAL ELEFTHERIOS VENIZELOS

✆ +30 210 353 0000
www.aia.gr

Cet aéroport, inauguré pour les Jeux olympique de 2004, est facilement accessible depuis le centre-ville en métro, bus et taxi. Il propose aussi des liaisons directes vers les ports du Pirée et de Rafina. Bien agencé, vous y trouverez restaurants, banques et parking. L'office de tourisme de l'aéroport, ouvert de 8h à 22h, tient à votre disposition de nombreux prospectus et pourra vous renseigner dès votre arrivée. Et le wifi est gratuit dans tout l'aéroport.

KTEL ATHENES

✆ +30 210 880 8080
www.ktelbus.gr/
Attention : il y a 2 terminaux principaux pour les bus, selon les destinations.

La compagnie KTEL, véritable spécificité grecque, relie quasiment toutes les villes de façon très efficace. Il est plus développé que le réseau ferré et est très prisé des Grecs (mais, contre toute attente, souvent plus cher que le train). Il faut juste veiller à ne pas se tromper de point de départ. Le terminal A se trouve au 100 rue Kifissou (+30 210 512 4910) et le terminal B au 260 rue Liossion (+30 210 831 7153). Le site web, disponible en anglais, vous donnera aussi toutes les informations nécessaires pour vos déplacements dans la région.

GARE CENTRALE DE LARISSIS

21 rue Theodorou Deliyianni
✆ 14511
www.trainose.gr
Les horaires sont consultables sur le site.

Le réseau ferré grec s'est considérablement réduit ces dernières années. Seule la ligne entre Athènes et le nord du pays a fait l'objet de modernisations. De la gare centrale de Larissis, des trains relient ainsi essentiellement Athènes et Thessalonique ainsi que quelques grandes villes du pays (Larissa, Kalambaka...). A noter toutefois que deux lignes transversales vers l'Eubée et le Péloponnèse sont assurées par un autre réseau plus récent, le Proastiakos.

ANEK LINES

24 rue Akti Kondili
✆ +30 210 41 97 400
www.anek.gr
Ouvert du lundi au vendredi de 9h à 17h.

Fondée en 1967, Anek Lines est une société dont les actionnaires étaient initialement des Crétois ordinaires désirant que leur île soit desservie fréquemment et en grande sûreté avec des grands navires. En 1970, *Kydon*, le bateau emblématique reliant, pendant 20 ans, Le Pirée et La Canée, effectue son premier voyage. Actuellement la société possède une flotte ultra moderne de 9 bateaux de matricule grec desservant, entre autres, la Crète, les Cyclades et le Dodécanèse et relie la Grèce et l'Italie à partir du Pirée et de Patras.

BLUE STAR FERRIES

1-7 rue Lysikratous & Evripidou
✆ +30 210 891 9800
www.bluestarferries.com

Impossible de la manquer, c'est la compagnie la mieux implantée avec la flotte la plus importante. Au port du Pirée, les ferries estampillés Blue Star annoncent la couleur et la destination et font déjà rêver : Paros, Naxos, Santorini… Il est même possible de se laisser porter par les escales pour découvrir les Cyclades. Ces bateaux prennent aussi les voitures et comportent tout le confort nécessaire : bars, restaurants, boutiques et même des distributeurs de billets. Liaisons du Pirée vers les Cyclades, mais aussi les îles du Dodécanèse.

AVANCE

40-42 av. Syngrou
✆ +30 210 92 00 100
www.avance.gr

Le véhicule peut être livré à votre hôtel.

Pas besoin de voiture si vous vous contentez de visiter la capitale. Mais pour aller ailleurs, un véhicule est souvent indispensable - ou de moins un plus. Si toutes les grandes enseignes de loueurs sont représentées en Grèce, l'accueil ici est toujours sympathique. Avance est bien représentée en Grèce avec plus de 20 agences, évidemment dans la capitale et à l'aéroport, où c'est souvent plus pratique. Cette enseigne mise beaucoup sur la sécurité des véhicules. Pour plus d'informations, visitez son site – en français – et réservez directement votre véhicule.

MINOAN LINES

M° Panepistimiou.
✆ 801 11 75 000
www.minoan.gr

Fondée en 1972 à Héraklion, la compagnie figure parmi les leaders du secteur du transport de passagers. Actuellement, elle dispose d'une flotte importante reliant Héraklion au Pirée mais aussi aux Cyclades (Milos, Ios, Mykonos, Paros et Santorin). Il est également possible de naviguer de La Canée au Pirée. La compagnie assure les traversées entre la Crète, Patras, Igoumenitsa, et l'Italie. A bord, retrouvez salles de gym, spas, bars, boutiques et restaurants pour votre plus grand confort. Idéal pour les personnes qui voyagent en camping-cars

ILINA YACHTING

2 Ethnarchou Makariou ✆ +30 210 98 03 130
www.ilinayachting.com

A partir de 6 500 €/jour pour 8 personnes, tout compris. Offres sur le site. Service limousine de/pour l'aéroport.

Si vous désirez des vacances de rêve en yacht, adressez-vous à la compagnie Ilina Yaghting et elle se chargera du reste… Son personnel qualifié peut vous aider à planifier vos vacances de luxe et louer le yacht de votre choix : catamarans, yachts à moteur, voiliers. Un grand yacht luxueux comprend quatre cabines séparées, deux avec grand lit et salle de bains privée et deux avec deux lits séparés et salle de bains ou WC séparés. L'intérieur est splendide, on admire le mélange bois d'acajou et cuir. Avec ce yacht : 2 heures de navigation d'Alimos jusqu'à Mykonos.

SUPERFAST FERRIES

1-7 Lysikratous et Evripidou
✆ +30 210 8919700
www.superfast.com

Agence en France : Euromer ciel et voyages ✆ +33 4 67 65 95 14, fax : +33 4 67 65 20 27.

Superfast Ferries, numéro un dans les transports maritimes de passagers, exploite 3 ferries ultra-modernes pour le transport de passagers et de voitures, offrant des liaisons quotidiennes depuis les ports grecs de Patras, Igoumenitsa et Corfou vers les ports italiens d'Ancône, de Bari et de Venise. Piscine, restaurant à la carte, restaurant libre-service proposant des menus variés et de bonne qualité, options illimitées de boissons, snack-bar... L'idéal pour voyager avec son camping-car. Les routes sont desservies conjointement avec la compagnie Anek Lines.

MÉTRO

✆ +30 210 679 2399
www.ametro.gr

Valable durant 90 min, chaque trajet revient à 1,20 € l'unité, à recharger au préalable sur la nouvelle Ath.ena Card.

Certaines stations de métro impressionnent : extrêmement propres et spacieuses, avec des quais et des couloirs tout en marbre et même des collections de découvertes antiques ou des ruines ! Les stations principales desservies actuellement : sur la ligne 1, Le Pirée, Monastiraki, Omonia, Victoria (Musée archéologique), Stade olympique, Kifissia, sur la ligne 2, Anthoupoli, Aghios Antonios, Gare de Larissa, Omonia, Syntagma, Syngrou, Akropoli, Aghios Dimitrios, Elliniko, et sur la ligne 3, Agia Marina, Egaleo, Monastiraki, Syntagma, Doukissis Plakentias, Aéroport.

MOTORENT

4 Kavalloti
✆ +30 210 92 34 939
www.motorent.gr
Du lundi au vendredi : 9h à 18h. Le samedi : 9h30 à 15h. Entre 20 et 58 €/jour, kilométrage illimité. Prix dégressifs.

Cette agence de location se situant juste à côté du nouveau musée de l'Acropole est bien pratique. Elle est spécialiste de la location de motos depuis 1976 et elle ne cesse d'offrir à ses clients des services de haute qualité, maintenant ainsi sa première place dans le secteur de la location de motos. Motorent propose un mode de circulation en ville alternatif, mais également un mode de voyager et connaitre le pays sans les contraintes des moyens de transport conventionnels. Possibilité d'un tour à moto accompagné d'un guide.

OASA - BUS URBAINS

✆ 185
www.oasa.gr
1,20 € pour un trajet (90 minutes de trajet), valable dans tous les moyens de transport urbains. Pour l'aéroport : 6 €.

Le réseau des bus urbains, jaune et bleu, est très dense et les passages sont assez réguliers et fréquents. Toute la ville est desservie. Avant d'y monter, il faut acheter son ticket aux terminaux, aux stations du métro ou à certains *periptera* (kiosques). Les conducteurs n'en vendent pas. On trouvera une liste des lignes existantes sur le site de la compagnie : www.oasa.gr. Cette liste est très utile car il y a rarement des indications détaillées dans les stations. On en trouve aussi parfois à l'office du tourisme de la ville (18-20 rue D. Aeropagitou).

RADIO TAXI

✆ +30 210 36 36 508
7 jours/7, 24h/24.

Radio Taxis Apollon est une des plus grandes compagnies de radio-taxis d'Athènes et de ses environs. Les itinéraires desservis couvrent le département de l'Attique (le prix est déterminé par le compteur) mais, aussi, les destinations vers les sites archéologiques comme cap Sounio, Epidaure, Delphes, Météores... (prix à fixer avant votre trajet). Cependant, vous aurez surtout intérêt à télécharger l'application Freenow, l'équivalent d'Uber à Athènes. Vous serez facturé 1,20 € en plus mais on vient vous chercher et l'application estime le prix de la course.

TAXI

Autour de 5 € pour des trajets courts.

Vous repérerez les taxis athéniens à leur couleur jaune. Les tarifs demeurent moins élevés qu'en France et ils sont pratiques et très économiques pour circuler dans la capitale, surtout quand on est plusieurs. Il vaut mieux toutefois être prévenu : il arrive que le chauffeur prenne plusieurs passagers sur son trajet, ce qui rallongera peut-être (un peu) votre parcours. A bord, pensez aussi à vous assurer que le compteur est activé. S'il n'y a pas Uber à Athènes, l'application Beat (à télécharger) offre un service efficace assez similaire.

TRAMWAY

✆ +30 210 997 8000
www.tramsa.gr
Valable durant 90 min, chaque trajet revient à 1,40 € l'unité, à recharger au préalable sur la nouvelle Ath.ena Card.

Autant le dire tout de suite : ce n'est pas le mode de transport le plus rapide. Le tramway athénien reste toutefois très agréable et dessert toute la côte sud et ses plages, au départ de la place Syntagma. Il longe la côte du stade Irinis - SEF à Glyfada, tranquillement, sans se presser. On reconnaît ses stations à son logo : un petit arbre au feuillage vert. Il faut compter environ 40 minutes pour rejoindre la mer et les plages depuis le centre-ville. Mais si vous prévoyez de descendre bas le long de la côte, mieux vaut parfois prévoir de prendre un taxi.

TROLLEY

✆ 185
www.athens-trolley.gr
Valable durant 90 min, chaque trajet revient à 1,40 € l'unité, à recharger au préalable sur la nouvelle Ath.ena Card.

Les trolleys jaunes sont aussi très pratiques pour les petits trajets, leurs itinéraires sont assez bien indiqués dans les endroits fréquentés. Ils assurent essentiellement des liaisons dans le centre de la capitale : Omonia, Syntagma, Victoria, place Exarchia, Ermou, Athinas... Les stations sont les mêmes que celles des bus OASA et certains trajets sont d'ailleurs sensiblement identiques. Néanmoins, ils se distinguent des bus bleus qui desservent, quant à eux, le centre et la périphérie et assurent des trajets plus longs. Vous emprunterez souvent les deux.

À VOIR / À FAIRE

C'est sur et autour du rocher, dit sacré, de l'Acropole, occupé dès le Néolithique et naturellement fortifié, que se concentrent monuments et sites archéologiques, symboles du berceau de la civilisation occidentale : le Parthénon, les Propylées, le temple d'Athéna, l'Erechthéion... Mais, avant ou après, une promenade dans Plaka s'impose, en se laissant guider par le dédale des ruelles pittoresques, les chats libres et espiègles, les recoins désertés ou les terrasses des cafés et restaurants bondées, les demeures néoclassiques ou les vieilles bâtisses abandonnées. Partout, dans n'importe quel quartier, s'offre à vous un voyage dans le temps, au cœur de la ville. Même si vous n'êtes pas fan d'archéologie, le musée national archéologique vous subjuguera par sa richesse. Pour avoir une idée de tout ce qu'il y a à voir, montez le mont Lycabette. De là, la vue sur la ville et tout ce qu'elle offre est impressionnante...

A VOIR / A FAIRE

HORAIRES

Les horaires des musées changent au moins une fois par an en Grèce ! Il est donc de bon conseil de consulter les sites des musées et des sites archéologiques avant de leur rendre visite. Dans les régions touristiques, telle que la capitale grecque, les horaires pendant la haute saison sont en général respectées à la minute prêt. Pour en être sûrs dans tous les cas, soyez de Petits Futés : les informations données dans ce guide sont mises à jour constamment.

A RÉSERVER

Il est obligatoire de réserver bien d'avance si vous voulez assister à un spectacle ou avant votre visite aux musées d'Athènes ou ses sites archéologiques : ça vous évitera les longs moments d'attente très désagréables, surtout pendant les journées très chaudes de la saison. Pour vos visites aux musées et aux sites archéologiques, réservez en ligne : https://etickets.tap.gr/

BUDGET / BONS PLANS

L'entrée aux musées publics et sites archéologiques est libre aux dates suivantes : tous les premiers dimanches entre le 1er novembre et le 31 mars. Le 28 octobre, le 18 avril, le 18 mai, le dernier weekend de septembre et le 6 mars.

LES ÉVÉNEMENTS

Plusieurs évènements culturels et d'un excellent niveau artistique ont lieu à Athènes. Dans ce guide, on vous propose des festivals et des manifestations variées, très prisées, réunissant un grand nombre de spectateurs et qui ont lieu tous les ans. En saison, saisissez l'occasion d'assister à une représentation de tragédie ou comédie ancienne grecques ou un concert qui se déroulent dans les théâtres à ciel ouvert, notamment à l'Odéon d'Hérode d'Attique. Par ailleurs, assister à une séance dans un des cinémas de plein air, sera, également, une expérience inoubliable.

Quartier d'Omonia.

VISITES GUIDÉES

En visite guidée ou en solitaire, prenez soin de suivre les consignes indiquées : il est interdit de prendre en photos certains objets exposés dans le musée ; restez strictement dans les zones destinées aux visiteurs, tâchez de ne pas occuper tout l'espace devant la collection d'un musée afin de permettre aux autres visiteurs d'admirer à leur tour les objets exposés. Tâchez, également, de ne pas faire du bruit lors d'un spectacle ou dans une église et soyez habillés convenablement. Et, surtout, pensez à éteindre, dans tous ces lieux, votre mobile !

FUMEURS

Il est formellement interdit de fumer dans les musées et les sites archéologiques.

C'EST TRÈS LOCAL

N'entrez pas dans une église ou un monastère en maillot de bain ou short. Au contraire, prévoyez des vêtements décents.
Ne photographiez pas non plus des hommes portant le costume traditionnel sans leur avoir préalablement demandé l'autorisation.

LES PHRASES CLÉS

Bonjour, puis-je avoir deux entrées adultes et un enfant s'il vous plait ?
Θα ήθελα δύο εισιτήρια για ενήλικες και δύο για παιδιά παρακαλώ.

Le tarif enfant est jusqu'à quel âge ? Et pour les seniors, est-ce qu'il y a une réduction ?
Μέχρι ποια ηλικία θεωρείται κανείς παιδί; Υπάρχει έκπτωση για τους συνταξιούχους;

Est-ce qu'il y a des visites guidées en français ou un audioguide ?
Υπάρχει ξενάγηση στα γαλλικά ή ηχητική ξενάγηση;

Combien de temps faut-il pour faire la visite ?
Πόσο διαρκεί η επίσκεψη;

J'ai du mal à monter les escaliers, avez-vous un ascenseur ?
Οι σκάλες με δυσκολεύουν, υπάρχει ασανσέρ;

Excusez-moi, pouvez-vous me dire où sont les toilettes ? Merci beaucoup.
Με συγχωρείτε, πού είναι οι τουαλέτες; Σας ευχαριστώ πολύ.

INSTITUT FRANÇAIS D'ATHÈNES

31 rue Sina
✆ +30 210 33 98 600
www.ifa.gr
Médiathèque (accès libre) : du mardi au vendredi de 10h à 19h, et le samedi de 9h à 14h. Fermé en août.

L'IFA, beaucoup plus qu'une institution éducative, est fondé en 1924 par Octave Merlier. En tant que promoteur de la culture française (en collaboration avec l'ambassade de France en Grèce), l'IFA organise des événements tels que le festival du cinéma francophone qui compte déjà 20 ans d'histoire réussie à Athènes. Par ailleurs, la médiathèque, en accès libre, comporte plus de 85 000 documents en français que l'on peut emprunter. Café-bistro à l'intérieur ou dans la courette ombragée.

OFFICE DE TOURISME

18-20 rue Dionysiou Aeropagitou
✆ +30 210 331 0392
www.visitgreece.gr
Ouvert du lundi au vendredi de 9h à 20h, le samedi de 10h à 16h.

Pour bien commencer la visite d'Athènes, rendez-vous à l'office de tourisme, accueillant et bien documenté. Vous y trouverez des informations sur les hôtels, les sites, les transports, et surtout des cartes d'Athènes, bien précieuses pour une découverte approfondie des quartiers. Une mine d'informations pratiques mais aussi culturelles (histoire, géographie, civilisation...) à retrouver depuis chez vous, sur le site de l'organisation, très bien fait, très riche (en anglais au passage) pour préparer votre voyage en Grèce. Halte recommandée !

OFFICE DE TOURISME DE L'AÉROPORT D'ATHÈNES

✆ +30 210 3530445
Heures d'ouverture : du lundi au vendredi de 9h à 20h, samedi et dimanche de 10h à 18h.

Récemment innové afin de mieux répondre aux besoins des visiteurs, l'office de tourisme de l'aéroport vous donnera toutes les informations concernant votre sécurité lors de votre séjour en Grèce. Par ailleurs, l'office propose l'application mobile "Visit Greece app", très utile pour tout autre renseignement concernant vos vacances. N'oubliez pas de demander la carte d'Athènes, très pratique, ainsi que d'autres informations sur les transports publics ou sur votre escapade vers les îles.

PROFIL VOYAGES

3-5 rue Athanase Axarlian (ex rue Lekka).
✆ +30 210 323 9482
www.profilvoyages.gr
Ouvert du lundi au vendredi de 9h à 18h.

Voici une agence francophone pour groupes et particuliers. Françoise Deschamps, la responsable, vit en Grèce depuis plus de 30 ans. Avec son équipe, elle vous concoctera un itinéraire sur mesure et s'occupera de vos réservations d'avion, de bateau, de voiture, d'hôtel, etc. vous faisant profiter des ses tarifs très préférentiels obtenus auprès des hôteliers et loueurs de voiture. La philosophie de Profil Voyages : faire connaître la Grèce dans le partage de ses valeurs et le respect de la beauté, l'éthique, l'histoire et la culture du pays.

YALOS TOURS

151 av. A. Syggrou
✆ +30 210 924 8919
www.yalostours.com
Du lundi au samedi de 9h à 19h30.

Une équipe de francophones qui travaille avec le marché français depuis 1984. Yalos Tours est une agence réceptive très fiable et efficace. Si vous voulez sérieusement être assisté par des professionnels locaux pour des conseils, des excursions hors normes aussi bien dans les îles qu'en Grèce continentale, des réservations d'hôtels, l'organisation de séminaires, la location de voiliers... Ici, on conjugue bien le haut de gamme et l'authenticité. L'agence assure une assistance 24h sur 24, 7 jours sur 7, et prend en charge ses clients dès leur arrivée à l'aéroport.

ALTERNATIVE ATHENS

28 Karaiskaki
✆ +30 21 10 12 65 44
Heures d'ouverture : du lundi au vendredi de 9h à 20h.

Afin de poser un regard neuf et différent sur une Athènes en perpétuel mouvement et aux paradoxes urbains, Tina vous entraîne dans une expérience culturelle nouvelle, en immersion dans la vie et la vitesse des Athéniens. Mangez et buvez ailleurs que dans les endroits conventionnels recommandés, et marchez là où le tourisme de masse n'a pas encore foulé l'asphalte. C'est surprenant et dynamique, c'est innovant, c'est mieux que n'importe quelle autre manière de découvrir la ville quant on est venu chercher la désorientation propre aux voyages.

ATHENS FOOD TOUR

M° Panepistimio.
✆ +30 210 884 7269
www.athenswalkingtours.gr
À partir de 49 € pour 3h30 de food tour. Tous les jours matin et après-midi en saison.

Un guide professionnel vous propose une visite gastronomique guidée de la capitale. La balade dure trois heures à travers la ville, ses quartiers, et ses meilleures adresses de bouche (boutiques, restaurants, pâtisseries et épiceries). Vous goûterez quelques échantillons (de bougatsa notamment) et serez guidé dans vos achats gourmands. Partez ainsi à la découverte des savoureuses traditions culinaires de la Grèce ! Côté détails pratiques, vous testerez 12 boissons et gourmandises. Possibilité de transferts de votre hôtel et option végétarienne sur demande.

ATHENS OPEN TOUR

10 rue Stadiou
✆ +30 210 88 15 207
www.athensopentour.com/contact/
Départ de la place Syntagma. Appelez avant pour vérifier la disponibilité. Offres sur le site.

Bonne option que ce tour Athènes/Le Pirée (adulte 17 €, enfant 8 €, ticket valable 24h ; également des formules 48h et 72h - en français). Départs toutes les 15 minutes de 10h à 14h30 et toutes les 30 minutes de 8h, environ, à 10h et de 15h à 19h30, environ. Un bus à deux étages, découvert, vous offre une vue panoramique de la ville, à travers ses rues modernes, ses monuments historiques et ses sites archéologiques. Vous aurez aperçu les traits les plus importants de la capitale. Au Pirée, la visite continue au bord de la mer, des plages et des marinas.

ATHENS WALKING TOURS

✆ +30 210 88 47 269
Prix variable selon la catégorie choisie. Entre 30 et 80 €, trois heures de visite en moyenne.

Visitez la ville et ses monuments en compagnie d'un guide professionnel qui parle français. Plusieurs itinéraires sont programmés en fonction de ce que vous souhaitez visiter : l'Acropole, le nouveau musée de l'Acropole, l'ancienne Agora, Plaka, Monastiraki… mais aussi des food et wine tours et même des cours de cuisine. On vous recommande cette structure pour sa très bonne organisation et ses offres très nombreuses et bien pensées (Sounion au coucher du soleil entre autres). En dehors des sentiers battus, l'idée est d'offrir une expérience différente et humaine.

CITY SIGHTSEEING ATHENS - BUS TOUR

49 M. Botsari
✆ +30 210 922 0604
www.citysightseeing.gr
En saison, 20 € par adulte et 8 € par enfant pour un tour de 90 minutes. Valable 48h. Visite guidée en français.

Optez pour le grand tour englobant Athènes, sa riviera et le Pirée, ou juste le centre de la ville. Confortablement installé, on découvre les monuments principaux ainsi que les différentes ambiances des quartiers en un rien de temps. Les trajets sont réguliers et fonctionnent tous les jours. Pour ces trajets guidés, les passagers peuvent choisir entre 12 langues différentes, le français inclus. A faire en début de séjour pour un tour d'horizon de ce qui vous attend.

LET'S MEET IN ATHENS

14 Arionos
✆ +30 6987 04 97 32
www.meetinathens.eu/?lang=en
Tous les jours de 9h à 17h. A partir de 30 € par personne.

Quelle meilleure manière pour découvrir Athènes que de la parcourir à vélo ! L'agence permet de voir la plus grande partie du centre historique en trois heures. Il faut être au minimum quatre personnes pour organiser une visite guidée, et les langues disponibles sont le français, l'anglais, l'allemand et le néerlandais. Il est conseillé de réserver à l'avance pour avoir un guide dans la langue de son choix. Il s'agit d'une expérience qui convient parfaitement aux familles qui apprennent autant sur la ville, son passé et son présent, tout en s'amusant.

ONE DAY CRUISE

18 Ermou
✆ +30 210 3230100
www.onedaycruise.gr
A partir de 50 € par personne, avec le déjeuner. Départ à 8h de Marina Flisvou, retour à 19h30.

Profitez du soleil grec et de la fraîcheur de la mer à bord de ces bateaux de croisière vous amenant vers les îles les plus belles et les plus proches d'Athènes : Hydra, Poros et Egine. Ces croisières d'une journée de la compagnie Hydraiki ont, entre autres, le grand avantage d'avoir comme point de départ et d'arrivée Marina Flisvou, un port de plaisance se situant à 20 minutes du centre d'Athènes. L'accueil à bord est chaleureux et le personnel répond à vos besoins et assure votre confort. Plusieurs activités sont prévues pendant la traversée.

BALADE

AUTOUR DU ROCHER SACRÉ

Étapes : Thissio, Herakleidon, Pnyx, parc de Philoppapou, Acropole et musée.

Quittez l'effervescence de la place Monastiraki en longeant la rue Adrianou et l'Agora ancienne, vers Thissio. L'ambiance est à la détente : terrasses de café, vendeurs ambulants et, en contrebas, le train électrique qui relie Le Pirée au centre-ville. A partir de Thissio, la foule se fait moins pressante, et vous commencez à arpenter l'Apostolou Pavlou vers la colline de Philoppapou. Le chemin est majestueux, large et piéton, bordé de verdure. Au carrefour de la ruelle Herakleidon, poussez la porte de ce musée privé dont les collections s'intéressent à des artistes contemporains renommés. Un peu plus haut, l'accès au Pnyx demande un effort supplémentaire, mais le jeu en vaut la chandelle pour qui veut voir Athènes s'étendre à ses pieds, avec l'Acropole juste en face. L'avenue piétonne se poursuit avec la Dionyssos Areopagitou qui donne accès au musée de l'Acropole, au Parthénon, au théâtre de Dionysos et à l'odéon d'Hérode Atticus. Il vaut mieux découvrir le site en plein air une première fois et revenir le lendemain pour entamer le tour des salles du musée. A partir de la station de métro Acropole, il est ensuite très facile de rejoindre Plaka pour y faire quelques emplettes.

HISTOIRE DE L'ACROPOLE

L'Acropole se développa de façon importante jusqu'à l'époque mycénienne et, au début du XIIIe siècle av. J.-C. Si la civilisation mycénienne déclina, l'Acropole continua d'être habitée jusqu'à l'abolition de la monarchie et la mise en place du régime aristocratique. A ce moment-là, le centre névralgique de la cité se déplaça vers l'Agora située juste en contrebas de l'Acropole. C'est d'ailleurs à ce même moment que le terme « acropole » (qui signifie « extrémité de la ville »), par opposition à la ville basse, s'imposa, et l'Acropole devint un lieu de culte. Le premier temple de l'Acropole fut construit en l'honneur d'Athéna au VIIIe siècle av. J.-C., selon les témoignages d'Homère, mais ce n'est que sous Pisistrate qu'apparut le culte d'Athéna, protectrice de la ville. En 556 av. J.-C., Pisistrate organise les Panathénées et aménage l'accès occidental à l'Acropole, il construit également un temple à la déesse sur l'ancien temple du VIIIe siècle (près de l'Erechthéion). En 556 av. J.-C., Pisistrate organise les Panathénées et aménage l'accès occidental à l'Acropole. C'est après leur victoire sur les Perses à Marathon que les Athéniens se prennent d'une fièvre constructrice sur l'Acropole : ils érigent l'immense propylée qui orne l'entrée du site ainsi que le vieux Parthénon, aujourd'hui disparu et jadis situé à l'emplacement du Parthénon actuel. Ces travaux ne furent malheureusement jamais achevés puisque les Perses saccagèrent la ville en 480 av. J.-C. Dans leur grand malheur, les Athéniens décidèrent de laisser les monuments dans leur état de ruine pour se souvenir à jamais de l'affront.

C'est sous Périclès que l'Acropole s'orne des monuments qui en font le joyau d'aujourd'hui : l'actuel Parthénon, les Propylées, le temple d'Athéna Nikè et l'Odéon du versant sud sont construits sous la supervision du grand sculpteur Phidias. Cette œuvre est rendue possible par l'exploitation des mines d'argent de Laurion ainsi par le transfert du trésor de la ligue de Délos à Athènes. Unies contre les Perses, les cités grecques se placent sous la protection d'Athéna. Cette alliance donne à Athènes un rayonnement politique considérable dont va profiter Périclès. Cependant, les guerres du Péloponnèse mettent un terme à cette phase de construction qui ne s'achèvera finalement qu'après la mort de Périclès en 429 av. J.-C. La défaite d'Athènes, en 404, mit un terme définitif à toute construction sur le site de l'Acropole. Par la suite, Alexandre le Grand, après sa victoire de Granique en 334 av. J.-C., consacra au Parthénon quelques boucliers perses et une partie de son butin de guerre. En 304 av. J.-C., Demetrios Poliorcète fit du Parthénon sa demeure et Eumène II, roi de Pergame, fit construire un portique sur le versant sud. En 86 av. J.-C., les Romains emmenés par Sylla pillent Athènes et massacrent ses habitants retranchés dans l'enceinte de l'Acropole. A la fin du Ier siècle av. J.-C., on construit un temple circulaire dédié à Rome et Auguste ; en 52 av. J.-C., les Propylées sont dotés de leur escalier de marbre monumental, et ce n'est qu'en 160-161 apr. J.-C. qu'Hérode Atticus fait construire l'Odéon que l'on aperçoit maintenant sur le versant sud de l'Acropole.

La suite de l'histoire de l'Acropole est marquée par une succession d'occupations malheureuses qui ont causé des dommages irréparables au site : les Byzantins transforment les temples en églises chrétiennes, les Turcs transforment le Parthénon en mosquée, puis en poudrière, alors que l'Erechthéion abrite le harem du commandant turc. Le temple d'Athéna Nikè est démoli. En 1799 et 1802-1803, l'ambassadeur anglais Elgin obtient du sultan l'autorisation d'enlever les plus belles pièces sculptées qui ornaient encore les monuments pour les transférer au British Museum. Lors de la guerre d'Indépendance en 1827, un obus turc endommage gravement le portique des Caryatides de l'Erechthéion. Dès la libération d'Athènes, en 1833, l'État grec nouvellement formé entreprit de restaurer les monuments endommagés et de poursuivre les fouilles sur le site. Aujourd'hui, l'Acropole doit lutter contre des problèmes très différents, telle la pollution. En effet, l'oxyde de soufre attaque la pierre des monuments et remet en cause la survie du site.

ACROPOLE ★★★★

Mº Akropolis ou Thissio.
✆ +30 210 3214 172
www.etickets.tap.gr
Tous les jours de 8h à 20h en été et 17h en hiver. Billet : 20 € (ou 30 € avec d'autres sites, valable 5 jours).

L'Acropole est un site naturellement fortifié sur trois de ses versants, forçant ainsi le visiteur à y accéder par l'ouest. Cette position privilégiée a incité l'homme à s'y installer dès l'époque néolithique : des traces d'habitations ont été retrouvées sur le versant nord-ouest. La cité se développa de façon importante jusqu'à l'époque mycénienne et, au début du XIIIe siècle av. J.-C., on aménagea le haut de la colline pour y construire le palais du roi. C'est à cette époque que l'Acropole se dota de ses premiers remparts qui entouraient totalement le rocher et étaient renforcés par un bastion dont il reste des vestiges sous le petit temple d'Athéna Nikè. De même, on construisit une citerne souterraine secrète qui permettait à la cité d'être alimentée en eau en cas de siège. Les vestiges mycéniens qui ont été retrouvés sur l'Acropole sont rares du fait de la grande quantité de bâtiments qui y ont été construits par la suite.

▸ **En franchissant l'entrée du site du théâtre de Dionysos,** vous pénétrez dans le berceau du théâtre antique, sur le versant sud-est de l'acropole d'Athènes. Il doit évidemment son nom à Dionysos, dieu du vin et de l'ivresse. Les grandes fêtes des Dionysies s'y tenaient chaque année en son honneur (chants rituels, danses et sacrifices rituels et autres représentations théâtrales). Les plus grands tragédiens et comiques y ont débuté. À l'origine de l'art dramatique, les fêtes étaient organisées dans le théâtre et donnaient lieu à des scènes mimées, chantées et parlées. Le premier théâtre construit sur l'emplacement devait être sommaire et simplement appuyé sur quelques remblais de terre. Ce n'est qu'au Ve siècle av. J.-C. que le théâtre prit l'aspect que l'on lui connait aujourd'hui. Des auteurs comme Sophocle, Eschyle, Euripide ou Aristophane ont foulé les « planches » de ce théâtre. Achevé vers 330, il accueillit par la suite les jeux des Romains, qui modifièrent sensiblement le monument : c'est de cette époque que datent les bas-reliefs qui ornent le fond de la scène, représentant la naissance de Dionysos. Le théâtre accueillit des gladiateurs et même des jeux nautiques, avec une scène transformée en bassin pour l'occasion. Il pouvait abriter de 14 000 à 17 000 spectateurs, les sièges à dossier du premier rang étaient réservés de droit aux notables et mécènes du théâtre. La place la plus importante, le siège du milieu au premier rang, était réservée au prêtre de Dionysos.

▸ **Odéon d'Hérode Atticus.** En remontant depuis le théâtre vers l'entrée du site de l'Acropole, vous vous trouvez au sommet de l'odéon d'Hérode Atticus. Ce monument, achevé vraisemblablement vers 161 apr. J.-C., comporte toutes les caractéristiques d'un odéon romain, avec les colonnes du fond de la scène qui encadrent des niches abritant des statues. Son état de conservation exceptionnel en fait un des monuments les plus intéressants du site et des manifestations culturelles ont encore lieu aujourd'hui entre ses murs. Hérode Atticus, originaire de Marathon et héritier d'une grosse fortune, dépensa beaucoup d'argent afin de faire construire plusieurs bâtiments publics dans toute la Grèce. Celui-ci était destiné à des concours musicaux et d'art dramatique. 5 000 personnes pouvaient y loger, ses murs étaient couverts de plaques de marbre tout comme le sol qui comprenait également des mosaïques. La toiture était probablement en bois de cèdre.

▸ **La porte Beulé.** Cette porte marque, de nos jours, l'entrée de l'Acropole. Elle doit son nom à l'archéologue français qui, en 1852, effectue des fouilles sur le site. Il s'agit d'une des deux portes de l'enceinte fortifiée datant du IIIe s. ap. J.-C., se situant à l'ouest de la colline. Il est fort probable que ces travaux de fortification ont été réalisés après l'invasion des Hérules, en 267 apr. J.-C., dans le but de protéger l'Acropole contre d'éventuels ennemis. A partir de cette époque-là, et jusqu'au XIXe siècle, l'Acropole est à nouveau transformée en forteresse.

▸ **Le temple d'Athéna Niké** se trouve sur votre droite lorsque vous montez les marches du grand escalier. Il fut construit sous Périclès sur les ruines du bastion mycénien. Les travaux furent entrepris en 437 av. J.-C., mais interrompus par la guerre du Péloponnèse et terminés en 427-424 av. J.-C. Le temple se compose d'un *sécos* (demeure du dieu) et de deux colonnades ioniques sur les façades est et ouest. Les frises ioniques représentaient à l'ouest l'assemblée des douze dieux. Celle à l'est, avec les Athéniens se battant contre les Perses et des Grecs, se trouve au British Museum.

▸ **Les Propylées.** Cette colonnade fut construite entre 437 et 432 av. J.-C. sous Périclès pour signifier que l'Acropole appartenait au peuple d'Athènes. Le bâtiment est révolutionnaire pour l'époque : c'est le premier propylée à présenter une façade sous la forme d'un temple. La partie centrale des Propylées est constituée de deux portiques à six colonnes, l'un s'ouvrant sur l'intérieur du sanctuaire et l'autre sur l'extérieur. Les espaces entre les colonnes servaient de lieu d'accès aux fidèles, alors que le passage central permettait le passage des animaux lors des sacrifices.

▸ **Le piédestal du monument d'Agrippa.** Au passage, remarquez à l'ouest des Propylées, et en montant le grand escalier, ce large socle, en marbre provenant du mont Hymette. Il servit de base à une statue de quadrige érigée en 178 av. J.-C. par le roi Eumène II de Pergame, pour commémorer sa victoire aux Jeux panathénéens. En 27 av. J.-C., cette statue fut remplacée par un monument dédié à Marcus Agrippa, bienfaiteur de la cité, qui a, entre autres, financé la construction de l'Odéon sur le site de l'agora romaine.

Le Parthénon comporte quelques originalités architecturales utilisées par les bâtisseurs pour lui donner cet aspect grandiose qu'il a aujourd'hui. Les surfaces horizontales du temple ne sont pas planes mais convexes, les colonnes s'amincissent vers le haut et les colonnes d'angle ont un diamètre légèrement supérieur à celui des autres. Tout cela pour corriger les déformations naturelles de l'œil humain et donner ainsi au bâtiment toute sa majesté ! La frise dorique extérieure ne comprenait pas moins de 92 métopes, toutes sculptées. A l'est était représentée une gigantomachie, c'est-à-dire un combat entre les dieux de l'Olympe et les géants. A l'ouest, on trouvait une amazonomachie, c'est-à-dire un combat entre les Grecs et les Amazones. Au sud étaient représentés des combats contre les centaures et au nord des scènes de la guerre de Troie. Certaines métopes sont encore en place, d'autres sont exposées au Louvre, au British Museum ou au musée de l'Acropole. Le Parthénon était aussi décoré de deux frontons (est et ouest) qui représentaient, à l'ouest, la dispute entre Poséidon et Athéna pour la possession de l'Attique et, à l'est, la naissance d'Athéna. Mais la pièce sculptée la plus célèbre du Parthénon est certainement sa frise intérieure, œuvre de Phidias. Sur 160 mètres de longueur, elle représentait la plus célèbre manifestation cultuelle de Grèce à cette époque : les grandes Panathénées. Ces fêtes, qui duraient une semaine, comprenaient des concours musicaux et d'athlétisme, leur point d'orgue étant évidemment la grande procession qui suivait la Voie sacrée depuis le Céramique jusqu'à la grande statue en bois d'Athéna Polias de l'Erechthéion afin de lui remettre un nouveau *péplos* (tunique). La remise du *péplos* était suivie du sacrifice d'une centaine d'animaux et d'un festin auquel prenaient part tous les citoyens. La frise de Phidias représente 360 personnages ainsi qu'une foule d'animaux se dirigeant tous vers l'est où avait lieu la cérémonie. À l'exception de quelques plaques, la majeure partie de la frise se trouve dispersée entre le British Museum, le Louvre et le musée de l'Acropole.

Temple de Rome et d'Auguste. Derrière le Parthénon, côté ouest, se trouvent les fondations irrégulières d'un petit monument circulaire (10,5 m sur 13 m) édifié sous la domination romaine, datant de la fin du Ier siècle av. J.-C. Selon l'inscription gravée sur l'entablement de l'édifice, il s'agissait d'un temple dédié par les Athéniens à la déesse Rome et à Octave Auguste. Le temple se composait d'une colonnade circulaire de neuf colonnes ioniques imitant celles de l'Erechthéion.

Sanctuaire de Zeus Polias. Il y avait aussi, sur la colline de l'Acropole, un petit sanctuaire dédié à Zeus, le roi des dieux de l'Olympe, situé un peu plus au nord que le temple de Rome et d'Auguste. On doit l'existence de ce sanctuaire aux textes de Pausanias, le fameux voyageur de l'Antiquité (IIe s. apr. J.-C.), ainsi qu'à quelques entailles retrouvées sur le plus haut point du site. Il s'agissait d'un temple où l'on célébrait des festivités en l'honneur de Zeus, de caractère très local, les *Diipoleia*.

Fondations de l'ancien temple. Entre l'Erechthéion et le Parthénon subsistent les fondations du temple archaïque d'Athéna construit en 570-560 av. J.-C. Selon les archéologues, il s'agissait d'un temple dorique construit à la place d'un temple de l'époque géométrique, lui-même construit sur l'emplacement du palais mycénien. Entrepris sous Pisistrate, ce temple a été détruit par les Perses en 480 av. J.-C. Sous Périclès, il abrita, dans son *sécos*, le trésor de l'alliance attico-délienne emmené par Athènes.

L'Erechthéion, temple mythique sur la fameuse Acropole, est l'un des plus sacrés de la colline et de toute la ville. Au nord de l'Acropole, joyau et chef-d'œuvre de l'art ionique, le très élégant Erechthéion fut érigé au Ve siècle av. J.-C. à l'endroit même où, selon la légende, Athéna et Poséidon se seraient disputés pour la possession d'Athènes. C'est à côté de ce temple qu'aurait poussé l'olivier sacré d'Athéna et que se trouvait le puits d'eau salée, cadeau de Poséidon dont le trident aurait laissé une marque sur le mur nord du bâtiment. L'architecte de l'Erechthéion est resté inconnu, mais il a su exploiter les irrégularités du sol pour construire un ensemble de plusieurs bâtiments sur différents niveaux. Dans ce temple étaient adorées plusieurs divinités : Athéna Polias, mais aussi Poséidon et d'autres encore liées à l'histoire légendaire d'Athènes, comme Erechthée à qui le temple doit son nom. Le temple est orné de quatre portiques sur chacun de ses côtés : celui du côté sud-est, certainement le plus connu, est celui des Caryatides. Les colonnes doriques y sont remplacées par des figures féminines d'une grâce parfaite lorsqu'on sait le poids qui pèse sur leur tête. En fait, c'est leur chevelure épaisse et les plis nombreux de leurs vêtements qui renforcent la structure et permettent à l'ensemble de rester debout. Celles que vous voyez en place sur le monument ne sont que des moulages : sur les six korês, cinq sont visibles au musée de l'Acropole, la sixième étant au British Museum, à Londres. Un jour, peut-être, seront-elles de nouveau réunies comme le revendique la population dans sa grande majorité. Cette pomme de discorde entre la Grèce et la Grande-Bretagne n'a rien d'un mythe...

Vue sur l'Acropole.

Une multitude de monuments compose ce site majeur situé au cœur d'Athènes. Les Propylées : édifice monumental réalisé en marbre pur menant à l'Acropole. Le Temple d'Athéna Niké : sur le côté sud des Propylées, le monument abritait un sanctuaire et un autel pour les sacrifices d'animaux. Le Parthénon : c'est le plus grand édifice de l'Acropole et le symbole de la civilisation occidentale. L'Erechthéion : temple dédié à Athéna et Poséidon-Eréchthonios, surtout connu pour son porche soutenu par les Caryatides, colonnes en forme de jeunes femmes.

Visite de l'Acropole.

Parthénon.

ANCIENNE AGORA ★★★★

Mº Monastiraki. Trois portes donnent accès au site de l'Agora. ✆ +30 210 321 0185
www.etickets.tap.gr
En été, de 8h à 20h. Billet : 10 € (ou 30 € combiné avec l'Acropole et d'autres sites, valable 5 jours).

Histoire. L'agora est certainement le centre de toute ville antique grecque : c'est là que les décisions politiques sont prises, que les prisonniers sont jugés et que sont également installées les boutiques. D'abord simple esplanade, l'Agora d'Athènes s'est progressivement enrichie de portiques à colonnades où les citoyens pouvaient se rafraîchir. Elle a pris la forme qu'on lui connaît aujourd'hui au VIe siècle av. J.-C. Les bâtiments bordaient alors le site sur son côté ouest, détruits par les Perses en 480 av. J.-C. Durant le reste du Ve siècle, les Athéniens reconstruisent leur Agora et l'ornent d'autres bâtiments au nord et au sud. Peu après 450 av. J.-C., on débute la construction du temple d'Héphaïstos, plus connu sous le nom de Théséion, celui que vous voyez encore debout surplombant l'ensemble du site. Le IVe siècle est marqué par des efforts de construction, mais ce n'est qu'au IIe siècle av. J.-C. que l'on ajoute à l'Agora les colonnades (portique ou *stoa*) qui l'entouraient comme le portique d'Attale, reconstruit par l'Ecole Américaine d'Archéologie pour abriter le musée du site de l'Agora. En 86 av. J.-C., le sac d'Athènes par les Romains de Sylla endommage gravement les bâtiments au sud de l'Agora. Vers 15 av. J.-C., Agrippa fit construire l'Odéon dans l'axe de la place centrale, et l'on démonte également les temples de la campagne d'Attique pour les reconstruire sur le site de l'Agora, en particulier le temple d'Arès. Au IIe siècle apr. J.-C., d'autres bâtiments sont construits, comme la Bibliothèque de Pantainos, le Nymphée et la Basilique. En 267 apr. J.-C., les Hérules, barbares venus du Nord, saccagent Athènes. On arrache alors les pierres des monuments pour construire un mur d'enceinte autour de l'Agora, les sophistes construisent de luxueuses habitations sur les pentes nord de l'Aréopage, on bâtit le palais des Géants sur les ruines de l'Odéon. Vers la fin du VIe siècle apr. J.-C., le site est abandonné et recouvert peu à peu d'épaisses couches d'alluvions. Vers l'an mille, on y bâtit l'église des Saints-Apôtres.

Visite guidée du site. Nous vous proposons une visite guidée du site de l'Agora, qui part de l'entrée sud, c'est-à-dire la plus proche de l'Acropole. Vous entrez donc sur le site en suivant la voie des antiques Panathénées, où une immense procession partait du Céramique pour aboutir à l'Erechthéion sur l'Acropole en traversant l'Agora par la Voie sacrée. Vous pouvez d'ailleurs voir les traces du dallage en marbre qui recouvrait la route ainsi que les profondes marques laissées probablement par le passage des chars. Sur votre droite, avant d'entrer sur le site proprement dit, une série de boutiques abritées par une colonnade, de l'autre côté de la voie se trouve le temple du sud-est dont on ignore la divinité. On sait cependant que ces colonnes ont été récupérées sur le temple d'Athéna de Sounion. Après avoir passé la porte du site, vous verrez sur votre gauche, près de la petite église des Saints-Apôtres, les fondations de la fontaine publique du sud-est, du VIe siècle av. J.-C.

Nous vous proposons de prendre à gauche pour longer les vestiges du portique sud de l'Agora. Ce vaste ensemble de colonnades se composait d'un premier portique intermédiaire qui encadrait, avec un deuxième portique plus au sud, une vaste place rectangulaire. A l'ouest de celle-ci se trouvait un bâtiment de plan carré qui servait de tribunal, même si des inscriptions trouvées sur le site nous ont appris que des séances se tenaient au-dehors sous les colonnades. Au tribunal, que l'on appelle l'Héliée, est accolée une fosse carrée dallée qui est le reste d'une horloge à eau ou clepsydre et qui date vraisemblablement du IVe siècle av. J.-C.

À VOIR / À FAIRE

Ancienne Agora.

Temple d'Héphaïstos dans l'ancienne Agora.

En continuant vers l'ouest, après la fontaine, vous tomberez sur un bâtiment qui fut peut-être la prison de Socrate, ainsi que des bustes de prisonniers parmi lesquels l'un d'eux pourrait représenter Socrate lui-même.

Nous vous proposons à présent de remonter vers le nord du site en passant au pied du promontoire rocheux sur lequel se dresse le temple d'Héphaistos. Vous allez ainsi passer devant les bâtiments ouest de l'Agora, les plus anciens du site. Vous passez d'abord devant la base circulaire de la *Tholos*. Bâtie vers 460 av. J.-C., elle servait de quartier général et de cantine aux prytanes, le comité de présidence du Conseil des 500 membres, ou *boulê*. S'y trouvait également un jeu de poids et mesures étalon. Les réunions du Conseil avaient lieu dans l'édifice dont on devine les fondations derrière l'édifice de la Tholos : le *bouleutêrion*. Les archives du Conseil étaient conservées sur des papyrus, des parchemins ou dans le marbre, dans un autre bâtiment construit à côté de la tholos : le *metrôon*. Vous le reconnaîtrez au portique ionique qui se trouve sur le devant et qui date du IIe siècle av. J.-C. Devant le *metrôon*, de l'autre côté du chemin prévu pour la visite, se tient une plate-forme rectangulaire de grande taille entourée d'une balustrade restaurée. Il s'agit du monument des Héros éponymes. Au milieu de la balustrade se dressaient les statues de bronze de dix héros légendaires qui avaient donné leur nom aux dix tribus ou circonscriptions politiques du territoire d'Athènes. Derrière, vous apercevez la base d'un immense autel qui devait être dédié à Zeus.

En continuant vers le nord, vous passez devant ce qui reste d'un petit temple ionique dédié à Apollon Patrôos, construit en 340-330 av. J.-C., puis devant un bâtiment plus imposant composé de deux ailes : c'est le portique de Zeus Eleuthérios, dieu de la Liberté. C'est ici que l'on vénérait tous les personnages qui ont contribué à la liberté de la cité. Encore à droite de cet édifice se dresse enfin le portique royal, de dimension plus réduite que son voisin. Il fut bâti probablement vers 460 av. J.-C., certainement d'abord pour abriter et exposer les lois édictées par Solon. Il a ensuite servi de quartier général à l'un des principaux magistrats d'Athènes : l'Archonte Roi. C'est ici que Socrate vint répondre à l'interrogatoire qui devait entraîner sa condamnation à mort.

A présent, nous vous invitons à admirer de plus près le merveilleux temple qui se dresse au-dessus de vos têtes : le temple d'Héphaistos, plus connu sous le nom de Théséion. Les sculptures des deux frontons ont été perdues, en revanche subsistent des fragments de la frise dorique et des métopes qui illustrent les travaux d'Héraclès et les exploits de Thésée de qui il tire son surnom. Attardons-nous maintenant sur les bâtiments du centre de l'Agora. En longeant le mur de la ligne de chemin de fer vers l'est, on découvre l'angle de ce qui fut l'autel des Douze Dieux, le reste du monument étant derrière le mur de séparation. Fondé en 522 av. J.-C. par Pisistrate le Jeune, ce sanctuaire était dédié aux douze dieux de l'Olympe et servait de repère pour la mesure des distances depuis Athènes.

Dirigeons-nous maintenant vers les colossales statues qui se dressent au milieu du site : elles représentent des tritons (mi-hommes, mi-poissons) et des géants (mi-hommes, mi-serpents). Ces statues ont été prélevées sur la façade de l'odéon d'Agrippa, aujourd'hui disparu. En passant entre les géants, vous arrivez sur les ruines de l'odéon lui-même. Son architecture était remarquable par l'absence de colonnes à l'intérieur, ce qui est sans doute la première cause de l'effondrement de son toit vers 170 av. J.-C. Aujourd'hui, vous pouvez admirer la scène dallée de marbre. Les Hérules détruisirent l'odéon en 267 apr. J.-C. et les Athéniens utilisèrent les pierres du bâtiment pour doter la ville d'une nouvelle fortification. Les fondations en ciment qui recouvrent aujourd'hui la place de l'ancien odéon appartenaient à un grand complexe architectural connu sous le nom de palais des Géants.

Nous vous proposons dès à présent de vous rendre dans la *stoa* d'Attale qui abrite aujourd'hui le musée de l'Agora. Ce portique doit son nom au roi Attale II, roi de Pergame de 159 à 138 av. J.-C., geste de reconnaissance classique pour un prince d'Attique envoyé à Athènes dans sa jeunesse pour y recevoir une éducation correcte.

La *stoa* se compose de deux étages de 21 locaux chacun. Ces pièces étaient occupées par des boutiques mais aussi des bureaux de l'administration.

MUSÉE DE L'AGORA ANTIQUE D'ATHÈNES

Site de l'Ancienne Agora

Le Musée de l'Agora antique est abrité depuis 1957 dans le célèbre édifice de la Stoa d'Attale, un des plus grands portiques de la période hellénistique qu'on a entièrement rebâti dans les années 1950. La Stoa, érigée au milieu du IIe siècle av. J.-C., porte le nom d'Attale, le roi de Pergame qui a voulu orner l'Agora avec cet édifice, exprimant ainsi sa gratitude envers la cité d'Athènes. Il s'agit d'un bâtiment rectangulaire, construit sur deux niveaux, en pierre calcaire et en marbre du mont Pentélique, de 120 m de largeur sur 20 m de longueur.

Au rez-de-chaussée, la façade est composée d'une colonnade de 45 colonnes d'ordre dorique, alors que la colonnade de l'intérieur est d'ordre ionique. La façade du premier étage est aussi d'ordre dorique et à l'intérieur les colonnes sont d'ordre dit de Pergame. Le mur du fond, qui pendant la période post-romaine faisait partie de la fortification de la ville, correspondait à 21 boutiques par étage.

Quant au musée actuel, de taille modeste mais non sans intérêt, il est essentiellement consacré au fonctionnement du régime démocratique d'Athènes. Parmi les objets exposés : les *ostraca* (tessons gravés avec les noms des opposants du régime que l'on exilait d'Athènes), les *clepsydres*, témoignages des institutions politiques, honorifiques ou votives, les inscriptions concernant la vie diplomatique et administrative, etc.

Au premier étage : une exposition très représentative de l'art sculptural athénien (IVe s. av. J.-C.-IVe s. apr. J.-C.).

TEMPLE D'HÉPHAÏSTOS

Site de l'Ancienne Agora

Dédié à Héphaïstos et à Athéna Ergané, en tant que patrons des arts et de l'artisanat, le temple dit d'Héphaïstos a été érigé entre 450 et 440 av. J.-C. Œuvre d'un architecte inconnu, le temple est également appelé « Théseïo », nom attribué lors de la période médiévale. Il s'agit d'un édifice de forme périptère, d'ordre dorique, doté d'une seule série de 36 colonnes. La frise était ornée de sculptures représentant les combats entre les Centaures. Les fragments multicolores de la partie intérieure du temple sont exposés au Musée britannique, à Londres.

MUSÉE DE L'ACROPOLE ★★★★

Rue Dionysiou Areopagitou ✆ +30 210 900 0900
www.theacropolismuseum.gr

Avril-octobre : lundi de 8h à 16h, de mardi à dimanche de 8h à 20h. Entrée : 10 € (5 € en basse saison).

Un premier concours d'architecture avait été lancé en 1976. Dix ans plus tard, Mélina Mercouri avait relancé le projet, dans le cadre de sa campagne et pour fournir un écrin digne de ce nom aux frises du Parthénon en Grèce. Alors qu'il est ambassadeur de Grande-Bretagne à Istanbul, Lord Elgin (1766-1841) avait décroché certains des plus beaux trésors du Parthénon, encore exposés à ce jour au British Museum, qui en a la « garde » et s'oppose encore à leur restitution. Imaginé par l'architecte franco-suisse Bernard Tschumi, le nouveau musée de l'Acropole a ouvert ses portes en juin 2009.

Cette gigantesque structure de verre, d'acier et de béton est en contact visuel direct avec le rocher sacré. Ses baies vitrées reflètent habilement l'Acropole, visible presque tout au long de la visite. À peine arrivé, le visiteur découvre, sur pilotis et en sous-sols des vestiges archéologiques de la ville. Les collections sont ensuite organisées en cinq thèmes : les pentes de l'Acropole, l'Acropole archaïque, le Parthénon, les monuments de l'Acropole classique et les « autres collections ». Partout, le bâtiment exploite la lumière naturelle pour mettre en valeur ses quelque 4 000 pièces.

▸ Au rez-de-chaussée, on admire des antiquités de l'Acropole et des vestiges de l'ancienne Athènes attestant une occupation du territoire vers 3000 av. J.-C. Au premier étage, on trouvera des objets de l'époque archaïque et de la période ayant suivi la construction du Parthénon, dont deux lionnes tirant le dieu Taurus et une statue représentant « Triton et le monstre à trois corps ».

▸ Au deuxième étage, un centre multimédia diffuse des documentaires. A noter que l'on peut aussi accéder sans billet et sans faire la queue à la grande terrasse ouverte sur l'Acropole qui abrite un agréable café-restaurant ombragé.

▸ Au troisième étage, la visite se termine en apothéose dans la salle du Parthénon, conçue de manière à restituer les dimensions et l'orientation du Parthénon. Elle présente la fameuse frise, du moins ce qu'il en reste en Grèce. À l'origine, cette magistrale composition sculpturale comprenait 378 figures, humaines ou divines, et plus de 200 animaux (principalement des chevaux). En « reconstituant » le puzzle de la frise du Parthénon, le musée de l'Acropole rappelle élégamment que seul un tiers des vestiges retrouvés est exposé ici. En effet, les deux tiers restants, sobrement estampillés « BM » rappellent que l'essentiel est toujours détenu par le British Museum de Londres. Avec la construction de ce musée somptueux, les Grecs espèrent un jour récupérer leurs frises.

ARÉOPAGE ET LA PNYX ★★★★

M° Thissio, puis remontez à pied la rue piétonne Apostolou Pavlou. Ou M° Acropolis et descendez la Dionysiou Areopagitou.

Entrée libre.

L'Aréopage. Du point de vue géologique, la colline de l'Aréopage est un énorme bloc de marbre gris bleu veiné de rouge, qui domine l'Agora d'Athènes. Politiquement, ce fut surtout le haut lieu de la démocratie athénienne : l'Aréopage constituait en effet la haute instance juridique qui jugeait les dieux, les héros et les hommes accusés de meurtre. Au sommet de la colline qui a pris le nom des juges, on pouvait trouver la pierre de l'outrage, siège de l'accusé, et la pierre du ressentiment, siège de l'accusateur. Saint Paul s'adressa aux Athéniens pour la première fois en 54 apr. J.-C., de cette colline.

La colline de la Pnyx. Lieu où se réunissait l'assemblée du peuple et où se déroulaient les votes, à main levée. On voit encore les tribunes des orateurs. En contrebas, Athènes s'étend de part et d'autre et en face se dresse l'Acropole. Aujourd'hui très peu fréquentée, cette colline verte, boisée d'oliviers, est un havre de tranquillité et constitue une agréable promenade.

La colline des Muses, ou colline de Philopappou, possède un monument funéraire consacré à un bienfaiteur romain de la ville d'Athènes, du même nom. Tout autour, le parc de Philoppapou est une oasis de verdure et de fraîcheur. N'hésitez pas à vous perdre dans ses profondeurs, au gré des chemins de terre qui le parcourent.

Non loin, la colline des Nymphes porte, sur son sommet, un bel observatoire, d'architecture néoclassique, datant du XIXe siècle. Ces collines offrent un point de vue incroyable sur la ville et le Parthénon.

MUSÉE DU BIJOU ILIAS LALAOUNIS

12 Kallisperi
✆ +30 210 922 1044
www.lalaounis-jewelrymuseum.gr
Ouvert du lundi au dimanche, de 10h à 14h.
Entrée : 5 € (réduit : 4 €).

Fondé en 1993 et se situant au sud de l'Acropole, le Musée, consacré à l'art de l'orfèvrerie, abrite les créations d'Ilias Lalaounis, orfèvre de renommée mondiale. A travers les 4 500 pièces, bijoux, micro-sculptures et œuvres d'art, on suit l'évolution de l'orfèvrerie grecque de 1940 à 2002. La maison familiale du créateur, datant de 1927, annexée au musée principal, abrite les ateliers où les jeunes artistes, lors de la visite, procèdent à la création des bijoux en public.

MUSÉE FRISSIRAS

3 & 7 Monis Asteriou
✆ +30 210 323 4678
http://frissirasmuseum.com
Réouverture prévue en septembre 2022.

Le musée Frissiras est l'unique musée d'art contemporain de Grèce. Fondé en 2000, il accueille, dans deux bâtiments néoclassiques avoisinants, entièrement restaurés et ayant préservé intactes les caractéristiques du XIXe siècle - dont un est classé monument historique -, outre les collections permanentes, des soirées musicales et autres manifestations culturelles. Les collections sont composées de peintures, dessins, sculptures et gravures d'artistes européens. Les œuvres reflètent les tendances et la philosophie de l'art anthropocentrique européen depuis 1940.

OBSERVATOIRE NATIONAL D'ATHÈNES

Lofos Nymphon
✆ +30 210 349 0000
www.noa.gr
Les visites ont lieu sur rdv de lundi à vendredi et commencent à 11h30. Entrée : 5 €.

Établi en 1842, il s'agit du premier centre de recherche grec. Il est situé en face de la colline de l'Acropole et à côté de la colline de Pnyx, là où Méton a effectué les premières observations astronomiques de l'Athènes antique pendant la seconde moitié du Ve siècle av. J.-C. On a l'occasion d'y admirer le télescope équatorial Plössl, le pendule de Louis Berthoud, entre autres. Il est aussi possible de se renseigner sur des vites nocturnes (et magiques...).

PANAGHIA KAPNIKAREA

Kapnikareas
✆ +30 21 0322 4462

Située presque au milieu de la partie piétonne de la rue Ermou, la rue la plus commerçante d'Athènes, la chapelle byzantine de Panaghia Kapnikarea est souvent négligée lors d'une visite. Or, il s'agit d'un trésor de l'art byzantin qui, gardant son caractère originel, offre encore aujourd'hui un lieu propice à ceux qui souhaitent avoir un moment de recueillement ou découvrir en plein cœur d'Athènes un vestige d'une valeur archéologique, architecturale et culturelle exceptionnelle. Dédiée à la Présentation de la Vierge, la chapelle doit son attribut « Kapnikarea » très probablement à son fondateur qui, en tant que *kapnikarios*, recevait le *kapnikon*, autrement dit les taxes sur la cheminée (en grec le terme *kapnos* signifie la fumée). Il s'agissait d'une taxe immobilière concernant chaque bâtiment résidentiel ou autre disposant d'une cheminée, preuve d'un certain luxe, car elle permettait de se chauffer et de faire la cuisine convenablement.

Panaghia Kapnikarea est un édifice aux facettes multiples, constitué de trois parties. L'église principale se trouve dans la partie sud, dédiée à la Présentation de la Vierge Marie, qui aurait été à ses débuts un monastère. La petite chapelle dédiée à Aghia Varvara est construite dans la partie nord et l'ex-voto se trouve du côté ouest. A l'intérieur, on peut admirer la mosaïque datant de 1936 représentant la Vierge et les illustrations du plus célèbre hagiographe grec, Fotis Kontoglou, à qui l'on doit également d'importants travaux de restauration et une nouvelle iconographie.

© MATTHEW LAIRD ACRED - SHUTTERSTOCK.COM

CIMETIÈRE DU CÉRAMIQUE - KERAMIKOS ★★

148 rue Ermou
✆ +30 210 346 3552
odysseus.culture.gr
Tous les jours de 8h à 20h en été. Billet : 8 € (ou 30 € combiné avec l'Acropole et d'autres sites, valable 5 jours).

Ce très vieux cimetière du XIe siècle av. J.-C. témoigne de l'évolution des styles architecturaux funéraires grecs. Situé à la marge de la cité antique, il doit son nom au terme grec désignant l'argile (*kéramos*), employée pour fabriquer des vases et des objets que l'on déposait près du défunt. Les plus anciennes tombes datent de l'âge de bronze mais c'est au VIIe siècle av. J.-C. que les tombes acquièrent un style monumental. Pendant les périodes archaïque et classique, sur les tombes, des cumulus souterrains, on érigeait des stèles funéraires. Au IVe siècle av. J.-C, les monuments funéraires représentant des petits temples deviennent de plus en plus excessifs. Suite au décret de Démétrios de Phalère, en 317 av. J.-C., les monuments sont remplacés par des petites stèles cylindriques.

En se promenant, on peut encore y voir les traces de la rivière Eridanos, qui coule depuis l'Antiquité. Les deux grandes avenues que l'on distingue à droite en entrant sont, d'abord, la fameuse Voie sacrée, qui accueillait, une fois l'an, la procession des mystères d'Eleusis et qui va de l'Acropole à l'Eleusinion. Elle passe par la très impressionnante porte sacrée qui isolait à l'époque Athènes du reste de la Grèce. On distingue encore les deux remparts successifs, le mur de Lycurgue et celui de Thémistocle. Le second axe que l'on observe est la route de l'Académie, un peu plus loin, parallèle dans le cimetière à la Voie sacrée. Elle part du Dipylon, dont la porte est entourée de deux tours assez bien conservées. C'était dans ce temple que se trouvait un autel pour Zeus. Le Pompéion, un grand bâtiment visible à droite, conservait et préparait les offrandes à Athéna - *pompe* signifie « procession » en grec. Au niveau du Dipylon, on découvre un tumulus, reste d'un tombeau du VIe siècle. Dans l'allée des tombeaux, on remarque la concession de Lysimachidès, avec son chien en marbre de l'Hymette ; le monument de Dionysos Kollythos et son taureau en marbre pentélique ; la concession des frères Agathon et Sosikratès, avec le splendide bas-relief qui représente l'adieu de Korallion à sa femme. En remontant vers le musée, la concession de Démétria et Pamphilé possède un beau bas-relief des deux sœurs. Le musée renferme des jolies pièces : le bas-relief de Dexileos, le sphinx de l'époque archaïque, le lion en marbre et des poteries, provenant des excavations du site dont d'émouvants jouets en terre cuite, placées dans les tombes des petits enfants…

INSTITUT DU MONDE HELLÉNIQUE

254 av. Pireos
✆ +30 210 254 0000
www.hellenic-cosmos.gr
En été, du lundi au vendredi et dimanche de 10h à 15h, fermé samedi. Tarifs variables selon les événements.

D'architecture ultra moderne, le centre culturel du monde hellénique permet la découverte de l'histoire et de la culture grecque à travers différentes activités interactives, des expositions, des programmes éducatifs… Assistez à une représentation sur l'écran à 180 degrés du dôme Tholos. Le petit théâtre à l'intérieur est agréable. De bonnes activités au programme (réalité virtuelle). Vérifiez avant si les activités sont disponibles en anglais, car beaucoup ne sont qu'en grec !

MUSÉE BENAKI D'ART ISLAMIQUE ★

22 rue Agion Assomaton
✆ +30 210 325 1311
www.benaki.gr
Ouvert du jeudi au dimanche de 10h à 18h. Tarif : 9 € (réduit 7 €). Ticket combiné valable.

Dans une belle maison néoclassique, ce musée qui appartient aux musées Benaki expose 10 000 objets d'art islamique, d'une aire géographique qui va de l'Inde à l'Espagne. Des objets quotidiens présentés chronologiquement et qui permettent aux visiteurs de retracer l'évolution de l'art islamique. Au dernier étage, le très agréable café offre une terrasse sur les toits, avec vue imprenable sur l'Acropole, le Céramique et les collines environnantes. Parfait pour une pause après la visite.

NOUVEAU MUSÉE BENAKI (ANNEXE) ★

138 av. Pireos et Andronikou
✆ +30 210 345 3111 - www.benaki.gr
Jeudi et dimanche de 10h à 18h, vendredi et samedi de 10h à 22h. Fermé en août. Expositions de 5 à 15 €.

Bien plus qu'une annexe, ce nouveau bâtiment du musée Benaki en impose par son architecture ultra moderne et la qualité de ses collections et expositions. Il héberge les archives d'architecture et d'urbanisme de la période dite « néoclassique », ainsi que la période moderne et contemporaine grecque et consacre certaines salles à l'art moderne et contemporain. Il était également l'heureux élu en 2016, désigné pour abriter l'expérience d'art contemporain « La méthode Abramovic ».

ALLOU ! FUN PARK

5 Kanapitseri
✆ +30 210 809 2888
www.allou.gr
Ouvert toute l'année. Entrée à partir de 24 €.

Le plus grand parc d'attractions d'Athènes ! Grande roue, train à grande vitesse, Star Flyer, Crazy Mouse, Shock Tower... En prime, un espace de jeux spécialement conçu pour les moins de 12 ans. Allou ! Fun Park dispose de deux parcs distincts qui raviveront à la fois les jeunes visiteurs et les plus âgés. Bref, une certaine idée du paradis pour les familles. De nombreux manèges sécurisés, des activités et des évènements tout au long de l'année. Vous pourrez reprendre des forces dans son café, voir un film au cinéma ou faire une partie de bowling.

FONDATION B. & M. THEOCHARAKIS

1 Merlin ✆ +30 210 361 1206
www.thf.gr/en
Ouvert tous les jours de 10h à 18h. Le jeudi (octobre à mai) de 10h à 20h. Fermeture annuelle : du 1er au 25 août. Le prix du billet varie selon l'exposition.

La fondation B. et S. Theocharakis a été créée afin de promouvoir les beaux-arts et la musique à Athènes. Les collections périodiques de peinture ou les concerts organisés constituent des événements culturels pour la ville d'Athènes. Au cinquième étage du bâtiment, on admirera la collection permanente de Spyros Papaloukas (1892 - 1957), un peintre grec qui a marqué par son œuvre exceptionnelle la première moitié du XXe siècle.

CATHÉDRALE SAINT-DENIS L'ARÉOPAGITE ★★

34 Skoufa
✆ +30 210 361 3436
Ouverture variable selon les périodes et les fêtes religieuses. En général, ouvert tous les jours entre 8h et 18h.

L'Athènes contemporaine est ici placée sous la protection de son patron, saint Denis l'aréopagite. Les travaux de l'impressionnant temple, dédié à saint Denis et qui domine la rue Skoufa, à Kolonaki, ont commencé en 1923 et ont été achevés en 1931. Il s'agit d'un édifice cruciforme avec un grand dôme, dont les décorations extérieures sont empruntées d'éléments architecturaux archaïques. A la tête du chantier et de la conception de l'ensemble se trouvait Anastássios Orlandos, le renommé architecte et byzantinologue.

Construit au début du siècle dernier, la particularité du temple tient également pour beaucoup à la décoration et à l'ornement de la nef. Toutes les gravures sur bois, l'autel, ainsi que le trône épiscopal sont l'œuvre de Th. Nomikos, qui figure parmi les meilleurs sculpteurs sur bois de l'époque, et qui, avec son frère, sculpteur lui aussi, a sculpté et modelé pièce par pièce le lustre central de l'église. Les mosaïques murales sont exceptionnelles, œuvre du maître S. Xenopoulos.

Mais si l'église vaut le détour, c'est grâce à la peinture de Spyros Vassileiou, l'un des peintres grecs contemporains les plus reconnus. Le peintre a su, en effet, donner aux saints figurés et aux scènes représentant les épisodes de la Bible un air contemporain, sans pour autant leur enlever leur spiritualité. Il a trouvé le moyen de rester fidèle à la tradition chrétienne en rappelant que la sainteté et le divin se trouvent avant tout sur terre et parmi nous.

Cathédrale Saint- Denis L'aréopagite.

GAGOSIAN GALLERY

22 rue Anapiron Polemou
✆ +30 210 364 0215
www.gagosian.com
Ouvert du mardi à samedi, de 11h à 19h. Le jeudi de 11h à 18h.

Artistes et œuvres contemporains du monde entier sont présentés à la galerie Gagosian de Kolonaki. Galerie de renom, née à New York, Gagosian possède plusieurs antennes dans de grandes villes telles que Paris ou Los Angeles. Emménagée en 2020 dans une demeure entièrement restaurée datant de l'entre-deux-guerres, l'ère nouvelle de la galerie a débuté avec l'exposition de l'œuvre de Brice Marden, le « patriarche » de l'art contemporain américain. La boutique du musée propose des livres rares ainsi que d'autres objets inspirés de l'art contemporain.

GALERIE NATIONALE D'ATHÈNES ★★

50 av. Vassileos Konstandinou et 1, Michalakopoulou
✆ + 30 210 7235857
Le mercredi de 10h à 21h. Du lundi au dimanche de 10h à 18h. Fermé le mardi. Entrée : 10 €, réduit 5 €.

© PAGE LIGHT STUDIOS - SHUTTERSTOCK.COM

C'est la plus importante collection de tableaux de Grèce fondée en 1900. Parmi les *masterpieces*, on y observera *Le Baiser* de Lytras, *Les Fiançailles* de Ghyzis, *Le Grec à cheval* de Delacroix et quelques œuvres du Greco ou du Caravage. Malgré quelques grands noms internationaux, comme ceux que l'on vient de citer, on se rend dans cette pinacothèque pour admirer majoritairement plus de mille œuvres du XIXe et XXe siècles. Les expositions temporaires sont toujours d'excellente qualité.

GLYPTOTHÈQUE NATIONALE ★

Alsos Stratou
✆ +30 210 72 35 857
www.nationalgallery.gr
Entrée 10 €. Horaires : de 10h à 18h. Le mercredi de 10h à 21h. Fermé le mardi.

Ce musée a donné une nouvelle chance à la sculpture en Grèce. Il est abrité dans les anciennes écuries royales datant de 1900. Dans ces bâtiments, entièrement rénovés, ouverts au public en 2004, on admire la sculpture grecque des XIXe et XXe siècles. Une rétrospective donne notamment l'occasion de découvrir le grand sculpteur grec Giannoulis Halepas (1851-1938) mais aussi des œuvres importantes d'Alexander Calder, d'Antoine Bourdelle et de René Magritte. Des sculptures sont également exposées dans le parc environnant, verdoyant et accueillant.

MUSÉE BYZANTIN ★★

22 av. Vassilis Sofias
✆ +30 213 213 9517
www.byzantinemuseum.gr
Ouvert du lundi au dimanche de 8h à 17h (20h le mardi). Entrée : 8 €. Gratuit pour les moins de 25 ans de l'UE.

Installé depuis 1930 dans la très belle villa de la duchesse de Plaisance, ce splendide musée abrite des objets datant de l'époque byzantine. Au rez-de-chaussée, des sculptures, des pièces de bois sculpté, des icônes et des peintures murales. Dans trois salles ont été reconstituées une basilique paléochrétienne, une église byzantine et une église monochrome post-byzantine. Et au premier étage, des peintures, des icônes et des bois sculptés d'églises des XIIIe et XIVe siècles ainsi que des petits objets d'art, des vêtements et vases liturgiques.

MUSÉE DE LA GUERRE ★

2 rue Rizari et av Vass. Sofias
✆ +30 210 7244464
www.warmuseum.gr/
Ouvert tous les jours de 9h à 17h. Entrée : 6 €.

Fondé en 1975, de style moderne et avant-gardiste pour son temps, inspiré de l'art de Bauhaus, le Musée de la Guerre retrace l'histoire militaire de la Grèce depuis l'Antiquité jusqu'à la Seconde Guerre mondiale. A travers les expositions d'armes, de documents, d'objets retraçant la vie des soldats et de reconstitutions, le visiteur remonte dans le temps tout en ayant un aperçu des étapes importantes de l'histoire grecque. Vous ne pouvez le rater, avec ses avions de chasse exhibés dans la cour, donnant sur l'avenue. Accessible aux personnes à mobilité réduite.

MONT LYCABETTE ★★★

Métro Evangelismos. Funiculaire depuis la rue Ploutarchou, à Kolonaki.
✆ +30 210 721 0701

Funiculaire à 7,50 € (aller-retour), ouvert toute l'année de 9h à 2h du matin.

D'où que l'on soit à Athènes, on peut voir cette colline de 277 m de hauteur. A ses pieds s'étale toute la ville et en particulier l'Acropole. Le Lycabette, à l'époque, était dominé par un temple consacré à Zeus, mais aujourd'hui c'est Aghios Georgios qui couronne le mont. Athéna, voulant être plus proche du ciel, serait allée chercher un gros rocher sur le mont Pentèle pour le mettre sur l'Acropole. Mais comme de mauvais augures lui avaient prédit malheur si elle allait au bout de son projet, elle décida de laisser le rocher au milieu d'Athènes…

© IRAKITE - ISTOCKPHOTO.COM

MUSÉE BENAKI ★★★

1 Koumbari et av. Vassilis Sofias
✆ +30 210 367 1000 - www.benaki.gr
Lundi et du mercredi au samedi de 10h à 18h et dimanche de 10h à 16h. Fermé le mardi. Entrée : 12 €.

Immense collectionneur, Anthony Benaki a passé trente-cinq ans à réunir tous ces objets, datant de la préhistoire à nos jours, abrités aujourd'hui par cet élégant musée d'architecture néoclassique. Ce passionné donna ensuite sa maison et ses pièces rares à l'Etat en 1931. Et pour prolonger l'expérience, une gigantesque annexe très moderne a également ouvert ses portes avenue Pireos, hébergeant des expositions temporaires de grande qualité.

Au rez-de-chaussée, des objets datant des périodes romaine, byzantine et post-byzantine. Notamment, de très beaux bijoux en or, mosaïques et des objets religieux. Salle 12, des icônes magnifiques. Remarquez en particulier celle représentant sainte Anne et la Vierge ainsi qu'un superbe retable.

Au premier étage sont exposés des objets d'art populaire marquant le développement de l'hellénisme durant les périodes de domination étrangère.

En particulier une très belle collection de costumes des XVIIIe et XIXe siècles ainsi que, dans la salle 14, une magnifique reconstitution d'intérieur. Les salles 17 et 19 abritent celle d'un hôtel particulier de Kozani en Macédoine. Vous remarquerez l'alternance de vases sculptés et d'aigles à double tête caractéristiques de l'art néo-hellénique. Dans la salle 23, une admirable collection d'illustrations du Parthénon. Dans la salle 26, un immense retable représentant saint Jean-Baptiste, la Vierge à l'Enfant, le Christ et saint Georges terrassant le dragon.

Au deuxième étage, on se balade à travers la culture, l'économie de la société grecque avant la guerre, via des livres, des instruments de musique traditionnels et autres outils de cette époque.

Au troisième étage, les objets évoquent le passage entre la guerre d'Indépendance et la formation de l'Etat moderne. A l'entrée, une carte de membre de la Philiki Etaireia, la société secrète formée en vue de préparer la guerre d'Indépendance. Beaucoup d'armes dans cette salle ainsi que des portraits de généraux. Au fond de la salle, des photos de Costis Palama, poète engagé dans la lutte pour l'indépendance, et de Constantin Cavafy, poète de la diaspora grecque.

Musée et boutiques. Le Musée Benaki est l'un des grands dons qui a augmenté les actifs de l'État, et en même temps, il est la plus ancienne organisation muséale, opérant en Grèce comme une institution de droit privé. Il se compose de 6 lieux d'exposition (le bâtiment principal, l'édifice Pireos, le musée d'art islamique, le studio Yannis Pappas, la galerie Ghikas et la résidence Delta) et des départements spéciaux tels que la bibliothèque ou la boutique.

MUSÉE D'ART CYCLADIQUE - LA COLLECTION GOULANDRIS ★★★

4 rue Néophytou Douka ✆ +30 210 722 8321
www.cycladic.gr
Ouvert lundi, mercredi, vendredi, samedi de 10h à 17h, jeudi de 10h à 20h, dimanche 11h à 17h. Entrée 8 €.

Au rez-de-chaussée, vous trouverez des textes explicatifs sur la civilisation cycladique au IIIe millénaire av. J.-C. et des cartes préparent le visiteur à appréhender cette civilisation.

Au premier étage, la collection cycladique s'organise chronologiquement pour permettre au visiteur de comprendre l'évolution de l'art du cycladique ancien au cycladique récent en passant par le cycladique moyen. Vous noterez l'apparition des idoles à bras croisés ainsi que de très beaux personnages en mouvement, ce qui est assez inhabituel dans l'art de cette civilisation. Remarquez enfin l'immense idole de la troisième section (1,40 m).

Au 2e étage, la première section présente des céramiques de l'âge du bronze, la deuxième section abrite des objets plus récents de l'époque géométrique, comme une gigantesque amphore ainsi que de très beaux bijoux en or. La troisième section montre des objets archaïques comme des terres cuites béotiennes. La quatrième section présente des vases à figures noires ainsi que deux belles hydries (vases à trois anses) en bronze. La cinquième section s'ouvre sur des céramiques à figures rouges, mais il faut surtout remarquer le superbe cratère attique du centre de la salle au décor représentant un retour de banquet.

Le 3e étage est réservé à des expositions temporaires.

Au 4e étage, un beau sarcophage mycénien au décor peint ainsi qu'une collection de casques, d'épées et de strigiles en bronze. Remarquez, pour finir, le petit kouros de Chypre.

EN MÉMOIRE À LA RÉPRESSION SANGLANTE DES ÉTUDIANTS DE POLYTECHNIO

Rue 28 Oktobriou / Patission se trouve l'université polytechnique d'Athènes. Faculté d'ingénierie auparavant, fondée en 1836, elle s'est transformée en faculté d'architecture depuis quelques années et ses murs illustrent son caractère profondément artistique. Artistique oui, mais aussi politique. Polytechnio est en effet dotée d'une histoire particulière, puisque l'école s'est illustrée en 1973 par sa prise de parti en opposition avec la dictature des colonels. Les 15 et 16 novembre de cette année-là, les étudiants se sont barricadés à l'intérieur de l'université et ont appelé à la révolte les citoyens d'Athènes par radio pirate. Le soir du 17 novembre, en guise de réponse, l'armée a envoyé un tank briser les portes fermées de l'université rebelle. La porte principale a fait les frais de cette action militaire, et figure aujourd'hui dans l'université, rouillée certes, mais image fidèle d'une violence sans précédent. Lors de cette attaque, plus d'une vingtaine d'étudiants furent assassinés par les soldats ayant reçu cet ordre des dictateurs. Cependant, la junte souffrit de cet événement et tomba définitivement l'année suivante. Désormais, chaque 17 novembre, une marche dans le centre d'Athènes rend hommage au courage des étudiants rebelles tués, et s'ensuit alors une émeute devenue tradition, où les anarchistes du quartier s'affrontent aux forces de l'ordre. Pour des raisons de commémoration autant que de sécurité, les universités et beaucoup de commerces sont fermés ce jour-ci. Vous pouvez visiter l'université historique, car aujourd'hui, toutes les portes sont ouvertes. Il est même possible de rentrer à l'intérieur des bâtiments. Chaque centimètre de mur est gribouillé, tagué, apposé d'un graffiti. L'architecture du bâtiment est impressionnante et l'ambiance qui y règne, puissante et créative. Vous trouverez certainement à l'intérieur le grand graffiti phare du rappeur antifasciste Killah P. (P. Fyssas), assassiné le 18 septembre 2013 par des membres de l'organisation néo-nazie Aube dorée. Contournez le bâtiment comme si vous cherchiez à aller au musée archéologique pour vous approcher de la porte enfoncée par le tank lors de l'attaque de Polytechnio.

HELLENIC MOTOR MUSEUM

33-35 Ioulianou
✆ +30 210 881 6187
www.hellenicmotormuseum.gr
Ouvert du mardi au vendredi de 10h à 14h et le week-end de 11h à 18h. Fermé le lundi.
Entrée : 10 €, tarif réduit : 8 €.

Situé en plein centre d'Athènes et à quelques pas du Musée archéologique national, le Musée de l'Automobile est consacré à la technologie et au développement de la voiture. Dans un bâtiment d'architecture et d'esthétique unique d'une surface de 30 000 m², ce musée propose une exposition de 111 véhicules dans un espace de plus de 5 000 m². On peut également suivre l'histoire du véhicule à travers une exposition comportant 72 roues tout en remontant une rampe circulaire qui va du premier jusqu'au 4e étage (exposition gratuite).

MUSÉE NATIONAL ARCHÉOLOGIQUE D'ATHÈNES ★★★★

44 rue Patission
✆ +30 21 3214 4800
www.namuseum.gr
Entre avril et octobre, le mardi de 12h30 à 20h, mercredi à lundi de 8h à 20h. Entrée : 12 €.

Comptez 3 heures pour faire le tour de cet impressionnant musée national. Achevé en 1888 et rénové en 2004, il abrite une extraordinaire collection retraçant la richesse de la civilisation grecque depuis l'époque néolithique.

Collection préhistorique : rez-de-chaussée, salles 3, 4, 5, 6.

Commencez par ces salles retraçant les trois cultures majeures de Grèce qui se sont succédé entre le VIIe millénaire et 1100 av. J.-C. Il s'agit des arts néolithiques, cycladiques, puis mycéniens.

Salle 5 : collection d'objets ou de figurines en argile, en pierre ou en os de l'âge néolithique (de -6600 à -3300 av. J.-C.) à l'âge du bronze (de 3300 à -2000 av. J.-C.). On date de l'âge néolithique l'apparition de l'agriculture, de la domestication des animaux ainsi que des premiers habitats fixes.

Parmi les objets venant des sites de Sesklo (Thessalie) et de Dimini, on peut admirer la grande idole en terre cuite de l'homme assis, provenant de Thessalie. Il s'agit probablement d'une divinité symbolisant la fertilité (n° 5894). Parmi les idoles féminines qui représentent la grande déesse, la Kourotrophos, mère nourricière (n° 5937), est de toute beauté.

Salle 6 : superbe collection de statuettes, figurines et vases des Cyclades datant de l'âge du bronze. Provenant de cimetières ou d'habitats, les figurines en marbre et les outils ou armes en bronze témoignent du développement de la métallurgie vers 3000 av. J.-C., en particulier dans les îles, qui revêtaient une signification particulière. Au fond, à droite, on ne manquera pas les joueurs de flûte et de harpe dont les statuettes en trois dimensions expriment une maîtrise parfaite de l'espace. La statue en marbre représentant une femme croisant les bras est également très caractéristique de la sculpture cycladique. Au fond, à gauche, sont exposées les trouvailles faites à Phylakopi, un des centres phares des Cyclades.

Salles 3 et 4 : elles regroupent une collection impressionnante d'objets représentatifs de la civilisation mycénienne (XVIe siècle av. J.-C.-XIe siècle av. J.-C.), retrouvés majoritairement dans des tombes à Mycènes. Ils démontrent l'avancée de cette civilisation en termes d'art (travail de l'or, de la pierre ou de l'ivoire) : bijoux, peinture, métallurgie mais aussi langage. C'est à la fois un raffinement, une grandeur et un goût pour la guerre qui nous sont donnés à voir. Les objets sont regroupés par localités.

La première localité est Mycènes, dont les trésors sont exposés en face de l'entrée de la galerie. On trouvera d'abord les excavations des cercles A et B, parmi lesquelles : les fameux masques funéraires en fines feuilles d'or utilisés pour couvrir les faces des chefs morts (vitrine 27, en face de l'entrée). Parmi eux, le masque d'Agamemnon (n° 624, vitrine 3 sur la gauche) a été attribué à tort par Schliemann au héros homérique : en réalité, ce masque couvrait le visage d'un roi antérieur d'au moins trois siècles à Agamemnon ; le rhyton en argent (récipient utilisé pour les libations) en forme de tête de taureau (n° 384, vitrine 18 à droite de l'entrée) portant des cornes et une rosette en or. Comme pour tous les animaux représentés, il suggère une impression de mobilité, avec une répétition de motifs comme la spirale (symbole du flux éternel de la vie), la rosette, le lys ; un vase en cristal de roche (n° 8638, vitrine 5) à la forme épurée d'un canard. Il s'agit d'une œuvre d'une rare finesse à une époque où l'art guerrier massif s'est substitué à l'euphorie crétoise. Viennent ensuite les excavations des tombes à chambres et à tholos de Mycènes, principalement des vases en métal, en pierre ou en argile, des bijoux en or, des pierres semi-précieuses. Les objets provenant de la citadelle de Mycènes occupent le centre de la salle. On ne manquera pas le vase aux guerriers (n° 1426, mur de droite un peu plus loin) qui représente six guerriers armés partant à la guerre. Une femme, à gauche, leur fait un signe d'adieu, sans doute partent-ils pour longtemps ; le groupe en ivoire (n° 7711, vitrine 30 au centre) constitué de deux déesses et d'un jeune dieu en leur milieu ; les peintures murales (dont n° 11670, mur de gauche), dont la superbe fresque représentant une déesse se détachant sur un fond bleu. La femme, de profil, semble ignorer le spectateur qui est seul face à la finesse déconcertante de ses traits. Ces peintures étaient particulièrement importantes puisqu'elles proviennent d'un foyer cultuel de Mycènes.

Dans le reste de la salle, on découvrira des objets d'autres localités comme Tirynthe ou Pilos. De cette dernière proviennent les tablettes en linéaire B (vitrine 9, mur de droite) en argile, calcinées par l'incendie du palais de Nestor. On ne manquera pas non plus d'admirer les coupes en or (n° 1758 et n° 1759), époustouflantes par la richesse et la précision du relief gravé. On y voit une scène de capture de taureaux.

Collection de sculptures : rez-de-chaussée, salles 7 à 35. Ces salles abritent une des plus grandes collections de bronzes anciens, en majorité de petites statues ou figurines votives données en offrande dans les sanctuaires. Elles permettent de suivre l'évolution de l'art de la période géométrique à l'époque romaine.

Salle 7 : elle contient des œuvres de style dédalique, sans doute réalisées par le célèbre architecte Dédale, comme les métopes du temple d'Athéna à Mycènes ou les trois statues de femmes assises. La statue de femme n° 1 pourrait représenter Artémis. Il s'agit en tout cas de la première statue en pierre réalisée en grandeur nature.

Salles 8 à 13 : ensemble de sculptures archaïques du VIIe siècle à 480 av. J.-C. représentant de jeunes éphèbes (*kouros*) et de jeunes filles (*korê*). Dans la salle 8, la *korê* Phrasikleia (n° 4889, sur la gauche) exprime superbement la douleur et la beauté perdue, deux thèmes liés à la mort puisque cette statue était érigée sur une tombe. La salle 10 témoigne de l'évolution du culte des morts à partir du VIIe siècle. Le fragment de stèle représentant un jeune homme de profil (n° 38) illustre ainsi la maîtrise de la projection du visage sur la surface ronde, elle-même en relief. Dans la salle 11, on voit nettement les progrès réalisés, notamment dans l'expressivité des traits du visage qui s'incorporent désormais à une dynamique d'ensemble. Cela est nettement visible dans la salle 13 avec le relief d'Hoplitodromos (n° 1959), un jeune homme nu coiffé d'un casque, probablement un danseur en cours de mouvement puisque son corps semble entraîné vers la droite et précéder le mouvement de sa tête. Dans cette même salle, le plus récent des *kouros* est Aristodikos (n° 3938) qui date de 500 av. J.-C. Les cheveux courts, les bras flottants ainsi que la musculature tout en volume préfigurent déjà d'un tout autre style, celui de la période classique.

Salles 14 et 15 : il s'agit de la période dite de « style sévère », qui s'étend de 480 à 450 av. J.-C. environ. La salle 14 l'illustre clairement, notamment avec le relief votif de Sounion (n° 3344), représentant un jeune athlète se coiffant d'une couronne. Au centre de la salle 15, difficile de manquer le Zeus ou Poséidon de l'Artemission (n° 15161), cette superbe statue de 2 m de hauteur qui a été repêchée en mer près d'Artemission. Selon la légende, les Romains l'avaient volée dans le temple dédié au dieu de la Mer qui, pour se venger, coula leur bateau.

Salle 16 : stèles et vases funéraires en marbre de la guerre du Péloponnèse (de 430 à 420 av. J.-C.). A l'occasion de cette guerre, les stèles réapparaissent, d'abord avec une ou deux figures en léger relief, puis avec des proportions conséquentes. Les reliefs sont très réalistes, notamment sur le vase Lekythos (n° 4485) montrant la femme morte menée par Hermès à Hadès.

Salle 17 : fragments de métopes en marbre représentant une amazonomachie et une statue en marbre d'Héra provenant de l'Héraion à Argos. Parmi les nombreux reliefs présentés, celui défigurant Dionysos affalé sur un canapé (n° 1500), entouré de trois acteurs portant un masque est à ne pas manquer. Il pourrait s'agir d'une sculpture dédiée à la suite d'une représentation de la fameuse pièce d'Euripide, *Les Bacchantes*.

Salle 18 : intéressante, elle témoigne de l'évolution du culte des morts au début du IVe siècle av. J.-C. La stèle d'Hegeso (n° 3624) exprime cette séparation entre la jeune défunte assise sur une chaise et sa servante qui lui tend la boîte à bijoux d'où la défunte prend un bibelot.

Salles 19 et 20 : sont exposées ici les copies des statues du Ve siècle av. J.-C., perdues lors de leur transfert à Rome, à l'époque où la Grèce devint une province de l'Empire romain. Les originaux étaient en bronze, les copies en marbre. Ne pas manquer la statuette d'Athéna Varvakeion, réplique miniature de la statue chryséléphantine du Parthénon.

Salles 21, 34 et 35 : ces salles qui servent un peu de passage ont l'inconvénient de présenter les objets dans un ordre non chronologique. Le *Jockey d'Artemission*, œuvre phare du musée, surprend par le réalisme de l'expression et la tension qui animent le jeune cavalier et sa monture.

Salle 22 : on y trouve un grand ensemble architectural composé de sculptures du temple d'Asklepios à Epidaure. Le fronton est représente la chute de Troie et le fronton ouest une scène d'amazonomachie. On remarquera le mouvement et l'acrobatie que les jeunes femmes exécutent sur le dos des chevaux (marins ?).

Salles 23 et 24 : encore un témoignage intéressant de l'évolution des stèles vers la fin du IVe siècle av. J.-C. Les stèles sont de plus en plus opulentes et monumentales, grandeur nature, avec une grande précision dans le rendu des sentiments tels que la peine ou la tristesse.

Salles 25 à 27 : ce sont de longues galeries étroites jonchées d'ex-voto destinés à des divinités secondaires comme Pan ou les Nymphes. La salle 26 permet d'apercevoir Asklepios et sa famille (n° 1402) et le fameux serpent (n° 2565), emblème actuel du caducée.

Salle 28 : sont exposés ici les derniers grands monuments funéraires de la fin du IVe siècle, comme celui d'Aristonaute trouvé au cimetière du Céramique (n° 738, à gauche en entrant). En effet, devant l'extravagance et le coût croissants de ces monuments toujours plus grands, une loi fut passée en 317 av. J.-C. afin d'interdire la construction de monuments funéraires dans les cimetières d'Athènes ! On ne manquera pas l'éphèbe en bronze de Marathon attribué à Praxitèle, ni celui d'Anticythère.

Salles 29 et 30 : il s'agit de l'époque d'Alexandre le Grand, marquée par le fait que les artistes ne veulent plus travailler dans les grands sites. On a trouvé de nombreuses œuvres de cette période en Asie Mineure, à des endroits où les artistes partaient exercer leurs talents. De nombreux ateliers se mirent en place dans les îles, privilégiant le réalisme, la taille et le mouvement. On peut donc admirer trois siècles de gigantisme dans ces deux salles. Dans la salle 30, l'admirable représentation d'Aphrodite, de Pan et d'Eros y échappe ; elle est de toute beauté.

Salles 31 à 33 : ces salles témoignent de l'expansion de l'Empire romain en Grèce entre le IIe siècle et 31 av. J.-C. L'art s'adapta ou fut adapté en conséquence. La salle 31 donne un aperçu du règne d'Auguste à celui de Domitien. Dans la salle 32, dédiée au IIe siècle apr. J.-C., comment ne pas tomber sous le charme du doux portrait d'Antinoos (n° 417), le favori de l'empereur Hadrien ?

Collection de bronzes : rez-de-chaussée, salles 36 à 39.

Salle 36 : à l'entrée, tout d'abord le petit cheval et son cavalier du sanctuaire de Zeus à Dodone ainsi que la statuette d'une femme portant une colombe du mont Pindos. Dans la vitrine 1, sur la droite en entrant, de nombreuses tablettes des décrets de la proxenia, qui garantissaient à certains citoyens ainsi qu'à leur descendance des privilèges tels que l'exemption de taxes et la protection en temps de guerre comme de paix. Dans la vitrine 4, de nombreuses figurines de bronze, des statuettes d'animaux, d'hommes et de femmes comme Aphrodite, Athéna, Héraclès ou un boxeur, ainsi que des instruments médicaux. Dehors (n° 25), le joueur de flûte en bronze est un petit chef-d'œuvre. Dans la vitrine 6, des haltères en forme de sanglier offerts à Zeus par un athlète. Dans la vitrine 8, on pourra observer la statuette d'une ménade fatiguée. Devant la vitrine 9, Zeus tient un éclair de manière menaçante.

Salle 37 : on remarquera, dans la vitrine 10, le détail du procédé de fabrication des statues avec la méthode de la cire. Ne pas manquer également la statue d'un flûtiste de Samos (n° 16513), où les ficelles tenant la flûte transparaissent encore, et l'astrolabe (n° 15087), un ingénieux et complexe système de roues et de poulies permettant d'effectuer des calculs de calendrier et de signes du zodiaque.

Salles 38 et 39 : une Athéna du Ve siècle, retrouvée à l'Acropole ou encore l'étonnante machine d'Anticythère, à engrenages, qui serait peut être un outil de navigation... Cette collection de statues et stèles est présentée dans un ordre chronologique allant du VIIe siècle av. J.-C. au Ve siècle de notre ère. Elle permet de suivre, en un condensé bouleversant, l'évolution de la naissance de l'expression artistique.

Collection égyptienne : rez-de-chaussée, salles 40 et 41. Intéressante et unique collection égyptienne en Grèce. Objets datant de 5000 av. J.-C. et jusqu'à la conquête romaine dont papyrus, sarcophages, momies, etc., rassemblés par deux Grecs d'Egypte, puis donnés au musée.

Collection Stathatos : rez-de-chaussée, salle 42. Une superbe collection privée à ne pas manquer s'il vous reste du temps. Près de 1 000 objets mineurs de l'âge du bronze à la période post-byzantine y sont présentés. Dans la vitrine 1, ne pas manquer le vase minoen en pierre caractéristique des vases géométriques et archaïques. Dans la vitrine 26, au centre de la pièce, le trésor de Karpenissi, impressionnant.

Collection de vases : premier étage, salles 49 à 56. Une collection d'une grande richesse, notamment par la quantité et la qualité des vases géométriques trouvés dans des cimetières ou des sanctuaires. Ils sont présentés par ordre chronologique, retraçant ainsi l'histoire de la poterie grecque entre le XIe siècle et le IVe siècle av. J.-C.

Salles 49 à 51 : elles permettent de voir de nombreux vases de la période géométrique (de 1100 à 700 av. J.-C.). Le premier siècle de cette période se caractérise par des vases aux motifs simples, décorés de cercles concentriques, de zigzags, de losanges ou de triangles. Au IXe siècle s'y ajoutent méandres et cruciformes alors qu'au VIIIe siècle les êtres humains font leur apparition. Ils sont représentés se livrant à des batailles navales, des duels ou des courses de char, comme l'exprime superbement le vase n° 990 de la salle 50. De 700 à 630 av. J.-C. environ, l'art s'orientalise et les décorations s'affranchissent de toute symétrie pour privilégier les bêtes sauvages ou les ornements de fleurs. C'est aussi la naissance de la technique de polychromie qui consiste à représenter les scènes en noir mais en soulignant les contours par incision ou en les peignant en blanc ou en violet. Pour en avoir une idée, ne pas manquer, dans la salle 51, les vitrines 21 à 27 ainsi qu'un chef-d'œuvre de l'époque : le vase représentant sur sa partie haute Héraclès, vainqueur du centaure Nessos, et sur sa partie basse les trois Gorgones (n° 1002).

Salles 52 à 55 : on y trouve de nombreux vases du début du VIe siècle av. J.-C., principalement d'Attique, où les potiers et peintres sur vase furent nombreux. Ne pas manquer, dans la vitrine 56 de la salle 53, les parties retrouvées de vases donnés en offrande dans le sanctuaire d'Athéna à l'Acropole. Dès 530 av. J.-C., une nouvelle technique fit son apparition : le pourtour du vase est peint en noir et les personnages gardent la couleur de l'argile rouge, alors que les détails restants sont finement peints en noir. Loin de s'exclure, les deux techniques ont coexisté.

Salle 56 : on y voit de nombreux vases « à silhouettes rouges » de la fin du Ve et du début du IVe siècle av. J.-C. A l'entrée de la salle, admirez la grâce et le raffinement des vases de la période classique à travers les œuvres du peintre dit d'Eretria.

Le musée archéologique d'Athènes

PREMIER ETAGE

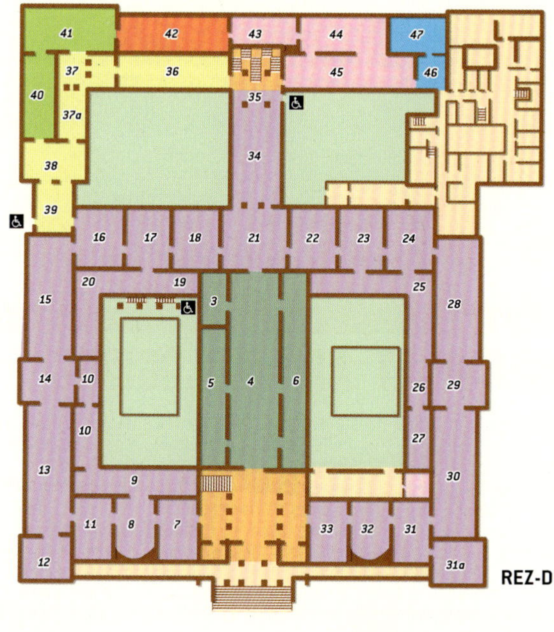

REZ-DE-CHAUSSEE

- Collection préhistorique
- Collection de sculptures
- Collection de bronze
- Collection de vases et d'art mineur
- Collection égyptienne
- Entrée & vestibule
- Expositions temporaires
- Salle de conférence
- Jardin intérieur
- Escalier

BALADE

MODERNE ET ARCHÉOLOGIQUE

Étapes : Académie et bibliothèque, avenue Panepistimiou, rue Themistokleous, place Exarchia, Polytechnio, Musée archéologique, parc Pédion tou Areos.

Face à l'arrêt de métro Panepistimio se dressent les majestueuses œuvres de la fin du XIXe siècle, du Danois Théophil Hansen : l'Académie d'Athènes, la Bibliothèque nationale et l'Université. Empruntez l'avenue Panepistimiou-Venizelou qui descend vers la place Omonia et, juste avant la place, prenez à droite l'étroite rue Themistokleous qui marque l'entrée dans le quartier d'Exarchia. Ambiance radicalement différente avec de petites échoppes et des tavernes incontournables. Continuez jusqu'à la place Exarchia bordée de terrasses de cafés et n'hésitez pas à vous perdre dans les rues du quartier où le street-art trouve un de ses canevas préférés. Empruntez la rue Stournari, qui longe la place, pour rejoindre l'École polytechnique et vous promener dans sa cour. L'École côtoie le Musée archéologique d'Athènes dont l'entrée se fait par l'avenue 28 Octobre-Patission. Dans le patio du musée, vous pouvez vous restaurer au milieu des arcades et des statues, entouré de verdure. Reprenez ensuite l'avenue Alexandras jusqu'au Pedion tou Areos, pour une promenade dans les larges allées ratissées de cet immense parc fleuri et boisé. Ralliez le centre-ville en métro (station Victoria) tout proche.

FONDATION DE BASILE & ELISE GOULANDRIS

13 Eratosthenous ✆ +30 210 72 52 895
www.goulandris.gr/en/
Du mercredi au dimanche de 10h à 18h.
Le vendredi de 10h à 20h. Fermé lundi et mardi.
Entrée 8 €, réduit 6 €.

Après l'île d'Andros, la Fondation de B. & E. Goulandris choisit la ville d'Athènes afin d'offrir à un public plus large l'occasion d'admirer des œuvres d'art des peintres et artistes contemporains grecs et de l'avant-garde européenne, de renommée internationale. On y admire, entre autres, les œuvres de Parthénis, Vassiliou, Tsarouchis, Moralis, Tetsis ainsi que ceux de Monet, Rodin, Degas, Cézanne, van Gogh, Gauguin, Toulouse-Lautrec, Bonnard, Picasso, Braque, Miró, Giacometti, etc.

JARDIN NATIONAL ★

Ouvert tous les jours de 8h à 20h.

Le Jardin royal a été dessiné en 1839 par la première reine de Grèce, Amalia, qui souhaitait en faire la cour du palais royal (c'est maintenant la cour du Parlement). Près de 500 espèces de plantes, provenant des cinq continents, y figurent. Le parc, avec ses allées bien entretenues, ses statues académiques et ses escaliers majestueux, est emblématique des jardins publics néoclassiques. Au milieu d'une végétation luxuriante, suivez les pancartes : vous arriverez dans le bois du Zappeion par la grande route piétonne qui longe l'arrière du palais du même nom.

MONUMENT DU SOLDAT INCONNU

Place Syntagma
La relève de la garde a lieu tous les jours à 11h, la plus spectaculaire étant le dimanche.

© AUTHOR'S IMAGE

Depuis 1932, le monument du Soldat Inconnu domine la place de la Constitution. La garde honorifique et permanente du monument est confiée à l'unité d'élite militaire et cérémonielle spéciale qui, à partir 1974, fut nommée Garde présidentielle. Connus également sous le nom d'Evzones, ils sont relevés toutes les heures selon un rituel très caractéristique qui lui vaut l'intérêt aussi bien des touristes que des Grecs. La relève la plus spectaculaire a lieu tous les dimanches.

MUSÉE DE LA VILLE D'ATHÈNES - VOUROS EUTAXIAS ★

5-7 rue Paparrigopoulou ✆ +30 210 32 31387
www.athenscitymuseum.gr
Ouvert du lundi au vendredi de 9h à 16h. Samedi et dimanche de 10h à 15h. Fermé le mardi.
Entrée : 5 €, réduit 3 €. PMR.

Musée permettant de découvrir l'histoire de la ville d'Athènes depuis que celle-ci est devenue la capitale du nouvel Etat grec moderne à l'époque du roi Othon, en 1834. Les collections, de la fin du XIXe et du XXe siècle, et les reconstitutions d'intérieurs de demeures d'aristocrates de l'époque avec des objets et des meubles authentiques sont abritées dans les deux plus anciennes bâtisses de style néoclassique de la ville. En saison, bistrot incontournable dans le jardin du musée.

MUSÉE HÉBRAÏQUE DE GRÈCE

39 rue Nikis ✆ +30 210 322 5582
www.jewishmuseum.gr/en/index.html
Ouvert tous les jours de 9h à 14h30, le dimanche de 10h à 14h, fermé le samedi. Entrée 6 €, réduit 3 €.

Le musée est fondé en 1977 afin de réunir les objets appartenant à la communauté juive, épargnés des ravages de la Seconde Guerre mondiale et, plus précisément, les objets d'art, les objets religieux, bijoux et documents datant des XIXe et XXe siècles. Ainsi, à travers ces collections qui n'arrêtent pas de s'enrichir grâce aux donations et recherches méticuleuses, le visiteur peut aujourd'hui suivre l'histoire de la communauté juive qui compte plus de 2 300 ans d'histoire en Grèce. Centre d'études, le musée joue aussi un rôle culturel et éducatif très important.

MUSÉE NATIONAL HISTORIQUE

13, rue Stadiou
✆ +30 210 323 7617
www.nhmuseum.gr
Ouvert de 8h30 à 14h30, sauf le lundi. Entrée : 3 €.

Musée phare sur l'histoire de la Grèce contemporaine, depuis la chute de l'Empire byzantin. Un bel éclairage sur la période de la guerre d'Indépendance de 1821. Vous y verrez les armes de Lord Byron, des peintures de la Grèce moderne, des costumes et des bijoux de l'époque comprise entre 1453, chute de Constantinople, et la Seconde Guerre mondiale. A l'entrée de ce bâtiment, qui fut le premier Parlement grec, trône la statue de Kolokotronis, personnalité de la guerre d'Indépendance.

MUSÉE NUMISMATIQUE

12 av. Panepistimiou (E. Venizélou)
✆ +30 210 363 2057
www.nummus.gr
Horaires variables selon la saison. Fermé le mardi. Du lundi au dimanche de 8h30 à 15h30. Entrée 6 €, réduit 3 €.

Créé en 1834, ce musée est l'un des premiers musées publics de la ville, avec le musée archéologique et l'un des plus grands au monde de par le nombre de ses collections. Il retrace l'histoire du pays, depuis l'Antiquité, à travers environ 600 000 objets, dans un décor magnifiquement restauré, imaginé par l'architecte Ernst Ziller. Le musée accueille des collections numismatiques de prestige et de grande valeur historique datant du XIVe s. av. J.-C. jusqu'à nos jours. Il est également pourvu d'une collection impressionnante constituée de sceaux et de médailles.

OLYMPIÉION ★★

Av. Amalia et Vass. Olga
✆ +30 210 922 6330
Tous les jours de 8h à 20h en été. Billet : 8 € (ou 30 € combiné avec l'Acropole et d'autres sites, valable 5 jours).

Ce site permet de découvrir les vestiges du temple colossal de Zeus olympien : 15 colonnes dressées qui sont encore bien impressionnantes. Il faut dire que l'Olympiéion fut le plus grand temple jamais construit en Grèce ! Commencé par Pisistrate au VIe siècle av. J.-C., il fut achevé 600 ans plus tard par l'empereur Hadrien avant d'être détruit par les Barbares. Le soleil couchant baigne d'une magnifique teinte dorée les colonnes rescapées, et l'on comprend cet ermite stylite qui, au XVIIe siècle, choisit le sommet de l'une d'entre elles pour installer sa cabane !

PORTE D'HADRIEN ★

Av. Amalia et Vass. Olga

Sur le côté nord-ouest du temple de l'Olympiéion se trouve la Porte d'Hadrien, un impressionnant arc en marbre de 18 mètres de haut. La porte d'Hadrien a été construite en l'honneur de l'empereur Hadrien, au IIe siècle apr. J.-C. Elle délimitait la frontière entre l'antique cité de Thésée et la nouvelle cité romaine qui s'étendait de l'actuelle avenue Amalias jusqu'à l'Illissos. Il s'agit d'une arche unique de style romain, encadrée par deux colonnes, de style corinthien. Audessus, les deux statues de Thésée et d'Hadrien étaient érigées au même niveau.

PREMIER CIMETIÈRE D'ATHÈNES ★★

rue Anapafseos

Créé en 1837 par le roi Othon, ce cimetière est le plus ancien d'Athènes. Ici reposent de nombreuses célébrités grecques comme l'actrice Melina Mercouri et plus récemment le chanteur Demis Roussos, ainsi que des personnages historiques comme Theodoros Kolokotronis, le héros de la guerre d'Indépendance, ou Heinrich Schliemann, l'archéologue qui a découvert Mycènes. Perdez-vous dans le cimetière pour découvrir les magnifiques stèles et sculptures en marbre.

STADE DE MARBRE (KALLIMARMARO) ★

Avenue Vasileos Konstantinou
✆ + 30 210 7522 984
www.panathenaicstadium.gr
Entrée 5 €, réduit 2,50 €. Du lundi au vendredi de 7h30 à 14h30.

Derrière le Jardin national, à l'entrée du quartier de Pangrati, le Kallimarmaro ou « stade de marbre » est également appelé le stade Panathinaiko. Il accueillit en 1896 les premiers Jeux olympiques de l'ère moderne et l'arrivée du marathon pendant les Jeux de 2004. Il fut construit à l'emplacement d'un stade antique et entièrement recouvert de marbre. C'est aussi ici que se termine le marathon annuel qui reprend le tracé historique de la course entre Marathon et Athènes.

AUTOUR DE SYNTAGMA

Étapes : Parlement, Garde présidentielle, Jardin national, Zappion, Palais présidentiel, Stade de marbre Kallimarmaro, Olympiéion, porte d'Hadrien.

Au départ de la place Syntagma, longez l'impressionnant bâtiment du Parlement qui fut autrefois le Palais royal, imaginé par l'architecte Friedrich von Gartner et construit en 1843. Avec un peu de chance, vous assisterez à la relève de la garde devant la tombe du soldat inconnu. Juste à côté, le Jardin national, un havre de paix et de fraîcheur, est sillonné par mille petites allées au détour desquelles vous apercevrez des plans d'eau, un parc animalier, diverses espèces de la flore grecque et un agréable café. À moins que vous ne préfériez le café du Zappion, plus raffiné, à quelques mètres. Aujourd'hui centre d'exposition, ce bâtiment est l'œuvre de l'architecte Hanson à la fin du XIXe siècle. En sortant du parc, du côté de la rue Irodou Attikou, vous accédez à la résidence présidentielle néoclassique. Au bout de cette rue, vous ne pouvez rater le stade de marbre, profond arc de cercle d'un blanc lumineux, sur lequel réverbère le soleil. Les premiers Jeux olympiques modernes y ont été célébrés en 1896. La porte d'Hadrien, romaine, et les vestiges du temple de Zeus Olympien se trouvent presque en face du stade. Pause-déjeuner autour de la station Acropolis.

Premier Cimetière D'athènes.

SE RÉGALER

Avant de choisir votre table, sachez que les *estiatoria* désignent les restaurants les plus chers alors que les *tavernas* proposent une ambiance plus « familiale ». Les *psarotavernas* servent du poisson (au prix au kilo, souvent élevé) et les *mezzedopolia* et ouzeries proposent des mézzés que se partage en général toute la tablée. Vous trouverez des tavernes partout, les meilleures étant souvent celles nichées dans des ruelles. N'hésitez pas à entrer dans ces petites tavernes sans prétention, et surtout, fuyez les rabatteurs de Plaka ! Néanmoins, vous ne risquez pas d'être déçu : on mange bien et à toute heure à Athènes. En outre, depuis quelques années, la cuisine internationale se développe. À côté d'excellents restaurants asiatiques, on trouvera aussi de savoureuses petites enseignes qui proposent des bagels, des falafels, voire des plats végétariens, ce qui permet de changer des sempiternels - bien que délicieux - souvlakis.

SE RÉGALER

HORAIRES

En saison, le plus grand nombre des restaurants, tavernes et *mezzedopoleia* sont ouverts à partir de 9h jusqu'à minuit, et même jusqu'aux derniers clients, sans interruption : on y sert également des petits déjeuners, des snacks et des brunches. En général, le service de midi a lieu entre 11h et 17h30 et celui du dîner entre 19h et minuit.

BUDGET / BONS PLANS

En moyenne, il faut compter entre 18 et 25 € par personne pour un bon repas à Athènes. Les prix montent très vite lorsqu'il s'agit de commander un poisson frais ou des crustacés. Il est donc conseillé de toujours se renseigner sur le prix du poisson au kilo pour éviter les mauvaises surprises.

EN SUPPLÉMENT

Pensez à laisser un petit pourboire de l'ordre de 10 % de la note, car en Grèce il n'est pas compris dans les prix.

C'EST TRÈS LOCAL

N'hésitez pas à commander plusieurs mets au lieu d'un plat principal pour chacun, surtout dans un *mezzedopoleio*, une *ouzerie* ou une taverne traditionnelle : ça permet de goûter plusieurs spécialités du pays à la fois ! Si vous accompagnez vos repas avec du *raki* ou de l'*ouzo*, buvez avec modération !

À ÉVITER

Évitez les établissements où les prix ne sont pas clairement affichés sur la carte du menu et surtout évitez les établissements qui ne sont pas fréquentés par les locaux.

ENFANTS

Les Grecs adorent les enfants ! Vous n'aurez jamais l'impression dans les restaurants que vos enfants gênent l'ambiance générale. Bien au contraire ! Ils deviennent assez souvent des petits rois pour les locaux, surtout dans les établissements traditionnels.

FUMEURS

La loi anti-tabac dans les espaces publics existe depuis 2008, mais n'a jamais été respectée dans les bars, clubs et cinémas en plein air : pendant plus de 10 ans on fumait partout, sans restriction, malgré la loi. K. Mitsotakis, Premier ministre conservateur élu en juillet 2019, a promis que la loi serait dorénavant respectée. Depuis son élection, des amendes ont été mises en place pour faire payer à la fois les établissements et les clients qui ne respecteraient pas la loi. À voir si cela se concrétise enfin dans la pratique. Toutefois, on peut fumer dans tous les établissements à ciel ouvert, mais il est interdit de fumer en intérieur.

LES ATTRAPE-TOURISTES

Au centre-ville, vous serez parfois sollicité par des rabatteurs devant leurs restaurants : ils feront tout pour vous convaincre que c'est ici la meilleure adresse ! N'acceptez de les suivre que si vous êtes certain de votre choix, particulièrement en ce qui concerne les restaurants des rues très touristiques.

LES PHRASES CLÉS

Bonjour, je voudrais réserver une table pour deux personnes pour ce midi ou ce soir.
Γεια σας, θα ήθελα να κλείσω ένα τραπέζι για δύο σήμερα το μεσημέρι ή το απόγευμα

Avez-vous un menu en français ou en anglais ?
Υπάρχει μενού στα Γαλλικά ή τα Αγγλικά;

Je n'ai vraiment plus faim mais avez-vous une carte des desserts ?
Έχω χορτάσει αλλά θα ήθελα να δω το μενού με τα επιδόρπια.

Puis-je avoir l'addition s'il vous plait ? Je peux payer par carte ou en espèces ?
Τον λογαριασμό παρακαλώ. Μπορώ να πληρώσω με κάρτα ή μόνο μετρητά;

C'était très bon, nous reviendrons. Merci et à bientôt.
Ήταν πεντανόστιμα, θα έρθουμε ξανά. Ευχαριστούμε πολύ, εις το επανιδείν.

ACROPOLIS SECRET BAR RESTAURANT €€€

19-25 Parthenonos
✆ +30 210 92 80 100
www.divaniacropolishotel.com
Compter autour de 40 € par personne pour un repas complet. Boissons à partir de 10 €.

Grâce à son emplacement au cœur du centre historique d'Athènes, cet hôtel emblématique offre une vue unique sur la colline de l'Acropole. Au sous-sol de l'établissement, on admire une partie des murailles qui protégeaient Athènes, datant du Ve siècle av. J.-C. Sur le rooftop, le restaurant Acropolis Secret, un classique pour les locaux, est une très bonne adresse pour un dîner aux chandelles. Le D Bar, à côté de la piscine, est l'autre secret de l'hôtel.

BYZANTINO RESTAURANT €

18 Kidathineon
✆ +30 210 322 7368
www.vyzantinorestaurant.gr
Ouvert tous les jours de 8h à minuit. Comptez 15 € par personne.

Dans une rue piétonne en plein cœur de Plaka où les restaurants ne manquent pas. Presque tous les locaux ont déjà mangé ici au moins une fois, vous dira-t-on ! Cuisine traditionnelle du pays et poissons à l'honneur. En dégustant un pâté en croûte aux épinards, il est agréable de contempler depuis la terrasse les gens flâner dans la rue. Rapport qualité-prix pas tout le temps satisfaisant cependant, ce qui est une sacrée gageure à Plaka ! Dans le doute au moment de choisir vos plats, faites-vous conseiller. Service chaleureux et aimable.

DIOSKOURI €€

39 Adrianou
✆ +30 210 325 3333
www.dioskouriathens.gr/
Ouvert du matin jusqu'au soir, de 8h30 à 1h. 20 € pour un repas complet, vin compris.

La rue Adrianou est très animée et le choix ne manque pas concernant les restaurants. Diskouri est un petit nouveau dans le quartier. Sur votre chemin jusqu'à l'Acropole, vous tomberez peut-être sur cet endroit charmant avec tables en bois traditionnelles en salle ou sur la terrasse toute simple à l'extérieur. Une carte riche et variée, proposant des plats peu communs en Grèce comme cette salade aux blettes avec son fromage râpé sauce balsamique, ou très classiques comme le *chicken souvlaki*. Testez le vin blanc en bouteille du Péloponnèse. Service professionnel.

EAT AT MILTON'S €€

91 rue Adrianou
✆ +30 210 32 49 129
www.facebook.com/eatatmiltonsathens
Ouvert tous les jours de 9h jusqu'à 1h environ. A midi menu à 25 € et dîner entre 25 et 45 € environ.

Le chef étoilé Alain Parodi, auparavant installé dans le sud de la France, a préféré déployer son talent et son savoir-faire en plein cœur du quartier de Plaka depuis maintenant 10 ans. Dans cet établissement ouvert toute la journée, le chef et son équipe expérimentée proposent une cuisine méditerranéenne, plutôt novatrice que nouvelle. Les plats sont succulents, la (haute) pâtisserie est surprenante. Le service en salle (très jolie au demeurant) est attentionné. Et, bon signe, vous en conviendrez, le menu change selon la saison.

ETNICO €

22 Kolokotroni
✆ +30 211 311 3880
www.etnico.gr
Ouvert du lundi au jeudi de midi à 16h, et vendredi et samedi jusqu'à 18h. Environ 5 €.

Des plats multi-ethniques de « street food alternative », voilà ce que propose l'enseigne Etnico. Mais qu'est-ce qui se cache derrière ces expressions chères au foodies ? Eh bien un lieu de restauration rapide, servant des plats inspirés et empruntés à des cuisines ethniques, c'est-à-dire essentiellement mexicaine, indienne et moyen-orientale. Pour changer un peu des hamburgers et des souvlakis, optez pour des nachos, quesadillas, wraps, falafels, samosa... On se régale vraiment sans trop dépenser. Ils livrent même à domicile !

EUGENIA RESTAURANT (TO PARADOSIAKO) €

Voulis 44a
✆ +30 210 321 4121
Ouvert tous les jours, de midi à minuit. Comptez autour de 20 € par personne, avec boisson.

Avant de se faufiler dans les ruelles de Plaka, prenez le temps de vous régaler dans cette taverne, incontournable depuis 1989. Sans chichis, et, à quelques pas de la place de Syntagma, son succès repose sur les matières premières, les traditions culinaires grecques et les saveurs d'une cuisine mijotée maison. Parmi les plats proposés : la seiche grillée, les crevettes à la feta, le veau mijoté à la sauce tomate… Idéale pour les végétariens. Il est vivement conseillé de réserver.

FALAFELLAS €

51 rue Aiolou
✆ +30 210 32 39 809
Ouvert du lundi au samedi de 11h à 23h. Falafels à partir de 2,80 €.

Probablement les meilleurs falafels de la ville ou, au moins, les plus réputés. Ne soyez pas effrayés par la queue qui se forme souvent devant la petite échoppe, le service est assez rapide et le personnel très agréable. Les produits utilisés sont tous fraîchement achetés au marché central à deux pas de l'établissement. La sauce au yoghourt, légère et parfumée, est un vrai délice. On peut aussi se régaler avec une salade de taboulé ou de houmous. A la place de falafels, on peut choisir les boulettes de viande ou les boulettes aux légumes. Idéal pour végétariens.

GOD'S RESTAURANT €

23-27 rue Makrigianni
✆ +30 210 92 33 721
www.godsrestaurant.gr
Ouvert midi et soir. A partir de 15 € par personne.

Voici un restaurant familial tenu de père en fils. Nikos, le patron, parle un peu le français et s'occupera bien de vous. Les plats sont des basiques de la cuisine traditionnelle grecque mais un air de modernité et de cosmopolitisme insufflé par le nouveau chef étoilé D. Aïvaliotis booste les assiettes. La clientèle est essentiellement composée de touristes mais n'y voyez aucunement un signe désagréable, c'est une bonne adresse où l'on mange bien dans un cadre très agréable, tout blanc. Pas cher, simple et sympathique, on recommande.

HILL ATHENS €€

27 Apostolou Pavlou
✆ +30 210 34 69 077
https://hillathens.gr
Compter autour de 25 € pour un repas complet. Ouvert tous les jours de 10h à 2h.

Au dernier étage de ce bar-restaurant situé en plein cœur de Thissio, la vue sur l'Acropole est à couper le souffle ! Idéal pour un brunch succulent, un dessert, un cocktail ou un repas gourmand et inventif, inspiré de la cuisine traditionnelle grecque : salades délicieuses, risotti, plats de viandes cuisinés, poisson mariné… Les ingrédients sont minutieusement choisis par les chefs de l'établissement alors que toutes les matières premières proviennent de petits producteurs. Laissez-vous tenter par les fromages affinés et la charcuterie. Carte des vins variée.

I ORAIA HELLAS €

59 rue Mitropoleos
✆ + 30 210 3216 850
Ouvert tous les jours de 8h à 2h. Comptez autour de 15 € par personne.

Un de plus anciens kafeneio d'Athènes : ce beau bistrot traditionnel, fondé en 1839 par l'Italien Santo, est situé en plein cœur du centre historique. Installés au deuxième étage, vous aurez une vue panoramique sur Plaka et l'Acropole. Vous pouvez opter pour une table sur le balcon ou en terrasse, si vous avez envie d'avoir vue sur la place animée. Excellent choix pour une pause-café « grec », préparé à l'ancienne, sur du sable chaud, accompagné d'un loukoum. On y déguste des spécialités grecques ou on peut se contenter d'une boisson.

KITPO €€

35 Kapnikareas
✆ +30 210 321 5015
Ouvert tous les jours de 8h à minuit. Compter autour de 20 € par personne environ.

Situé à Plaka, sur la place du Vieux Marché, ce café-restaurant, en retrait de la cohue de Monastiraki, ouvert du matin jusqu'à minuit, peut satisfaire tous les goûts et envies. Sur sa terrasse ombragée ou à l'intérieur du restaurant, à la décoration vintage, inspirée des années 1960 ou 1970, on passe des moments tranquilles avec son PC tout en sirotant un café… L'établissement propose également un menu varié qui permet de goûter aux plats traditionnels grecs ou de déguster une délicieuse pizza. Kitro est entre autres connu pour sa tarte au citron : un délice !

KUZINA €€

9 Adrianou
✆ +30 210 324 0133
www.kuzina.gr
Menu complet à partir de 25 €.

Situé dans une maison néoclassique, face à l'ancienne Agora et au temple d'Héphaïstos, ce restaurant dispose d'un cadre idyllique et offre une cuisine grecque moderne et originale. Le chef renommé Aris Tsanaklidis propose des plats raffinés et sait mélanger avec goût le sucré et le salé, le piquant et l'acide : thon frais au soja, boulettes de crabe à l'aïoli, beignets fourrés à la féta... Excellents desserts. Sur le toit-terrasse du restaurant, donnant pleine vue sur l'Acropole, on se régale avec un cocktail, un verre de vin ou (sous réservation) un repas.

O PLATANOS €

4 rue Diogenous
✆ +30 210 322 0666
Comptez environ 15 € par personne. Ouvert tous les jours de 11h30 à minuit.

Une institution depuis 1932, qui est citée dans tous les guides du monde. Vous passerez un moment agréable dans cette taverne classique d'Athènes, active hiver comme été, à côté de l'agora romaine. La renommée de cette taverne, d'ailleurs réputée pour son *retsina* maison, s'étend aussi à sa cuisine. Un peu touristique, certes, mais les plats (très nombreux) sont plus que corrects, et les prix également. Les serveurs viendront vous présenter sur un grand plateau les spécialités et mezzedes de la maison, l'occasion de tester des mets qui vous sont encore méconnus !

POINT A €€

4 Rovertou Galli
✆ +30 210 923 6832
www.acropolispoint.com
Ouvert tous les jours à partir de 18h. Comptez 25 € par personne.

Point A est plus qu'un restaurant, c'est une expérience unique où vous apprécierez une des plus belles vues sur le rocher sacré et le musée de l'Acropole. La magie opère aussi dans l'assiette avec des plats succulents issus d'une cuisine grecque éclectique et inventive, originalement présentée. C'est aussi une adresse tendance pour boire de délicieux cocktails – pensez à réserver en haute saison. Le personnel sympathique accorde vraiment une attention toute particulière aux détails. Bref, c'est un petit bijou. Coup de cœur garanti.

SAMANO RADIO RESTAURANT €€

3 Place Philomoussou Eterias
✆ +30 210 3241193
Ouvert de 18h à minuit. Comptez autour de 35 € par personne.

Il s'agit d'un restaurant dans lequel le très renommé chef Leonidas Koutsopoulos se livre à ses deux passions : la cuisine gastronomique et la radio. Installé au cœur de Plaka depuis 2020, cet établissement propose une cuisine inspirée des plats méditerranéens, asiatiques et internationaux transformant, grâce à la fantaisie du chef, chaque bouchée en une découverte gustative. Dans la cave du restaurant, le chef et ses copains mijotent en live des émissions musicales pour leurs hôtes et le public. Ambiance amicale et décontractée. Expérience gastronomique assurée.

SAVVAS €

91 Ermou
✆ +30 210 321 1167
www.savvas-restaurant.com
Ouvert tous les jours de 10h à 4h. De 2,50 € à 10 € par personne environ.

L'un des meilleurs kebabs au yaourt que vous puissiez trouver dans le centre historique d'Athènes. On y sert aussi des souvlakis (brochettes), des gyros et, depuis pas très longtemps, des kebabs au poulet ou des doners (gyros à la viande de veau) ainsi que d'autres plats typiques de la cuisine grecque et anatolienne. Sur la carte, des gâteaux traditionnels faits maison également. En saison, on peut déguster les plats depuis le rooftop qui offre une vue superbe sur le Parthénon et une partie de Plaka. Très bon rapport qualité-prix.

SCHOLARHIO - O KOUKLIS €

14 rue Tripodon
✆ +30 210 32 47 605
www.scholarhio.gr
Ouvert tous les jours de 11h jusqu'à 1h. Menu à 15 €.

Cette jolie taverne familiale et fleurie nichée dans Plaka depuis 1935 est un classique de la capitale. Si vous accueillez des amis étrangers pour une première visite à Athènes, c'est souvent là que vous allez. Il faut dire que la formule est sympa. Les mezzedes proposés au menu sont variés, typiques et de bonne qualité. Nikos vous propose une sélection de 18 à 20 assiettes entre 3 € et 7 € chacune ou un menu, où le choix des plats vous ai réservé, pour 15 € par personne. Une boisson par personne et le dessert, toujours offerts, sont compris.

SIGALAS-BAIRAKTARIS- « TO KENTRIKO » €

5 place Monastiraki ✆ +30 210 3248230
www.bairaktaris.gr
Ouvert tous les jours de 11h à 3h. Compter autour de 18 € par personne pour un repas complet avec boisson.

Dans cet établissement emblématique, situé en plein cœur de la place de Monastiraki, fondé en 1879, tout est fait maison : pitas, gyros, kebabs et plein de plats traditionnels grecs. L'adresse est aussi bien fréquentée par des touristes que par des Grecs, qui lui restent fidèles pendant des années. Service rapide et ambiance familiale. Il est conseillé de réserver si l'on désire trouver une place à l'intérieur de la taverne. Le restaurant vous propose également des plats à emporter.

STOU MEIDANI €

3 Socratous
✆ +30 210 324 9073
www.stoumeidani.gr
Ouvert tous les jours du matin jusqu'au dernier client et le dimanche jusqu'à 18h. Comptez 15 € par personne.

Depuis 1964, ce *mezzedopoleio* est au service de sa fidèle clientèle et se renouvelle sans cesse en proposant des plats de la cuisine traditionnelle grecque. Les poissons sont du jour, les grillades juteuses, les mets délicieux. Cuisine maison, y compris les feuilles de vigne. L'ambiance est toujours festive, surtout pendant les soirées et midis musicaux. Souvent débordé de clients, la réservation est recommandée. Musique live vendredi soir, samedi midi et soir et dimanche midi. Prix très corrects. Une valeur sûre de la capitale.

THANASSIS €

69 Mitropoleos
✆ +30 210 324 4705
www.othanasis.com
Ouvert toute l'année, en semaine de 10h30 à 2h30. Comptez entre 3 et 10 € par personne.

Dans cet antre du souvlaki d'Athènes, on ne parle pas anglais mais on fait parmi les meilleures pitas de la ville, aux dires des Athéniens (cela dit, évitez leurs frites et rabattez-vous sur leur salade grecque, bien meilleure), parole de connaisseurs ! Le soir, quand les tables envahissent la rue Mitropoleos dans une ambiance délicieusement grecque, on déguste les spécialités du pays à des prix défiant toute concurrence et servies à la vitesse de l'éclair. Idéal, aussi, pour se poser sur un banc avec vue aux beaux jours. Vous y passerez, vous verrez !

TAVERNA ZORBAS €

15 rue Lissiou
✆ +30 210 32 26 188
www.zorbasrestaurant-plaka.gr
Ouvert tous les jours de 11h à 1h du matin. A partir de 15 € par personne.

Taverne-restaurant familiale depuis 1974. Chrissoula a grandi dans ce restaurant ayant appartenu à ses parents. Aujourd'hui, c'est elle la maîtresse de ce lieu charmant. On peut apercevoir sa terrasse à l'angle des rues Lissiou et Erechtheos légèrement en pente. Mais c'est dans la salle feutrée aux tons chauds que l'on préfère déguster ses spécialités : poisson frais du jour, moules, fritures, large choix de hors-d'œuvre chauds ou froids faits maison, viande fraîche (non congelée, seulement les calamars et les poulpes le sont). Plats végétariens variés.

TO DIPORTO €

9 Socratous
✆ +30 210 321 1463
Ouvert tous les jours, sauf le dimanche, de 8h à 19h. Compter 15 € par personne.

La taverne Diporto assure avant tout un voyage dans le temps et dans l'authenticité. La taverne des « maudits » d'autrefois, fréquentée par des poètes de l'entre-deux-guerres, a rouvert ses portes pour le plus grand plaisir des Athéniens qui apprécient les vraies valeurs de la vie. La cuisine qu'on y mange se fait traditionnelle mais délicieuse, le vin résiné de la maison excellent. L'été, quelques tables sous les bougainvillées promettent de passer un moment charmant. C'est une adresse culte et c'est un must absolu pour découvrir un visage authentique d'Athènes.

TAVERNE DAMIGOS €€

41 Kydathinaion
✆ +30 210 32 25 084
www.mpakaliarakia-aristou.gr
Ouvert tous les jours entre midi et 21h30. Fermé en août. Compter autour de 18 € pour un repas complet.

La taverne Damigos, connue sous le nom de Ta bakaliarakia, est la plus ancienne et authentique d'Athènes. Fondée en 1865, elle doit sa renommée à Damigos, qui a fait de cet établissement une véritable institution. De nos jours, la quatrième génération des propriétaires perpétue la tradition et reste fidèle à la qualité de produits. Cachée au sous-sol d'une demeure de Plaka, sa spécialité est la morue frite accompagnée d'aïoli. On sert également d'excellents calamars, des crevettes, des viandes grillées et des plats mijotés. Une adresse qui vaut le détour.

TO KAFENEIO €

1 Epicharmou
✆ +30 210 3246916
Le restaurant est ouvert 7j/7 de 11h à 1h. Pour un repas complet, comptez autour de 20 € par personne, boisson comprise.

Abrité dans une maison typique de Plaka chargée de 400 ans d'histoire, ce café-restaurant est le point de rencontre des Athéniens, surtout lors du repas dominical. L'établissement, parfaitement bien restauré et fonctionnel, garde l'ambiance du Plaka d'autrefois sans céder à la caricature et sans compromettre la qualité des plats proposés. En hiver, la cheminée promet des moments très conviviaux dans la salle intérieure tandis qu'en saison on peut s'installer dans la petite ruelle, devant le restaurant. Une adresse qui mérite le détour.

AVLI €

12 Agiou Dimitriou
✆ +30 21 0321 7642
Ouvert de 13h à tard le soir. A partir de 20 €/pers. Réservation conseillée.

Derrière sa petite porte bleue - discrète et facile à manquer si elle est fermée - se cache un lieu idéal pour redécouvrir l'ambiance des authentiques tavernes de la vieille Grèce et faire plaisir à son porte-monnaie autant qu'à ses papilles. Cet endroit original peut surprendre. Avli, c'est le lieu par excellence où l'on prend plaisir à commander à manger et à boire pendant toute une après-midi. Cela vaut le coup d'en découvrir l'emplacement et l'atmosphère, sans oublier de goûter leurs très fameuses *zucchinis balls* parmi un ensemble de plats délicieux.

CERDO NEGRO 1985 €€

Vitonos 5
✆ +30 210 34 70 628
www.cerdonegro1985.com
Compter autour de 40 € par personne. Ouvert de 18h30 à minuit.

A quelques pas de la place de Gazi, dans une ruelle qui garde le charme de l'Athènes d'antan, le chef étoilé K. Alexopoulos propose une cuisine gastronomique inspirée des saveurs grecques, espagnoles et latino-américaines. Abritée dans une maison typique datant du siècle dernier, cette « gastrotaverne » vous surprendra, avec, entre autres, le bar aux agrumes, le porc noir aux poireaux grillés aux cendres, le tartare servi sur un os à moelle, ou le cheesecake basque. L'addition est salée, mais le rapport qualité-prix est indéniable. Menu variant selon la saison.

CRUST €

13 Protogenous
✆ +30 210 32 57 179
www.crust.gr
Ouvert du lundi au vendredi de 17h à 2h.
Le samedi et le dimanche ouvert de 13h à 5h.
Compter 10 €.

Crust Pizza est le nouveau *food spot* au cœur du quartier animé de Psiri et qui fait déjà parler de lui pour ses pizzas faites maison, cuites dans le four à bois. Un décor qui rappelle Manhattan et des adresses fantaisistes. On doit la recette de la pâte, toujours fraîche et croustillante, au fameux style new-yorkais de *street pizza*. La deuxième surprise de la pizzeria se trouve au sous-sol de l'établissement où, chaque soir, une « boom » a lieu, jusqu'au petit matin. Un lieu original pour passer une soirée animée et agréable.

FAVELA €

4 rue Artemisiou
✆ +30 210 34 12 413
Ouvert tous les jours de 10h à 2h30. Compter environ 15 €.

Un bar-restaurant ouvert toute la journée ou plutôt un bar *mezzedopolio* caché dans une des plus jolies cours du quartier de Metaxourgeio, près du vivant quartier de Gazi. Favela est le rendez-vous de la jeunesse athénienne et des bons vivants de tout poil qui aiment donc déguster des mezzedes savoureux. Nous vous recommandons les galettes de tomates (*tomatokeftedes*), la *fava* (purée de pois cassés ou de fèves) ou les kebabs accompagnés de yaourt. L'ambiance bien agréable est boostée par de la musique pop-rock de qualité en prime !

GAZI COLLÈGE €

53 Persephonis
✆ + 30 210 3422 112
Ouvert tous les jours de 8h à 3h, plus tard le week-end. De 5 € à 10 € par personne. Petit déjeuner autour de 8 €.

Ambiance à l'américaine pour ce Gazi Collège aménagé dans un « urban style », très moderne et décontracté. Autour des tables et chaises de toutes les tailles, de hautes bibliothèques grimpent jusqu'au plafond. La terrasse donne juste sur la place. On y sert du matin au soir une impressionnante variété de délicieux encas, nourrissants et d'excellente qualité, de salades composées, de snacks variés, de pizzas, de desserts, de brunches, de cafés et de cocktails. Face aux bars sans charme de la place de Gazi, cette adresse est vraiment à part.

I ORAIA PEDELI €

Eschilou & Aristofanous
✆ +30 210 321862
Ouvert tous les jours de 10h à 2h. Comptez autour de 18 € par personne.

Située en plein cœur de Psiri, dans une ancienne demeure appartenant à la bourgeoisie marchande du XIXe siècle, cette taverne est la plus ancienne du quartier. Elle est très fréquentée par les Athéniens pour les plats traditionnels grecs, surtout les dimanches à midi. On y sert de la cuisine faite maison ainsi que des grillades que l'on déguste en terrasse, sur la jolie place Iroon. Le menu est renouvelé régulièrement. En saison, les repas sont accompagnés de la musique live traditionnelle grecque alors que ce n'est pas rare de voir les clients danser !

KANELLA €

70 av. Constantinoupoleos & Evmolpidon
✆ +30 210 34 76 320
Ouvert tous les jours, de 13h à 2h. Comptez autour de 15 € par personne.

En plein cœur du quartier de Gazi où les vestiges du passé industriel sont encore présents, Kanella a su gagner le cœur de sa clientèle athénienne grâce à sa cuisine de grand-mère ! Les propriétaires de l'établissement ont réussi leur pari de créer une « néo-taverne » en proposant des plats simples et délicieux comme l'agneau avec des pommes de terre au four, un classique, ainsi que la salade de lentilles. On vous offrira le dessert. Ambiance indiscutablement chaleureuse, surtout le week-end quand les portes ne se ferment qu'à l'aube... Avis aux fêtards !

O TYPOGRAFOS €

18 rue Kodratou
✆ +30 213 099 30 67
Ouvert tous les jours, de midi jusqu'à minuit. Compter autour de 15 € par personne.

Dans l'ancienne imprimerie tenue par son père, le chef Andreas Eftaxias a créé un des meilleurs *mezzedopoleía* d'Athènes. Le chef propose quotidiennement une réédition plus que succulente des anciennes recettes traditionnelles grecques : la fava aux oignons caramélisés, les sardines farcies, les feuilles de vigne farcies, les crevettes, le steak de veau.... Bref, O Typografos (l'imprimeur) est une excellente occasion pour vous initier à la cuisine grecque et connaître, en même temps, un ancien quartier populaire en pleine évolution.

MONSTER BURGERS & BEERS €

Protogenous 8 ✆ +30 210 32 50 324
www.monsterburgers.gr
Mardi-jeudi, de 13h à minuit. Vendredi et samedi, de 13h à 1h. Dimanche de 13h à minuit. A manger sur place ou emporter.

Pari gagné pour cette boîte à burgers, pointée comme un outsider en plein cœur de Psiri, au milieu de toutes ses tavernes traditionnelles. Ses propriétaires proposent des burgers gourmets, des salades, quelques entrées et plats à tortorer avec, de préférence, une bière à la pression crétoise ! Le secret de ces formules, qui connaissent un succès fou, repose sur des viandes (bœuf ou poulet) de très bonne qualité, bien juteuses, un pain frais, du bon cheddar, des sauces faites maison... Les hamburgers spécialement conçus pour végétariens sont également à déguster.

OINOPOLEION €

12 Eschylou
✆ +30 213 008 1461
www.oinopoleio.gr
Ouvert tous les jours, sauf le lundi, de midi à minuit, le vendredi fermeture à 1h. Comptez autour de 15 € par personne.

Comme son nom l'indique, la taverne Oinopoleion mise prioritairement sur la qualité de son vin, l'*oinos*. En effet, le vin en vrac ou en bouteille, provenant des vignobles de Markou, le propriétaire de l'établissement, se révèle être une très bonne étiquette. Le rouge et le blanc de la maison accompagnent des plats traditionnels et des spécialités franchement bien maîtrisées, comme les raviolis à la grecque au fromage frais ou la *fava* aux oignons caramélisés. La cour ombragée est un endroit charmant pour déjeuner ou dîner. Une adresse hautement sympathique.

O NIKITAS €

Aghion Anargyron 19
✆ +30 210 3252591
www.onikitas.gr/
Ouvert tous les jours, de 11h30 à minuit. Compter autour de 18 €, par personne.

Taverne, établie depuis 1967 en plein cœur de la place de Psiri, renommée pour la qualité des grillades et ses plats faits maison. Au début, sa clientèle se limitait aux artisans installés dans ce quartier traditionnel d'Athènes, mais, très vite, l'établissement est devenu un endroit insolite pour le repas dominical des locaux. En terrasse, sur la rue piétonne, ou sur le trottoir qui longe la cour de l'église, on apprécie son repas sans être bousculé. Parmi les plats : le foie de veau grillé, le fromage frit, les soutzoukakia... et les frites faites maison.

SEYCHELLES €

49 rue Kerameikos
✆ +30 211 183 4789
Comptez 20 € environ par personne.

Seychelles promet une cuisine grecque traditionnelle revisitée, mettant au goût du jour les plats traditionnels, et ce à des prix très compétitifs ! Le menu varie selon les saisons. Les côtelettes de porc à la sauce aigre-douce et légèrement pimentée ou le risotto aux asperges figurent parmi les plats les plus appréciés. Pas de doute, vous finirez vos assiettes et en demanderez encore, tant mieux car les fromages et les desserts sont très bons. La belle terrasse extérieure donne envie d'étirer la soirée, surtout qu'ici l'ambiance est bon enfant.

TA KARAMANLIDIKA TOU FANI €

119 Ermou
✆ +30 210 3219 119
www.karamanlidika.gr/
Ouvert du lundi à samedi de 12h à 23h. Comptez autour de 20 € par personne.

La première taverne, établie en 2014 au croisement des rues Socratous et Evripidou, a révolutionné les habitudes culinaires en proposant des saveurs authentiques anatoliennes. Récemment, un deuxième établissement se situant sur la rue Ermou, fait également découvrir les festives saveurs de la cuisine orientale : aubergines à la feta et à la sauce de Cappadoce, kebabs, poissons fumés… En saison, demandez à être installés sur le *rooftop* pour avoir une vue saisissante sur l'Acropole.

TO PARADOSSIAKO €

59 Kolokotroni
✆ +30 210 323 1700
Ouvert tous les jours de midi à minuit. Le lundi ouvert de midi à 20h. Comptez 15 € par personne.

Situé à proximité de la place Aghias Irinis, cet établissement est très connu pour la qualité de ses grillades (les grils vont bon train à l'heure du déjeuner !). La viande choisie par les cuisines est de première qualité, les salades sont fraîches, et, fait suffisamment important et rare pour être souligné, les frites ne sont pas surgelées. On recommande donc To Paradossiako pour son excellent rapport qualité-prix et son service rapide et impeccable. Parfait pour une pause déjeuner rapide mais savoureuse. Possibilité d'emporter les plats de la maison.

TO GAZOHORI €

61, rue Persephonis et Dekeleon
✆ +30 210 3424044
Ouvert entre 10h et 4h. Compter autour de 15 € par personne.

En plein cœur de Gazi, cet établissement est très fréquenté par les locaux, surtout les jeunes, grâce à ses *mezzedes* et son ambiance décontractée et conviviale. C'est pittoresque et familial. La cour intérieure où s'alignent les tables colorées est une petite oasis loin du bruit du quartier. Mais l'intérieur n'est pas mal non plus, notamment avec ses jolies peintures murales dans l'escalier et à l'étage. Parmi les plats proposés, la pomme de terre farcie et la salade Gazohori sont à déguster. La qualité du raki et du *rakomelo* est très bonne.

TO VOLIOTIOKO €

Lepeniotou 1
✆ + 30 210 32 23 692
Ouvert tous les jours de 12h à 0h30. Comptez environ 15 € par personne.

Installée dans l'un des plus anciens bâtiments d'Athènes (1862), cette ouzerie propose des plats typiques grecs bien travaillés et une grande variété des *mezzedes*. En été, dans la grande cour qui se trouve juste à côté du bâtiment principal, vous pourrez profiter de votre repas à la fraîche et passer une soirée détendue, loin du chaos de Psiri. Des groupes de musique populaire et de rebetika sont chaque soir au rendez-vous pour vous distraire. Il vaut mieux réserver le vendredi et le samedi soir, notamment lors des conserts de rebetiko.

TO KOULOURI TOU PSYRRI €

23 Karaiskaki
✆ +30 210 321 5962
www.tokoulouritoupsirri.gr/activities
Ouvert tous les jours 24h/24. Le petit pain rond au sésame coûte 0,50 €.

Koulouri est le *street food* grec par excellence. Il s'agit d'un petit pain enrobé de sésame, sous forme d'un grand bracelet ! Coup-faim sain et efficace, il comble depuis de longues années les petits creux à tout moment de la journée. Le « Koulouri de Psirri », le meilleur de la ville, est produit depuis plus de cinquante ans selon la recette secrète d'E. Papageorgiou, le propriétaire de cette boulangerie. Plus de 7 000 petits pains sont produits chaque jour ! D'autres gourmandises sont également proposées : petit pain au fromage, aux raisins, etc.

ZAFRAN INDIAN KITCHEN €

Persefonis 25
✆ +30 210 34 78 986
www.zafran.gr/
Dimanche, lundi, mercredi et jeudi, de midi à 1h. Vendredi et samedi, de midi à 2h. Compter autour de 18 €.

Une bonne surprise vous attend à Gazi, si vous voulez découvrir des saveurs exotiques. Zafran est un restaurant regorgeant de couleurs, moderne, et qui propose, dans un cadre simple et agréable, une très bonne cuisine traditionnelle indienne, mijotée au jour le jour. Avec un bon rapport qualité-prix, le chef préfère avoir la main légère sur les épices, ce qui est assez agréable pendant les mois chauds de l'été grec et ce qui enchante les moins habitués aux assaisonnements très relevés. A emporter ou à consommer sur place. Menu pour végétariens également.

BIBLIOTHIKI CAFE €€

18 place Filikis Etairias
✆ +30 210 363 7897

Ouvert tous les jours, toute la journée. Pour un repas, comptez à partir de 20 € par personne.

Un *allday* café/bar, considéré comme huppé et chic, pour manger une salade, boire un café ou un verre de vin, en cœur de Kolonaki, bien que légèrement en retrait de l'agitation du quartier. Fréquenté des journalistes politiques (le Parlement grec est à deux pas) et des politiciens, on peut, toutefois, s'y installer tranquillement pour bouquiner – « *Bibliothiki* » est tout simplement le terme grec désignant la « bibliothèque » – ou surfer sur Internet. C'est la raison pour laquelle en salle, à l'intérieur de l'établissement, tout fait penser à son salon !

CODICE BLU €€€

Au croisement des rues Haritos et Loukianou
✆ +30 210 7230896
www.codiceblu.gr

Ouvert tous les jours de 12h à 1h. Comptez autour de 35 € par personne.

Codice Bleu se démarque des autres pizzerias par son approche moderne et revisitée de la cuisine traditionnelle italienne, tout en offrant aux clients de plats raffinés, délicieux et variés, faits de produits de grande qualité. On y sert de larges pizzas, dont la pâte est d'une finesse et d'un craquant extrêmes ! Les pâtes fraîches à la truffe ou aux fruits de mer sont bien assaisonnées. L'ambiance est paisible et sophistiquée, on se cale dans de jolis coussins bleus et blancs parmi une clientèle distinguée. Addition tout de même un peu salée.

DEXAMENI CAFÉ €

Place Dexameni
✆ +30 21 0722 4609

Ouvert tous les jours de 9h à 1h en saison. Comptez 10 € par personne.

Sur la jolie place de Dexameni, les enfants de Kolonaki jouent au calme, pendant que leurs parents partagent mézzés et ouzo au café du même nom. On aime beaucoup cet établissement estival, où l'on déguste une délicieuse fava et ses anchois marinés, un rafraîchissant *dakos* crétois ou encore du poulpe grillé, à l'ombre des grands arbres. C'est pour nous une adresse coup de cœur. On apprécie le service dynamique et efficace et les plats goûteux, copieux et pas chers. Fréquenté par de nombreux locaux mêlés aux touristes venant ou allant au Lycabette.

IZAKAYA €€

5 rue Leventi
✆ +30 210 72 44 406

Ouvert du lundi au samedi de 20h à 0h30. Compter à partir de 35 € par personne.

Il se passe quelque chose en ce moment à Athènes autour de la cuisine asiatique. Les inconditionnels de la cuisine japonaise diront que *izakaya* est l'équivalent de *gastropub*, ce qui en grec correspond à *taverne* ! Izakaya, établissement tout récent situé à Kolonaki, avec son atmosphère très décontractée, amène l'esprit de la cuisine *fusion* japonaise à Athènes. Grande variété de sushis et de sashimis. La carte des vins et de sakés est variée. Le service est impeccable et le chef, toujours présent et agréable, vous comble avec ses spécialités et ses informations.

L'ABREUVOIR €€

51 Xenocratous
✆ +30 210 722 9106

Ouvert toute l'année de midi au soir. Fermé le dimanche. Comptez à partir de 25 € par personne. Menu à 30 €.

Un beau détour gastronomique et l'un des plus anciens restaurants français d'Athènes. Dans une cour paisible au pied du Lycabette, sans doute un des meilleurs restaurants d'Athènes avec un service impeccable. Tout le gratin de la capitale vient y manger… français, depuis 1965. Claire Kotsis vous y recevra en français également et vous fera découvrir ses vins grecs et son poulet aux morilles. Ce sont surtout les desserts qu'il ne faut pas manquer : la meringue aux fraises et le soufflé au chocolat aux deux sauces – à commander au début du repas – sont délicieux.

MASTRA €

Papadiamadopoulou 34
✆ +30 210 74 82 642

Ouvert tous les jours entre midi et minuit. Compter 20 € par personne, environ.

Ce restaurant se situe dans une petite ruelle piétonne, absolument calme et bien ombragée. On y revient volontiers pour déguster, entre autres, les fritures d'anchois, les calmars, les filets de sardines ou les rougets et les merlans cuits à la braise, la soupe aux poissons (selon l'arrivage)… Les mets et les salades sont toujours frais et les frites faites maison. Ambiance conviviale. Service agréable. Très bon rapport qualité-prix. Un peu plus cher pour le prix au kilo des poissons frais mais ça reste abordable pour toutes les bourses.

CHEZ MICHEL €

15 Irodotou
✆ +30 215 551 0090
http://chezmichel.gr
Ouvert tous les jours de 8h à 1h. Comptez 25 € par personne environ, pour un plat avec un verre de vin.

Ce joli bistrot rappelle les brasseries branchées parisiennes : élégant, convivial et détendu, on y vient à toute heure pour le café, le petit-déjeuner, la pause midi, le goûter ou encore en soirée pour l'apéritif. Les plats sont frais et réussis et la carte est suffisamment variée pour plaire à tous, végétariens ou carnivores. On vient ici pour regarder le monde défiler, ou entre amis, et on se régale avec une salade copieuse, une bruschetta améliorée, un bon dessert gourmand, ou, tout simplement, avec un bon café ou un verre de vin.

NAKAMA €€

5 Massalias
✆ +30 210 361 6053
www.nakama.gr
Ouvert tous les jours de 13h à minuit. 20/25 € par personne.

Restaurant de sushis à la frontière occidentale du quartier de Kolonaki, à des prix accessibles. A Nakama, on s'en sort pas trop mal et on se régale : sushis, tempuras épicées, soupes… Déco ultra-moderne, service très professionnel, on n'en attend pas moins d'un tel lieu. C'est idéal pour un repas agréable quand on aime les sushis et que l'on cherche à varier un peu des tavernes traditionnelles grecques ! A noter, les options végétariennes sont rares. Large choix, qualité remarquable, et tout cela avec des prix grecs : c'est tout simplement parfait.

NIKKEI €€€

1 Deinokratous & Xanthippou
✆ + 30 210 723 9366
Du mardi au jeudi de 20h à 0h30, le vendredi et le samedi de 20h à 1h, le dimanche de 20h à 0h. Comptez 40 €, environ.

Un bar-restaurant étoilé, très prisé proposant des boissons et une cuisine fusion revisitée. Il s'agit d'un mélange de saveurs et cultures japonaises et péruviennes, tel qu'il s'est créé lors de l'immigration des Japonais au Pérou dans les années 1930. Parmi les cocktails proposés : Nikkei Sour au Pisco Mosto Verde, légèrement poivré, le Fakundo meets Peru ou le Latino Negroni au Bacardi, etc. La fantaisie de plats proposés est impressionnante : salade de canard aux fruits de la passion, poulet à la *brasa* au beurre, bar ceviche au citron, entre autres.

PHILIPPOU €€

19 rue Xenocratous ✆ +30 210 72 16 390
www.filippou.gr/en/
Ouvert du lundi à vendredi de 12h45 à 17h et de 19h30 à 23h. Samedi : 12h45-17h. Comptez autour de 18 € par personne.

Etablie en 1923, sur les hauteurs de Kolonaki, cette taverne, devenue au fil des années un point de référence pour les riverains, résiste à l'air cosmopolite de ce quartier chic de la capitale grecque restant fidèle à la cuisine traditionnelle grecque. Le vin, surtout le merlot en pichet, est très apprécié. Plusieurs mets vous sont proposés pour accompagner votre verre d'ouzo ou votre bière. Le menu varie selon les jours et les saisons mais il y a des classiques à ne pas rater : veau mijoté à la sauce tomate, pâtes bolognaises, poulet sauce tomate, entre autres.

SIMUL €€€

63 Ypsilantou
✆ +30 210 722 4737
www.simul.gr
Ouvert tous les jours entre 18h et minuit. Fermé le dimanche. Comptez entre 35 et 50 € pour un repas complet.

Excellente adresse avec des plats subtils et délicieux. Dans une ambiance minimale et très soignée, le talentueux chef Nick Thomas propose des plats inspirés de la gastronomie grecque revisités dans les tendances de la gastronomie moderne et internationale. Le résultat est remarquable et très apprécié. Le traitement des produits frais et de saison étant à la base de la philosophie du chef, le menu change périodiquement. Accueil chaleureux, agréable et souriant. Terrasse extérieure dans une rue calme. A tester les yeux fermés !

SPONDI €€€

5 Pyrronos
✆ + 30 210 756 4021
www.spondi.gr
Ouvert tous les jours à partir de 19h30. Dernière commande à 23h45.

Situé depuis 1996 à proximité du Kallimarmaro, le stade emblématique d'Athènes, ce restaurant offre un cadre remarquable, dans une maison typique de la bourgeoisie athénienne de la fin du XIXe siècle. Vous y serez accueilli par un personnel qualifié et, en été, vous pourrez vous installer dans la cour intérieure. Les spécialités du chef étoilé maintiennent un équilibre entre la cuisine française et les exigences gastronomiques grecques. La cave, avec la liste des vins, est l'autre secret de sa renommée auprès des connaisseurs.

LA SUITE LOUNGE €€€

2 Kleomenous

✆ +30 210 741 6000

www.sglycabettus.gr

Compter 50 € environ, par personne, pour un repas complet. Ouvert tous les jours de 11h à 23h.

Sur le rooftop de St George, hôtel emblématique et de luxe d'Athènes, se situant sur les versants de la colline Lycabette, le restaurant La Suite Lounge vous propose tous les jours des spécialités méditerranéennes gastronomiques variées, offrant la meilleure vue sur Athènes. Le chef propose une cuisine fusion, inspirée de la gastronomie française et grecque. Très conseillé, aussi bien pour un cocktail le soir, un apéritif que pour un repas d'affaires, l'endroit est idéal pour un repas dans une atmosphère assez intime, mais pourtant conviviale et agréable.

TO FAGOPOTEION

Patriarchou Ioakeim 56

✆ +30 210 72 51 771

Ouvert tous les jours, de 12h30 jusqu'à 0h30. Compter autour de 15 € par personne.

Ce restaurant propose des plats traditionnels grecs préparés au jour le jour. On peut s'installer à l'intérieur de l'établissement ou autour des tables occupant une bonne partie du trottoir qui longe la très fréquentée et commerciale rue de P. Ioakeim, et déguster des recettes de grands-mères. Parmi les plats proposés : les courgettes farcies au riz et à la viande hachée, la moussaka, des tomates et poivrons farcis au riz, du saumon grillé, des brochettes... Grand choix de salades et de mets. Menu variable. Idéal pour les végétariens également.

TO KAFENEIO €

Loukianou 26

✆ +30 210 72 39 600

Du lundi au samedi, de midi à 23h30. Fermé le dimanche. Compter autour de 18 € par personne.

To Kafeneio figure parmi ces restaurants qui, vers la fin des années 1980, ont décidé à promouvoir la cuisine traditionnelle grecque, de la rendre à nouveau attirante et appétissante ! Il propose des plats préparés avec soin, générosité et à la base des matières premières fraîches de qualité. Dans un cadre simple mais soigné, une atmosphère conviviale, vous dégusterez les grands classiques de la cuisine grecque : feuilles des chou farcies à la sauce au citron, feuilleté aux poireaux, veau mijoté à la sauce tomate, entre autres. Une bonne adresse.

TO KOUTOUKI TOU 54 €

Panormou 54

✆ +30 21 3027 9069

Ouvert à partir de 16h. Fermé le lundi. Compter 15 €/pers.

Une taverne authentique où l'on mange de l'honnête cuisine méditerranéenne et grecque traditionnelle dans une charmante salle. La décoration, entre tentures, coussins, photos, bibelots et objets en tout genre, est loin de jouer la carte minimaliste de l'époque, mais elle est savamment mise en scène comme on raconterait une histoire, ce qui donne un résultat chaleureux. Les locaux apprécient l'ambiance pour se retrouver entre amis ou en famille. Une adresse typique pour tester les classiques grecs et goûter à la bonne humeur de la ville.

TO SOUTZOUKAKI €

Karneadou 45

✆ +30 210 72 31 212

Ouvert du lundi au vendredi de 12h30 à 18h et le samedi de 12h30 à 17h30. Compter entre 10 et 12 € par personne.

Située en plein cœur du quartier de Kolonaki et à deux pas du métro Evangelismos, au rez-de-chaussée d'un immeuble bourgeois des années 1960, cette minuscule taverne propose des plats familiaux, défiant les bistrots et restaurants chics du quartier. On y afflue, entre autres, pour ses boulettes de viande, les soutzoukakia (les grands classiques), la moussaka ou bien le porc mijoté à la sauce au citron accompagné de poireaux et de céleri. Plats pour végétariens aussi. Menu variable. Excellent rapport qualité-prix. A emporter ou à consommer sur place.

YOLENI'S €€

9 Solonos

✆ +30 212 222 236 23

www.yolenis.com

Ouvert tous les jours de 8h à minuit et de 10h à minuit le dimanche. Comptez 20 € par personne.

Un espace différent, conceptuel : on y mange frais et léger, mais on peut aussi y faire ses courses. Il s'agit à la fois d'une épicerie fine, qui vend toutes sortes de produits traditionnels grecs à rapporter chez soi (fromages grecs, huile d'olive, etc.) et de plusieurs restaurants thématiques. Vous aurez aussi la possibilité de visiter la cave à vin et ses quelque 180 bouteilles. Également, possibilité de prendre des cours de cuisine grecque. Bref, un excellent déjeuner, une cuisine grecque fraîche et délicieuse et un accueil chaleureux.

ACHILEAS VERGINA €

62 rue Valtetsiou

✆ +30 210 33 02 933

Ouvert tous les jours de 11h jusqu'à 2h. Comptez autour de 15 € pour un repas complet avec boisson.

Taverne emblématique se situant à quelques mètres du Musée archéologique d'Athènes, dans un cadre aux allures de village grec grâce à Achille, le propriétaire, qui a planté des châtaigniers, des oliviers et des platanes sur la rue piétonne à l'extérieur de l'établissement et qui a pris soin de la cour intérieure où l'on peut s'asseoir confortablement toute l'année. Une bonne adresse pour manger un *souvlaki* à la main ou s'asseoir dans la rue piétonne, fraîche l'été. Bonnes grillades et plats du jour variés faits maison sont également proposés.

AMA LACHEI AT NEFELI'S €€

69 rue Kallidromiou

✆ +30 210 38 45 978

Ouvert tous les jours entre 13h et 0h30. Le lundi, ouvert entre 19h et 0h. Compter entre 15 et 20 € par personne.

Ama Lachei Stis Nefelis est plus qu'un *mezzedopoleio*, c'est un lieu chargé d'histoire. Une ancienne école primaire, abritée dans un bâtiment néoclassique, entièrement rénovée, avec une sublime cour intérieure, pleine d'arbres, de bougainvilliers et de géraniums, est devenue le joyau de Kallidromiou et une adresse à ne pas manquer. Dans une atmosphère rappelant Athènes au XIXe siècle, on goûte des plats succulents selon les recettes traditionnelles. Grande variété des fromages, des vins grecs en bouteille. Il est vivement conseillé de réserver.

AP'ALLOU €

47 rue Themistokleous

✆ +30 215 50 14 730

www.ap-allou.gr

Ouvert du lundi au jeudi de 14h à 1h et vendredi et samedi jusqu'à 3h. 10 € par personne environ.

Ap'allou est une institution du quartier. Le gérant est le plus minutieux, propre et accueillant des cuisiniers qu'il puisse nous être donné de rencontrer. La toque sur la tête, en quelques minutes sous vos yeux, il réalise des falafels et burritos incorrigiblement bons. Il y a aussi quelques assiettes proposées. En plus, cela ne coûte vraiment pas cher. Aussi, ne vous étonnez pas, en soirée, surtout le week-end, il peut y avoir au moins une demi-heure d'attente tant le lieu a su fidéliser. On peut s'asseoir à l'intérieur du restaurant ou emporter son repas.

ATHINAIKON €€

2 Themistokléous

✆ +30 210 383 8485

Ouvert tous les jours, sauf le dimanche, de 11h30 à minuit. Compter autour de 18 € par personne.

Cette *ouzerie* cultive un décor à l'ancienne avec son carrelage en damier noir et blanc, ses imposantes tables en marbre et en bois sombre. Fondé en 1932, il emménage dans le local se situant sur la rue Themistokleous en 1989, son adresse actuelle, alors que depuis 2013 une deuxième succursale connait du succès au 34 rue Mitropoleos, à Syntagma. Dans les deux cas le concept reste le même : se mettre à plusieurs afin de partager et déguster une grande variété de mets et plats proposés qui accompagneront inévitablement votre verre d'ouzo, raki ou vin.

BALKAN €

13 Akominatou

✆ +30 210 52 30 717

Ouvert tous les jours, de 9h à 00h30 (plus tard selon clientèle). Autour de 10 € par personne.

Au restaurant Balkan, on peut déguster quelques plats traditionnels de la cuisine bulgare, grecque et méditerranéenne. Les propriétaires de l'établissement, d'origine bulgare, préparent tous les jours des plats simples avec des bons produits locaux ou d'importation. Une adresse qui non seulement dépanne (ouvert tard le soir) mais en plus, fait plaisir. On y mange copieusement pour pas cher et on est servi très rapidement. Les *oustpitchi*, boulettes au poulet, ou le *katak*, sauce onctueuse à base de yaourt bien assaisonnée au paprika, sont à déguster.

BREAD FACTORY €

2-4 rue Achilleos

✆ +30 210 52 02 789

www.breadfactory.gr/en/stores/

Ouvert 24h/24 tous les jours. Compter entre 5 et 8 €.

Bread Factory a l'avantage du concept : on y mange des choses très variées. Au commencement simple boulangerie, on peut désormais s'y approvisionner dès le matin en spécialités grecques à déguster sur le pouce (*tiropita, spinakopita, peinirli…*) ou alors choisir des sandwiches froids traditionnels ou encore des copieuses salades. On y propose aussi une suggestion de plats traditionnels grecs, ainsi qu'une ou deux options végétariennes. On ne dira pas que cela vaut le détour, en revanche si vous êtes dans le coin, c'est une bonne solution pour manger rapidement.

LA CANTINA FRESCA €

21 Patission
✆ +30 210 533 9397
www.lacantinafresca.gr

Ouvert de 8h à 20h tous les jours. Compter 10 € par personne pour sandwich/salade et boisson.

Pas mal d'options pour les végétariens/végétaliens, mais aussi des sandwiches et des salades avec un peu de viande. La véritable caractéristique de l'endroit, c'est la fraîcheur des produits et leur qualité censée garantir un repas sain : légumes, quinoa, etc. On y sert aussi une grande variété de jus de fruits (parfois surprenants, avec des légumes ou du gingembre), multi-vitaminés, protéinés. Quelques desserts à la carte, et surtout, de très bons *koulouria* au sésame. Vous pouvez y manger des jus de fruits frais, du café, des sandwichs ou des salades.

KIMATOTHRAFSTIS €

49 Char. Trikoupi
✆ +30 21 303 08274

Ouvert en général de 12h30 à 23h. Autour de 10 €/pers.

Ce restaurant d'Exarchia propose de composer son assiette, sur le modèle d'un buffet. Vous optez pour une petite assiette ou une grande et vous n'avez plus qu'à choisir entre une vingtaine de plats savoureux, cuisinés sous vos yeux par l'adorable *mama* qui tient le restaurant. Des entrées, des plats de poisson, de viande ou végétariens embaument l'atmosphère et ont le mérite d'être tous issus d'une cuisine grecque et familiale. Vous y trouverez des spécialités : *pastitsio*, *moussaka*, *fava*... Le menu change tous les jours. Il est possible de commander et d'emporter.

I STOA ALLIOS €

14 Gamvetta
✆ +30 210 3825961

Le lundi de 10h à 1h. Du mardi au vendredi de 10h à 0h. Le samedi de 10h à 19h. Comptez entre 15 et 18 € par personne.

Un *mezzedopoleio* incontournable du centre-ville qui réunit depuis plus de 25 ans les Athéniens autour des plats et mets succulents de la cuisine traditionnelle grecque et des poissons et fruits de mer de qualité irréprochable. Point de rencontre très prisé pour des apéritifs dînatoires qui durent jusqu'à... minuit, l'établissement affiche parfois plein dès 11h30. Il est donc de bon conseil de réserver avant d'y aller. Idéal pour une pause après avoir visité le musée archéologique, à quelques mètres plus loin. Plats pour végétariens. Excellent rapport qualité-prix.

KROUSKAS €

88 rue Aristotelous
✆ +30 210 82 31 465

Ouvert tous les jours, sauf le dimanche, de 11h jusqu'à 19h. Plats à partir de 7,50 €.

Véritable cantine de quartier, Krouskas propose chaque midi des plats cuisinés typiquement grecs : moussaka, *papoutsakia* (aubergine farcie à la viande hachée), riz aux épinards, feuilles de vigne farcies au riz, remarquables boulettes de viande... L'emplacement stratégique, à proximité du Musée archéologique et à un quart d'heure à pied de la place Omonoia, rend l'endroit très fréquenté à l'heure du déjeuner, vous l'aurez donc compris, mais c'est bien mérité. Bon rapport qualité-prix. A consommer sur place ou à emporter. Plats végétariens également.

KAPETAN MIHALIS €

3 Feidiou
✆ +30 210 382 0073

Ouvert tous les jours de midi à minuit. Samedi ouvert jusqu'à 18h30. Fermé le dimanche. Comptez 15 € par personne.

Une taverne crétoise authentique pour un délicieux déjeuner et une valeur sûre depuis de longues années, ce *mezzedopoleio* de la rue Feidiou propose des mets préparés chaque jour avec des produits frais venant du Marché couvert d'Athènes. Le raki est fait maison par un petit producteur crétois, le vin en vrac est exceptionnellement bon à boire. Endroit fétiche des intellos et des acteurs, les locaux affluent et les jeunes y apprennent à apprécier la cuisine traditionnelle. Un incontournable si l'on aime l'authentique et des plats simples et sans prétention.

MAMA TIERRA €

84 Akadimias
✆ +30 211 411 4420
www.mamatierra.gr

Ouvert du lundi au samedi de 12h à 22h. Autour de 15 € par personne. Livraisons à domicile.

Mama Tierra est un délicieux restaurant végétarien, avec des offres *vegan*, *gluten free*, etc. Salades, *apetizers*, burgers et plats principaux, desserts et jus de fruits énergisants et vitaminés ; le menu est bien fourni. Le jeune personnel met du cœur dans le service et derrière les fourneaux. Une adresse qui convient autant si l'on ne veut pas débourser beaucoup d'argent et manger rapidement avant une balade à Exarchia, ou si justement, on souhaite mettre le prix pour manger « végé » et sain et prendre une vraie pause dans sa journée.

PRIGKIPAS €

23 rue Charilaou Trikoupi
✆ +30 211 405 00 70
www.prigkipas.gr/
Ouvert tous les jours de midi à 1h. Compter autour de 10 € par personne.

Costas, le propriétaire, originaire du nord de la Grèce, est devenu avec son petit restaurant Priguipas le point de référence de street-food de la capitale, et non sans raison. S'appuyant sur le savoir-faire familial, il propose des souvlakis juteux, des kebabs à la viande hachée de veau et d'agneau qu'on mélange au lait des buffles, des sandwiches à la truite que l'on fume sur place ou au sanglier, des frites ou des salades faites maison… À emporter ou à manger sur place, c'est une expérience culinaire réjouissante à ne pas manquer.

SALERO €

51 Valtetsiou
✆ +30 210 381 3358
www.salero.gr/
Ouvert tous les jours de 13h à 2h30. Comptez 15 € par personne environ.

Salero est l'une des pépites de la rue Valtetsiou, dans le quartier d'Exarchia. L'ambiance y est calme, accompagnée par un peu de musique jazz ou latine et d'un service particulièrement attentionné et affable. On s'y régale de quelques tapas qui reprennent les codes des *mezzedes* grecs pour les transformer en mets gastronomiques. On peut aussi s'y voir servir des plats copieux et délicieux. En intérieur ou dans la cour colorée, on passe une formidable soirée. En plus, c'est aussi un bar à vin qui dispose d'une carte sérieuse.

STAHIA €

12 rue Spirou Trikoupi
✆ +30 210 38 38 539
Du lundi au jeudi de 7h à 2h, vendredi et samedi jusqu'à 3h et dimanche jusqu'à minuit. De 1 à 3 € par produit.

Une des meilleures boulangeries de produits grecs que l'on trouve en ville ! Et puis c'est authentique, chaleureux, et pas cher… Stahia gagne haut la main sur tous les points. Pour n'importe quelle petite faim, du petit déjeuner au déjeuner, du goûter au souper, vous trouverez toujours quelque chose là-bas pour vous satisfaire. Beaucoup de feuilletés au fromage type *tiropita*, avec divers légumes tous les jours. De délicieux pains bruns feta et tomates font fondre tout le quartier. Même les *koulouris* semblent plus goûteux qu'ailleurs !

TALKING BREADS €

11 Spirou Trikoupi
✆ +30 211 183 9731
www.talkingbreads.gr/
Ouvert de 17h à 1h30. Vendredi et samedi : 13h-2h30. Fermé le dimanche. Pour un repas complet, comptez autour de 10 €.

Cet établissement a bouleversé les habitudes de restauration rapide. Un jeune chef grec, M. Koniotakis, a choisi le quartier d'Exarcheia pour mettre la main à la pâte et ajouter quelques touches gastronomiques aux burgers. Les sandwiches et les hamburgers, au pain légèrement brioché et fait maison, sont succulents et à des prix défiant tout concurrence. Les recettes sont originales et élaborées à partir de produits frais. Tout est préparé quotidiennement par une équipe expérimentée : les sauces, la viande hachée, les salades… Bon rapport qualité-prix.

TRATA €

8 Themistocleous & Nikitara
✆ +30 210 3838531
www.athenstrata.gr/
Ouvert du lundi au samedi, de midi à minuit et le dimanche de midi à 18h. Comptez autour de 20 € par personne.

La Trata propose des plats à base de poissons frais, de crustacés et de fruits de mer de très grande qualité et, cela, en plein cœur d'Athènes ! Le propriétaire, Ch. Chalciadakis, crétois, est à la tête de cet établissement familial, un incontournable du centre-ville. A deux pas de la place Omonia, mais dans un coin calme, on déguste des spécialités raffinées et traditionnelles. Excellente adresse pour un verre d'ouzo ou de raki accompagné de mets frétillants ! Très bon rapport qualité-prix, même pour le poisson frais au kilo. Ambiance détendue et conviviale.

YIANTES €€

44 Valtetsiou
✆ +30 210 330 1369
Ouvert tous les jours à partir de 13h30. Comptez 20 € environ par personne.

Cuisine grecque bien exécutée et accueil en français vous attendent chez Yiantes. Cette bonne adresse d'Exarchia est à découvrir aux beaux jours en priorité pour profiter de sa terrasse ombragée (même si la salle n'est pas si mal). Toute l'année ses petits plats recherchés enthousiasment les *foodies*, testez la *fava* (purée de fèves servie avec des câpres), la salade de légumes grillés et les desserts au mastic (résine naturelle appelée « Mastiha ») sont savoureux. Egalement une belle carte des vins et un bon rapport qualité-prix.

APOLLONION €

10 rue Nikis

✆ +30 210 331 2590

Ouvert de 6h à 22h tous les jours.

Il s'agit de la première boulangerie-pâtisserie de la chaîne « Apollonion » établie en 1985 dans le quartier de Syntagma, proposant, au début que quelques viennoiseries pour accompagner une tasse de café. De nos jours, cet établissement réputé offre un large choix de sandwichs préparés sous vos yeux, avec les ingrédients à la demande et à partir de toutes sortes de pains faits maison. Viennoiseries et baguettes à la française, pâtisseries grecques et internationales. Fraîcheur extra. Service rapide et efficace. Bon rapport qualité-prix.

ARISTON €

10 Voulis

✆ +30 210 3227 626

Ouvert du lundi au samedi, de 7h30 à 18h.

Depuis 1910, Ariston n'a pas failli à sa réputation et régale des générations d'Athéniens pressés et affamés de ses succulents feuilletés et tartes salées. La traditionnelle *tyropitta kourou*, une sorte de petite tarte à pâte brisée, fermée, au fromage grec, est une référence, mais il se décline ici pour tous les goûts ! Ces autres portions de tartes à la pâte faite maison sont fourrées à la viande hachée, au poulet, aux mille légumes… Tout est préparé avec soin et avec des matières premières fraîches. On y trouve également une grande variété de pâtisseries.

AVOCADO €

30 rue Nikis

✆ +30 210 323 7878

www.avocadoathens.com

Du lundi au samedi de 12h à 23h et le dimanche de midi à 19h. Comptez 15 € par personne.

Un nouveau venu dans le tout petit monde du végétarien à Athènes ! On y mange bien, des plats d'inspirations indienne, mexicaine ou italienne, avec la garantie d'une cuisine à base d'ingrédients naturels. L'ambiance est zen, les habitués sont des yogi et danseurs des écoles des alentours mais aussi les cadres en pause-déjeuner. Attention : la terrasse est minuscule et il y a peu de tables. Mais il reste la possibilité de prendre un sandwich ou une salade pas très chers, d'attraper un jus, ou de piocher dans le reste de la carte toujours très accessible.

DOSIRAK €

33 Voulis

✆ +30 210 323 3330

www.dosirak-athens.gr/

Ouvert tous les jours de 12h à 23h30. Comptez autour de 25 € par personne environ pour un repas complet.

Dosirak est un restaurant proposant de plats japonais et coréens authentiques. Le rez-de-chaussée est pour les déjeuners plus classiques, alors qu'au premier étage on peut organiser des événements de groupes et où l'on peut manger selon la tradition japano-coréenne. On s'y assoit sur le sol, sans chaussures, dans un décor de maison japonaise. On y sert les plats les plus typiques issus de la culture asiatique, tels que le *bulgoggi* ou le teriyaki, ainsi que les boissons pour les accompagner (saké, soju). Le personnel est efficace et très amical.

HOT HOT BURGER BAR €

2 Praxitelous

✆ +30 213 027 2440

www.hothot.gr

Burger à partir de 2,80 €. De 12h à 1h en semaine et de 12h à 5h le samedi et dimanche. Végétarien.

La chaîne grecque de burger Hot Hot connaît son petit succès national. A Athènes surtout, ses prix sont concurrents et la qualité des burgers, des frites et des quelques salades surprend agréablement. Certains sont composés d'aliments originaux, il ne faut pas hésiter à essayer, car délicieux ! On les déguste avec une bière choisie parmi la liste fournie. Le personnel est jeune, efficace et souriant, et participe à l'atmosphère « à l'américaine » qui caractérise l'endroit. Le burger végétarien est une option vraiment très satisfaisante !

KATSOURBOS €

2 Amynta

✆ +30 210 722 2167

Ouvert de 13h à minuit. Comptez 20 € par personne.

Créée depuis 2005 et très récemment restaurée, cette taverne amène dans jusque dans vos assiettes toutes les saveurs et la philosophie de la cuisine crétoise. Toutes les matières premières sont choisies avec soin et proviennent de petits cultivateurs de Crète. Les recettes typiques comme les escargots à la crétoise sont faites maison. De quoi se frotter au régime crétois sans retenue surtout que le mercredi et le vendredi soir où vous pourrez profiter en prime de la bonne cuisine, de la musique live. Bon rapport qualité-prix.

O TZITZIKAS KI O MERMIGAS €€

12-14 Mitropoleos
✆ +30 210 324 7607
www.tzitzikasmermigas.gr/syntagma/
Ouvert tous les jours de 18h30 à minuit (13h le week-end). À partir de 20 € par personne.

Légèrement en retrait du brouhaha de Syntagma, on se sentirait presque dans un village sur sa terrasse ombragée pourtant située en bord de route. Et pour ne rien enlever à l'agréable première impression, c'est une très bonne cuisine traditionnelle qui vous sera servie. Gage de qualité, la maison est essentiellement fréquentée par les Grecs du quartier, surtout au moment de la pause déjeuner. En résumé, une sympathique adresse pour vivre une immersion réussie dans le monde grec.

TO MAVRO PROVATO €

31 Arrianou
✆ +30 210 722 3466
Ouvert du lundi au samedi de 13h à minuit. Le dimanche de 13h à 19h. Autour de 20 € par personne pour un repas complet.

Le succès de ce *mezzedopoleio*, depuis son ouverture en 2012, tient à la créativité de ses chefs et à la qualité des matières premières. On y déguste des plats délicieux de la cuisine traditionnelle gastronomique grecque, revisités et enrichis par de subtils zestes de modernité et d'originalité. Un endroit où l'on peut déguster de la bonne nourriture, avec un rapport qualité-prix honnête. La fraîcheur des salades proposées et la fantaisie avec laquelle on mélange les ingrédients traditionnels grecs vous surprendront. La réservation est vivement recommandée.

TAZZA BISTRO €

5 Petraki
✆ +30 210 331 1999
Ouvert tous les jours de 8h à minuit. Entre 10 € et 20 € par personne.

Au calme, bien que dans le quartier de Syntagma, dans des petites ruelles parallèles à Ermou, le restaurant-bistrot Tazza propose une cuisine originale qui revisite les traditions culinaires grecques. Vous trouverez par exemple un cheese-cake fait de crème de feta, de tomates, d'olives et de croûton – une sorte de réactualisation à l'européenne du dakos crétois ! Et c'est un peu cela tout le long du menu, on va de découvertes en bonnes surprises. En plus, les prix sont franchement abordables. Et on peut profiter du grand choix de boissons du bar à vin.

VASSILENAS €€

13 rue Vrassida
✆ +30 210 72 10 501
www.vassilenas.gr/en/
Du lundi au samedi midi et soir. Entre 13h30 et 17h, menu dégustation à 7 plats à 49 € (avec accord mets/vins 59 €).

Si son histoire démarre au Pirée en 1920, on retrouve aujourd'hui le restaurant Vassilenas en plein cœur d'Athènes. Dans une salle moderne et décorée avec finesse, on a l'occasion d'apprécier la cuisine du chef, M. Garnelis, qui nous fait voyager aux quatre coins du pays. Essayez la mousse d'aubergine fumée accompagnée d'une exquise confiture de tomate, et le tartare de thon à la mayonnaise fumée. Le sommelier propose plus de 170 étiquettes et le chef pâtissier maîtrise le sorbet aux myrtilles qui accompagne l'humble halva, un gâteau à base de semoule.

TILEMACHOS €€

10 Panepistimiou
✆ +30 210 3613300
www.telemachosathens.gr/el/menu
Ouvert tous les jours de 13h à 1h. Comptez à partir de 20 € par personne. Menu à 30 €.

Niché au fond d'une galerie de la rue Panepistimiou, à deux pas de la place Syntagma, cet établissement étoilé a du charme : salle à haut plafond, lustre énorme à l'entrée, fauteuils en cuir, miroirs imposants… Dans une atmosphère nostalgique, mais avec tous les conforts contemporains, le chef vous propose un menu qui tourne autour de la viande : steak tartare coupé au couteau, black Angus, spécialités grecques... Grande liste de vins grecs et internationaux. Ne manquez pas de déguster les fromages affinés grecs, la charcuterie fine ou les pâtisseries succulentes.

VINTAGE WINE BAR & BISTRO €€

66-68 Mitropoleos ✆ +30 213 029 6570
www.winebarathens.com/
Compter autour de 20 € par personne avec un verre de vin. Ouvert du mardi au dimanche de 16h à 1h.

Iza et Panos Kyriazis ont créé un excellent bar à vins-bistrot permettant de découvrir les vins et les fromages grecs, en plein cœur de la ville. Avec une liste de plus de 200 crus et les conseils avisés des sommeliers de la maison, vous pourrez succomber au goût du vin blanc de Santorin ou du rouge de Néméa. Les viandes sont succulentes, cuites à la perfection ! Plusieurs mets et salades sont également proposés ainsi que des produits à emporter. Une adresse qui vaut le détour.

FAIRE UNE PAUSE

En Grèce, la population locale boit beaucoup (mais alors beaucoup...) de café. Et à Athènes, ville méditerranéenne s'il en est, les locaux vivent et se retrouvent en terrasse. Ils sortent beaucoup de chez eux et souvent très tard. Les tables sont donc généralement bondées du matin au soir, jusque vers 21h, tous les jours de la semaine et plus tard encore le week-end. Mais que l'on veuille prendre un café, découvrir une bière grecque ou boire un alcool plus fort, comme un ouzo ou un tsipouro, il est facile de trouver son bonheur. Que ce soit en intérieur, chez Noel par exemple, élégant café vintage, niché dans une *stoa*, redevenu un beau classique des soirées athéniennes. Ou encore chez Brettos, à la vitrine colorée et enivrante, ou enfin (ou après) sur la terrasse d'Aerostato à Pangrati, vous aurez du mal à vous lever et à partir... car vous serez vite happé par l'ambiance alentour !

FAIRE UNE PAUSE

HORAIRES

À Athènes, toutes les heures sont propices pour faire une pause ! Les terrasses des cafés et des bistrots, à l'ombre ou ombragées, sont idéales pour se ressourcer entre deux visites, pendant la journée. Saisissez également l'occasion de vous reposer dans les cafés/bistrots des musées, aux heures d'ouverture, qui se trouvent au centre de la capitale grecque. Vous allez y passer un excellent moment de détente dans un cadre inattendu et très à la mode : les prix sont un peu plus élevés qu'ailleurs, mais l'ambiance et la qualité du service vous récompenseront. Pour une pause plus prolongée, optez pour la banlieue au nord de la capitale ou sa riviera, à l'ouest.

BUDGET / BONS PLANS

Un cocktail coûte en moyenne 9 €, une bière entre 4 et 6 €, un café froid entre 3 et 4 €. Pensez à laisser un petit pourboire de l'ordre de 10 % de la note, car en Grèce, il n'est pas compris dans les prix.

▶ **Il est de bon conseil de réserver** lorsque vous choisissez de prendre un verre ou un repas sur le loft d'un hôtel ou dans un club très prisé pour éviter les listes d'attente. En règle générale, les bars à ciel ouvert ne se formalisent pas trop sur le nombre de clients.

A PARTIR DE QUEL ÂGE

La consommation d'alcool est interdite aux moins de 18 ans non accompagnés. Dans tous les bars, plusieurs boissons et cocktails très à la mode sont destinés aux mineurs, afin de passer une soirée agréable entre amis ou adultes.

C'EST TRÈS LOCAL

Les Athéniens aiment faire une pause-café vers 10h30 et au début de l'après-midi. On se retrouve pour une pause-apéritif entre 16h et 18h, après le travail. Mais les jeunes affluent sur les terrasses à tout moment de la journée, surtout en saison. La vie nocturne à Athènes commence après 22h et elle peut durer jusqu'à l'aube ! En règle générale les bars ferment vers 2h30 du matin, mais comme la fête peut commencer à tout moment, l'heure de la fermeture dépend très souvent de l'ambiance générale !

FUMEURS

Il est formellement interdit de fumer dans les musées et les sites archéologiques et à l'intérieur des établissements.

LES PHRASES CLÉS

Bonjour, quelle est la spécialité de la maison ? Nous voulons découvrir.
Γεια σας, ποια είναι η σπεσιαλιτέ σας; Θέλουμε να τη δοκιμάσουμε.

Avez-vous de la place en terrasse ?
Έχετε δωμάτιο στην αυλή;

Quel est votre nom ? Je m'appelle... Ravi de vous rencontrer !
Πώς λέγεστε; Το όνομά μου είναι... Χάρηκα πολύ που σας γνώρισα!

A votre santé ! Zut, j'ai renversé mon verre... pouvez-vous m'aider ?
Στην υγειά μας! Ωχ, έχυσα το ποτό μου, μπορείτε να με βοηθήσετε;

C'était très bon. Nous allons reprendre la même chose s'il vous plait.
Ήταν νοστιμότατο. Θέλουμε άλλο ένα παρακαλώ.

360°

2 Ifaistou
✆ +30 210 321 0006
www.three-sixty.gr
Ouvert du dimanche au jeudi de 10h à 2h et du vendredi au dimanche de 10h à 3h. Cocktails entre 10 et 12 €.

Une des plus belles terrasses d'Athènes ! Ce café-bar dispose de trois étages et propose 60 cocktails différents à déguster ! Au dernier étage, le toit-terrasse est particulièrement agréable en soirée pour prendre un verre face à l'Acropole illuminée. Du matin jusqu'à tard dans la nuit, on peut également s'y installer en plein air ou dans les salles vitrées et déguster des snacks et des plats variés. Les viandes rouges sont bio et les matières premières sont d'une excellente qualité. En pleine saison, il est vivement conseillé de réserver.

ANGLAIS ATHENS

Kyrikiou 6 & Mitropoleos
✆ +30 215 56 01 192
Ouvert tous les jours, de 15h à 2h. Cocktails entre 8 et 10 €.

Situé au sixième étage d'un ancien bâtiment jugé patrimoine à conserver, réhabilité, ce rooftop connait depuis son assez récente ouverture un grand succès auprès des locaux qui préfèrent déguster leur café, boisson ou repas léger sans être bousculés… L'Anglais Athens propose, entre autres, des cocktails sublimes, de l'excellent café, ainsi que quelques plats et salades de très bonne qualité. Donnant pleine vue sur l'Acropole et une bonne partie du quartier de Plaka, c'est un établissement qui mérite le détour. Réservation conseillée.

BOILER

9 Vlachava
Ouvert du lundi au dimanche de 22h à 4h30. Bière : la quinte autour de 3 €. CB acceptées.

Boiler est le club/bar incontournable de l'Athènes nocturne ! Il propose un bon accompagnement sonore tous les jours de la semaine, et organise souvent des lives de musique électronique ou des concerts dans la salle au-dessus. La soirée déborde souvent dans la ruelle quand la petite salle est comble. Le lieu en lui-même est assez atypique, mais sa popularité ne fait que s'accroître : sans frais d'entrée, les prix des boissons restent assez bas, la bonne ambiance est toujours au rendez-vous, le personnel est sympa. Pour danser et s'amuser jusqu'au petit matin !

BRETTOS

41 Kydathinaion
✆ +30 210 323 2110
Ouvert de 10h à 2h.

Il faut au moins jeter un coup d'œil. Depuis 1909, ce caviste aligne des fûts de bois dans sa petite boutique, aujourd'hui reconvertie en bar branché, dont les murs sont ornés de bouteilles multicolores savamment éclairées. Résultat : un bar classique de la Plaka, où touristes et Athéniens se mélangent volontiers. Michail Brettos a commencé à produire et à vendre son ouzo en 1909. Depuis, le magasin est passé entre d'autres mains, mais la collection d'alcools de toute la Grèce s'est enrichie : liqueurs, raki, vins, bières… Il y en a pour tous les goûts !

BRETTOS BAR

Kydathinaion 41
✆ +30 210 32 32 110
https://brettosplaka.com/el
Ouvert tous les jours de 10h à 2h. Cocktails à partir de 9 €.

Ce bar emblématique figure parmi les plus photographiés du quartier de Plaka. L'établissement qui fonctionne depuis 1909 abritait la première distillerie d'Athènes et la deuxième en Europe. Très fréquenté par les locaux, le bar est, actuellement, connu pour ses cocktails internationaux ou à base des liqueurs produits, initialement, par M. Brettos, le fondateur de la distillerie. Si vous n'avez pas le temps pour y déguster un verre, pensez au moins à amener dans vos bagages une bouteille du meilleur ouzo grec, produit, toujours, selon la formule d'antan.

CAFÉ MELINA

22 Lyssiou
✆ +30 210 32 46 501
www.cafemelina.gr/
Ouvert tous les jours de 9h à 2h. Verre de vin autour de 5 €. Salades composées autour de 8,50 €.

Un des amis de la célèbre actrice grecque Melina Mercouri tenait à créer un établissement au pied de l'Acropole afin de rendre hommage à cette femme qui s'est battue, en tant que ministre de la Culture, pour rapatrier en Grèce les frises du Parthénon et la caryatide exposées au British Museum. Dans une bâtisse datant du XIXe siècle située à Plaka, dans une ruelle paisible et ombragée, Andréas a donc créé un bistrot pittoresque et accueillant, idéal pour se rafraîchir et se régaler pendant les mois chauds de l'été, en retrait du va-et-vient des flux de touristes.

COULEUR LOCALE

3 Normanou
✆ +30 21 6700 4917
www.couleurlocaleathens.com
Ouvert de 10h à 2h tous les jours et jusqu'à 3h le vendredi et samedi soir. Cocktails autour de 7 €.

Dans la petite et presque invisible ruelle Normanou, pénétrez dans une galerie couverte jusqu'à trouver l'ascenseur qui vous mènera au troisième étage du bar Couleur Locale. La vue directe sur l'Acropole fait en grande partie le charme de l'endroit, mais l'aménagement de la terrasse et la gentillesse des serveurs jouent également. Vous pourrez y boire des cafés ou des cocktails, ainsi que déguster quelques salades et snacks en accompagnement. Un rooftop unique sur l'Acropole, plébiscité par la jeunesse athénienne : très couleur locale !

DA VINCI GELATO

50 rue Adrianou
✆ +30 210 32 53 863
www.davincigelato.gr
Ouvert tous les jours de 10h30 à 11h30. Glaces (deux boules) : autour de 4 €.

Un glacier qui vous fera fondre de plaisir ! Fondé par une équipe de connaisseurs en la matière, il rafraîchit depuis 2012 les amateurs de la glace. Les glaces Da Vinci, un des meilleurs glaciers italiens de la capitale grecque, doit son succès à la fraicheur des ingrédients utilisés et à leur fabrication artisanale. On y déguste des sorbets, particulièrement savoureux, des glaces aux saveurs détonnantes ou des pâtisseries fondantes, sans conservateurs alimentaires, pauvres en matières grasses et glucides, mais très riches en goût !

FRESKO YOGURT BAR

3 Dionyssiou Areopagitou
✆ +30 210 923 3760
www.freskoyogurtbar.gr
Ouvert de 7h à 22h. A partir de 2 €.

Un grand choix de yaourts grecs traditionnels, natures, aux fruits frais, au miel, pour une pause gourmande, originale et rafraîchissante. À base de lait de vache, de lait de chèvre ou de mouton, léger ou plus onctueux, goûtez le yaourt authentique et traditionnel grec. Plongez aussi votre cuillère dans les pots de *glika tou koutaliou*, ces fruits confits dans un sirop de sucre léger pour parfumer votre yaourt. Au-delà des classiques, vous pouvez également vous rafraîchir avec un smoothie au yaourt et au parfum de mandarine ou au chocolat.

NOVAGEA

2 Vakhou
✆ +30 211 40 17 427
www.novagea.gr
Jus de fruits à partir de 4 €. Ouvert de 10h à 18h. Fermé le lundi.

Si vous avez envie d'une boisson fraîche pour vous désaltérer ou si vous voulez expérimenter une saveur saine et naturelle sans pour autant négliger votre plaisir, ce bar à jus propose des jus de fruits et légumes fraîchement pressés devant vous afin de préserver les vitamines. Novagea propose des smoothies de jus de fruits et légumes extraits à froid et des salades de fruits et légumes. Les sélections de boissons sont originales mais vous pouvez créer votre propre recette selon vos souhaits. Les jus sont servis dans des petits bocaux en verre !

TIKI BAR

15 Falirou
✆ +30 210 923 6908
www.tikiathens.com/gr
Ouvert tous les jours de 11h à 3h (si la clientèle reste, cela peut être jusqu'au petit matin le samedi...).

Si Tiki Bar ouvre dans la matinée pour servir des cafés ou thés, cette enseigne se distingue surtout pour son ambiance nocturne. Dans ce bar à la décoration originale venue tout droit d'Hawaï, qui se veut à la fois punk et *lounge*, les références musicales des années 1960 à 1980 s'enchaînent pour le plaisir des clients. La liste des cocktails est longue, et quelques snacks (comme le fameux Tiki Burger) permettent d'éponger l'alcool que vous aurez, pour sûr, envie de consommer tout au long de la soirée tant l'ambiance est sympathique.

VRYSSAKI

Vryssakiou 17
✆ +30 210 32 10 179
Ouvert tous les jours de 10h à minuit.

Ce café/bistrot verdoyant est abrité dans une maison typique de Plaka de la fin du XIXe siècle. Un havre de paix. Cet établissement, qui garde tout le charme de l'Athènes d'antan, accueille très souvent des manifestations culturelles variées. Dans la petite cour intérieure mais aussi sur la petite terrasse aménagée au premier étage, donnant pleine vue sur la colline de Lycabette, on prend son temps pour discuter, respirer et déguster son café, cocktail ou verre de vin. Quelques snacks et petits plats sont également proposés. Une adresse qui vaut le détour.

BIOS

84 Pireos
✆ +30 210 3425335
www.bios.gr
Ouvert tous les jours de 16h à 1h30.

Tout un programme puisque Bios est à la fois un café-bar alternatif et un centre de rencontres artistiques, avec des performances organisées et des artistes exposés. Théâtre, concert, cinéma, expositions… Le Bios ressemble un loft multiculturel, aménagé dans une vieille demeure abandonnée. Mobilier de récup, murs repeints à la main, l'effet est un mélange rétro moderne, dans lequel on se sent indiscutablement bien. L'été, la terrasse est installée sur le toit et des films sont projetés à la belle étoile, exceptionnelle expérience.

BOUGATSADIKO « I THESSALONIKI »

1 place Iroon
✆ +30 210 322 20 88
Ouvert 24h/24 de 7h à 2h30. Environ 2 € la part de bougatsa, vendue au kilo.

Une adresse incontournable pour déguster la *bougatsa* authentique : un feuilleté, saupoudré de cannelle et de sucre glace, fourré à la crème pâtissière. Tout est fait maison : les *bougatsas* sucrées ou salées, les feuilletés fourrés au poulet, à la viande hachée, aux champignons, aux saucisses ou aux épinards… Quelques pâtisseries traditionnelles vous sont également proposées. Jus de fruits frais et glaces. À déguster sur le pouce ou, bien installé, sur la petite place d'Iroon.

CABEZON

110 rue Kerameikou
✆ +30 2155 506 414
Ouvert 7j/7 de midi à 3h. Bières à partir de 2,50 €. Un repas complet autour de 15 € par personne, avec une boisson.

Cabezon, autrement dit *têtu*, est un bar/*mezzedopoleio* bien décidé à offrir à sa clientèle les soirées les plus cool d'Athènes. Dans la cour intérieure, tapissée des petits cailloux blancs, sous les arbres et à la belle étoile, le temps semble s'arrêter et les bandes des copains refont le monde. Les plats, salades et mets variées à partager, et les snacks sont très soigneusement préparés. La musique, en sourdine, peut parfois devenir l'occasion d'un petit concert improvisé. La qualité des boissons vous incite à vous amuser jusqu'au petit matin.

CANTINA SOCIAL

6-8 Leokoriou
✆ +30 21 0325 1668
Ouvert tous les jours, de 7h30 au dernier client.

Cantina Social est un café-bar sans chichis : musique rock alternative, parfois des sons plus électro, ambiance amicale et détendue. Sans aucune promotion publicitaire par principe, c'est par le bouche-à-oreille que cet endroit est devenu incontournable. A l'écart des flux touristiques, il faut emprunter un passage qui part de la rue Leokoriou pour dénicher ce bar décoré de vieilles machines où l'on peut danser jusqu'au petit matin. L'extérieur est encore plus détente, dédié aux groupes d'amis qui boiront de la bière ou du café sans se presser. Un lieu unique.

CREMA

63 Persefonis
✆ +30 210 346 7213
www.creamathens.com
Ouvert 24h/24, 7j/7. Le sandwich à partir de 3 € et la salade à partir de 4,90 €. Livraison à domicile également.

Faites une pause sucrée ou salée avant de vous lancer à corps perdu dans une soirée de Gazi ! Le Crema est juste à la sortie du métro, sur la place. Une large variété de glaces maison, de toutes les couleurs et à tous les parfums, vous attend. On y sert des gaufres chaudes et des crêpes pour vous régaler. Pour un repas plus consistant, vous avez le choix entre plusieurs salades composées assez copieuses et des sandwiches variés. On vous propose également des yaourts aux fruits frais ou au miel, des salades de fruits et des pâtisseries.

GAZARTE

32-34 rue Voutadon
✆ +30 210 346 0347
www.gazarte.gr
Ouvert de dimanche à vendredi de 19h à 2h et le samedi jusqu'à tard dans la nuit.

Gazarte est un de ces lieux urbains branchés : ce n'est pas seulement un bar à cocktails avec terrasse panoramique, c'est un véritable petit complexe culturel avec un cinéma, une librairie, une salle de concerts et un espace d'exposition. Décoration moderne, qui alterne bois, fer et baies vitrées par lesquelles on devine, du toit, l'Acropole. Bon choix de boissons, prix un peu plus élevé que la normale athénienne mais convenable pour le quartier, huppé et noctambule. Beaucoup d'événements, à trouver sur leur site et leur Facebook.

KERAMEION

27 rue Plataion

✆ +30 210 34 64 223

www.kerameion.gr

Ouvert tous les jours de 10h jusqu'à 3h, 4h vendredi et samedi. Cocktails autour de 7 €.

Une ancienne manufacture de poterie abrite depuis une dizaine d'années Kerameion, l'autre *all day* café-bar incontournable de Metaxourghio. L'espace est astucieusement divisé en trois parties distinctes, afin que les clients puissent s'amuser selon leurs goût et envie du moment. A 8 minutes du métro, entre le quartier Keramikos et Gazi, on se livre paisiblement aux rythmes de la musique jazz et funk, un peu forte à l'intérieur, plus agréable lorsqu'on s'installe dans la cour extérieure ou dans la deuxième salle, à côté du bar. Plusieurs soirées musicales live.

LITTLE KOOK

17 G. Karaiskaki

✆ +30 210 321 4144

Ouvert de 9h à minuit tous les jours de la semaine.

Little Cook est une institution à Athènes et l'établissement n'a cessé de s'étendre dans la rue Pitaki. Le premier bâtiment, surplombé d'un grand dragon que l'on ne peut manquer, abrite sur plusieurs étages un salon de thé qui sert de délicieux et copieux desserts. A l'intérieur, on retrouve un univers féerique dont chaque détail est inspiré par les contes, un peu à la *Alice au Pays des Merveilles*. Même le personnel est tenu de jouer le jeu... et on les plaint un peu à vrai dire d'avoir à porter des costumes ridicules… Parfaits pour les enfants et les familles.

MOMIX

36 Voutadon

✆ +30 6974 350179

www.momixbar.com

Ouvert tous les jours de 10h à 2h 30 et plus tard le week-end. Cocktail entre 9 et 10 €.

MoMix est un établissement déjà légendaire en son genre. Il s'agit d'un bar « moléculaire », c'est-à-dire un lieu fancy où la préparation des cocktails devient un vrai spectacle visuel : les verres fument alors que les goûts et les textures surprennent agréablement les papilles ! Dégustez des cocktails qui sortent des chantiers battus sous forme de sphères, de gelée, de crème glacée… Ses créateurs expliquent exploiter leurs connaissances en pâtisserie en les appliquant aux cocktails mais aussi à quelques plats et snacks gastronomiques très réussis.

NOEL

59b Kolokotroni

✆ +30 211 215 9534

Ouvert tous les jours de 10h à 2h. Le samedi fermeture à 4h. Cocktail à partir de 8 €.

Chez Noel, c'est vraiment la fête tous les jours ! Ce café-bar ouvert toute la journée a changé la vie nocturne d'Athènes par son décor original et par ses cocktails fantaisistes et inspirés. Sa nouvelle salle est un jardin botanique où l'on peut apprécier une boisson ou un bon repas. Niché dans une stoa, l'un des vieux passages couverts du centre, ce bar à la déco vintage et aux allures de vieux théâtre est redevenu un beau classique des nuits athéniennes. Ou juste pour un verre en journée. Bref, un incontournable de la capitale !

TO SERBETOSPITO TIS NANCY

1 place Iroon et Karaiskaki

✆ +30 210 321 1323

www.nancysweethome.gr/contact

Ouvert tous les jours de 8h30 à 2h30. Comptez autour de 7,50 € par personne.

Chez Nancy, on aime les gâteaux et les glaces. Réunissant les vieilles recettes des grands-mères, Nancy, la propriétaire de cette pâtisserie vintage, fait partager ses secrets avec générosité : le *kiounefé* accompagné d'une boule de glace, la soupe au chocolat, les profiteroles…, la liste est longue et très sucrée. Il faut mieux vous mettre à plusieurs, on n'arrive presque jamais à finir sa part ! On peut également y apprécier un bon café et des eaux-de-vie maison.

ZOUBOURLOU

Eschilou 4

✆ +30 210 33 14 854

https://zoubourlou.gr/

Ouvert tous les jours, de 8h à 1h30. Pâtisseries autour de 5 €.

La recette de la réussite de cet établissement commence à Istanbul. La propriétaire de la Zoubourlou a voulu créer une pâtisserie-confiserie comme au bon vieux temps et proposer avec une grande générosité des gâteaux anatoliens et internationaux ainsi que plein d'autres gourmandises qui sauront satisfaire tous les goûts. Dans un cadre des années 1950, à l'intérieur de l'établissement ou en terrasse, on peut, également, déguster des feuilletés salés, des crêpes, des jus de fruits frais, des glaces… Accueil professionnel et orienté client.

ARBARORIZA

33 Eratosthenous
✆ +30 210 701 9530
Cocktail entre 6 et 10 €. Ouvert tous les jours de 10h à 3h.

Une visite par ici ne vous laissera pas indifférent. Arbaroriza tient son succès de ses cocktails originaux préparés à base d'alcools grecs tels que le *raki* ou le *tsipouro*. Sur sa terrasse, qui surplombe la place Plastira à Pagrati, on passe des nuits très agréables et conviviales. Arbaroriza propose également des snacks, des petits plats et des salades savoureuses que l'on peut déguster confortablement assis à table ou sur des banquettes spécialement conçues pour une restauration rapide, mais non sans allure. À noter, une belle identité distincte, aussi.

EL RAVÁL

10 Tsakalof
✆ +30 210 363 5550
Ouvert tous les jours de 10h à 4h. Cocktails entre 10 et 12 €.

Sur la très fréquentée rue piétonne Tsakalof, le El Raval est un *allday* café/bar un peu branchouille, ce qui va de pair avec l'air chic du quartier de Kolonaki et, pourtant, il est agréable pour passer quelques bons moments lors de votre séjour dans la capitale grecque. Lieu de rencontre des locaux et des jeunes Athéniens avertis, les soirées sont très animées et durent jusqu'au petit matin. Idéal également pour une pause-café ou pour un petit repas et snack, pendant la journée, ou un bon dîner. La liste des cocktails est longue et très inventive.

CAKE

Irodotou 15
✆ +30 210 721 2253
www.cake.gr/
Ouvert du lundi au samedi de 8h à 22h. Le dimanche de 10h à 22h. Prix par commande.

Dans le petit monde de pâtisserie américaine et new-yorkaise, Cake est devenue une véritable institution à Athènes. Au début de son lancement, les trois frères et sœurs Elliott ne rêvaient que de familiariser la clientèle grecque à la pâtisserie traditionnelle américaine. Depuis, on y afflue pour déguster les délicieux gâteaux faits maison, tout frais, préparés avec des ingrédients de grande qualité : l'incontournable carrot cake, glaçage beurre, le banana cake, l'authentique cheesecake au coulis de cerises noires, les cupcakes, les brownies…

LIKAVITTOS

59 Deinokratous
✆ +30 210 721 1348
Ouvert du lundi au vendredi de 7h15 à 17h et le samedi de 7h à 20h. Fermé le dimanche.

Cette boulangerie renommée, située à proximité de Dexameni, à Kolonaki, ne mise pas sur l'apparat mais sur l'excellente qualité de ses produits. Elle propose, depuis 1988, une grande variété de pains travaillés avec des matières de première qualité et de viennoiseries exquises faites maison. Pour déguster un croissant ou une brioche sur le pouce, il faut toutefois s'y rendre de bonne heure ! On y trouve également du pain sans gluten, du pain de type allemand aux graines bio et à la farine autrichienne, un excellent pain au curcuma et noisettes ou aux noix, etc.

DÉSIRÉ

6 Dimokritou
✆ +30 210 363 2333
Ouvert du lundi au samedi de 7h à 21h et le dimanche de 9h à 20h.

Une des meilleures pâtisseries d'Athènes à tester absolument ! Il s'agit d'un établissement où la pâtisserie française et la pâtisserie grecque se mêlent avec un grand succès. Depuis 1962, cet établissement est connu pour la subtilité avec laquelle on prépare les gâteaux, les chocolats ou la viennoiserie. Dans ce salon de thé, on y va les yeux fermés pour gouter l'incontournable Saint-Honoré, les fruits confits au sirop, recette traditionnelle grecque, les glaces… : tous aussi délicieux les uns que les autres. Pour un dessert ou une pause café, faites le détour !

LYKOVRISSI

8 place Ph. Etaireias
✆ +30 210 338 8222
www.lykovrisiathens.gr/
Ouvert tous les jours de 9h à 2h. Pour un repas complet avec boisson, comptez autour de 25 €.

Ce bistrot sur la place Kolonaki est, au milieu de tous les autres, une réelle institution pour les Athéniens. Il ouvre ses portes en 1969 pour rassembler l'élite d'autrefois. Récemment rénové, Lykovrissi se modernise et revendique sa place d'antan parmi les fleurons des bistrots de Kolonaki. On y va en journée pour un café, une salade ou un snack, on prend le temps de savourer le moment et on en ressort ravi. Le nouveau chef propose également des plats mijotés, des hamburgers faits maison, des pizzas croustillantes et des pâtisseries.

MINNIE THE MOOCHER

6 Tsakalof ✆ +30 21 0364 1686
www.minniethemoocher.gr/
Ouvert tous les jours de 11h à 3h. Cocktail autour de 10 €. Repas complet, avec boisson 30 € environ.

Ambiance Prohibition dans cet all-day bar qui offre un voyage dans les années 1930. En franchissant le rideau rouge en velours qui marque l'entrée, on rentre dans un bar agréable proposant une grande gamme de cocktails, de bons vins et d'autres boissons classiques. Dans la salle intérieure raisonne de la bonne musique swing/jazz, sur la terrasse tout est plus calme. Rapport qualité-prix convaincant pour ce quartier. On peut y manger, plutôt bien. Cependant les Grecs de tous âges privilégient l'endroit comme un bar où l'on peut s'amuser plutôt que comme restaurant.

OHH BOY

Archelaou 32
✆ +30 211 183 83 40
Ouvert tous les jours de 8h30 à 23h. Le samedi et le dimanche ouverture à 9h.

Le Ohh Boy figure depuis 2017 sur la liste des cafés/bistrots incontournables d'Athènes et pour cause : décor avec des touches new-yorkaises et berlinoises, grande vitrine où l'on expose la pâtisserie et les autres délices proposés, et, surtout, une philosophie qui prône les produits frais et les plats faits maison. Se situant sur la très huppée rue Arcelaou, l'adresse est courue pour la qualité du café, les brunches, les salades, les soupes ou la liste des bières et cocktails. Prenez le temps de vous y détendre… ou rien que pour déguster son cake à la carotte !

PINK FREUD

7 Archelaou
✆ +30 210 722 7272
Ouvert du lundi au mercredi au dimanche de 17h à 2h et du jeudi au dimanche de 11h à 2h. Cocktails à partir de 7 €.

Dans un décor rappelant l'intérieur d'un appartement des années 1970, ce petit bar-café intime, très sophistiqué et très agréable, est, depuis 2004, un endroit idéal pour passer de bons moments entre amis. Sans chichis, dans ce bar prisé, tout est fait pour se sentir à l'aise : prendre un verre au comptoir, s'assoir à l'intérieur ou s'installer en terrasse, la convivialité est assurée. Parmi les cocktails, très réussis, le margarita au poivron chili et à la mangue, ou le negroni sont à déguster. Très bon rapport qualité-prix.

PRASSINI TENTA

Ploutarchou 66
✆ +30 210 36 35 400
www.prasinitenta.gr/?lang=en
Ouvert du dimanche au jeudi de 8h à 1h. Le vendredi et le samedi de 8h à 2h.

Lors de votre séjour à Athènes, ne manquez pas de marquer une pause et de passer un bon moment de détente à Prassini Tenta. A tout moment de la journée, cet all day café/bistrot est l'endroit idéal pour vous ressourcer. L'établissement, qui compte déjà 90 ans d'histoire,l a été entièrement rénové en 2020. Installé sur l'une des trois terrasses, aménagées de façon à ce qu'on ait une vue panoramique sur Athènes et même sur le Pirée et la mer Saronique, on est généreusement récompensé après notre petit effort pour y accéder à pied. Accessible également en taxi.

LE ROSÉ €€

Kapsali 3
✆ +30 210 72 90 171
Ouvert tous les jours, de 9h30 à 1h. Compter autour de 35 € par personne pour un repas accompagné d'un verre de vin.

Sans ce bistrot, Kolonaki ne serait pas tout à fait ce quartier chic du centre de la capitale grecque. Le Rosé vient à peine d'ouvrir ses portes au croisement d'une petite ruelle piétonne et de la très calme rue Kapsali qu'il fait, déjà, partie des incontournables d'Athènes. Caractérisé comme étant un « bistrot particulier » par ses propriétaires, il propose uniquement des plats froids et la pâtisserie du jour : salades, sushis, ceviche, carpaccio, tartare, poke bowl, caviar ! La liste des vins est très soignée. Très bonne adresse pour un apéritif ou un cocktail.

TO TSAI

19 A. Soutsou
✆ +30 210 363 1472
www.tea.gr/en
Ouvert du lundi au mercredi et le samedi de 10h à 16h. Le jeudi et le vendredi de 10h à 20h. Fermé le dimanche.

To Tsái, est, avant tout, l'endroit où découvrir l'art de boire et apprécier les thés de grand cru et leurs compositions parfumées. La carte vous propose une longue liste de thés en provenance de tous les pays producteurs ainsi que des tisanes à acheter ou déguster sur place. Ils sont servis dans les tasses et la théière adéquates, en fonction de leur origine. Et pour comble, un minuteur indique, à la seconde près, quand il faut stopper l'infusion… De nombreuses théières et tasses de haute qualité vous sont proposées. Cadre zen.

BLUE BEAR

Themistocleous 80
✆ +30 211 18 30 114
Ouvert tous les jours. En haute saison, de 7h à 1h. Le reste de l'année de 8h30 à 1h.
Cet établissement est abrité au rez-de-chaussée de l'immeuble le plus emblématique d'Athènes, construit en 1933, et connu sous le nom « l'immeuble bleu » de par le ton bleu cobalt dont étaient peintes initialement les façades. Le Blue Bear propose très souvent des soirées avec de la musique live, des expositions de peintures, de photos, et, même des bazars avec différents types d'artisans. On peut y passer de longs moments de tranquillité en dégustant un snack ou autour d'une bonne tasse de café, d'une bière ou d'un cocktail aux heures plus tardives.

FRAU

6 Feidiou
✆ +30 210 381 0640
Ouvert tous les jours de 13h à 4h. Vendredi et samedi fermeture à 4h30.
Pas de chichis pour ce café-bar, point de rencontre des jeunes acteurs et artistes grecs qui, assez souvent, ont la charge du programme musical et des soirées festives organisées spontanément. Au fil du temps, Frau est devenu un bar très branché et ce n'est pas très rare, surtout le week-end, de voir les clients prendre la ruelle qui longe ce bar d'assaut, avec leur verre à la main, et continuer la soirée sous les étoiles. Le bar promet de la bonne musique avec DJ et des bons moments de plaisir, d'échanges et de partage entre copains.

CAFÉ BOHÈME

Emmanouil Benaki 94
✆ +30 210 360 8018
https://cafeboheme.gr/
Ouvert tous les jours de 10h à 2h.
Petit bar-brasserie qui propose boissons et nourriture dans la journée. Très chaleureux, bien aménagé, c'est un lieu populaire qui séduit aussi bien les touristes que les locaux. Le service est exécuté avec politesse, sourire, enthousiasme et efficacité. Les cocktails valent vraiment le coup, à apprécier au bar ou autour d'une agréable table agrémentés de coussins pour chiller. Parfois, des concerts, sinon de la bonne musique, accompagneront vos soirées au Café Bohème, dont le nom français surfe sur le côté huppé de Kolonaki.

KARAGIOZIS

33 Koletti
✆ +30 213 006 8858
Ouvert tous les jours de 10h à 2h. Vendredi et samedi fermeture à 3h.
Karagiozis est le nom d'un personnage du théâtre d'ombre grec, équivalent de notre Guignol. C'est un des meilleurs endroits d'Athènes pour savourer un dessert. En outre, dans une rue animée mais tranquille, Karagiozis est le lieu idéal pour passer une soirée animée, entre bières et raki. L'endroit ne paie pas de mine, mais l'atmosphère compense largement. Les prix, moins élevés qu'ailleurs, correspondent bien au quartier. Le service est effectué avec familiarité et chaleur, on s'y sent rapidement à l'aise ! Soirées musicales live vendredi et samedi.

CAFÉ CHARTÈS

35 Valtetsiou
✆ +30 210 330 4778
Ouvert tous les jours de 9h à 4h.
Le café à la mode d'Exarchia accueille groupes d'amis et habitués du quartier. Assis confortablement dans les fauteuils aux couleurs vives et variées de la terrasse située sur la rue piétonne, ou à l'intérieur, vous apprécierez l'ambiance, toujours agréable et conviviale et qui dure jusqu'au petit matin. Vous y trouverez une très grande variété de cafés dans la journée, quelques snacks, des bières, des whiskys et des cocktails gustatifs la nuit. Recevant régulièrement des groupes, le Xartès affiche un style très rock. Pour les amateurs, c'est l'idéal.

KOKKINOS LOTOS

Zoodogou Pigis 5
✆ +30 210 380 1380
Ouvert du lundi au vendredi et le dimanche de 12h30 à 5h, le samedi jusqu'à 6h. Cocktails à partir de 7 €.
Bar dansant, renommé et pour cause, au cœur d'Exarchia, un peu plus sophistiqué que ses voisins du quartier. Décoré avec goût, aux murs rouge pourpre, on y passe des moments paisibles entre copains tout au long de la journée et des moments plus mouvementés quand tombe la nuit ! Les prix restent convenables, les cocktails sont bons et la musique (rock alternatif) attire une jeunesse joyeuse qui anime l'endroit. L'intérieur est assez agréable, la petite piste de danse étant décorée avec des végétaux. Une bonne adresse pour une soirée détendue.

MOKKA

44 Athinas
✆ +30 21 0321 6892
www.mokka.gr
Ouvert du mardi au jeudi de 7h à 15h30 et lundi, vendredi et samedi de 7h30 à 15h30. Fermé le dimanche.

Mokka est le torréfacteur incontournable d'Athènes. A côté des halles de la capitale, on vient ici pour prendre un café aux grains rigoureusement sélectionnés dans les cinq continents. Le café grec est préparé dans les règles de l'art, à savoir avec des braises et du sable chaud. Tous les marchands des halles viennent ici, ainsi que les vendeurs à la sauvette du quartier, les vieux habitués et les groupes de dames. Un joyeux mélange, fait d'authenticité et de chaleur caféinée. Une adresse incontournable pour les amateurs d'un café exceptionnel.

O PAPPOUS

2 Pheidiou
✆ +30 210 330 0060
Ouvert tous les jours de 9h à 2h30.

Ce café-bistrot culte d'Athènes se transforme en scène musicale à partir de 22h. Pendant la semaine, des groupes de jeunes chanteurs et musiciens agrémentent les soirées avec des chansons grecques qui ont marqué le siècle dernier et qui ont eu la force de résister dans le temps. Les mercredis et samedis, on afflue pour écouter les histoires des chansons *rebetika*, racontées par le Papi (en grec, Pappou), au piano, et sa bande. Des soirées inoubliables en perspective. Boissons et mets de très bonne qualité. La réservation est vivement conseillée.

SELAS

19 Methonis & Kallikratous
✆ +30 211 401 7760
Ouvert tous les jours de 8h à 2h. Le dimanche ouverture à 10h. Bière à partir de 3,50 €.

Un café un peu excentré du cœur d'Exarchia, c'est parfois très reposant ! Le Selas est un petit café cosy et convivial, idéal pour un café qui s'éternise dans l'après-midi ou quelques bières en soirée. Au croisement de deux petites ruelles, caché en partie par une végétation débordante, entouré de petites maisons du début du siècle dernier, toutes fleuries, elles aussi, c'est un lieu chaleureux et un véritable havre de paix qui va vous attirer immédiatement. Les prestations sont simples, mais le service est efficace et aimable.

SOROLOP

17 A. Metaxa & Benaki
✆ +30 21 0380 1118
Ouvert entre 12h30 et 2h tous les jours. Le vendredi ouvert de 14h à 2h.

Cette petite échoppe concocte des profiteroles succulentes, les meilleures de la ville, à déguster debout sur place ou à emporter : choux garnis d'une légère crème pâtissière parfumée à la vanille, servis avec une sauce au chocolat ou de votre choix. Des glaces exquises faites maison sont également proposées. Sinon, vous pouvez gâcher votre régime en optant pour les brioches, nature ou nappées de sauce au chocolat, ou en accompagnant votre profiterole d'une boule de glace. Tout est délicieux et préparé devant le client. Pour les vrais gourmands !

TSIN TSIN

Kiafas 6
✆ +30 210 384 1460
Ouvert de 15h30 à 2h en semaine et à partir de 20h le week-end.

Passer une soirée à Tsin Tsin, c'est la garantie d'un moment un peu spécial et hors du temps. La playlist y est originale et un brin mélancolique. On est sûr d'offrir un bon moment à son ouïe et de bénéficier d'un calme qu'impose une musique forte et intense, ralentissant ainsi les conversations effrénées. Tsin Tsin, ce sont aussi des cocktails délicieux que l'on déguste dans un de ces fauteuils moelleux où on s'enfonce. L'ambiance chaude et tamisée de l'endroit vous amènera, surtout en hiver, jusqu'au bout de la nuit dans un rêve semi-éveillé.

VYSSINOKIPOS

27 Z. Pigis
✆ +30 210 380 1691
Ouvert tous les jours de 10h30 à 4h. Cocktails à partir de 7 €.

Ce bistrot-bar très branché et très agréable est le point de rencontre des intellos et des acteurs mais qui n'en font pas une tonne… Café, petit plats et snacks très réussis pendant la journée en attendant le soir où le bistrot se transforme en bar. La terrasse, transformée et aménagée en petit jardin soigné, attire les clients du matin au soir en toute saison. Atmosphère conviviale, et service très agréable dans cette *Cerisaie* (Vyssinokipos) assuré par ses deux propriétaires admiratrices de Tchekhov… Un havre en plein cœur d'Exarchia et du centre-ville.

AEROSTATO

4 Ptolemaion

✆ +30 21 0724 1116

Ouvert de 10h à 1h30. Cocktail à partir de 7 €.

Situé sur la place de Proscopon à Pagrati, ce bistrot ouvert toute la journée est, depuis des années, un endroit très convivial où l'on peut prendre le temps de lire son journal, de boire son café, de prendre un petit repas ou de finir son verre. Aerostato sert des collations légères, des tartes faites maison et des salades fraîches. Bien qu'il soit tentant de s'asseoir à l'extérieur, l'ambiance est tout aussi cosy et accueillante à l'intérieur. C'est spacieux et le personnel est très agréable. En été, les discussions se poursuivent sur sa terrasse ombragée.

BABA AU RUM

6 Kleitiou

✆ +30 211 710 9140

www.babaaurum.com

Ouvert tous les jours de 19h à 3h. Cocktails autour de 8 €.

Bar à cocktails dans le quartier entre Monastiraki et Syntagma, où se pressent les jeunes cadres après le travail et, plus tard, les amateurs de cocktails. Fidèle aux grands classiques type Manhattan, on y élabore des mixtures originales et fantaisistes à déguster. Ce n'est donc pas un hasard si ce bar figure parmi les meilleurs bars à cocktail du monde. Ambiance hétéroclite et vintage, musique soul et indie pop. DJ sets. L'endroit est minuscule et l'on se bouscule très vite sur le trottoir de la rue piétonne, ce qui donne un air plus festif à votre soirée.

BARTESERA

25 Kolokotroni

✆ +30 210 322 9805

Ouvert tous les jours de 10h à 2h.

Caché au fond de son passage - une *stoa* traditionnelle - entre deux immeubles, le Bartesera est un lieu atypique de la capitale. Aménagé dans un esprit rétro et cosy, il héberge toutes sortes d'événements et de courants culturels : concerts, expo, conférences… Café le matin, déjeuner sur le pouce à midi, orangeade l'après-midi, et cocktail le soir, le Bartesera est un lieu de vie et d'échanges. Sur les murs, la programmation culturelle et musicale de toute la ville. Un environnement confortable, de bons cocktails et une bonne carte pour les petits creux…

CAFÉ DU MUSÉE NUMISMATIQUE

12 av. Panepistimiou

✆ +30 210 361 0067

Ouvert tous les jours de 9h à minuit.

Il s'agit d'un café-bistrot se situant dans la cour de la demeure du fameux archéologue H. Sliemann, demeure qui abrite le Musée numismatique d'Athènes. En plein cœur de la ville moderne, ce café tranquille est un havre de paix. Au milieu des arbres, des plantes et des statues authentiques qui ornaient autrefois le toit de l'édifice, vous pourrez aussi y déjeuner léger. Idéal pour une halte entre deux visites, il organise également tous les jeudis des soirées musique jazz en live.

CHATZIS

5 Mitropoleos

✆ +30 210 32 22 647

www.chatzis.gr

Ouvert tous les jours de 7h à 23h.

La célèbre pâtisserie Chatzis de Thessalonique a ouvert des salons de thé à Athènes, pour le plus grand plaisir des gourmands. Les pâtisseries anatoliennes de grande qualité, spécialités à base de lait de buffle, *ekmek kataifi* et gâteaux imbibés de sirop, sont confectionnées ici à la perfection, résultat d'ingrédients de première fraîcheur et d'un savoir-faire ancestral. Malheureusement les tarifs ont pris la grosse tête et parfois le personnel aussi. Pour une consommation sur place, compter ainsi autour de 8 € par personne.

CLEMENTE VIII

3 Voukourestiou

✆ +30 210 321 9340

https://clementeathens.gr/

Ouvert du lundi au samedi de 9h à 22h et le dimanche de 11h30 à 19h30.

Pour la petite histoire, Clément VIII (Clemente en italien) était le pape qui a autorisé la consommation du café en Occident, considéré alors comme la boisson des infidèles ! Dans cet élégant café du centre-ville, dans une rue non moins chic dont les enseignes ne sont autres que Vuitton, Chanel, Hermès, on peut donc déguster d'excellents cafés : espresso, cappuccino, freddo. L'établissement est par ailleurs fréquenté pour son excellent chocolat chaud, ses snacks, quelques petits plats et ses pâtisseries succulentes. Idéal pour un apéritif. Service impeccable.

DICKIE DEE

23 Voulis

✆ +30 210 32 38 277

Ouvert du mardi au jeudi de 10h à minuit, vendredi et samedi de 10h à 2h et dimanche de 10h à 1h30.

Dickie Dee est devenu, depuis son ouverture en 2018, le nouveau repaire des amateurs de glaces. À deux pas de la place Syntagma, on y afflue pour déguster les glaces, la pâtisserie et les croissants faits maison. La glace à la pistache est la meilleure de la ville. Une glace au chocolat noir, conçue pour les végans, vaut également le déplacement. Dégustez la pavlova aux fraises ou au caramel. Un nuage tout fin de barbe à papa peut accompagner votre cornet de glace. Plus tard dans la journée, on peut y passer un bon moment avec un verre de vin ou une boisson…

LE GRECHE

16 Mitropoleos

✆ +30 216 700 64 58

Ouvert du lundi au jeudi de 8h30 à 0h. Vendredi et samedi de 8h30 à 2h et dimanche de 9h à 0h. Prix variables.

Une glace peut s'apprécier à n'importe quelle saison de l'année si elle est fabriquée à -11 degrés ! Voici le secret du glacier Le Greche qui, depuis son ouverture, rafraîchit ses clients avec plus de 28 sortes de glaces. La vitrine de cette échoppe fait penser à une boîte à trésor ou à un coffre-fort où se garde le secret de la bonne glace à l'italienne. On y déguste également un excellent café « napolitain » ainsi que l'*affogato* (café avec une boule de glace), des pâtisseries et viennoiseries italiennes et des sandwiches fourrés à la glace ! Délicieux !

KRINOS

87 Aiolou

✆ +30 210 321 6852

Ouvert le lundi et le mercredi de 9h à 19h30. Le jeudi et le vendredi de 9h à 21h30. La portion de beignets : 3,50 €.

La première pharmacie d'Athènes est construite par S. Krinos, pharmacien lui-même, en 1855. En 1923, M. Kassimatis, un Grec originaire d'Istanbul, achète le bâtiment afin de le transformer en la plus grande pâtisserie de la ville. Depuis, dans cet édifice emblématique de la rue Aiolou, on peut encore aujourd'hui déguster les fameux beignets dont la recette reste un secret. D'autres pâtisseries anatoliennes, comme la bougatsa, sont servies ainsi que quelques feuilletés salés. Tout est fait maison et les beignets sont préparés devant les yeux du client.

ODORI VERMUTERIA DI ATENE

2 Skouleniou

✆ +30 210 331 4674

www.odorivermuteria.gr/

Repas : comptez autour de 18 € par personne. Cocktails à partir de 9 €. Verre de vin : 5 €.

Dans une ambiance sophistiquée et un décor chic inspiré de la campagne italienne d'antan, vous pouvez déguster un verre de vermouth aux arômes fins d'épices ou d'herbes. Six grandes étiquettes de vermouth vous sont proposées ainsi qu'une carte très variée de cocktails classiques ou innovants et gastronomiques et de boissons variés. A la carte : brunch, petit déjeuner, salades et snacks, pâtes, bruschettas, pizzas croustillantes et desserts. Une bonne adresse.

PUBLIC CAFÉ

1 Karageorgi Servias

✆ +30 210 323 9101

www.public.gr/public-cafe

Ouvert de 9h à 23h. Le samedi ouvert de 9h à 22h. Fermé le dimanche.

Un excellent spot pour contempler la place Syntagma, le parlement et, au loin, le mont Lycabette. Être au cinquième étage permet de couper avec l'effervescence de la ville dont ne nous parviennent plus que quelques informations sonores. Service efficace, possibilité de manger sur place et cadre panoramique appréciable sont la recette du succès de ce bistrot-bar. Très prisé par les locaux, surtout le samedi, pour un brunch, on peut s'y reposer entre deux visites à l'intérieur, derrière les grandes portes vitrées ou bien sur la terrasse.

THE 7 JOKERS

7 Voulis ✆ +30 210 321 9225

Cocktails autour de 10 €.

Un vrai décor de théâtre qui se réclame du Paris de l'entre-deux-guerres… Bar à cocktails la nuit, café tranquille le jour, pénétrez dans le 7 Jokers, découvrez un monde à part en plein centre-ville et laissez-vous tenter par un de sept péchés capitaux : la « luxure », cocktail au bourbon, d'une fraîcheur délicate, équilibré, la « paresse » que l'on veut boire à grandes gorgées, la « gourmandise », pour ceux qui aiment les boissons sucrées, etc. Les apéritifs proposés : à déguster absolument sans aucune culpabilité… Musique et philosophie résolument rock.

[SE] FAIRE PLAISIR

Lorsque vous descendrez l'avenue piétonne d'Ermou ou que vous vous baladerez dans les rues de Kolonaki, vous comprendrez qu'à Athènes, le shopping est presque un sport national ! Hommes et femmes y sont complètement accros – ou plutôt étaient, avant la crise – et les boutiques sont pleines à craquer. Chaque quartier a sa spécialité : les vêtements, les souvenirs, les brocantes... Mis à part les enseignes internationales dupliquées dans toutes les capitales européennes, vous découvrirez un choix étonnant de designers grecs à la pointe en matière de prêt-à-porter et de sur-mesure. Mais attention, à Athènes, les horaires d'ouverture des magasins sont un vrai casse-tête ! En règle générale, tout est ouvert le matin jusqu'à 14h. Certains commerçants font ensuite une pause sieste, pour ouvrir de nouveau entre 17h et 20h30. Le samedi, la séance shopping prend fin vers 17h... avant le lundi suivant !

(SE) FAIRE PLAISIR

HORAIRES

A chaque quartier, sa spécialité : la quincaillerie, les vêtements, la déco, les souvenirs, les brocantes, les friperies, les épices, les produits locaux… Mis à part les enseignes internationales dupliquées dans toutes les capitales européennes et les grandes surfaces grecques, vous découvrirez un choix étonnant de showrooms de designers grecs à la pointe de ce qui se fait en matière de prêt-à-porter et de sur mesure. Mais attention, à Athènes, les horaires d'ouverture des magasins sont un vrai casse-tête ! En règle générale, tout est ouvert le matin jusqu'à 14h30. Certains commerçants font ensuite une pause sieste, pour ouvrir de nouveau, frais et dispos, entre 17h et 20h30, principalement les mardi, jeudi et vendredi. Le samedi, la séance shopping prend fin vers 17h-19h, heure à laquelle les rues de la capitale se vident jusqu'au lundi suivant.

▸ **Pour vous y retrouver, retenez** : Kolonaki = luxe ; Syntagma = prêt-à-porter, beauté et chaussures ; Monastiraki et Psirri = brocantes, puces, épiceries, marché couvert central ; Plaka = souvenirs. Bon shopping !

BUDGET / BONS PLANS

La majorité de commerces, boutiques et grandes enseignes acceptent les CB. Toutefois, il faut toujours penser à avoir une petite somme d'argent liquide avec soi lorsqu'on se rend chez des petits commerçants.

Brocante.

SOLDES

La période des soldes d'été en Grèce commence en général le deuxième lundi de juillet et dure jusqu'à la fin du mois d'août. En hiver, les soldes commencent le deuxième lundi de janvier et durent jusqu'à la fin février. Plusieurs offres sont très souvent annoncées, qui durent une dizaine de jours fin mai et en octobre.

C'EST TRÈS LOCAL

Tous les produits alimentaires que l'on peut trouver dans les magasins spécialisés sont conseillés et bons à rapporter dans ses bagages : les fromages, l'huile d'olive, les olives, le miel, les herbes, les tisanes, les épices et bien sûr l'ouzo ou le raki. À noter que plusieurs commerces disposent d'appareils de mise sous vide alimentaire. Les produits artisanaux sont réputés : bijoux, reproductions des objets des musées, icônes byzantines, céramiques, produits des tanneurs, tissus, komboloïs…

LES ATTRAPE-TOURISTES

Les boutiques de souvenirs à Athènes débordent d'objets de tout genre. Essayez de vous fier à votre goût personnel et pour être sûr de la qualité, il faut vous fier aux prix : les objets artisanaux sont un peu plus chers et ils sont toujours signés. Préférez, aussi, les objets proposés dans les boutiques des musées : il s'agit de reproductions fidèles et de qualité. Les produits alimentaires tels que l'huile, le miel ou les herbes, d'une excellente qualité, se trouvent toujours dans les boutiques et les magasins spécialisés.

LES PHRASES CLÉS

Bonjour, c'est superbe, mais combien ça coûte ?
Αυτό είναι πολύ όμορφο, πόσο κοστίζει;

Vous auriez ma taille ? Où se trouvent les cabines d'essayage ?
Το έχετε στο μέγεθός μου; Πού είναι τα δοκιμαστήρια;

Est ce que je pourrai vous le rapporter et l'échanger si ça ne va pas ?
Εάν δεν μου κάνει μπορώ να το επιστρέψω;

J'ai trop dépensé aujourd'hui, pouvez-vous me faire une réduction sympa ?
Έχω ξοδέψει πολλά σήμερα, θα μπορούσατε να μου κάνετε έκπτωση;

Je prendrai celui-ci. Pouvez-vous me faire un paquet cadeau ?
Θα πάρω αυτό. Θα μου το τυλίξετε για δώρο;

Vous prenez la carte de crédit ? Où puis-je trouver un distributeur de billets ?
Δέχεστε πιστωτικές κάρτες; Πού μπορώ να βρω ATM;

MON COIN STUDIO

Thissiou 7
✆ +30 210 32 17 806
www.moncoinstudio.com
Ouvert de 10h à 17h. Fermé le dimanche.

Éléonore Trenado-Finetis, artiste française, aime décidément la Grèce, plus particulièrement Athènes, l'art céramique et le design. Pour en avoir un aperçu, il faut se rendre dans son atelier/boutique situé à Thissio. On y admire des objets modernes aussi bien purement décoratifs qu'usuels et qui témoignent d'un savoir-faire incontestable et d'un goût pour le style éclectique. L'ensemble des créations peut être brièvement décrit en quelques mots : formes, lignes, couleurs épurées et talent. Très souvent, dans la boutique, d'autres artistes exposent leurs œuvres.

FORGET ME NOT

100 rue Adrianou
✆ +30 210 3253 740
www.forgetmenotathens.gr
Ouvert de 11h à 21h tous les jours (22h le week-end).

150 designers grecs se sont unis et ont ouvert ce magasin en 2014. Il s'agit d'un réjouissant collectif uni, à la base, pour répondre de façon « artistique » à la crise. Dans les faits, ces créateurs proposent une série de produits design fabriqués en Grèce. Des tasses aux coques de téléphone, en passant par les livres, les accessoires et les vêtements, il y en a pour tous les goûts ! Dans l'ensemble, ils essaient de revisiter les souvenirs traditionnels (qui paraissent soudain bien ringards) au profit de créations décalées, détournant certains symboles nationaux.

IOANNIDOU ART GALLERY

1 Vackhou
✆ +30 210 32 39 638
Ouvert tous les jours de 11h30 à 23h.

Artiste-peintre autodidacte, s'inspirant principalement du paysage naturel de sa ville natale se situant près de l'ancienne Olympie, Xanthi Ioannidou a déjà organisé de nombreuses expositions personnelles et a participé également à des expositions collectives. Son échoppe propose des tableaux sur canevas, des magnets, des petites peintures sur marbre et des objets d'art à des prix variables, mais très abordables… Son autre inspiration : les statues cycladiques. Des créations pour décorer votre intérieur et plein d'idées cadeaux originales.

JACK IN THE BOX

13 Haritos
✆ +30 210 725 8735
www.jackinthebox.gr
Ouvert lundi, mercredi et samedi de 10h à 15h30 et mardi, jeudi et vendredi de 10h à 20h30.

De la boîte à musique au cheval à bascule, en passant par les peluches ou les voitures en bois et les toupies, cette boutique propose toutes sortes de jouets et jeux anciens, des jeux de société, des jeux éducatifs… fabriqués en bois, papier et tissu. Qu'il s'agisse d'un jouet ou d'un passe-temps pour bébé, pour enfant ou pour amuser toute la famille, il est certifié par les fabricants et parfaitement conforme aux exigences de sécurité imposées par les réglementations européennes. Excellente qualité, grande variété et bonnes idées cadeaux !

MICROPOLIS

3 Makrigianni
✆ +30 213 030 42 31
Ouvert tous les jours de 8h à 23h.

Si vous voulez passer plus de temps à vous promener et à visiter Athènes plutôt que de perdre votre temps pour trouver des cadeaux à offrir, Micropolis est l'échoppe de souvenirs idéale ! Dans cette petite boutique située près du Musée de l'Acropole, vous ne trouverez que du *made in Greece* : des bracelets arborant le *mati* (« l'œil ») qui chasse le mauvais sort aux jolies serviettes de bain et aux savons à l'huile d'olive, vous trouverez sûrement de jolis cadeaux à offrir. Les prix sont variables, mais il y en a pour toutes les bourses et tous les goûts.

UOA GIFTS SHOP

Panepistimiou 30
✆ +30 210 36 89 696
Du lundi au vendredi de 9h à 15h. Vente en ligne, également. Une 2e boutique se situe au 52, rue Akadimias, 5e étage.

L'Université d'Athènes, fondée en 1837, a été, pendant plus d'un siècle, abritée dans ce magnifique bâtiment néoclassique situé sur la rue Panépistimiou, construit en 1841. Aujourd'hui la bâtisse n'accueille plus que les services administratifs ainsi qu'une jolie boutique proposant une sélection de cadeaux à offrir ou pour se faire plaisir : foulards en soie, bijoux et autres objets avec l'emblème de l'institution, la déesse Athéna. Il y a en a pour toutes les bourses. Excellente occasion pour avoir en même temps un aperçu de l'intérieur de ce bâtiment historique.

ARAPIAN

41 Evripidou
✆ +30 210 321 7238
www.arapian.gr
Ouvert tous les jours entre 8h30 et 20h. Fermé le dimanche

Établi depuis 1922 par S. Arapian, d'origine arménienne. Le magasin est très connu pour ses différentes sortes de *pastourma*, ses *soudjouk* (saucisses d'origine turque), sa charcuterie et ses fromages fermentés. On y trouve également un très bon *raki* vendu en bouteille, une excellente sauce de grenade, parmi d'autres délices à goûter sur place avant de faire votre choix. En bref, une remarquable adresse pour les gourmets qui souhaitent rapporter dans leurs valises des produits d'épicerie fine irréprochables et que l'on ne trouve pas en France.

ATHENIAN DELI

Sarri 35
✆ +30 211 418 0767
www.atheniandeli.gr/
Ouvert du dimanche au jeudi de 8h à 21h.
Le vendredi et le samedi ouvert de 8h à 23h30.

Boutique haut de gamme pour régaler les papilles ou pour faire des courses gourmandes, Athenian Deli est établie dans le quartier de Psiri. La charcuterie, les fromages affinés et tous les produits proposés sont confectionnés chez des petits producteurs et l'entreprise familiale Moulkiotis, des traiteurs et charcutiers renommés. On y trouve aussi bien des produits à la coupe que des salades ou des sandwichs : au jambon enrobé dans du chocolat noir, au jambon cru de porc noir, au jambon d'agneau, entre autres. Gamme de vins de qualité. Une adresse à retenir.

HADZIGEORGIOU

37 Evripidou
✆ +30 210 325 0434
www.evripidou.gr
Ouvert tous les jours, sauf le dimanche, de 7h à 3h30.

La tradition familiale de Hadzigeorgiou, datant de 1937, persiste grâce aux frères Stefanos et Marios qui, dans l'échoppe de la rue Evripidou, proposent des épices, des herbes aromatiques, des tisanes ou des thés, d'une qualité sans faille et à des prix plus qu'abordables. Ne partez pas sans avoir acheté quelques grammes de poivre noir de Vietnam ou de cannelle de Thaïlande, de safran ou de curcuma. A tour de rôle les deux frères sont là pour vous conseiller. Commandes en ligne et livraisons à domicile, vers la France et d'autres pays de l'UE : consultez le site.

QUE RAPPORTER DE SON VOYAGE ?

Kombolois. Ces chapelets de grosses perles que les Grecs roulent sous leurs doigts n'ont rien de religieux. Ils servent juste de passe-temps. Certains sont de grande valeur, selon la nature de la perle utilisée.

Épices et herbes. Au marché central (*Varvakeios*) de la rue Athinas, vous trouverez de très bonnes épices et, surtout, des herbes séchées sauvages. L'origan grec parfume salades et plats chauds d'une saveur unique et forte, très caractéristique. Le thé des montagnes (*tsai tou vounou*) se boit bouilli à l'eau. Vous trouverez également ces ingrédients en supermarché, de bonne qualité.

Icônes grecques. Préférez les magasins spécialisés aux boutiques de Plaka pour acheter votre copie.

Statuettes. Vous pouvez vous contenter d'une imitation de statuette, achetée dans les boutiques de souvenirs de Plaka et Monastiraki. Ou, pour un peu plus cher, acquérir un objet artisanal, signé, dans les musées de la ville comme Benaki ou le Musée Cycladique.

Huile d'olive. L'idéal est de se la procurer chez un petit producteur ou dans une épicerie fine.

Éponges. Dans les boutiques de Plaka et Monastiraki, les corbeilles d'éponges ont un drôle d'aspect. N'hésitez pas à vous en acheter une, elles sont pêchées en mer, séchées et totalement naturelles. A utiliser pour la toilette corporelle.

Céramiques. Assiettes, verres, tasses… en céramique peinte, à tous les prix. Attention au transport !

Sandales de cuir. Certains artisans travaillent le cuir depuis des générations et proposent un choix incroyable de sandales de toutes les tailles et pour tous les goûts, du côté de Monastiraki.

LONIS

7 Athinas
✆ +30 210 646 6989
www.lonis.gr
Le macaron (une pièce) autour de 1,20 €.

Lonis est la pâtisserie qui a réinventé les macarons et propose ces péchés mignons aux mille parfums aux amateurs de cette gourmandise. Depuis 1990, le chef pâtissier enrichit le cœur du macaron des parfums différents de celui du corps : crème légère parfumée au mastic de l'île de Chios - un délice -, chocolat, cerise, praline, citron, pistache, yoghourt, rose, tiramisu, etc. La succursale, installée récemment à la sortie du métro de Monastiraki, est devenue une des références du quartier. Passez-y aussi pour déguster les pralines et les chocolats. A emporter.

MARCHÉ CENTRAL D'ATHÈNES - TO VARVAKIO

rue Athinas et Sofokleous
Ouvert tous les jours sauf le dimanche de 7h à 18h.

A découvrir ici : des dizaines d'étals débordant de viandes, de poissons, de fromages, d'épices et de fruits secs font la vie du marché central d'Athènes. Il grouille surtout à l'heure de midi, alors que les quelques tavernes installées à l'intérieur font le plein, comme la célèbre Panpandréou. L'été, les odeurs sont parfois un peu fortes près des stands de viande ou de poisson, mais la visite vaut le détour. Il y a même des petites tables pour déjeuner.

MASTIHA SHOP

6 av. Panepistimiou et Kriezotou
✆ +30 210 361 4683
www.mastihashop.com
Ouvert du lundi au vendredi de 10h à 20h. Samedi de 10h à 18h.

Ce magasin propose des produits élaborés avec le mastic, la gomme propre à Chios, tirée de la résine du pistachier lentisque à laquelle sont attribuées des vertus médicinales. Le mastic est un ingrédient traditionnel de la cuisine grecque, qui sert à parfumer les brioches, les gâteaux mais aussi les salades... La marque Mastiha Shop l'a remis au goût du jour en commercialisant des produits haut de gamme à base de mastic et en développant la gamme : du chewing-gum aux produits de beauté en passant par des loukoums. Autre boutique à l'aéroport.

MATSOUKAS

6 rue Apollonos
✆ +30 210 32 33 604
www.matsoukastore.com/i-etaireia/
Ouvert tous les jours de 8h à 23h.

Delicatessen qui existe depuis 1959 et qui dispose de plusieurs échoppes dans le quartier. Fruits secs, miel, loukoums, bouchées aux amandes et autres plaisirs sucrés, Matsoukas est une véritable institution à Athènes. La torréfaction des cafés proposés ainsi que le traitement des fruits secs s'effectuent sur place afin de préserver les arômes et saveurs. Au rayon chocolat, on trouve des assortiments de chocolat noir, au praliné ou au lait, tous faits main. Une grande variété de vins est également proposée. Pour de beaux cadeaux à rapporter dans ses bagages !

PANTOPOLION

34 Dimitrakopoulou
✆ +30 210 325 48 90
www.pantopwlion.gr
Ouvert tous les jours de 10h à 22h.

Après avoir passé 35 ans au parquet, deux avocats, amis de longue date, décident de plaider la cause des produits du terroir grec de qualité. Dans leur épicerie fine flambant neuve, on découvre une grande sélection de produits aux saveurs authentiques, traditionnelles et typiques. On peut s'y approvisionner en feta, en miel, en charcuterie, en légumes secs ou en petites douceurs sucrées, etc. Vous pouvez également vous installer en terrasse et apprécier des moments de convivialité. Goûtez aux bières grecques ! Le magasin prépare également des coffrets-cadeaux.

PERI LESVOU

27 rue Athinas
✆ +30 210 32 33 227
www.perilesvou.gr
Ouvert du lundi au vendredi de 9h à 18h et le samedi de 9h à 17h. Fermé le dimanche.

Une boutique pour découvrir les produits et les spécialités de l'île de Lesbos et des îles de la mer Egée du nord : des olives, du miel, des fromages (ceux de l'île de Lemnos sont à déguster), de la charcuterie, des pâtes, des sardines et anchois, et, surtout, le fameux ouzo, grande spécialité de Lesbos. On y trouve également les fameuses confitures ou la liqueur de mastic, cette résine aromatique et unique provenant de l'île de Chios. Ne partez pas sans, entre autres, une boîte de crevettes marinées ou un paquet de couscous à la truffe noire…

Marché central.

ATTICA

9 Panepistimiou
© +30 211 1802600
www.atticadps.gr/en
Ouvert du lundi au vendredi de 10h à 21h (et 20h le samedi). Fermé le dimanche.

Disons que c'est un peu l'équivalent de notre Printemps à Paris, avec la même classe et les mêmes prix (pas donnés). Derrière ses immenses vitrines, très parisiennes, Attica réunit surtout les marques les plus prestigieuses de prêt-à-porter et de beauté, sur plusieurs étages. C'est simple : cette bâtisse néoclassique abrite le plus grand magasin de prêt-à-porter de Grèce. Vous y trouverez toutes les plus grandes marques du marché, surtout internationales. A retenir, cependant, un très agréable café au dernier étage. Entre deux courses...

BSB

43 Ermou
© +30 210 324 1746
www.bsbfashion.com

C'est sans aucun doute la marque grecque de vêtements féminins qui connaît le plus grand succès ! Créée en 1980, la compagnie BSB conçoit aussi bien des robes de soirée en soie que des jeans ou des polos pour le quotidien. On trouve plus de 600 magasins de l'enseigne répartis dans la capitale grecque et sa banlieue, dans les villes grecques mais, également, dans les pays étrangers. BSB propose des collections de vêtements, d'accessoires et de chaussures à la mode pour un *total look*. Le personnel est bien formé et de bon conseil.

FOLLI FOLLIE

19 Ermou
© +30 216 10 07 800
www.follifollie.com/gr-el/home
Ouvert du lundi au vendredi de 10h à 21h. Samedi de 10h à 20h.

La réussite, initiée en 1986 en Grèce par Dimitris Koutsolioutsos, est née ici, à Athènes. Aujourd'hui, c'est une célèbre marque grecque de montres et bijoux de très bonne facture, dont la renommée a dépassé les frontières. Très belles créations, renouvelées à chaque saison. En vitrine : des grosses bagues, des colliers, des bracelets et des montres à prix abordables. Mais aussi des sacs souvent colorés. Cette chaîne de magasins - déjà une quinzaine à Athènes - est une réussite grecque qui s'exporte avec des boutiques à Paris, Londres…

HARIS COTTON

111 Adrianou
© +30 210 32 27 560
www.hariscotton.com/el/stores/
Ouvert tous les jours de 9h30 à 23h.

Depuis 1975, cette marque de vêtements grecque pour hommes et femmes propose de jolies créations. La marque Haris Coton a pu grossir en répondant à la demande croissante de ses créations qui suivent des critères écologiques très stricts. Les matières premières ainsi que les teintures sont naturelles. Les collections proposées sont modernes, confortables et de style décontracté. Elles sont souvent inspirées de la sculpture et de la mythologie anciennes grecques ou du monde égéen. Les prix sont assez élevés mais la qualité des tissus en vaut la peine.

HONDOS CENTER

39 Ermou
www.hondoscenter.gr/
Café et sandwichs à l'étage.

Tout ce qui a à voir avec les cosmétiques et la beauté se trouve dans ces grands magasins de la chaîne Hondos Center. Un personnel bien formé se met à la disposition des clients pour donner de bons conseils concernant les achats et le maquillage. On y trouve toutes les grandes marques de parfums mais aussi une grande gamme de parfums de niche. Egalement des accessoires et des centaines de maillots de toutes les couleurs, des dessous féminins et masculins, des sacs et une multitude d'accessoires de mode. Grandes marques de luxe et marques en self-service.

ILIAS LALAOUNIS

3 Panepistimiou
© +30 210 361 1371
www.lalaounis.com/
Ouvert lundi, mercredi et samedi de 10h à 16h30 et mardi, jeudi et vendredi de 10h à 20h30. Fermé le dimanche.

Le magasin emblématique d'Ilias Lalaounis se situe en plein centre-ville et vous invite à admirer les collections de ces bijoux qui ont permis la consécration internationale de ce créateur grec, l'unique orfèvre que l'Académie des Beaux-Arts de l'Institut de France a compté parmi ses membres. Sa spécialité ? De très belles répliques ou des créations bien inspirées de bijoux de la Préhistoire au monde byzantin, produites par les ateliers du plus célèbre joaillier grec. Quatre autres boutiques à Athènes, dont une à l'aéroport, et une à Paris.

INKHEAD

72 Hippocratous ✆ +30 21 0361 7040
www.inkhead.gr
Ouvert de 10h à 15h lundi, mercredi et samedi. Ouvert de 10h à 14h30 et de 17h30 à 20h30 le mardi, jeudi et vendredi.

Un atelier de création et de design d'habits, notamment des tee-shirts. Chacun existe en version limitée, et son motif repose sur une histoire entière que le dessinateur se fera un plaisir de vous raconter. La plupart des tee-shirts sont organiques, faits soit en coton soit en fibre de bambou, de très bonne qualité. On apprécie l'idée de rapporter un cadeau qui soit original, pas issu d'une production de masse, écologique et *human-friendly*. Les produits sont aussi disponibles sur leur site Web, mais tout n'y est pas. Donc si vous aimez ce que vous voyez en ligne…

KALOGIROU

4 Patriarchou Ioakim ✆ +30 210 3356 401
whyathens.com/kalogirou/
Ouvert lundi et mercredi de 9h30 à 17h. Ouvert mardi, jeudi et vendredi de 9h30 à 21h et samedi de 9h30 à 18h.

Entreprise familiale de chaussures depuis 1890, Kalogirou a su renouveler ses collections et fait partie des plus grandes marques de chaussures de luxe du pays. Outre la qualité, les créations sont aussi ultra branchées ! A la fin des années 1960, on trouvait les créations de cette entreprise dans toutes les grandes surfaces renommées, telles que Bloomingdales à New York. A partir des années 1980, les grands *brands*, Prada, Gucci, Casadei et Sergio Rossi, entre autres, ont choisi les boutiques de Kalogirou pour se faire connaître de la clientèle grecque.

KATRAMOPOULOS

14 rue Kriezïotou
✆ +30 210 362 7488
www.katramopoulos.gr
Ouvert lundi, mercredi et samedi de 10h à 16h et mardi, jeudi et vendredi de 10h à 20h.

Katramopoulos occupe une place à part dans le paysage de joaillerie. Son fondateur, le célèbre joaillier grec Katramopoulos, a commencé à créer des bijoux de style en 1873 à Smyrne (l'actuelle Izmir) en Asie Mineure avant de s'installer à Athènes. Depuis, l'art des bijoux de luxe faits main se transmet d'une génération à l'autre. Actuellement, G. Katramopoulos, artisan d'art comme ses prédécesseurs, propose des créations esthétiques, attrayantes et uniques assemblées à la main. Très belles montres Rolex, Montblanc et Tudor également.

KILO SHOP

Ermou 120
✆ +30 210 3237 203
www.kilo-shop.gr
Ouvert tous les jours de 9h à 21h. Le dimanche de 10h à 18h. Entre 25 et 65 € par kilo, selon la catégorie.

Il s'agit de la succursale de l'enseigne Un Kilo Shop fondée dans les années 1980 à Paris, spécialisée dans la vente des vêtements réutilisés et recyclés. Le magasin d'Athènes, se situant tout près de la place Monastiraki, propose un (très) vaste choix d'habits vintage et de fripes mais aussi des accessoires divers, des chaussures et des bijoux. On y trouve, entre autres, des kimonos authentiques, des chemisiers Paloma Picasso, des jeans de marque (Levi's, Lee & Wrangler), etc. Il y en a pour tous les goûts : plus de 16 000 articles sont proposés !

KOMBOLOGADIKO

9 Amerikis
✆ +30 212 700 0500
www.kombologadiko.gr
Lundi, mercredi et samedi, ouvert de 10h à 16h. Mardi, jeudi, vendredi, de 10h à 21h.

Un des magasins les plus réputés pour ses créations artisanales de komboloïs. Ces chapelets ne quittent pas les mains des Grecs, jeunes ou vieux, qui égrènent leurs perles faites d'ambre, de pierre ou de bois, selon le modèle. Possibilité de visiter l'atelier de fabrication. Vous trouverez ici une grande variété de komboloïs dans toutes les gammes de prix. Mais la raison principale pour laquelle nous avons aimé ce magasin, c'est le personnel et son approche didactique. Si vous souhaitez acheter des articles grecs authentiques, ne cherchez pas plus loin !

KORRES

4 Ermou
✆ +30 210 32 10 054
www.korres.com
Ouvert tous les jours de 10h à 21h.

Issu d'une famille de pharmaciens, George Korres lance cette excellente marque de cosmétiques en 1996. A base de produits naturels et bio, les gels douche Korres, mais aussi les crèmes solaires ou les baumes à lèvre ont su conquérir la Grèce et même des pays étrangers ! Des magasins ont en effet ouvert à Londres, Paris, Barcelone ou New York. Tout aurait commencé avec une recette de grand-père transmise au fondateur Georges Korres sur leur île de Naxos. A rapporter dans ses valises car les prix sont plus intéressants sur place !

LIANA VOURAKIS

42 Pindarou
✆ +30 210 3619 441
www.lianavourakis.com
Ouvert lundi, mercredi et samedi de 10h à 16h et mardi, jeudi et vendredi de 10h à 20h30.

Liana Vourakis appartient à la troisième génération d'une famille des joailliers présents sur le marché du bijou grec depuis 1926. Ayant amené un air de modernité tout en respectant la tradition familiale, la créatrice reste fidèle à la production artisanale et la qualité des métaux précieux assemblés à la main. Resplendissantes, les créations – bijoux et accessoires – de Liana Vourakis sont gaies, fantaisies, et directement inspirées du folklore grec. Une ligne pour bébés et enfants est également proposée, particulièrement mignonne.

LIKE YESTERDAY'S

Protogenous 16
✆ +30 216 7004 810
Ouvert lundi et mercredi de 11h à 17h, mardi, jeudi et vendredi de 11h à 20h30, samedi de 11h à 18h.

Une très belle collection d'objets vintage, tout droit venus des États-Unis et de Hollande puisque, selon les propriétaires de la boutique, ces pays-là possèdent encore aujourd'hui un grand stock de vêtements et de faux bijoux des années 1970 et 1980. Pantalons à pattes d'éléphants, chemises à imprimé floral, robes de soirée, bijoux, sac à mains, chapeaux et écharpes… Tout y est ! S'y trouvent également quelques pièces anciennes, mais uniques et très rares, faites par des tailleurs grecs de l'époque. Les prix sont corrects pour de tels trésors !

RIEN

2-4 Triptolemou
✆ +30 210 342 0622
www.rien.gr
Ouvert du lundi au vendredi de 12h à 19h.

Penny Vomva a ouvert son atelier de couture pour y présenter ses créations, sympathiques et fraîches. Inspirée des pièces de théâtre, du ballet classique mais aussi de la musique rock, la créatrice propose des collections que l'on distingue par leur style. On la voit travailler, méticuleuse et très concentrée, au milieu des rouleaux de tissus, rubans et ciseaux, dessins et croquis, sur de grandes tables en bois, à côté des cintres sur lesquels sont présentées ses créations. De jolis sacs, bijoux et accessoires assortis à ses collections.

TO KOMBOLOÏ TOU PSIRRI

13 Agion Anargiron
✆ +30 210 3243 012
https://kobojewels.gr/el/?fbclid=l
Ouvert tous les jours de 9h à 22h.

Une petite échoppe, située dans l'une des rues les plus animées de Psirri. La propriétaire propose de jolis bijoux, des porte-clés faits par ses soins ainsi que des komboloïs, et à des prix très abordables. Les komboloïs sont des objets qui ressemblent à des chapelets traditionnels, mais qui ne sont pas destinés à accompagner vos prières, mais à vous détendre ou, tout simplement, vous occuper les mains. Dans cette échoppe, on peut donc trouver des komboloïs variés et de qualité : composés de perles en ambre (le classique), en verre, etc.

YESTERDAY'S BREAD & SONS

87 Kallidromiou & Ioustinianou
✆ +30 210 881 1233
https://yesterdaysbread.company.site/
Ouvert de 11h30 à 16h les lundis, mercredis et samedis, et jusqu'à 20h les mardis, jeudis et vendredis.

Située sur la rue Kallidromiou, la plus belle rue d'Exarchia, cette boutique propose depuis 1999 des vêtements, chaussures et accessoires vintage et des fripes de très bonne qualité. Pour les fans de vintage, c'est l'adresse la plus branchée ! T-shirts, chapeaux, robes, chaussures, accessoires des années 1960-1970… Des trésors sont à dénicher dans cette friperie récemment aménagée dans un nouveau local, plus grand, d'un style qui, selon les deux propriétaires, est futuriste et rétro en même temps. Cabines d'essayage aménagées en salle de douche !

ZOLOTAS

10 Panepistimiou
✆ +30 210 3601 272
www.zolotas.gr
Ouvert le lundi, le mercredi et le samedi de 10h à 16h et le mardi, le jeudi et le vendredi de 10h à 20h.

Depuis 1885, la maison a créé des bijoux et des couronnes pour la famille royale de Grèce et pour l'aristocratie d'antan. Ayant comme devise que le bijou est la rencontre entre la matière et le temps, Emmanuel Zolotas a fondé ainsi la maison historique de l'orfèvrerie de Grèce. Passant de père en fils, le talent se transfère à son fils, Xénophon, qui va, entre autres, collaborer avec Claude Lalanne (sculptrice) et Paloma Picasso. Marianne Le Clère-Papalexis est aujourd'hui la présidente de la griffe reconnue dans le monde entier.

ANTIQUE BOOKS PRINTS & MAPS

Kolokotroni 15
✆ +30 210 32 30 923
www.antiquebooksandprints.com/
Ouvert du lundi au samedi de 9h à 15h. Fermé le dimanche. Gravures originales à partir de 30 €.
Pour ceux qui désirent décorer leur intérieur avec une page d'histoire de la Grèce mais aussi de l'Athènes d'antan, cette adresse est l'endroit idéal. Sachant que les plus anciennes gravures remontent à 1460, pas besoin d'être un collectionneur pour s'offrir ou offrir une œuvre originale. Un grand choix de gravures originales, certifiées, sur pierre et sur cuivre, ainsi que des éditions rares, est proposé à des prix qui peuvent satisfaire toutes les bourses.

THE ATTIC BLACK SHOP

Diagora 4
✆ +30 210 32 32 005
www.atticblack.com
Ouvert du lundi au samedi de 9h30 à 17h. Fermeture les trois premières semaines d'août. Vente en ligne également.
Si vous désirez découvrir le savoir-faire exceptionnel d'un artisan passionné, il faut vous rendre à l'atelier-boutique The Attic Black Shop. On y trouve des reproductions de céramiques anciennes grecques et plus précisément celles à figures rouges, un type de céramique développé essentiellement à Athènes. Choisissez, parmi ces objets d'art de haute qualité, un pour embellir votre intérieur. Parmi les créations originales : les coffrets d'initiation à l'art antique et à l'archéologie destinés aux enfants et les reproductions de poupées retrouvées en Béotie.

MON COIN STUDIO

Thissiou 7
✆ +30 210 32 17 806
www.moncoinstudio.com
Ouvert de 10h à 17h. Fermé le dimanche.
Éléonore Trenado-Finetis, artiste française, aime décidément la Grèce, plus particulièrement Athènes, l'art céramique et le design. Pour en avoir un aperçu, il faut se rendre dans son atelier/boutique situé à Thissio. On y admire des objets modernes aussi bien purement décoratifs qu'usuels et qui témoignent d'un savoir-faire incontestable et d'un goût pour le style éclectique. L'ensemble des créations peut être brièvement décrit en quelques mots : formes, lignes, couleurs épurées et talent. Très souvent, dans la boutique, d'autres artistes exposent leurs œuvres.

THE LOOM

Adrianou 94
✆ +30 210 32 38 540
www.theloomcarpets.com/
Ouvert en général entre 9h30 et 21h. Les horaires peuvent changer en haute saison.
En franchissant le seuil du The Loom, magasin aux mille et un trésors tissés, noués ou peints à la main, on est transporté dans un monde d'antan. Laissez-vous inspirer par la grande gamme de tapis authentiques en laine, en soie, afghans (Khal Mohamaddi, Aqche…), persans (Abadeh, Hamadan, Efsahan..), turkmènes, baloutches, etc., choisis par ce grand expert qu'est le propriétaire. On y trouve, également, une grande collection de kilims, traverses, taies de coussins, tentures pour le mur. Le choix n'est pas facile mais il y en a pour toutes les bourses.

MARCHÉ AUX PUCES

Autour de la rue Ifestou
Ouvert tous les jours de 8h à 18h.
Vous ne ferez pas un séjour à Athènes sans passer par Monastiraki... ni sans tomber dessus. Ou plutôt plonger dedans. Autrefois bazar turc, ce marché aux puces est aujourd'hui envahi de boutiques classiques et modernes. Lorsqu'on s'éloigne de la rue principale, on découvre encore une multitude de petites échoppes vendant de vieux objets de déco ou utilitaires, des chaises, des tables, mais aussi des vêtements ou de vieux livres. Le marché aux puces est aussi appelé Gioussouroum, en référence au nom du premier antiquaire qui avait son magasin sur la place.

XECHASMENES GEITONIES

✆ +30 210 29 29 723
Exposé régulièrement sur le marché d'artisanat qui ouvre l'été à Syntagma, ce couple d'artistes n'a pas de magasin fixe. L'idéal, c'est de repérer sur leur page Facebook ce qui vous intéresse et de leur passer un coup de fil ou leur adresser un mail ; ils sont adorables et se rendront disponibles. Ils fabriquent des objets de décorations ou utilitaires (lampes, miroirs) dans un style personnel reconnaissable, notamment avec des scènes de vie, de quartier, de quotidien. Les détails sont sûrement ce qu'il y a de plus appréciable.

ANAVASI BOOKSHOP TRAVEL

32 Voulis
✆ +30 2103218104
www.anavasi.gr
Ouvert mardi, jeudi et vendredi de 9h30 à 21h, lundi et mercredi de 9h30 à 17h et samedi de 10h30 à 18h.

Anavasi, c'est d'abord une marque qui impose le respect et que vous aurez sans doute utilisée lors d'un précédent séjour en Grèce. C'est simple, cet éditeur vend les meilleures cartes de la Grèce et d'Athènes, extrêmement précises et mises à jour. Il commercialise aussi une grande variété de livres et guides de voyages, dont certains en français, sans compter de magnifiques albums de photos sur la Grèce (bonne idée cadeau) et plein de conseils pour les amoureux de randonnée. Si la boutique en ligne marche bien, quel bonheur de rêver aussi en magasin…

INTERNATIONAL PRESS & BOOKS

73 Panepistimiou
✆ +30 210 32 10 989
www.internationalpress.gr
Ouvert tous les jours, sauf le dimanche, de 9h à 21h.

Il s'agit d'un kiosque à journaux et librairie qui répond depuis des années aux exigences des lecteurs de presque toutes les nationalités en visite à Athènes. Bien pratique, juste à la sortie du métro Omonia, au centre de la ville, cet établissement propose un large choix de magazines et journaux français. Se spécialisant également dans la littérature étrangère, on y trouve quelques ouvrages français ainsi que des livres d'auteurs grecs traduits en français.

LE LIVRE OUVERT

77 Solonos
✆ +30 210 36 29 703
www.lelivreouvert.gr
Ouvert lundi et mercredi de 9h à 17h, mardi, jeudi et vendredi de 9h à 20h et samedi de 10h à 16h.

Cette librairie francophone, ouverte depuis 2010, est très bien achalandée. Vous y trouverez des romans, des livres sur la Grèce, des livres pour enfants ou adolescents et des ouvrages sur la mythologie grecque. Elle tâche de répondre aussi bien aux exigences du public francophone grec qu'à celles des Français qui séjournent ou qui sont en visite à Athènes. On y trouve également de la presse française ou étrangère. La librairie, très accessible, est située dans le quartier d'Exarcheia, à proximité de la station du métro Panepistimio.

MR VINYLIOS RECORD STORE

24 Ifaistou
✆ +30 210 331 2813
Ouvert de 10h à 20h tous les jours (17h dimanche, lundi et mercredi).

Le meilleur disquaire d'Athènes pour les amateurs. Depuis 20 ans, le propriétaire du magasin, un technicien du son ancien producteur de radio, accumule les vinyles dans son magasin bien connu des mélomanes. Niché au fond d'une ruelle, ce disquaire indépendant vaut le détour avec sa collection impressionnante d'artistes étrangers et grecs, à des prix tout à fait corrects. Le vendeur est très sympathique et le choix est large. Les vinyles sont souvent des pressages originaux, principalement grecs. Une belle collection d'environ 50 000 disques…

OPERA COMPACT DISC

Akadimias 57
✆ +30 210 36 26 137
www.operacd.gr/
Ouvert lundi et mercredi de 9h30 à 18h. Jeudi et vendredi de 9h30 à 20h30. Le samedi de 9h30 à 16h.

Ceux qui adorent pousser la porte de la musique classique, ils n'ont qu'à franchir le seuil de l'Opera Compact Disk afin de découvrir une sélection impressionnante de CD de musique classique. Ce magasin s'adresse à tout mélomane et collectionneur à la recherche de vinyles et CD, avec des versions rares de musique classique, de jazz, d'opéra ou des DVD des concerts célèbres produits dans le monde entier. Les discophiles y trouveront également des coffrets devenus ces derniers temps un objet de collection. Personnel expérimenté et très accueillant.

POLYGLOT

84 Akadimias
✆ +30 21 0330 0455
www.polyglotbooks.gr/
Ouvert du lundi au vendredi de 10h à 20h et le samedi de 10h à 16h. Fermé le dimanche.

Librairie qui dispose de pas mal de livres en français, tant de vieux ouvrages que de récents. Également livres en espagnol, anglais, allemand, etc. On y trouve aussi de nombreux livres pour apprendre les langues étrangères aux enfants et aux adultes : si vous désirez avoir une conversation correcte en grec et en un peu de temps, n'hésitez pas ! Le personnel est très compétent et vous sera de bon conseil. Vous avez également la possibilité de commander n'importe quel ouvrage et de vous le faire livrer si vous restez à Athènes sans frais supplémentaires.

BOUGER & BULLER

Si la capitale n'est pas connue pour ses espaces verts (ni son air pur), des sportifs y trouvent leur compte. A part s'inscrire à son prestigieux (et fatigant !) marathon, il peut être agréable d'aller courir tout simplement sur sa ligne d'arrivée, tôt le matin, autour du stade panathénaïque en marbre. Le siège des premiers Jeux olympiques modernes offre en effet certaines des vues les plus spectaculaires sur la ville. Il est aussi possible d'assister à des compétitions sportives en spectateur. Sinon, pour avoir davantage de choix, il faudra souvent sortir du centre, notamment pour se baigner le long de la côte, au sud d'Athènes. Enfin, il reste aussi de belles options détente, comme ses traditionnels hammams. On s'assoit sur les bancs circulaires en marbre ou sur la dalle chaude et on profite des bienfaits de la vapeur d'eau pour se détendre comme d'autres Athéniens jadis. L'idéal pour nettoyer son corps et l'esprit.

PRATIQUE
BOUGER & BULLER

BUDGET / BONS PLANS
Participer au Marathon d'Athènes est une belle occasion de connaître la capitale grecque et son histoire et c'est gratuit ! Les plages à proximité de la ville sont libres d'accès, mais si vous pensez y passer la journée, optez pour un transat et un parasol, assez souvent payants, mais pas inabordables.

C'EST TRÈS LOCAL
Entre tous ses sites archéologiques, ses musées et galeries, Athènes propose aux visiteurs plusieurs activités à ne pas manquer ! Les saunas, le Jardin national et les piscines de plein air des grands hôtels sont des véritables oasis lors de son séjour.
Les collines autour du centre-ville, telles que Lycabette, se prêtent pour contempler la capitale grecque, surtout pendant le coucher du soleil.

VOS PAPIERS SVP
Une pièce d'identité est demandée lorsqu'on veut louer un véhicule, le plus souvent le permis international de conduire est suffisant. Cela va de même pour la location d'un bateau. Les véhicules proposés à la location sont en assez bon état, mais nous vous conseillons cependant de bien vérifier l'état général avant d'accepter les clés et, surtout, de bien vous mettre d'accord sur le type et le coût de l'assurance. Les clubs de plongée sous-marine que l'on trouve aux environs d'Athènes sont obligés de demander un certificat de santé lors de votre inscription, mais, parfois, ils ne se formalisent pas pour autant. Soyez donc responsable, car il s'agit de votre sécurité.

A RÉSERVER
Il est de bon conseil de réserver par une agence ou directement sur les sites votre activité préférée.

LES PHRASES CLÉS

Bonjour, comment puis-je me rendre à… ? Est-ce loin ?
Παρακαλώ, πώς θα μπορούσα να πάω στο...; - Είναι μακρυά;

J'aimerais aller courir. Il y a un coin sympa pour cela dans la ville ?
Θα ήθελα να πάω για τρέξιμο. Υπάρχει κάποιο όμορφο μέρος για τρέξιμο στην πόλη;

J'adore cuisiner. Savez-vous où je peux trouver des cours de cuisine ?
Μου αρέσει η μαγειρική. Πού θα μπορούσα να παρακολουθήσω μαθήματα μαγειρικής;

Vous pourriez m'indiquer une salle de sport pas très loin ?
Μπορείτε να μου πείτε πού είναι το πιο κοντινό δημόσιο γυμναστήριο;

Quel est le sport national ?
Ποιο είναι το εθνικό άθλημα;

Pensez-vous que nous pourrions voir cela ou même participer ?
Θα μπορούσαμε να το παρακολουθήσουμε ή να το δοκιμάσουμε;

ADVENTURE PARK

Epar.Od. Malakasas-Markopoulou
✆ +30 22950 98 335
www.adventure-park.gr
En saison, 7j/7 de 10h à 20h. En basse saison : de mercredi à dimanche de 10h au coucher du soleil. Entrée : 25 et 45 €.

En pleine forêt, ce parc d'accrobranche, très professionnel, promet des moments de sensations fortes mais, également, de plaisir et de détente dans un cadre verdoyant. Destiné aux enfants, adolescents et adultes, ce centre de loisirs multiactivités propose des parcours d'escalade, de sauts, de glisse entre les arbres. Les enfants à partir de 3 ans peuvent s'amuser au trampoline et les adultes peuvent s'entraîner au tir à l'arc… Idéal pour passer une après-midi hors d'Athènes en famille. En cas de mauvaise météo, le centre reste fermé.

E.O.O.A. - SOCIÉTÉ GRECQUE D'ALPINISME

Milioni 4
✆ +30 210 36 45 904
www.eooa.gr

La décision concernant la fondation de ce club a été prise sur le sommet du mont Olympe en 1927 par une bande d'alpinistes grecs, français et suisses. Depuis cette date-là, le club, qui n'arrête pas à multiplier ses succursales, a rendu les randonnées mais aussi les sports d'hiver très populaires en Grèce. Le club met à disposition des cartes gratuites, à jour, bien pratiques. Il pourra vous conseiller des randonnées dans les montagnes autour d'Athènes.

LE SPORT DANS L'ADN

Il devient de plus en plus fréquent, surtout le dimanche matin, de voir les parcs et les espaces verts d'Athènes et alentour se remplir de yogis de tout âge qui, sur leur tapis, tentent d'augmenter leurs sens. Il est également plus fréquent de voir sur les trottoirs, les plus improbables et sinueux de la ville, les adeptes du footing zigzaguer entre les passants, tout en surveillant leurs battements de cœur sur leurs appareils sophistiqués. Il n'est pas rare, non plus, lorsqu'on se promène en ville, de se sentir menacer par des meutes des cyclistes, ou les adeptes des trottinettes électriques, qui semblent s'impatienter devant un feu rouge. Eh oui ! Les Athéniens ont pris la décision de s'exercer le corps, coûte que coûte. Ce phénomène a pris des dimensions remarquables dès l'enclenchement de la crise économique, en 2010. La lutte contre la dépression, a, en fait, poussé les gens de cette surprenante capitale de retrouver le plaisir dans les sports jusqu'alors méconnus ou peu pratiqués. Le Pilates, le yoga en plein air, le crossfit, le pole dancing, l'escalade, le mountain bike, la marche, etc., ont permis aux Athéniens de sortir massivement des salles de gym et de donner un peu d'énergie à la capitale grecque, qui, à l'époque, ne pratiquant que l'haltérophilie, essayait de soulever les poids de la dette extérieure. Le goût des Athéniens pour ne pas se laisser aller est finalement visible aujourd'hui un peu partout en ville. On continue à s'échauffer, car on se prépare pour une nouvelle compétition !

FÉDÉRATION HÉLLÉNIQUE D'ÉQUITATION

✆ +30 229 90 49 350
www.hef.gr

Dès 680 av. J.-C., les courses de chars et plus tard les courses de chevaux commencent à être aussi populaires en Grèce antique que l'athlétisme. Toutefois, à la période moderne, il faut attendre la fin des années 1930 pour que les courses hippiques redeviennent populaires en Grèce. Renseignez-vous auprès de la fédération si vous souhaitez passer quelques moments de détente dans l'un des centres équestres se situant dans les alentours verts d'Athènes.

VERNIKOS YACHTS

11 Posidonos
✆ +30 210 989 6000
www.vernicos.gr
Ouvert de 10h à 19h du lundi au samedi.

Etablie à Athènes depuis 1975, cette agence perpétue le succès et la renommée d'une longue tradition familiale qui commence au XIXe siècle à Istanbul et continue plus tard à Sifnos, une des îles des Cyclades. Nikos Vernicos, issu de cette famille d'armateurs grecs, est actuellement le président de Vernicos Yaghts, la première agence grecque qui s'est intéressée et a introduit le tourisme maritime en Grèce, à partir de 1979. La compagnie, très réputée parmi les professionnels du tourisme, est spécialiste de la vente et de la location de bateaux à voile et à moteur.

ETHERFLOAT

Tsakalof 44
✆ +30 210 36 16 060
www.etherfloat.gr/information-contact/
Ouvert du mardi au samedi, de 10h à 22h.
Session d'une heure de flottaison, compter 49 €.
Massage : 60 €/1h.

Si, lors de votre séjour à Athènes, vous désirez vivre l'expérience insolite d'un état profond de relaxation aussi bien physique que spirituelle, si vous voulez vous libérer de toute contrainte, le Etherfloat est l'adresse idéale. Il s'agit d'un centre très professionnel qui propose des sessions de flottaison et des massages et qui vous offre la possibilité de vous retrouver durant de longs moments seul avec vous-même. Le personnel est très accueillant et expérimenté. La propreté des lieux est irréprochable. Il est conseillé de réserver avant de vous y rendre.

HOLMES PLACE SPA

4 Stadiou et Voukourestiou
✆ +30 210 32 59 400
www.holmesplace.com/gr/gr/clubs/athens

Le club de sport le plus select d'Athènes propose des abonnements à la semaine et des séances de spa asiatique basées sur des thérapies ayurvédiques, dans un cadre propice à la détente du corps et de l'esprit. Etabli depuis 20 ans déjà en plein cœur de Syntagma, au centre de la capitale grecque, ce club propose en outre des cours de danse et d'arts martiaux. Les programmes exprès, spécialement conçus pour les besoins de chacun, sont idéals lorsque votre séjour à Athènes est bref, mais que vous tenez, malgré tout, à une remise en forme rapide et efficace !

HAMMAM BATHS

1 Melidoni
✆ +30 210 323 10 73
www.hammam.gr/el/home
Ouvert du lundi au vendredi de 12h30 à 22h, et le week-end de 10h à 22h. Réservé aux femmes le mardi. Entrée 25 €.

Un endroit idéal pour nettoyer son corps et détendre son esprit. Ce petit hammam est situé dans le quartier de Thissio, à 300 m de la station de métro. Ce hammam est réputé et sa capacité est limitée à 8-10 personnes au maximum. On s'assoit sur les bancs circulaires en marbre ou sur la dalle chaude centrale. Et on profite des bienfaits de la vapeur d'eau pour se détendre. Testez la formule Ali-Mama Hammam : ce rituel commence par un hammam classique suivi d'un gommage exfoliant de tout le corps et se termine par un massage revitalisant.

MAVILI BEACH-AIRHOTEL ALEXANDROS

8 Timoleontos Vassou ✆ +30 216 200 7699
https://mavilibeach.gr/
Ouvert en saison. Lundi- jeudi, de 10h30 à minuit. De 10h à minuit, du vendredi au dimanche. Réservation recommandée.

En plein cœur d'Athènes, une plage cycladique vous propose une expérience estivale unique pour se rafraichir autour d'une piscine aux eaux... cristallines ! Des tonnes de sable constituent cette plage inattendue, des bougainvilliers et des oliviers vous protègent du soleil lors d'un repas ou d'un verre, des transats et des parasols vous permettent de vous détendre ! Profitez de cet endroit exceptionnel pour une plongée nocturne ayant pleine vue sur le mont Lycabette illuminé !

HAMMAM SHAHRAZAD

12 Porinou ✆ +30 210 9237527
https://hammamshahrazad.gr/contact-2
Ouvert 7j/7, de midi à 22h. Uniquement sur rendez-vous. Réductions 10% pour couples et groupes. Hammam 35 €/60 min.

Shahrazad est un véritable havre de paix se situant au pied d'Acropole, en plein cœur du quartier Thissio. Dans une décoration chaleureuse, avec tons dorés et touches de bleu cobalt, on est aussitôt transporté en Orient à la découverte de la détente ! Il s'agit d'un établissement qui offre à sa clientèle une parenthèse enchantée, tout en adaptant la tradition du hammam aux besoins actuels : on y propose aussi un spa urbain, des séances de massage et des soins du corps. Les lieux sont d'une propreté remarquable et le personnel est très accueillant et professionnel.

THE NAIL BAR ATHENS

Ificratous 3
✆ +30 210 72 20 567
Ouvert du mardi au vendredi de 10h à 20h et le samedi de 10h à 18h. Fermé dimanche et lundi.

Il s'agit d'une des meilleures adresses proposant des soins de beauté donnés à vos mains et vos pieds ! Rien de plus reposant, après avoir parcouru en long, en large et en travers la capitale grecque, que de lâcher prise en se mettant dans les mains des experts qui vont vous aider à vous relaxer et vous embellir ! Ce salon est apprécié pour la qualité des soins procurés et sa bonne ambiance. Le personnel est agréable, la qualité des soins et des produits utilisés indéniable. Adresse très prisée, pensez à fixer un rendez-vous avant d'y aller.

SORTIR

À Athènes, ville méditerranéenne, les gens sortent beaucoup et souvent très tard, en semaine comme le week-end. Le vendredi et le samedi, les premiers verres se prennent à table puis dans les bars à partir de 22h-23h, jusqu'à 2h-3h du matin. Et il est ensuite temps de se diriger vers les clubs de nuit jusqu'au petit matin. La jeunesse grecque sort tous les jours en été, en pleine forme, puisque, dans l'après-midi, la sieste est de rigueur. En hiver, et en semaine, place à la culture : la capitale ne manque pas de lieux de spectacles. Vous prendrez bien une exposition ou un concert de musique à la Technopolis de Gazi ? Ou un récital classique au Mégaro Mousikis, de la danse au théâtre Dora Stratou, entre autres pièces antiques et festivals prestigieux ? Sans oublier, évidemment, la sortie absolument incontournable en été : une séance de cinéma en plein air… avec vue, au Ciné Paris, sur le film et sur le Parthénon…

SORTIR

TRANSPORTS NOCTURNES

Pour les heures tardives et après une nuit bien arrosée, évitez de prendre le volant. Commandez plutôt un taxi. Une majoration des prix est prévue pour les trajets entre minuit et 5h.

A PARTIR DE QUEL ÂGE

La consommation d'alcool est interdite aux moins de 18 ans non accompagnés. Toutefois, dans tous les bars, plusieurs boissons et cocktails très à la mode sont destinés aux mineurs, afin de passer une soirée agréable entre amis ou adultes.

C'EST TRÈS LOCAL

La séance de cinéma en plein air est un des musts de l'été grec. En ville, des cours fleuries accueillent tables et chaises et spectateurs à la tombée de la nuit pour une projection à la belle étoile.

Films récents ou plus classiques, très souvent en VO et en français !

FUMEURS

On peut fumer dans tous les établissements à ciel ouvert.

LES PHRASES CLÉS

Bonsoir, comment puis-je me rendre à…
Καλησπέρα, πώς μπορώ να πάω στο…

Est ce que cet endroit est tranquille ? Il n'y a pas de problème de sécurité ?
Είναι ήσυχο μέρος; Υπάρχουν θέματα ασφαλείας;

J'aimerais voir un spectacle typique ! Qu'est-ce qu'il y a en ce moment ?
Θα ήθελα πολύ να δω μια παραδοσιακή παράσταση! Ποιες παραστάσεις ανεβαίνουν τώρα;

Je ne comprends pas… pouvez-vous répéter s'il vous plait ? Merci.
Δεν σας κατάλαβα, μπορείτε να επαναλάβετε; Σας ευχαριστώ.

Est-ce que je peux vous offrir un verre ? Quel est le meilleur cocktail de la maison ?
Θα μπορούσα να σας κεράσω ένα ποτό; Ποιο είναι το καλύτερο κοκτέιλ σας;

J'ai la gueule de bois, auriez-vous quelque chose pour que j'aille mieux ?
Έχω πολύ δυνατό πονοκέφαλο, έχετε να μου δώσετε κάτι που θα με βοηθήσει;

BATMAN

40 Theodoritou Vresthenis
✆ +30 210 924 1585
www.batmanbar.eu
Du lundi au dimanche de 21h30 à 6h du matin. Entrée libre.

Pour tous ceux qui ont envie de s'amuser et de faire la fête jusqu'à l'aube. Véritable institution du quartier et de la vie nocturne de la capitale grecque, Batman est l'un des plus connus et anciens bars dansants grecs aux allures de bar des années 1970 qui fait gigoter sa fidèle clientèle au rythme de la musique grecque. En général, la playlist y est de meilleur goût que dans d'autres lieux du même genre. L'endroit est petit, mais chaleureux grâce à la fréquentation généreuse de ses habitués. Tout près du centre d'Athènes, on peut y accéder facilement en métro.

LES BOUZOUKIAS

La nuit athénienne, avant d'être celle des clubbers, a connu le règne des *bouzoukias*. Ces boîtes de nuit dans lesquelles se produisent des artistes locaux, très célèbres, pendant toute une saison, sont extrêmement populaires, même auprès des plus jeunes générations. Certains chanteurs attirent des familles au complet ou des bandes d'amis, qui assistent au spectacle, assis autour de grandes tablées. On y mange et boit à volonté. Les affiches de ces soirées, très kitsch, représentent les artistes très maquillés, en gros plan, et en tenue de soirée. L'ambiance y est bon enfant. Des enterrements de vie de jeunes filles y sont souvent organisés.

BOILER

9 Vlachava
Ouvert du lundi au dimanche de 22h à 4h30. Bière : la quinte autour de 3 €. CB acceptées.

Boiler est le club/bar incontournable de l'Athènes nocturne ! Il propose un bon accompagnement sonore tous les jours de la semaine, et organise souvent des lives de musique électronique ou des concerts dans la salle au-dessus. La soirée déborde souvent dans la ruelle quand la petite salle est comble. Le lieu en lui-même est assez atypique, mais sa popularité ne fait que s'accroitre : sans frais d'entrée, les prix des boissons restent assez bas, la bonne ambiance est toujours au rendez-vous, le personnel est sympa. Pour danser et s'amuser jusqu'au petit matin !

ENASTRON

178 Pireos
✆ +30 210 34 13 550
www.enastronlive.gr/
Le vendredi et le samedi de 23h à 6h. Entrée avec une boisson, 15 €.

Un des célèbres bouzoukia d'Athènes, accueillant pop musique et chanteurs des années 2000, ne lésinant pas sur les effets pour ses spectacles : fumigènes, spots multicolores, paillettes. On s'y défoule en chantant et dansant et on applaudit certaines vedettes de la chanson grecque à la mode. Ce n'est sûrement pas la qualité de la musique qui emportera votre soirée, ni celle des prestations offertes, mais vous allez découvrir un autre aspect de la vie nocturne de la ville. Il est conseillé de réserver si vous voulez tenir le coup jusqu'au petit matin.

DESTIJL SUMMER ROOF CLUB

Pireos 102-104
✆ +30 210 700 51 47
Ouvert du mercredi au dimanche de 20h à 8h. Cocktails à partir de 10 €.

Le Destijl Summer Roof est un club à ciel ouvert, idéal pour une soirée estivale festive et chaleureuse. Sur la terrasse bien aménagée on ne se sent ni bousculés ni entassés, ce qui crée d'emblée de très bonnes conditions pour s'amuser jusqu'à l'aube. Avec une vue imprenable sur l'Acropole, on peut passer une longue soirée entre amis autour d'un verre ou suivre le rythme de la musique qui alterne entre les sons de la pop grecque et les hits internationaux. Le personnel est accueillant et les prix sont raisonnables pour ce type d'établissement.

KIMZU

Triptolemou 46
✆ +30 210 34 14 138
Ouvert du jeudi au dimanche, de 23h à 6h. La bouteille d'alcool entre 80 et 120 € pour 6 personnes.

Ce club, situé en plein cœur du quartier de Gazi, est l'adresse idéale pour la bamboche jusqu'à l'aube et à la belle étoile. Sur le toit-terrasse, les palmiers font partie intégrale du décor, alors que les DJ, parmi les meilleurs d'Athènes, les grands complices des moments inoubliables, choisissent des musiques qui bougent ! Les soirées à thème y connaissent un succès fou auprès des jeunes locaux : Salsa Monkeys, The Comeback Party, entre autres. Une bonne adresse si vous aimez ce genre de divertissements. Il est conseillé de réserver.

KOLOKOTRONI 9

9 Kolokotroni

✆ +30 210 323 2795

Du lundi au jeudi ouvert de 10h à 3h, et du samedi au dimanche ouvert de 10h au petit matin. Boisson à partir de 6 €.

Pendant l'été et à deux pas de Syntagma, vous avez surtout l'occasion de profiter du beau jardin botanique qu'abrite l'adresse pour vous délecter de cocktails et danser jusqu'au petit matin à l'aide de vrais DJ et selon la devise des propriétaires « d'abord on danse et on réfléchit par la suite » ! Vous pourrez également aller à l'étage, en intérieur, et apprécier le cadre bien décoré, quelques pièces d'art et des centaines de livres. La musique, est d'influence futuriste, asiatique, atmosphère que l'on peut aussi retrouver également dans le jardin botanique.

ROMANTSO

3-5 Anaxagora

✆ +30 216 700 3325

www.romantso.gr

Un des clubs immanquables situé en plein centre-ville. Dans cet immense bâtiment à l'architecture surprenante (un sous-sol et quatre étages), on trouve non seulement un café-bar et un club, mais aussi une plateforme créatrice (studios photo disponibles pour jeunes artistes, etc.) et un centre culturel (accueil pour expositions, ateliers…). Des concerts *live* et des soirées musicales très variées s'y organisent à peu près tous les week-ends. En été, on ouvre le *rooftop* pour quelques soirées à danser, endiablés, sous le clair de lune.

KOTES BOOZE COOPERATIVA

57 Kolokotroni

✆ +30 211 405 3733

www.boozecooperativa.com/

Ouvert tous les jours de 11h à 3h.

Un bar décoré comme nul autre, des objets divers et inexplicables, des pans de murs entiers recouverts de peintures, une mezzanine qui expose des photographies, une architecture hors du commun... A Booze, l'art est partout. L'endroit inclut également une galerie d'art, un théâtre, et organise un tas d'évènements artistiques et culturels pendant l'année. LGBT-friendly. L'endroit vaut vraiment le détour car c'est une institution culturelle qui s'apprécie, selon les heures, pour son bar, sa galerie d'art, son théâtre ou sa piste de danse.

THE PENTHOUSE ATHENS

Triptolemou 35

✆ +30 6980912622

www.thepenthouse.gr/

Ouvert vendredi, samedi et dimanche de 23h50 à 5h30. Entrée 15 € avec boisson.

Il s'agit du plus récent et prisé des endroits hip-hop à ciel ouvert à Athènes. En terrasse, ce club est à 100% dédié à la musique rap et RnB internationale et grecque ainsi qu'à l'afrobeat. Il connait un grand succès auprès des jeunes pour ses choix musicaux, bien évidemment, mais aussi pour les prestations offertes : personnel accueillant, sympa et professionnel, qualité du son et qualité des boissons proposées. Le pari du Penthouse - qu'on y aille danser et faire la fête jusqu'au bout de la nuit - est, selon sa fidèle clientèle, gagné d'avance.

OLA ELLINIKA STO GAZI

Triptolemou 50

✆ +30 6907 323024

Ouvert jeudi de 23h à 6h, vendredi, samedi et dimanche de 23h à 7h. La bouteille de whisky ou de vodka : autour de 90 €.

Le oLa ellinika est un club/discothèque qui s'adresse aux fans de la musique grecque. Alors, si vous désirez participer à fond à la vie nocturne athénienne et vous mélanger aux jeunes fêtards grecs, ce club est l'adresse qu'il vous faut. D'un décor simple, l'accent est mis sur la qualité du divertissement : boissons et cocktails de qualité, équipements sonores high-tech, et, bien sûr, projecteurs, jeux de lumière, lasers, machine à effets… Les DJ choisissent et mixent, avec une grande réussite, des chansons grecques et la nuit s'échauffe et dure jusqu'à l'aube.

VOTANIKOS LIVE STAGE

72 rue Iera Odos et Spirou Patsi

✆ +30 210 3473835

https://votanikos.gr/?fbclid=IwAR

Ouvert de novembre à avril. Bouteille d'alcool entre 150 et 200 €.

Il s'agit de la plus vaste scène musicale grand public d'Athènes où se produisent les grandes vedettes de la chanson et qui couvre une grande gamme de la musique contemporaine. Votanikos est un établissement assez luxueux, avec un équipement sonore ultramoderne, de grande qualité et qui respecte toutes les normes de sécurité. On y chante et on y danse jusqu'au petit matin. L'établissement dispose d'un personnel très professionnel qui offre un niveau appréciable de services. Pour le programme, consultez le site. Il est conseillé de réserver.

ATHINAIA EUROPA CINEMA

50 Haritos
✆ +30 211 4130430
Ouvert de 8h45 à 23h tous les jours. Ticket : 9 €.

Si ce cinéma en plein air existe encore aujourd'hui, presque cinquante ans après son ouverture, c'est bien grâce aux efforts de son propriétaire Th. Riggos, un homme d'affaires dans le domaine cinématographique, un passionné de septième art. Il fallait persuader les voisins que le son ne perturberait pas leur sommeil et ce n'était pas rare, avant le jugement définitif du tribunal, que les spectateurs suivent un film avec le son coupé ! Situé à Kolonaki, ses caractéristiques sont le lierre qui grimpe sur les murs de la salle et le choix des films proposés.

CAPITALE DYNAMIQUE

Athènes est une capitale culturelle extrêmement dynamique. En perpétuel mouvement, elle a les yeux rivés sur ce qui se passe à l'étranger mais pas seulement. Elle fourmille d'artistes locaux, très talentueux, et de renommée internationale, dans tous les domaines : peintures, musique, mode, art contemporain, design... De nombreuses fondations privées prennent le relais du service public, alors que la crise a provoqué la coupure de nombreuses subventions. Athènes dispose, par chance, de lieux de spectacles uniques au monde comme le théâtre Herode Atticus ou le mont Lycabette, à la belle étoile.

B&M THEOCHARAKIS FOUNDATION

9 Vassilis Sofias
✆ +30 210 36 11 206
www.thf.gr
Ouvert tous les jours de 10h à 18h. Variable selon la saison. Fermé en août. Cafétéria. Boutique. Concerts.

Abritée dans un bâtiment de 1920 représentatif de la tendance de l'éclectisme, la Fondation se situe en plein cœur culturel, politique et économique d'Athènes, en face du Parlement. Il s'agit d'une fondation culturelle privée et à but non lucratif consacrée aux beaux-arts et à la musique des XXe et XXIe siècles. Elle dispose de plusieurs salles d'exposition et elle est également dotée d'un grand auditorium destiné à l'organisation de nombreux événements.

CINE AIGLI

Jardin du Zappéion
✆ +30 210 3369 300
www.aeglizappiou.gr
Ticket : 10 €.

Le ciné Aigli figure sur le haut de la liste des cinémas de plein air de la capitale grecque. Il s'agit d'un cinéma un peu plus chic que les autres du fait de sa situation : non loin du palais présidentiel, dans la cour du majestueux Zappéion. Il fait partie des cinémas emblématiques d'Athènes tandis que sa longue histoire remonte à 1910. Le premier film proposé aux spectateurs était le court métrage de Georges Hatot et Lucien Nonguet, un film muet français ayant comme titre *Dix femmes pour un mari*, sorti en salles en 1905 !

BIOS

84 Pireos
✆ +30 210 3425335
www.bios.gr
Ouvert tous les jours de 16h à 1h30.

Tout un programme puisque Bios est à la fois un café-bar alternatif et un centre de rencontres artistiques, avec des performances organisées et des artistes exposés. Théâtre, concert, cinéma, expositions… Le Bios ressemble un loft multiculturel, aménagé dans une vieille demeure abandonnée. Mobilier de récup, murs repeints à la main, l'effet est un mélange rétro moderne, dans lequel on se sent indiscutablement bien. L'été, la terrasse est installée sur le toit et des films sont projetés à la belle étoile, exceptionnelle expérience.

CINE DEXAMENI

Place Dexamenis
✆ +30 210 3623 942
Billet : 9 €. Réductions pour les enfants et les étudiants, et pour tous le mercredi.

La première projection dans ce cinéma emblématique du centre d'Athènes eut lieu en 1905. Le ciné Dexameni est devenu, depuis cette date-là, un rendez-vous estival et annuel pour les cinéphiles mais aussi pour les inconditionnels du cinéma en plein air. Il se situe au pied du mont Lycabette, en plein cœur du quartier Kolonaki, sur le toit de la Dexameni (la citerne en grec). Très agréable, le Dexameni est entouré de verdure. Vous y assisterez à la projection d'un film moderne ou plus classique en VO, enivré par les parfums des jasmins et basilics.

CINÉ PARIS

22 Kydathinaion
✆ +30 210 322 2071
www.cineparis.gr
Billet : 8 € (5 € le jeudi).

En terrasse au cœur de Plaka avec l'Acropole en arrière-plan, c'est l'un des cinémas les mieux situés de la capitale, avec le Parthénon dans le coin de l'œil. À l'entrée, un petit magasin propose des affiches grecques de films internationaux. L'expérience d'une séance de cinéma en plein air est à ne pas manquer à Athènes. Pas loin, celui de Thission propose également un choix de films autant pour des cinéphiles inconditionnels que pour les amateurs du septième art. Les films sont en version originale, la plupart du temps en anglais ou en français.

CINÉ THISSION

7 Apostolou Pavlou
✆ +30 210 342 0864
www.cine-thisio.gr
Ouvert tous les jours. Les séances commencent à partir de 20h30. Tickets à prix variables. Comptez entre 6 et 9 €.

Le ciné Thission est encore un cinéma de plein air emblématique d'Athènes. Il propose un choix de films aussi bien pour des cinéphiles inconditionnels que pour les amateurs du septième art. Les films sont en version originale, la plupart du temps en anglais ou en français. Fondé en 1935, la magie de son grand écran n'a pas cessé d'envoûter les spectateurs, hormis pendant l'occupation allemande d'Athènes. Cette magie est d'autant plus constante de par le fait de son emplacement et la pleine vue que l'on peut avoir chaque soir sur l'Acropole.

CINÉ RIVIERA

46 Valtetsiou
✆ +30 210 38 44 827
7 € le ticket. Tous les soirs en été.

Une des raisons pour lesquelles les Athéniens adorent leur ville en été, c'est bien ce cinéma rose dans la rue Valtetsiou, qui joue en plein air des films en toutes les langues, sous-titrés en grec. Le ciné Riviera est en effet plus qu'une salle de projection, c'est une réelle institution culturelle. Il s'agit d'une vraie oasis se situant dans le quartier d'Exarcheia et qui figure parmi les monuments culturels à préserver. Même si l'on n'est pas cinéphile, on y va également pour le plaisir de se trouver en plein été dans un jardin exotique à la belle étoile.

CINÉ VOX-EUROPA CINEMA

82 Themistokleous
✆ +30 210 33 01 020
www.summercinemas.gr/cinemas/vox
Billet : 7 €. Réductions diverses pour les enfants, les étudiants. Billet : 5 € tous les lundis.

On compare ce cinéma à un bateau chaviré sur le toit d'un immeuble du quartier d'Exarcheia et qui, depuis 1938, offre à ses 300 naufragés des séquences des films sous le ciel d'Athènes, à la belle étoile. Pendant la Seconde Guerre mondiale, les WC de ce cinéma étaient le point de rencontre des résistants pour échanger des renseignements et documents. Classé monument culturel à préserver, le prix d'entrée obéit à la devise « grand film, petit prix » ! Quartier artistique oblige, les films sont souvent pour cinéphiles avertis.

CINÉ THISSIO

7 Apostolou Pavlou
✆ +30 21 0342 0864
cine-thisio.gr
Ouvert tous les jours. Les séances commencent à partir de 20h30. Tickets à prix variables selon les jours, 9 € environ.

Le plus vieux cinéma en plein air d'Athènes, construit en 1935, figurant parmi les 10 plus belles salles au monde, est situé sur la voie piétonne de Dionyssiou Areopaguitou qui longe la colline de l'Acropole. Dans une cour pleine de verdure, fleurie, profitez des nuits étoilées d'été pour voir des classiques ou des films plus récents. Le choix de films peut satisfaire aussi bien les cinéphiles inconditionnels que les amateurs du septième art. Les films sont en version originale, la plupart du temps en anglais ou en français.

CINÉMATHÈQUE DE GRÈCE

48 Iera Odos et Meg. Alexandrou
✆ +30 210 360 9695
http://tainiothiki.gr/el/
Billets à prix variables selon spectacle. Comptez 10 € environ. Pour le programme et les expositions, consultez le site.

Réaménagés, la Tainiothiki tis Ellados (la Cinémathèque de Grèce) et son cinéma de plein air le Lais proposent des films classiques et cinéphiles. Il s'agit d'une fondation culturelle à but non lucratif qui a pour mission de sauvegarder et promouvoir le patrimoine cinématographique grec et mondial. Centre de recherche, la Cinémathèque dispose d'un nombre considérable d'ouvrages concernant le septième art, de maquettes, de costumes, d'articles qui touchent l'histoire du cinéma. Un musée ainsi qu'un grand nombre d'expositions sont proposés au public.

FESTIVAL D'ATHÈNES

5 Alkminis

✆ +30 210 9282900

aefestival.gr

Ouvert de lundi à vendredi de 10h à 16h. Samedi de 10h à 15h. Billets à partir de 10 €.

Les billets et le programme du Festival annuel d'Athènes et d'Epidaure sont disponibles à cette adresse et en ligne, de juin à septembre. Concerts, musique classique, opéra, ballets ainsi que des tragédies et comédies antiques. Ces festivals présentent de la musique classique, des ballets, de l'opéra, des pièces de théâtre et de la musique moderne au théâtre d'Hérode Atticus, dans différents espaces de la ville et à Epidaure. Réservez tôt. Ces représentations dans des sites antiques, notamment au pied de l'Acropole, vous laisseront un souvenir inoubliable.

FONDATION CULTURELLE ONASSIS

107-109 Syngrou

✆ +30 213 017 8000

www.onassis.org

Heures d'ouverture variables selon les spectacles.

Athènes, qui manquait cruellement d'une salle de spectacle d'envergure, est désormais enrichie d'un gigantesque complexe de 18 000 m² entièrement dédié à l'art (danse, théâtre et arts plastiques), inauguré en décembre 2010. Ce bâtiment signé par Architecture Studio, un bureau français, est une vraie réussite : un colossal bloc enveloppé de marbre blanc. Les Athéniens plébiscitent les salles de ce centre culturel à la programmation démocratique et à la portée de tous.

HALF NOTE

17 Trivonianou

✆ +30 210 92 13 310

www.halfnote.gr

Ouvert de mi-octobre à mi-mai. Entrée avec une consommation : environ 30 €.

Le Half Note est sans aucun doute le club qui a fait connaître le jazz au public grec. Il s'agit en effet d'un des meilleurs clubs de jazz d'Athènes. Intimiste, cette salle existe depuis plus de trente ans et accueille des artistes reconnus de la scène internationale. Parmi eux, le fameux roi de blues Lucky Peterson, Pablo Ziegler, Charles McPherson, Billy Harper, Dave Murray, Jesse Davis, Eddie Henderson, Fred Wesley... : la liste est très longue et très riche. Il est conseillé de réserver bien à l'avance et de consulter le site pour tout savoir sur le programme.

MEGARON MOUSSIKIS

Rue Vassilis Sophias

✆ +30 210 728 2333

www.megaron.gr

Surveiller la programmation en ligne.

Ce complexe moderne, inauguré en 1991, est dédié à la musique classique et à l'opéra. Il est tellement en vue qu'il a même droit à une station de métro à son nom, c'est dire ! Mais le Megaron Moussikis possède aussi une excellente acoustique. Dans ce joyau moderne d'Athènes sont donnés des concerts, ballets et opéras. Tout au long de l'année, la programmation musicale est exceptionnelle, et d'envergure internationale. Il dispose de quatre salles modernes de 500 à 1 800 places. Surveillez l'excellente programmation en ligne.

OFF THE HOOK FESTIVAL

Métro Keramikos.

www.offthehookfestival.com

Ticket pour deux jours autour de 40 €.
En septembre.

Depuis ces dernières années, pendant le premier week-end de septembre, la fête de la culture hip-hop se produit dans le quartier de Gazi et, plus précisément, sur la scène du centre culturel Technopolis. Des artistes renommés, grecs mais également des groupes et chanteurs américains et britanniques, breakent pendant deux soirées et transmettent leur énergie débordante à leur public. Il s'agit d'une fête qui célèbre le hip-hop sous toutes ses formes et qui grâce à son succès international est devenue une véritable institution.

SIX D.O.G.S.

6 Avramiotou

✆ +30 210 321 0510

www.sixdogs.gr

Ouvert tous les jours de 10h à 3h et le vendredi et samedi soir jusqu'au matin. Boissons à partir de 6,50 €.

Niché dans le quartier de Monastiraki, l'endroit propose des évènements quasiment tous les soirs et parvient à réunir la crème de l'électronique locale et internationale avec une petite préférence pour l'avant-garde. Concerts de musique électronique ou événements *live*, il y a toujours une soirée prévue dans cette ruelle à deux pas du métro. Et s'il est agréable d'aller y boire un frappé en journée, l'endroit se remplit en fin d'après-midi et la musique s'y fait plus forte. Le lieu se prête à toutes sortes de projets culturels et musicaux. Unique en ville.

TAF - THE ART FOUNDATION

5 Normanou
✆ +30 210 3238 757
www.theartfoundation.gr
Ouvert du dimanche au samedi de 10h à 3h.

TAF est le lieu de toutes les rencontres intellectuelles et branchées, partageant une vive passion pour l'art contemporain et l'innovation. Galerie culturelle, TAF propose théâtre, expositions, concerts live : vérifiez la programmation une fois sur place. Il est aussi possible de venir tout simplement y boire un coup et profiter du cadre exceptionnel de cette vieille bâtisse de 1870 rénovée, autour de son patio ombragé. Le bar dispose de quelques bonnes bières artisanales. Le cadre vaut le coup d'œil, surtout avec ses expositions temporaires dans les locaux.

THÉÂTRE NATIONAL

22-24 Aghiou Konstantinou
✆ +30 210 528 8100
www.n-t.gr/en/

Récemment réaménagé, le Théâtre national programme toute l'année des pièces classiques et des spectacles plus contemporains. Il a été fondé en 1891 selon les plans de l'architecte bavarois E. Ziller, un des principaux représentants de l'école néoclassique en Grèce. Le théâtre ouvre ses portes au public en 1901 tandis que la première représentation de tragédie grecque se produit en 1903 : l'*Orestie* d'Eschyle. L'école dramatique du TN, la plus renommée du pays, est fondée en 1901 alors que depuis 2018 les étudiants peuvent se former à la mise en scène.

TECHNOPOLIS

100 Peiraios
✆ +30 210 346 1589
www.technopolis-athens.com
Ouverture variable selon l'événement, se renseigner à l'avance.

Situé dans l'un des plus importants monuments industriels de la ville, là où depuis 1854 il y avait une usine de gaz, Technopolis a été reconverti en centre culturel à la fin des années 1990. C'est aujourd'hui un lieu de rencontre à l'occasion d'événements culturels variés (musique, danse, cinéma, théâtre, arts plastiques...) qui accueille toute l'année des expositions. L'architecture du bâtiment, si particulière avec ses immenses cheminées dressées vers le ciel, est mise en valeur par un bel éclairage. Lieu très convivial où se mêlent familles et jeunes branchés.

THEATRE PIREOS 131

Pireos 131
✆ +30 210 34 50 922
www.a-th.gr/theatra/peiraios131
Ouverture variable selon l'événement, se renseigner à l'avance.

La rue Pireos était tout simplement l'axe routier qui liait Athènes au Pirée en longeant les quartiers populaires et fortement industrialisés de la capitale grecque. Ces dernières années, des anciens entrepôts et usines ouvrent leurs portes à la créativité et raniment la vie artistique de la ville, hors des sentiers battus. Le théâtre Pireos 131 est abrité dans une ancienne usine désaffectée et est transformé en une salle de théâtre ultra moderne. Plusieurs spectacles de compagnies de théâtre grec et international s'y produisent. Représentations sous-titrées.

THÉÂTRE DORA STRATOU

33 Arrakinthou
✆ +30 210 324 4395
www.grdance.org
Entrée adulte 15 €. Représentations en été du mercredi au vendredi à 21h30, le samedi et le dimanche à 20h15.

Le spectateur assiste à une représentation en costumes, de danse et de musique traditionnelles grecques, animée par 75 danseurs, chanteurs et musiciens de différentes régions du pays. Un véritable musée vivant du folklore grec : le spectacle présente un panorama des danses régionales de l'ensemble du monde grec. La compagnie de danse donne également des cours. C'est un grand classique de la ville qui attire toujours autant de curieux et de danseurs amateurs. Pas de réservation nécessaire. Le programme peut varier selon l'année.

TO TRAINO STO ROUF

av. Konstantinoupoleos & Amfipoleos 1
✆ +30 210 52 98 922
www.totrenostorouf.gr/en/
Consulter le site pour le programme. Fermé en août.

La vie artistique à Athènes fleurit depuis plus de vingt ans dans des lieux insolites appartenant au patrimoine industriel du pays. La gare ferroviaire désaffectée de Rouf, un quartier populaire à dix minutes de Gazi, a été transformée, en 1997, en un lieu culturel qui, depuis, crée des événements de haut niveau artistique. Les vieux wagons ont été réaménagés en salle de théâtre, en salle de concert… Cet Orient Express culturel propose également un wagon-restaurant et une très jolie terrasse pour se détendre ou discuter après les spectacles.

LES ENVIRONS D'ATHÈNES

Les trésors ne se limitent pas à la capitale grecque. Souvent considérée comme la grande « banlieue » d'Athènes, l'Attique est une région qui mérite vraiment que l'on s'y attarde. Chaque ville qui compose cette péninsule, riche en histoire et d'un environnement naturel varié, au bord de la mer ou au pied des monts qui l'entourent, peut constituer le but d'une très agréable excursion. Il est vrai qu'il faudra s'évader un peu plus loin que Le Pirée pour découvrir les joies des criques et des plages non industrialisées. Les amateurs de sites archéologiques et d'histoire trouveront aussi leur bonheur au temple de Déméter à Eleusis ou sur le site de la fameuse bataille de Marathon. Sans oublier l'incontournable temple de Poséidon accroché au rocher du cap Sounion, inoubliable au coucher du soleil, où vous prendrez sans doute vos plus belles photos de Grèce… Enfin, les îles Saroniques de Salamine, Hydra et Spetses promettent de belles escapades loin du tumulte athénien.

LIMNI
Gravia
Amfiklia
Atalanti
Kato Tithorea
MONT PARNASSE
Pavlos
Arachova
Itea
Livadia
Kyriaki
Aliartos
Thèbes
Erythres
Golfe de Corinthe
Xylokastro
ELEUSIS – EL
Kiato
Mégare
LOUTRAKI
Zevgolatio
Agii Theodori
CORINTHE – KORINTHOS
Titani
Psari
Athikia
AIGINA
Lyrkia
Koutsopódi
Argos
Nestani
Lighourio
Methana
Nauplie
Iria
Kranidi
Agios Andreas
VLYCHOS
Hydra
SPETSES CHORA
Tyros Beach
Spetses
15 KM

Les environs d'Athènes
KYMI
Stropones
Psachna
Direvmata
HALCIS – CHALKIDA
Île d'Eubée
Mer Égée
ÉRÉTRIE – ERETRIA
Nea Palatia
Zarakes
Kapandríti
MARATHON – MARATHONAS
Nea Styra
KIFISSIA
Néa Mákri
rópyrgos
AGHIA MARINA
MARMARI
Karystos
ATHÈNES
KAISARIANI
Artémida
PALAIO FALIRO
A
PORTO RAFTI
GLYFADA
Kalývia Thorikoú
VARKIZA
VOULIAGMENI
Makronissos
LAVRION – LAVRIO
OTZIAS
SOUNION – SOUNIO
KORISSIA
IOULIS – HORA
PISSES
KOUNDOUROS
Golfe Saronique
Kéa
Kythnos
Kanala

PAGES

189 ●● À L'OUEST D'ATHÈNES

Profondément marquées par l'industrialisation intense des années 1950 et 1960, puis par la désindustrialisation des années 1980, les banlieues ouest d'Athènes sont des agglomérations surpeuplées et, depuis ces dernières années, à la recherche d'une nouvelle identité. Le développement des stratégies de métropolisation a contribué à l'accroissement de l'activité commerciale, tandis que la vie nocturne proposée incite de plus en plus les Athéniens à franchir les limites restreintes de leur capitale. L'ouverture vers la mer et les îles, via Le Pirée, les sites archéologiques, la proximité avec les stations balnéaires du golfe de Corinthe créent des conditions favorables pour connaître ces villes et régions d'un grand intérêt et d'une beauté particulière.

189 LE PIRÉE – PIRAIA

Le principal port d'Athènes est l'un des plus importants au monde en termes de trafic de passagers, de là les ferries quittent le continent pour rejoindre les îles. Mais la face cachée du Pirée, c'est aussi son musée archéologique ou ses charmants ports… Depuis Athènes, il peut constituer une agréable excursion.

193 ELEUSIS – ELEFSINA ★

À 23 km d'Athènes, Eleusis, lieu de naissance d'Eschyle, a abrité pendant l'Antiquité un des plus grands sanctuaires de Grèce dans lequel étaient célébrés les fameux « grands mystères d'Eleusis ». Tout Athénien qui se respectait devait une fois dans sa vie être initié à ces mystères, qui ont gardé leurs secrets. Une intéressante excursion pour une demi-journée.

194 LOUTRAKI ★

À 91 kilomètres d'Athènes et 12 kilomètres de Corinthe, la petite station balnéaire et thermale de Loutraki a beaucoup de charme avec son décor fait de montagnes qui plongent dans des eaux limpides. L'endroit est très fréquenté des Athéniens le week-end.

198 CORINTHE – KORINTHOS ★★

C'est aujourd'hui une ville moderne dont l'intérêt est alentour : son célèbre canal sur son isthme, ouvert en 1893, le site archéologique d'Acrocorinthe et le musée de l'ancienne ville attirent de très nombreux touristes et passionnés d'archéologie. Il faut compter au moins une journée pour la visite de Corinthe et, surtout, de ses alentours.

205 ●● AU NORD D'ATHÈNES

Encore mal exploité par les visiteurs, le nord d'Athènes accorde à la capitale grecque l'allure et la prestance aristocratique d'antan. Banlieues résidentielles, chics et glamour, richissimes tant par les revenus de ses habitants que par l'essor naturel : le mont Pentélique, la plaine de Marathon marquent ce paysage verdoyant et régénérateur. À découvrir.

205 KIFISSIA

207 MARATHON – MARATHONAS ★

À 42 km d'Athènes (forcément), Marathon n'est pas très touristique, mais ses curiosités historiques sont plutôt intéressantes. Outre la ligne qui symbolise la course de Phidippidès vers Athènes en 490 av. J.-C., on pourra allier archéologie et détente en allant se baigner à Schinias, la plage de Marathon.

209 MONT PARNASSE

PAGES

210

●● À L'EST D'ATHÈNES

L'Hymette, ce massif montagneux, imposant, marque la limite d'expansion de la capitale au-delà de Kaissariani, une banlieue qui garde encore aujourd'hui un certain charme, une allure des quartiers d'antan. Idéal pour des randonnées dans un cadre verdoyant et encore vierge, ou bien, de l'autre côté, en franchissant et bifurquant le mont par la route, on apprécie la mer soit au bord des plages de l'Attique, soit en se rendant sur l'île d'Eubée.

210 **KAISARIANI**

PORTO RAFTI ★

211 En vous dirigeant vers cette station balnéaire prisée par les Athéniens, vous verrez plus que de belles plages. Vous pourrez aussi visiter le site de Brauron, l'un des principaux lieux de culte à Artémis, déesse de la nature, de la chasse et des accouchements.

214

●● ÎLE D'EUBÉE

Pour les Grecs, elle fait partie du continent. Avec 3 600 km² et 220 000 habitants, la deuxième plus grande île de Grèce (après la Crète) est séparée du continent par le détroit de l'Euripe, qui, au niveau de la ville de Chalcis, n'est large que de 35 m. Tantôt rattachée à la Grèce centrale, tantôt annexée aux Cyclades, l'Eubée a souvent du mal à affirmer son identité. Les Athéniens regardent l'Eubée comme une destination de fin de semaine accessible par… autoroute. Preuve qu'elle appartient, comme les îles Saroniques, à la « grande banlieue » d'Athènes, l'île est alors prise d'assaut.

Peu d'étrangers la visitent. Et pourtant, le monde qui vous attend au-delà a des allures de paradis. Le nord est un enchantement : un enchevêtrement de plages, de routes savoureuses, de longues baies, de villages endormis. Le sud est une lente descente vers la mer, un dégradé splendide qui va du bleu au vert des oliviers.

Montagneuse (1 743 m) et peu densément peuplée (57 hab/km²), l'île compte plus de 600 km de côtes. La capitale, Halkida, est très facile d'accès. Reliée par deux ponts au continent, elle n'est distante d'Athènes que de 80 km. La ville dispose même d'une gare ferroviaire (14 liaisons par jour avec Athènes grâce au nouveau train suburbain). Vous pouvez également y accéder en bus, en voiture, par ferry ou encore en avion. Au centre, sur la côté ouest, se trouve la grouillante Chalcis, capitale pleine de charme.

Enfin, plus récemment, l'île d'Eubée a été la proie de terribles feux de forêt en 2021, avec près de 50 000 hectares ravagés.

CHALCIS – CHALKIDA ★★

214 Envie de vous mettre au vert dans la grande banlieue d'Athènes ? À 80 kilomètres seulement de la capitale, le point d'attraction de Chalcis est le canal de l'Euripe (39 m de large) qui sépare l'île du continent. Il est chevauché par un pont qui s'ouvre à certains moments pour laisser passer les bateaux dans le sens du courant. Il faut aller voir ses paysages méconnus.

216 **LIMNI**

KYMI ★

217 Côté bon plan, cette ville compte double. C'est un charmant village, déjà, un peu hors du temps et suspendu entre ciel et mer. Mais, surtout, ce port de la côte ouest sera votre point de départ vers Skyros et d'autres Sporades si vous décidez de partir en excursion ou d'aller sur un autre archipel.

ÉRÉTRIE – ERETRIA ★★

218 Encore confidentielle, cette ville n'est pas à sous-estimer dans votre périple en Eubée. En effet, le site archéologique et le musée d'Erétrie sont à découvrir absolument. Sur place, des plages agréables devraient finir de vous convaincre.

PAGES

Si l'Eubée est déjà méconnue, cette méconnaissance croît à mesure que l'on s'enfonce dans ses terres. La baie Marmari, construite en amphithéâtre dans l'une des baies du sud de l'île, gagne à être connue. Et ce d'autant plus qu'elle dispose de liaisons directes avec Rafina, près d'Athènes. Si vous arrivez en voiture ou en bus de Chalkida, vous apprécierez la route qui passe à proximité du lac Dystos ou du mont Ochi.

On peut difficilement concevoir ses vacances à Athènes sans se rendre sur la riviera, la région côtière située au sud de la capitale grecque. Ce littoral inattendu, et qui ne sépare que de quelques kilomètres l'Acropole du cap Sounion, est surprenant par le jeu continu entre les quartiers chics, marinas pour voiliers, plages de sable, criques aux eaux cristallines, tavernes, bars… Et, pour finir en beauté ses vacances à Athènes, rien de tel qu'une escapade en bateau vers l'île de Kéa, l'île cycladique le plus proche de l'Attique.

Une excursion à ne surtout pas manquer, car le temple de Poséidon a un charme fou, surtout au moment du coucher du soleil (à vos appareils photos !). Sounion est aussi connue pour ses jolies plages qui se dessinent au fil des virages.

Avec 131 km² et 2 200 habitants, l'île la plus proche de l'Attique (à 16 miles marins de Lavrio et 12 miles du cap Sounion) est pourtant décrite comme un paradis sauvage encore préservé des touristes étrangers. Mais l'île est loin d'être prise d'assaut. Est-ce l'emblématique statue du lion de Ioulis qui leur fait peur ? Toujours est-il que Kea (ou Tzia), malgré sa proximité avec la capitale grecque, a toujours tenté de préserver ses trésors des regards indiscrets des touristes. Montagneuse et en forme d'amande, l'île a conservé des plages vierges, des sentiers isolés ombragés par des chênes centenaires et des coutumes ancestrales. Néanmoins, la route qui relie le port et Ioulis, la capitale, aux belles criques de la région de Koundouros, est très mauvaise, l'infrastructure hôtelière est limitée et les liaisons avec les autres îles sont rares.

Avec un peu moins de 100 km² et 40 000 habitants, cette île Saronique très proche de la capitale (et polluée à cause des sites industriels proches) attire moins. Mais elle a une portée historique : c'est la célèbre bataille navale de 480 av. J.-C. qui a mis fin aux guerres médiques par le triomphe des Athéniens et qui a inscrit Salamine dans les mémoires, grâce à une illustre tactique.

Sounion.

●● ÎLES SARONIQUES - ÉGINE

On prête à cette île, comme souvent en Grèce, des origines mythologiques : Zeus aurait transformé des fourmis en hommes pour offrir des sujets à son fils Eaque et celui-ci, installé sur l'île, aurait baptisé son royaume et l'île du nom de sa mère Egine… Aujourd'hui, cette île située à seulement 17,5 miles nautiques (20 km) du port du Pirée, est surtout peuplée d'Athéniens qui viennent passer le week-end à la plage. Ils y dégustent les fameuses pistaches d'Egine, connues pour être les meilleures de toute la Grèce, et dont la production jouit d'une appellation d'origine contrôlée.

●● ÎLES SARONIQUES - HYDRA

Leonard Cohen, Brigitte Bardot, Maria Callas et Jackie Onassis ont compté parmi les habitués de l'île. Aujourd'hui encore, à une heure et demie du Pirée en hydroglisseur, l'île figure toujours dans le carnet d'adresses obligées de la jet-set athénienne. Mais Hydra est également réputée pour son calme : aucune voiture n'y circule et tous les déplacements se font donc à dos d'âne ou à pied. Les villages en pierre, bien conservés, donnent un cachet très singulier à cette île du golfe Saronique. Les terres de l'intérieur sont désertes et bien plus calmes que son port animé : on apprécie le contraste que propose sa géographie.

Comment ne pas aimer Hydra, l'île sans voitures ? L'été, elle est envahie par les curieux et les excursionnistes. Elle compte aussi très peu de plages et pas de grandes étendues de sable. Mais lorsque la journée est passée, la ville offre des soirées plus calmes à celui qui saura sortir des sentiers battus.

●● ÎLES SARONIQUES - SPETSES

Spetses est un des lieux les plus visités des Saroniques pour bien des raisons. Quand les Vénitiens arrivent à Spetses au XIIIe siècle, ils sont tellement portés par l'odeur des innombrables fleurs sauvages de l'île qu'ils la surnomment Isola di Spezze ou « île des Fragrances ». Spetses l'aristocrate résonne aussi au son des calèches qui battent le pavé et longent les belles villas. Elles remplacent les voitures, interdites. L'eau des plages est propre et limpide, et la corniche grouille d'insouciants vacanciers qui explorent ses multiples criques et recoins.

D'emblée, l'architecture néoclassique rappelle sa richesse avec de belles bâtisses bourgeoises de l'île construites les pieds dans l'eau, le long de rues larges et espacées. Et sous les pavés, l'histoire : en 1821, l'actuelle place de Dapia était devenue le lieu de stockage de l'artillerie de l'île et le point de ralliement de la révolution.

LE PIRÉE - PIRAIA

Le Pirée n'est pas à proprement parler une destination de vacances. Il s'agit du principal port d'Athènes, un des plus importants au monde en termes de trafic de passagers, depuis lequel les ferries quittent le continent pour rejoindre les îles, comme les Cyclades. Au sud de la capitale grecque, il fait partie intégrante de la ville. Lieu de passage et minuscule presqu'île, l'atmosphère y est cependant bien différente. Au premier abord, le voyageur est pris de court : bruit et mouvement incessant, gigantesques bateaux amarrés, forte densité de béton au mètre carré, hauts bâtiments et vieux hangars désaffectés, anciens ateliers ou dépôts... Pourtant, la face cachée du Pirée, le musée archéologique, les charmants ports naturels de Zea et de Mikrolimano, où se baignait le pacha suprême durant l'occupation ottomane, récompensent largement celui qui daignera s'y arrêter un moment. Réservés à la plaisance, ils abritent de luxueux yachts, perpétuellement à quai, et sont bordés de tavernas et de cafés branchés, drainant les jeunes Athéniens en quête de soirées clinquantes. Les églises orthodoxes réparties dans la ville sont aussi de toute beauté. Le port a connu son heure de gloire au Ve siècle, lorsque les Athéniens le fortifièrent et l'unirent à leur cité. En 85 av. J.-C., Sylla et les Romains détruisent la ville, mettant fin à son essor. Ce n'est qu'après 1850 qu'il recommence à se développer.

Y aller. Le Pirée est facilement accessible en métro (Ligne 1) du centre d'Athènes.

Bateau dans le port du Pirée.

MUSÉE ARCHÉOLOGIQUE ★

31 rue Harilaou Trikoupi
✆ +30 210 45 21 598
Ouvert de 8h à 15h30 en été, sinon de 8h30 à 15h30. Fermé le mardi. Entrée : 4 €.

Le musée a été ouvert en 1935 afin d'abriter les antiquités provenant de la ville du Pirée ainsi que celles de la côte est de l'Attique et des îles de la mer Saronique. En 1966, ce dernier se voit doter des salles supplémentaires qui encadrent les parties sud et nord du théâtre hellénistique de Zea. Les vestiges témoignant de l'importance commerciale et guerrière du Pirée dans l'Antiquité sont exposés dans l'entrée du musée. L'ancre en pierre est remarquable. Au rez-de-chaussée, on admire le lion de Moschato, ainsi que la stèle de Pagcharous (salles 7 et 8), œuvres du IVe siècle av. J.-C. Dans les salles 3 et 4, à l'étage, on admire les fameux bronzes retrouvés dans le port de la ville, à la fin des années 1950. Ce sont les joyaux du musée qui, suppose-t-on, proviendraient de Délos. Deux d'entre eux figurent Artémis, le bras droit tendu, le troisième étant une Athéna de 2,35 m (IVe s. av. J.-C.). La statue d'Apollon (525 av. J.-C.) serait la plus ancienne statue grecque en bronze connue à ce jour. Toujours à l'étage, dans la salle 2, le visiteur peut admirer les objets de la vie privée et la céramique d'une période qui s'étale entre l'époque mycénienne et la période hellénistique. On y distingue les objets provenant de la « tombe du poète » : des instruments de musique et les tablettes sur lesquelles le poète écrivait ses chansons. Au milieu de la salle 5, à l'étage, consacrée à la vie religieuse dans l'Antiquité, on admire la statue de Cybèle trouvée lors de fouilles à Moschato.

MUSÉE MARITIME

Akti Themistokleous
✆ +30 210 45 16 264
www.hmmuseum.gr/
Ouvert du mardi au samedi de 9h à 14h. Fermé le lundi, le dimanche et les jours fériés. Entrée : 4 €, réduit 2 €.

Fondé en 1949, le musée nautique assure la sauvegarde et la mise en valeur de la longue tradition maritime du pays. Cette longue tradition, de la Préhistoire à nos jours, est exposée à travers environ 250 000 objets : maquettes de bateaux, amphores, armes, tableaux et gravures datant du XVIIe siècle, objets de navigation... Le visiteur a aussi l'occasion d'admirer une partie de la collection d'A. Onassis (salle D). Dans la cour, le kiosque du sous-marin *Papanikolis*, sabordé par l'armée italienne en 1940, rappelle le début de la Seconde Guerre mondiale en Grèce.

NAVIRE GIORGOS AVEROFF - MUSÉE NAVAL

Marina Flisvos

✆ +30 210 9888 211

Ouvert du mardi au vendredi de 9h à 14h et samedi et dimanche de 10h à 17h. Entrée 1,50 €.

Aujourd'hui à quai et aménagé en musée naval sur l'eau depuis 1984, le navire *Averoff* fut un joyau de la marine nationale grecque car, dans le temps, il était le plus moderne et puissant de la Méditerranée orientale. Conçu et construit au chantier naval Orlando à Livourne, entre 1908 et 1911, ce croiseur cuirassé, unique en son genre, a appartenu à la flotte militaire grâce aux donations du peuple grec et au bienfaiteur national G. Averoff. Il a participé aux deux guerres mondiales.

SYMIACOS TRAVEL

7-9 rue Akti Miaouli

✆ +30 210 417 3000

www.symiacos.gr

Sur le port.

Une agence de voyage sérieuse à l'écoute des touristes. Établie en 1964 et située, depuis, à deux pas du port du Pirée, c'est une adresse idéale pour acheter les billets de bateaux à destination des îles ou pour trouver un logement. Très fiable, elle propose également des croisières bien organisées d'un jour aux îles proches d'Athènes, des visites dans les sites archéologiques et des excursions. Agence agréée IATA, HATTA, organismes nationaux garantissant le professionnalisme de l'établissement. Groupes, individuels, familles, business.

CAPITAINERIE DU PIRÉE

✆ +30 213 137 1700

www.olp.gr/en/

Le port du Pirée est relié à toutes les grandes destinations. Si vous désirez y venir ou rejoindre une île en ferry, il faut se renseigner sur le site www.hcg.gr/taxonomy/term/396 ou sur les sites www.danae.gr/ferries-Greece.asp et viva.gr. Pour acheter votre billet directement, sachez qu'il y a de très nombreuses agences de ferrys sur le port ou les compagnies elles-mêmes installées devant les ferrys. Elles pratiquent les mêmes tarifs. Il est possible d'acheter son billet au dernier moment, quelques instants avant le départ.

GLAROS €

4 Harilaou Trikoupi

✆ +30 210 45 15 421

www.glaros-hotel.gr

En saison, chambre double de 45 à 65 €. Petit déjeuner : 6 €/personne.

Situé à cinq minutes à pied du port du Pirée et à trente minutes en métro du centre d'Athènes, cet hôtel est une bonne solution pour un bref séjour au Pirée ou pour visiter la capitale grecque avant de voyager vers les îles. Les chambres, pas trop spacieuses, disposent toutefois d'une salle de bains privative avec douche. Elles sont climatisées et comprennent un petit réfrigérateur, une télévision à écran plat et un petit bureau. Le petit déjeuner est servi dans le café-bar de l'hôtel. Sèche-cheveux. Wifi gratuit. Bon rapport qualité-prix.

IDEAL HOTEL €

142 rue Notara

✆ +30 210 429 4050

www.ideal-hotel.gr

Chambre entre 45 et 60 € en saison, petit déjeuner compris.

Une adresse simple, mais sympathique et très pratique lorsqu'on a un ferry à prendre pour voyager vers les îles de la mer Saronique, de la mer Égée et la Crète. Vous y serez très bien reçu. Hôtel d'un bon standing, il propose 31 chambres confortables et bien propres. Les chambres doubles disposent d'une salle de bains avec douche (équipée d'un sèche-cheveux), d'une télévision à écran plat, d'un téléphone et d'un bureau. Articles de toilette et serviettes de bain fournis. Wifi gratuit. Climatisation individuelle. Très bon rapport qualité-prix.

HÔTEL DELFINI €€

7 rue Leocharous

✆ +30 210 41 73 110

www.hotel-delfini.com

Chambre double autour de 40 €, selon la saison. Pratique en cas de correspondances ferry/avion.

Près de l'embarcadère pour les îles de la mer Egée. Si vous ne trouvez rien d'autre, cet hôtel peut faire l'affaire et vous dépanner pendant quelques jours. Vraiment tout simple et un peu vieillot, mais très propre et assez confortable. L'hôtel propose des chambres doubles, climatisées, avec salle de bains privative avec douche, un téléphone, un mini frigo-bar, une télévision et un bureau. Serviettes de toilette et articles de toilette fournis. Double vitrage. Wifi gratuit. L'hôtel dispose d'un café-bar. Très bon rapport qualité-prix.

HÔTEL TRITON €€

8 rue Tsamadou
✆ +30 210 41 73 457
www.htriton.gr
Ouvert toute l'année. En saison, chambre double à partir de 90 €, petit déjeuner entre 6 et 9 €, selon la période.

L'unique boutique-hôtel, se situant presque au bord du port du Pirée et tout proche du métro. Entièrement rénové en 2014, il offre un confort très satisfaisant et propose deux types de chambres : classique et executive (plus grande et avec vue sur le port). Les chambres doubles, agréables, donnant sur le port ou la ville, disposent d'une salle de bains avec douche équipée, d'une télévision plasma, d'un frigo-bar. Le restaurant-bar propose des spécialités méditerranéennes, des snacks et une carte variée de vins et de cocktails. Parking payant à proximité.

PIRAEUS THEOXENIA HOTEL €€€

23 rue Karaoli & Dimitriou ✆ + 30 210 41 12 550
www.theoxeniapalace.com
Chambre double à partir de 85 €. Les prix peuvent varier selon la saison et la disponibilité. Petit déjeuner inclus.

Le Pirée Theoxenia est l'unique boutique-hôtel du Pirée. Cet établissement de luxe est un excellent choix pour les voyageurs qui aiment le grand confort et souhaitent séjourner au cœur de la ville. Une chambre double standard dispose d'une salle de bains entièrement équipée (sèche-cheveux et articles de toilettes et peignoirs fournis) et d'une télévision (chaînes par satellite). Le petit déjeuner ainsi que le menu proposé par le chef du restaurant sont fidèles au régime méditerranéen. Piscine et hydromassage en rooftop de l'hôtel. Salle de gym. Wifi.

SAVOY HOTEL €€€

93 av. Iroon Polytechniou
✆ +30 210 42 84 580
www.savoyhotel.gr
Chambre entre 60 et 110 €, selon la période et la catégorie. Petit déjeuner buffet compris. Promotions sur le site web.

Cet hôtel est une perle au Pirée. Un peu plus cher que les autres, mais cela vaut le coup puisque c'est un hôtel de luxe, super confortable et propre, avec des chambres climatisées, insonorisées et de bonne taille. L'hôtel propose également des chambres doubles standard, parfaites pour ceux qui voyagent seuls ou en couple. Elles offrent toutes pleine vue sur la ville et disposent d'une salle de bains avec douche ou baignoire, entièrement équipée, d'un mini frigo-bar, d'une télévision, d'un téléphone et d'un bureau. Restaurant. Café-bar. Parking gratuit pratique.

IMEROVIGLI €

56 akti Themistokleous
✆ + 30 210 45 23 382
www.imerovigli.com.gr
Ouvert de 12h jusque tard le soir. Comptez autour de 20 € par personne. Plus cher pour le prix au kilo des poissons.

Un *ouzomezzedopoleio* (où l'on boit, entre autres, de l'ouzo) incontournable, frais et stylé, établi au Pirée depuis 1999. Il s'agit d'un établissement très prisé qui réunit les amateurs de la bonne cuisine à base de poissons, crustacés et fruits de mer. Le poulpe *krassato* (au vin) de l'île de Chios est à tomber. Sans compter l'*athérina*, feuilleté maison aux petits poissons. Parmi les spécialités, optez pour le *saganaki* (fromage pané frit), les spaghettis au homard, les boulettes au poulpe, les moules à la vapeur ou à la sauce tomate et à la feta…

THALASSINOS €€

32 Lyssikratous
✆ +30 210 940 4518
25 €/personne, environ. Plus cher pour le prix au kilo du poisson. De 18h30 à 0h. Dimanche : 13h30-20h. Fermé le lundi.

Taverne emblématique à poissons à 15 minutes du centre-ville en voiture, à proximité de la Fondation Niarchos. Fondée en 1989, dans le quartier de Tzitzifies, alors inconnu des amateurs de bonne cuisine, elle est devenue le *must* pour ceux qui aiment les produits frais de la mer. Le nombre d'entrées composées de fruits de mer frais est impressionnant. On vous recommande fortement de choisir, entre autres, le poisson grillé, le calamar farci aux gambas et tomates confites, la raie à la sauce tomate, les feuilles de chou farcies aux fruits de mer…

ZEFYROS €€

48 Akti Koumoundourou
✆ +30 210 417 5152
http://restaurant-zefiros.gr/
Ouvert tous les jours de midi à 00h30. Comptez 25 € par personne. Plus cher pour le prix au kilo des poissons.

Situé dans le port de Mikrolimano, c'est le parfait endroit pour manger du poisson frais face à la mer : en terrasse ou à l'intérieur, on a l'impression d'être sur une île. Zefyros, bien présent depuis 80 ans, a su se réinventer tout en restant fidèle à la qualité des matières premières et à l'héritage de la cuisine traditionnelle : *taramossalata* (mets aux œufs fumés de cabillaud), riz pilaf aux moules, risotto aux crevettes, calamar farci… La carte des poissons et crustacés frais est variée : homard, gambas, dorade, rouget, sole sont, entre autres, proposés.

ISTIOPLOIKOS €€€

Akti Mikrolimanou
✆ +30 210 41 34 084
www.istioploikos.gr
7j/7 de 9h à 1h. Snacks autour de 18 €. Cocktail à partir de 10 €. Plats (crustacés/poissons frais) : 50-150 €/personne.

Un des classiques du port Mikrolimano, avec ses tables au-dessus de la mer et les voiliers à portée de main. Ce restaurant de viande et de poisson, fréquenté par les propriétaires de voiliers et de yachts en escale, sert des menus variés et soignés aux saveurs résolument méditerranéennes. Un grand choix de légumes et de crudités. Buffet ou menu à la carte au choix. Profitez aussi de la superbe vue ! Le service est bien réalisé, efficace et aimable, tandis que les prix conviennent à la nourriture de qualité qui est dans vos assiettes.

HALVAS DRAPETSONAS KOSMIDI-GAVRILI

155 Praxitelous
✆ +30 210 4227 606
www.e-halvas.gr/
Horaires variables, selon la saison. En général : du lundi au samedi de 8h à 14h. Fermé le dimanche et les jours fériés.

Atelier de fabrication traditionnel de *halva*, ce délice sucré qu'on savoure en Grèce. Ouvert en 1924 par un réfugié grec d'Asie Mineure, l'atelier de *halva* continue d'être considéré comme l'un des meilleurs d'Athènes. La recette est simple et bien connue : du tahini, du sucre, et de l'eau. Mais son secret de fabrication réside dans sa technique bien particulière qui consiste à créer des fils caramélisés qui résisteront au bouillon… Un *halva* sans fil est un *halva* industriel !

PISSINA

25 Akti Themistocleous
✆ +30 210 45 11 324
https://pisinamarinazeas.gr/
Ouvert tous les jours de 9h à 1h. Cocktails à partir de 9 €.

Ambiance plutôt lounge. On peut siroter un cocktail à toute heure de la journée devant (ou dans !) la piscine, avec les yachts de la marina un peu plus loin. Ouvert toute l'année, du matin jusqu'à très tard le soir, Pissina, est un établissement où règne une ambiance estivale et de vacances. Surplombant la mer, l'établissement est réputé pour les animations musicales et soirées DJ mais aussi pour son restaurant et café-bar aux prix très abordables. Il est également connu pour la carte variée de vins et de cocktails. En saison, il est plutôt conseillé de réserver.

HELLENIC OFFSHORE RACING CLUB

3 Akti A. Dilaveri
✆ +30 210 41 23 357
www.horc.gr
Ouvert tous les jours de 9h à 14h et de 17h30 à 20h30.

Créé en 1961 au Pirée, ce centre nautique est le plus important de la ville. D'une reconnaissance internationale (World Sailing) et honoré en 2013 par l'Académie d'Athènes pour sa contribution à l'art de la navigation, ce centre organise de compétitions de voile de haut niveau. Il dispose de 6 voiliers, d'une infrastructure et d'une équipe très expérimentée de moniteurs qui donnent des cours de voile et font surtout aimer la mer. Le centre délivre diplômes et permis.

MADAMA

9 rue 2as Merarchias & Filonos
✆ +30 210 41 74 591
Ouvert tous les week-ends de 21h à 5h.

Dans un décor qui fait un clin d'œil à l'histoire du quartier, Madama propose des soirées très animées, dansantes ou tout simplement débordantes de vie et de musique. Très apprécié également pour les soirées pendant lesquelles la musique grecque est au rendez-vous. La liste de cocktails est très variée et assez fantaisiste, ce qui rend le choix difficile. Depuis son ouverture, cet établissement, conçu par l'équipe de Gazi College, est un *must* et un point de référence pour ceux qui aiment s'amuser, ou se défouler, jusqu'au petit matin.

STADE G. KARAISKAKIS

Rue Karaoli Dimitriou et Sophianopoulou
✆ +30 210 41 43 000
www.olympiacos.org/
Pour visiter le musée de l'équipe : mouseio@olympiacos.org ou appeler au +30 210 48 00 921.

Le stade de la fameuse équipe de foot Olympiakos, aux couleurs rouge et blanc. Des matchs ont lieu tout au long de l'année. Le stade, entièrement rénové, peut accueillir jusqu'à 31 032 spectateurs. Boutiques, restaurants et musée sont ouverts à tous à l'intérieur. Fondé en 1925, Olympiakos représentait, initialement, les couches sociales défavorisées du Pirée. Il donne son premier match contre l'équipe du navire de guerre français *Jeanne d'Arc* au Vélodrome, à Paris ! Depuis devenu un club omnisports, mais son équipe de foot est la plus titrée du championnat grec.

ELEUSIS - ELEFSINA ★

Eleusis, lieu de naissance d'Eschyle, a abrité pendant l'Antiquité un des plus grands sanctuaires de Grèce dans lequel étaient célébrés les fameux « grands mystères d'Eleusis ». Tout Athénien qui se respectait devait une fois dans sa vie être initié à ces mystères, qui ont gardé leurs secrets. Situé au bout de la Iera Odos (Voie sacrée) qui démarre du cimetière du Céramique, ce site constitue une intéressante excursion pour une demi-journée, ou une halte sur la route de Corinthe. La ville moderne est très industrielle et n'offre que peu d'intérêt, si ce n'est une balade sur le port. Elusis est élue capitale européenne de la culture 2023.

▶ **Y aller.** Prendre le bus X63 à partir du métro Egaleo.

Eleusis – Elefsina.

TRATA €€

42 rue Kontouli
✆ +30 210 55 41 602

Ouvert tous les jours de 10h à 0h30. En basse saison, appelez avant pour vérifier. Compter autour de 25 €/personne.

Dans une taverne un peu cachée, abritée dans une bâtisse des années 1930, dans la cour ou installés à l'intérieur, découvrez cette délicieuse cuisine à base de produits de la mer et de poissons grillés particulièrement frais. Pas de chichis pour cet endroit de qualité : les poissons, les crustacés et les fruits de mer, selon arrivage, sont succulents et tous les plats sont faits maison. Avec un peu de chance, vous goûterez les fameuses gambas d'Eleusis. L'ambiance est vraiment familiale, c'est simplement un peu dommage d'être en retrait du port.

SITE ANTIQUE D'ELEUSIS ★★

1 Iera Odos et Gkioka ✆ +30 210 554 6019
odysseus.culture.gr

Ouvert tous les jours, sauf le mardi, de 8h30 à 20h en saison. Entrée 6 € (site et musée).

Ce sanctuaire est celui des mystères d'Eleusis. Il apparut après une famine qui ravagea la Grèce en 760 av. J.-C. A la suite d'un oracle de Delphes, les habitants d'Eleusis décidèrent de consacrer des fêtes à Déméter, déesse de la fécondité et de la terre cultivée. C'est à ce moment-là qu'Eleusis, commença à se faire connaître dans toute la Grèce. Les mystères d'Eleusis devinrent une fête athénienne à laquelle on se rendait par la *Voie Sacrée*, qui partait de l'Acropole et passait par le cimetière du Céramique. Ces célébrations prirent fin en 379 apr. J.-C., avec le décret chrétien interdisant les cultes antiques.

▶ **Les petits propylées**, constituant l'entrée dans l'enceinte du sanctuaire, sont en marbre pentélique et permettaient l'entrée des pèlerins dans la cour intérieure. Les grands propylées, composés de deux alignements de colonnes, font face à Athènes et sont une copie de l'intérieur des grands propylées de l'Acropole. C'est sur les métopes, du côté nord, que se trouvait la figure de Marc Aurèle.

▶ **Le télestérion.** Des propylées, on y accède en empruntant la *Voie Sacrée*. L'enceinte presque carrée de 56 m de long que l'on voit aujourd'hui constitue la dernière version romaine. Le bâtiment comporte six rangées de sept colonnes. Il était recouvert d'un toit qui laissait passer la lumière par un trou en son centre. Les gradins taillés dans le roc, visibles sur les côtés, étaient destinés aux spectateurs venus assister aux mystères. La partie la plus importante de l'édifice est l'*anactoron*, situé à peu près au milieu. On le reconnaît à sa forme rectangulaire, de 5 m sur 15 m. C'est là qu'étaient conservés les objets sacrés. Le portique à l'est, de l'autre côté de celui de la colline, est le portique de Philon : il a douze colonnes en façade. Juste à droite à l'entrée du télestérion étaient entreposées des offrandes, le *trésor*.

▶ **Arcs de triomphe est et ouest.** A côté de la fontaine, à gauche en entrant, un arc de triomphe romain, copie de la porte d'Hadrien d'Athènes, marquait l'entrée de la route du port d'Eleusis. Face à lui, l'arc de triomphe ouest marquait l'entrée de la route de Megara.

▶ **Le puits Kallichoros.** Juste à gauche de l'escalier des propylées, on découvre le puits, antérieur aux propylées, en pierre gris-bleu d'Eleusis. C'est là que les femmes d'Eleusis chantaient et dansaient pour Déméter.

▶ **Le ploutonéion.** A droite, en se dirigeant vers le télestérion, le ploutonéion, possède un petit mégaron mycénien au milieu. C'est probablement là que les prêtres procédaient à la reconstitution de l'enlèvement de Perséphone devant les pèlerins.

LES ENVIRONS D'ATHÈNES

MUSÉE DU SITE D'ELEUSIS ★★

12 rue Perikleous ✆ +30 210 55 46 019

Tous les jours, sauf le mardi, de 8h à 20h, sauf le mardi. Entrée : 6 € (compris dans le billet du site archéologique).

Dans le jardin qui mène au musée, on peut voir un sarcophage romain orné d'une scène de chasse au sanglier de Calydon sur un côté, de griffons de l'autre, et d'un sphinx à écailles sur le dessus.

- **On entre dans le musée par la salle 2,** dans laquelle se trouve la statue sans tête de Déméter.
- **Dans la salle 1,** située à droite, on peut voir la fameuse « amphore d'Eleusis », ornée d'une représentation d'Ulysse et du Cyclope. A droite, Déméter est assise et est aussi grande que sa fille Kore. On y voit aussi un porcelet pour les sacrifices, mais surtout, l'œuvre maîtresse d'Eleusis, la *Korê en fuite*, qui représente une petite nymphe allant vers l'océan. Elle décorait le fronton de la Maison Sacrée que l'on observera après la visite du musée. Le drapé est d'une rare finesse.
- **Dans la salle 3,** que l'on rejoint en retraversant la salle 2, une statuette de Poséidon, à gauche.
- **Dans la salle 4,** une très belle statue d'Antinoos, le favori d'Hadrien.
- **Dans la salle 5,** les deux maquettes du site vous éclaireront énormément sur la visite que vous venez d'effectuer. On peut y voir aussi un très imposant buste de caryatides, ces statues-colonnes.
- **Dans la salle 6,** enfin, des poteries de l'ancien cimetière d'Eleusis, de l'époque préhistorique à l'époque romaine.
- **En sortant du musée,** on peut descendre en quittant l'enceinte du sanctuaire par la droite, afin d'admirer les derniers vestiges du site.

ANTONIOU

70 rue Pagalou

✆ +30 210 55 45 355

Du mardi au vendredi, de 8h30 à 15h30 et de 19h à 21h, le samedi de 8h à 16h. Fermé le dimanche.

Au cœur d'Eleusis, cette fromagerie est une institution qui a pignon sur rue depuis plus de 60 ans. Vous y trouvez toute la gamme des meilleurs fromages traditionnels grecs, la feta en tête bien sûr mais comme vous l'aurez rarement goûtée, et également de la charcuterie et d'autres produits de pays triés sur le volet : vins, olives, huiles d'olive… A ne rater sous aucun prétexte pour rapporter des mets de qualité et issus de l'agriculture biologique dans vos valises ! Il y a des chances que vous fassiez un peu la queue par contre.

LOUTRAKI ★

Au creux d'une baie du golfe de Corinthe, la station de Loutraki est lovée au pied d'impressionnantes montagnes qui plongent dans une eau immobile, bleue et translucide. La barre d'immeubles blancs, sur le front de mer, ne parvient pas à briser l'équilibre naturel ; et la longue plage de sable fin s'étale comme un ruban tout au long de la promenade piétonne. Terrasses de cafés et restaurants débordent d'Athéniens chaque week-end, qui, l'été, en profitent aussi pour se baigner et pratiquer quelques activités nautiques. Les rues du centre-ville, moins fréquentées, restent le fief des locaux. Un port de plaisance abrite quelques bateaux.

CAP D'HÉRAION

Lac de Vouliagmenis - Perachora

Entrée libre à toute heure de la journée et de la nuit. Site à ciel ouvert.

En poursuivant la route qui mène au lac de Vouliagmenis, jusqu'au bout du cap, on parvient au site d'Héraion, niché au creux d'une minuscule crique, surplombé d'un phare. Le sanctuaire était dédié à Héra *Akraia* (protectrice des « bouts » du littoral) *Liménia* (protectrice du port). Le temple que l'on visite aujourd'hui, d'ordre dorique, a été construit au VIe s. av. J.-C., un peu plus à l'ouest d'un temple plus ancien, détruit, et qui datait de la période géométrique (vers 800 av. J.-C.). Très beau site pour piquer une tête ou pour admirer le coucher du soleil !

LAC DE VOULIAGMENIS

Suivre la rue principale, traversant Loutraki (parallèle au front de mer), puis continuer vers le nord, jusqu'à Perachora puis le lac.

A l'entrée du village, à gauche au niveau de la station-service et roulez encore un peu vers le lac.

Pendant les années 1960 et 1970, les jeunes y venaient d'Athènes pour dormir à la belle étoile, sur les bords du lac. Aujourd'hui, rien ne semble avoir changé, et on découvre une image d'Epinal de la Grèce : chapelles et pontons blancs, maisons basses peintes à la chaux, tavernes de poissons les pieds dans l'eau. Si le cœur vous en dit, poursuivez votre balade en grimpant jusqu'à la petite chapelle Saint-Nicolas où vous aurez une belle vue sur le phare construit en 1897 et le golfe. Le lac communique avec la mer par un chenal, parfait pour piquer une tête.

MONASTÈRE DE OSSIOS PATAPIOS

A 14 km au nord de Loutraki

✆ +30 27440 22 496

Le monastère que l'on peut visiter aujourd'hui a été construit en 1952 sur l'emplacement d'un ancien couvent de XIIe siècle, lieu de retrait des ermites orthodoxes. Le monastère actuel dédié à Ossios Patapios, érigé sur les flancs du mont Gérania, à 700 m d'altitude, au-dessus de Loutraki, est encore en activité. Il est accolé à une grotte que l'on peut visiter et où ont été retrouvées des reliques. De là-haut, la vue est magnifique, et le lieu est empreint d'une grande sérénité.

LOUTRAKI HOTEL €

19 El. Venizelou

✆ +30 2744 022 433

Chambre entre 50 et 70 €. Petit déjeuner compris.

Un hôtel basique et propre, situé dans une rue parallèle au front de mer. Le vieux patron vous y accueille comme chez lui, en toute simplicité. Certaines des chambres disposent d'une belle vue sur la mer. C'est l'hospitalité à la grecque que l'on vient chercher dans cet hôtel, qui traite particulièrement bien chacun de ses clients, grâce au personnel disponible et souriant. Précisons que le site Internet est bien réalisé - disponible en français pour vous donner une idée claire de votre hébergement. Bon rapport qualité-prix.

SITE OFFICIEL DE LOUTRAKI

✆ +30 2744 068136

www.visitloutraki.com/el

La municipalité de Loutraki et plus précisément les services chargés du développement et de la promotion touristique de la région ont mis au service du public et des visiteurs un site web, dès à présent disponible en anglais, très riche. Les pages web proposent, entre autres, des visites thématiques à Loutraki et ses alentours : tourisme religieux, gastronomique, sportif, etc. Attention, sur place vous ne trouverez pas d'office de tourisme qui accueille le public.

HOTEL KING SARON €€

Isthmia Corinth

✆ +30 27410 37 27 36

www.kingsaron.gr/

Chambre à partir de 75 € la nuit, prix augmentant selon la période et la catégorie.

Des chambres propres et agréables qui bénéficient du calme de l'endroit – mais comme c'est un peu excentré, il vaut mieux avoir une voiture. Le rapport qualité/prix est quasi imbattable. Des activités sont proposées en français, c'est idéal. Le restaurant de l'hôtel offre une cuisine de grande qualité. C'est un endroit parfait pour les familles, autant que pour les jeunes désirant s'amuser entre amis. Attention, cela peut être par conséquent un peu bruyant la nuit venue. Sur place, de quoi prendre le temps : piscine, bar, restaurant et parking gratuit.

HÔTEL MITZITHRAS €

25 av. E. Venizelou

✆ +30 274 402 6795

www.mitzithras.gr

Chambre entre 50 et 90 €, selon la période et la catégorie. Petit déjeuner buffet compris.

L'hôtel Mitzithras est un ensemble de 48 chambres, toutes équipées de l'air climatisé. Situé dans le centre de Loutraki, il se dresse sur la rue centrale (un peu bruyante en été certes, mais le niveau sonore reste acceptable), et non loin de la gare KTEL. A l'entrée de l'établissement, à noter un très joli café ouvert tôt le main jusqu'à tard le soir, pour les clients de l'hôtel et les habitués du coin. Bon rapport qualité/prix : c'est une solution simple mais bien tenue pour se loger raisonnablement à Loutraki. Possibilité d'excursions ou de louer une voiture.

HÔTEL PAOLO €€

16 rue Ethnikis Antistasis

✆ +30 27440 66 921

www.hotelpaolo.gr

Ouvert d'avril à mi-septembre. Chambre de 45 à 90 € environ, variant selon période et catégorie. Petit déjeuner compris.

Hôtel à l'apparence un peu vieillotte mais entièrement rénové en 2005, en plein centre de Loutraki, à 5 minutes de la plage. Il propose 70 chambres doubles, triples et suites, avec air climatisé. Elles sont confortables, bien entretenues et possèdent une salle de bains privative avec douche, une TV, un réfrigérateur et un balcon. Accès handicapés. Pour les amateurs, l'hôtel possède une salle avec des tables de jeux de cartes ainsi qu'une salle de gymnastique. Parking gratuit, roof garden pour le petit déjeuner. Cartes bancaires acceptées. Offres sur le site.

CLUB HOTEL CASINO LOUTRAKI €€€

48 rue Poseidonos
✆ +30 27440 60 300
www.clubhotelloutraki.gr
Chambre entre 70 et 95 €. Petit déjeuner compris.

Le casino de Loutraki a construit son palace en 2002. Situé face à la mer, l'hôtel dispose d'une grande piscine extérieure et d'un spa. Le cadre est très agréable, reposant, avec de beaux espaces verts. Le petit déjeuner servi en buffet est généreux et varié. Si vous ne pouvez pas vous offrir le luxe d'une nuit au palace, vous pouvez toujours aller flamber au casino (ouvert 24h/24 le week-end) ou aller prendre un verre au bar. Une voiture vous sera cependant utile.

AGIOS EFROSINOS €€

17 rue Aghios Ioannis
✆ +30 2744 02 22 47
www.agiosefrosinos.gr
Compter 15 € par personne. Ouvert de 12h à 19h.

On y vient pour déguster une cuisine grecque raffinée et élaborée avec de très bons produits locaux. Sachez que Michalis, chef et propriétaire des lieux, propose à ses clients de venir choisir les plats du jour directement dans les casseroles frémissantes, et les conseille soigneusement ! À goûter, la fava, la savoureuse moussaka ou la tourte aux courgettes (tout est fait maison). Autant dire que l'accueil d'Agios Efrosinos est remarquable, ajoutons également que le cadre est authentique, fait de bric et de broc mais charmant.

MANTAS BAY APARTMENTS €€

Heraion Lake ✆ +30 274 10 91 220
www.mantashotels.gr
Bungalows à partir de 60 €, sans petit déjeuner. Parking privé.

La famille Mantas, déjà propriétaire de deux hôtels dans le centre de Loutraki, a étendu son offre à la location d'appartements au bord du lac de Vouliagmeni (Limni Vouliagmenis), près du site archéologique d'Héraion. Un cadre d'une tranquillité absolue, où ont été construites quelque 10 maisonnettes, équipées de cheminée, cuisine et tout le confort moderne. On surplombe le lac, au calme. Un *Beach bar* et des tavernes se trouvent à proximité. Plage aménagée. Attention, mieux vaut disposer d'une voiture pour le ravitaillement !

OUZERIE GIANNIS €€

3 rue L. Possidonos
✆ +30 27440 62 330
Ouvert toute l'année midi et soir. Compter 15 € par personne.

Le succès de cette taverne/ouzerie se mesure à la largeur de sa terrasse, bondée le week-end et pendant les vacances. Les familles grecques s'y retrouvent avec plaisir, entourées de leurs enfants. Ce n'est donc pas là que vous choisirez de dîner tranquillement. L'ambiance est plutôt à la cacophonie, le repas est copieux et savoureux. Goûtez le poulpe et les fruits de mer, ce sont les spécialités de la maison : grands plats de gambas, calamars frits, poisson... Une bonne adresse sur le front de mer, bien que l'on y serve beaucoup de poissons surgelés – un comble !

PHILIPPAS €

Ethnikis Antistassis & Kanari
✆ +30 274 402 3081
Ouvert toute l'année midi et soir. Prix raisonnables, plats à partir de 6 €.

En retrait dans une rue parallèle au front de mer, mais en plein centre de Loutraki, cette taverne familiale propose d'excellentes grillades et des plats cuisinés traditionnels que l'on peut choisir en cuisine ! Pas particulièrement touristique, elle a su gagner la faveur des locaux. Les plats mijotés et les mets sont préparés au jour le jour, selon les recettes de cuisine des mamans et avec de bons produits locaux. A la carte : tomates et poivrons farcis, moussaka, côtelettes d'agneau, riz aux épinards, etc. Ambiance familiale.

RIGANI €€

5 Papanikolaou
✆ +30 27440 66 744
www.rigani.gr/index.html
Ouvert tous les jours midi et soir. Compter autour de 25 € par personne.

Moderne et élégant, se situant à proximité de la plage du Casino de Loutraki, et, presque à une demi-heure du centre d'Athènes, ce restaurant propose une très bonne cuisine méditerranéenne et traditionnelle grecque. Le menu, à base de produits frais, change en fonction de la saison. Lorsque le temps est propice, on s'installe dans le jardin, bien entretenu, sous les arbres. Le vin bio de Némée figure parmi les atouts de cet établissement. Les salades sont copieuses et les plats sont préparés au jour le jour. Ambiance conviviale.

PAPADAKIS PATISSERIE

4 rue El. Venizelou & Psaron
✆ +30 2744 0 64 144
Ouvert tous les jours de 7h45 à 1h30. En hiver l'établissement ferme à 23h.

Café-pâtisserie emblématique de Loutraki. D'une renommée sans faille, depuis 1999, il est le lieu de rencontre pour les locaux, grâce à son emplacement offrant pleine vue sur la mer, la qualité des matières premières et l'art avec lequel on prépare le café et, surtout, le café frappé (café froid, typiquement grec). Le *must*, son gâteau aux noix accompagné d'une boule de glace à la vanille ou au mastic. Autres spécialités, le *copenhagui,* feuilleté fourré aux amandes, les pâtisseries anatoliennes, le soufflé au chocolat. Grand choix de glaces également.

SAX CAFE BAR

6 Lamprou Katsoni
✆ +30 27440 67 773
Ouvert dès 9h pour le petit déjeuner et jusqu'à l'aube pour les soirées animées. Cocktails à partir de 9 €.

Si on peut y siroter paisiblement son café frappé ou manger une salade pendant la journée, l'endroit est aussi et surtout dédié à la fête à partir d'une certaine heure, dès que le soleil est couché. Très prisé de par son emplacement au bord de la plage, il propose, en saison, des parasols et des chaises longues au bord de la mer. On afflue au Sax Café/bar pour ses snacks, plats légers ou mijotés, salades, glaces et desserts. La carte des boissons et des vins est très variée mais ce sont les cocktails qui… coulent à grands flots !

LOUTRAKI MOUNTAINEERING CLUB

✆ +30 6932 9810 10
oreivatikos-loutrakiou.blogspot.gr
Pour se renseigner sur le programme et les activités, il est conseillé d'adresser un mail au club.

Association très active à but non lucratif de montagnards passionnés de Loutraki et ses environs qui organise des sorties en pleine nature autour de la région, et un peu partout en Grèce : randonnées, escalades, visites des grottes, canyoning… Les membres de cette association balisent et entretiennent les chemins, gèrent les refuges… N'hésitez pas à demander conseil ou consultez le site web afin de vous renseigner avec précision sur les randonnées à faire autour de Loutraki.

LOUTRAKI THERMAL SPA

24 rue G.Lekka
✆ +30 27440 62 186
www.loutrakispa.gr/
Tous les jours de 11h à 19h, 20h le week-end. Accès (sauna, hammam, bains à remous) à partir de 20 € pour une heure.

Réputée pour son eau minérale et ses sources thermales, la ville de Loutraki vient de rénover et de rouvrir son spa et centre de thalassothérapie, construit en 1935. L'ancien bâtiment circulaire est aujourd'hui adossé à un complexe ultra moderne. L'accueil est très professionnel et la prise en charge médicale sérieuse. Même pour ceux qui s'y rendent pour le plaisir de la détente. Au programme : 3 piscines intérieures, une piscine extérieure, bains à jets, hydromassage, bains bouillonnants, hammam, sauna, salles de fitness et de traitements personnalisés.

SPORTCAMP S.A.

Avras
✆ +30 27440 66 860
www.sportcamp.gr/en

A 5 km de Loutraki, en pleine nature, cet organisme propose de nombreuses activités sportives en plein air pour enfants ou adultes. Fondé en 1978 par la famille Karavoulis, il est progressivement devenu un des plus renommés centres sportifs en Grèce. Pendant les JO, il a servi de lieu d'entrainement pour plusieurs disciplines sportives. De nos jours, ce complexe de haute qualité propose des terrains de tennis, de basket, de squash, de foot, piscine, paintball, arts martiaux, escalade, etc. Plusieurs tournois organisés. Appelez pour prendre rendez-vous.

CASINO DE LOUTRAKI

48 av. Posidonos
✆ +30 27440 60 300
www.clubhotelloutraki.gr
Ouvert tous les jours de 13h à 4h15. Réservé aux plus de 21 ans, munis de carte d'identité. Tenue correcte exigée.

Le plus ancien casino de Grèce a été fondé à Loutraki dans les années 1920. L'actuel casino est abrité dans un bâtiment entièrement rénové et modernisé, où de nombreux Athéniens viennent passer le week-end. D'une surface d'environ 5 000 m², sur deux étages, il paraît que c'est l'un des plus grands d'Europe ! Il dispose de 82 tables (Blackjack, poker, Punto Banco…), 714 machines Slot, 35 roulettes électriques, etc. Des salles privées sont à la disposition des clients VIP et VVIP. Depuis 2002, le Casino Loutraki propose un hôtel de luxe, un restaurant, des cafés.

CORINTHE – KORINTHOS ★★

Ville de 30 000 habitants environ, capitale de la Corinthie, entièrement reconstruite en 1928 suite à un grand terriblement de terre, Corinthe est aujourd'hui une ville moderne. Quadrillé de larges avenues, piétonnes pour certaines, son centre-ville, animé, est tourné vers la mer. Aux alentours, le site archéologique et le musée de l'ancienne ville attirent de très nombreux touristes et passionnés d'archéologie. Un autre temps fort consiste à grimper au sommet de l'Acrocorinthe, l'ancienne citadelle. Enfin, à quelques kilomètres, le canal qui relie le golfe Saronique et le golfe de Corinthe est aussi immanquable que surprenant.

CANAL ET ISTHME DE CORINTHE ★★★

A 6 km de Corinthe, en direction de Loutraki

Accès libre par le pont qui l'enjambe.

Ouvert en 1893, le canal est une étroite tranchée rectiligne de 6,3 km de longueur aux parois lisses et verticales. Deux murs blancs s'élèvent sur 80 m de hauteur, avec à peine 22 m d'écart. Lorsque de Corinthe, vous vous rendez à Loutraki, la petite route passe par l'entrée du canal, qui est l'endroit le plus approprié pour apercevoir ce site bien connu de tous les manuels d'histoire. Si vous arrivez au moment du passage d'un bateau, le pont se lèvera et vous devrez attendre tranquillement, comme tout le monde, que celui-ci soit passé. L'image vaut alors une photographie, le canal dans toute sa longueur dans le viseur. Depuis le percement de cet isthme, très étroit, entre 1881 et 1893, le golfe de Corinthe et le golfe Saronique communiquent. Le projet, sur le papier, existait déjà depuis bien longtemps. Une grande voie pavée avait déjà été construite au VIe siècle av. J.-C. et l'on transportait les navires entre les deux golfes au moyen de chariots. En 67 av. J.-C., Néron délégua un bataillon de 6 000 prisonniers juifs pour entreprendre les travaux, mais il fallut finalement attendre dix-sept siècles de plus. Les Français furent partie prenante au début de la réalisation des travaux, le 1er mai 1882, mais ce fut une compagnie grecque qui acheva ce gigantesque ouvrage : 6 500 m de longueur, 23,50 m de largeur. On peut aujourd'hui apercevoir des restes de la grande voie pavée en prenant la direction de Loutraki depuis Corinthe et en passant sur le pont amovible.

ACROCORINTHE ★★

Par la route de 3 à 4 km qui s'élève à partir de l'Ancienne Corinthe et grimpe jusqu'au pied des remparts. En voiture ou en taxi.

✆ +30 27410 31 266

Ouvert de 8h30 à 15h30. Entrée gratuite.

Faites le plein d'eau car le site est raide. Comptez au minimum une heure, à partir de l'entrée dans l'enceinte de la forteresse, voire beaucoup plus si vous décidez de grimper jusqu'aux points de vue : la vue y est impressionnante sur la plaine, les ruines avoisinantes et le golfe.

L'Acrocorinthe compte parmi les plus belles forteresses de Grèce. Les remparts encore visibles témoignent des vagues d'occupation de Corinthe à partir du Xe siècle de notre ère, mais les soubassements sur lesquels ils furent édifiés datent des VIIe et VIe siècles av. J.-C. Chacun des occupants a laissé une empreinte sur les remparts : les Francs, puis les Byzantins, les Turcs en 1458, les Vénitiens en 1687, les Turcs à nouveau en 1715 et, enfin, les Grecs en 1823. En entrant dans la forteresse, on passe d'abord sur un fossé jadis rempli d'eau, creusé par les Vénitiens. La première porte, dite extérieure, que l'on dépasse, est d'époque franque (XIIIe siècle). La seconde porte, dite du milieu, est en partie byzantine. La troisième porte, dite intérieure, est byzantine. On remarquera que chacune de ces portes est reliée aux autres par des plans inclinés ou des rampes.

On peut aussi apercevoir les trous à canon ajoutés par les Francs. A l'intérieur de la forteresse, des murs de maisons et d'églises byzantines coexistent avec des ruines de tours vénitiennes et de mosquées turques. Les vestiges de l'Antiquité n'ont en revanche pas survécu aux occupations successives. L'Acrocorinthe était alors vouée au culte d'Aphrodite en armes, à laquelle un millier d'esclaves sacrés offraient leurs services. Le chemin qui monte à gauche, après la troisième porte, mène à une petite chapelle et, après 10 min de marche, à une belle mosquée turque partiellement conservée. En redescendant de l'autre côté, on peut apercevoir le minaret devant lequel fut creusée, à l'époque byzantine, une citerne (protégée par une grille). En empruntant un chemin qui remonte dans la direction opposée aux portes, on arrive au croisement de trois chemins. Celui de gauche mène à un château franc, celui de droite à un donjon d'où la vue sur l'Argolide est impressionnante, celui du milieu descend vers la fameuse fontaine Pirène haute. Ce dernier est le plus court ; il permet d'accéder à la citerne après avoir descendu un petit escalier. La citerne de la fontaine est percée d'un trou circulaire en forme d'œil. Selon la légende, ce trou proviendrait du coup de sabot donné par Pégase pour faire jaillir la source. C'est à ce même endroit que Bellérophon captura Pégase alors qu'il s'abreuvait à la source.

Canal de Corinthe.

ANCIENNE CORINTHE ★★★

De Corinthe, prendre la direction Patras, puis sortir à droite en direction de l'Ancienne Corinthe, qui se trouve alors à 4 km. 16 bus par jour font la liaison depuis la gare routière de Corinthe.
✆ +30 274 103 1207
odysseus.culture.gr
En saison, ouvert 8h-19h. Reste de l'année : fermeture entre 15h et 19h. Entrée : 8 €, réduit 4 €.

Le site de l'Ancienne Corinthe a été occupé dès l'époque néolithique du fait de son emplacement idéal en hauteur et à proximité de la mer. Corinthe est passée de l'Âge de pierre à l'Âge du bronze sans heurts, mais a été détruite pour une raison inconnue au début du IIe millénaire. La cité atteint son apogée sous le règne du tyran Kypsélos et sous son fils Périandre. La ville prospère et s'enrichit lors de ses contacts nombreux avec l'Orient, comme en témoignent les motifs qui décorent les vases dès cette époque. En 582 av. J.-C. sont inaugurés les jeux Isthmiques en l'honneur du dieu Poséidon. En 480, la tyrannie est renversée et l'aristocratie prend le pouvoir avec le même succès commercial et politique. Les guerres médiques et la domination athénienne entament la suprématie de la ville. Les victoires de Sparte affaiblissent encore l'influence politique de Corinthe, alors que la guerre de Corinthe qui s'ensuit (395-387 av. J.-C.) finit de l'épuiser. Corinthe retrouvera seulement son statut de grand centre commercial et politique pendant la période macédonienne, au cours de laquelle elle devient le siège de la Ligue achéenne en 200 av. J.-C. Cette richesse ne laisse pas les Romains indifférents, et les armées de l'empereur Mummius rasent la ville, pillent ses richesses et vendent ses habitants comme esclaves. Pendant un siècle, la ville n'est qu'un champ de ruines désert. Ce n'est que sous Jules César que l'on commence à repeupler la ville : elle attire des descendants de Corinthiens exilés et de nombreux juifs et devient un centre politique romain. C'est à cette époque que la ville est visitée par saint Paul (voir « Les Célèbres Lettres »). Sous Justinien, la ville subit un premier tremblement de terre et l'empereur Hadrien construit un aqueduc qui alimente la cité depuis les sources lointaines de Stymphalie. Hérode Atticus dote également la ville de nombreux monuments. En 267 de notre ère, les Hérules envahissent Corinthe, qui subit un nouveau tremblement de terre en 375. A nouveau, la ville connaît les invasions de Barbares, cette fois-ci ce sont les Goths d'Alaric. Un énième tremblement de terre affaiblit la ville qui, en 1210, va être occupée par les pirates. De 1358 à 1395, Corinthe sera sous occupation florentine, et tombera dans le giron des Turcs, puis des Vénitiens, jusqu'en 1822.

▶ **La visite débute par le musée archéologique du site.** Au-dessus de la porte, au fond du hall d'entrée, une mosaïque datant de 400 av. J.-C. représente deux griffons qui déchirent un cheval. A gauche de l'entrée, la salle préhistorique comporte de nombreux vases et fragments allant du Néolithique à l'Helladique récent. A droite de l'entrée sont présentés des objets d'époque classique jusqu'à la destruction de la ville par les Romains. C'est vers le milieu du VIIIe siècle que les motifs floraux et animaliers, hérités de l'Orient, font leur apparition sur les vases et annoncent les vases corinthiens qui feront la richesse de la ville. Au fond de la salle, de magnifiques figures de sphinx, et surtout, un extraordinaire fragment d'un temple où l'on voit les jambes de deux soldats grecs devant le corps tombé d'une Amazone. La grande salle romaine présente l'art de la ville dominée par l'Empire romain. Un peu plus loin, sur le mur de gauche, de très belles mosaïques découvertes dans les restes d'une villa romaine. Remarquez en particulier celle qui représente la tête de Dio-

Site antique de Corinthe.

nysos au milieu d'un motif circulaire. Dans le cloître et dans le portique du musée, vous trouverez des inscriptions romaines ainsi que des fragments de statues et des morceaux de frises qui ornaient le théâtre de l'époque d'Hadrien.

A la sortie du musée, commence la visite du site. Un ensemble de boutiques rappellent que l'agora était à la fois le centre politique et économique de la ville. Face à vous, vous pouvez voir les fondations d'une multitude de petits temples dédiés à de nombreux dieux grecs, comme Aphrodite, Apollon, Poséidon et le demi-dieu Héraclès. En allant sur votre gauche, vous arrivez rapidement au temple d'Apollon qui domine tout le site depuis son promontoire. Le monument est de style dorique, avec 6 colonnes en façade et 15 sur les côtés. Ces colonnes monolithiques (en un seul bloc) et massives font penser que le temple a dû être construit au VIe siècle av. J.-C. Un peu au nord du temple, les fondations d'un autre temple plus ancien, du VIIe siècle, ont été découvertes, ainsi qu'un ensemble de boutiques romaines qui formaient un bâtiment carré entourant une cour à ciel ouvert et entouré d'un péristyle à colonnes. Prenez les marches qui descendent vers l'immense agora grecque. Au IVe siècle av. J.-C., elle avait déjà les dimensions qu'elle présente aujourd'hui. Elle est encadrée, au nord et au sud, par une rangée de boutiques, et surtout par l'immense portique sud qui supportait 74 colonnes doriques en façade et 34 colonnes ioniques à l'intérieur. Si vous vous avancez sur l'esplanade du portique, vous verrez les fondations de boutiques et surtout de tavernes où les habitants de la ville pouvaient se détendre. Au centre de cette rangée de bâtiments, le *bouleutêrion* romain, que l'on reconnaît à sa forme plus ou moins circulaire. C'était le siège du Conseil du Sénat romain. Encore plus au sud du portique, la basilique sud date du Ier siècle apr. J.-C. En revenant sur vos pas, vous remarquerez que le portique sud était séparé de l'agora par une rangée de bâtiments qui devaient être des boutiques donnant sur le nord. Au milieu de cette rangée se trouvait le *bêma*. C'est de cette terrasse que saint Paul a défendu la religion chrétienne et que les politiques romains haranguaient la foule. A l'opposé du portique sud, c'est-à-dire au nord-ouest de l'agora, s'étend une nouvelle rangée de 15 boutiques. A droite de cette rangée s'ouvre la route qui menait au port de la ville : Léchaion. Cette route débouchait sur l'agora sous un propylon monumental. En empruntant cette route, on découvre plusieurs monuments. Sur votre droite, dos à l'agora, se trouve la très belle fontaine Pirène. On doit à Hérode Atticus les principaux aménagements du monument malgré les touches successives apportées à l'époque byzantine. A l'intérieur du monument, admirez les 6 bassins qui donnaient accès à 4 autres bassins qu'alimentait la source Pirène

Ruines d'un temple de Corinthe.

(sur l'Acrocorinthe). En montant au-dessus des fondations de la fontaine, vous verrez le réservoir central ainsi que les quatre bassins restaurés. Sur votre droite, en descendant la route de Léchaion : le péribole d'Apollon entouré des restes d'une colonnade ionique, des latrines publiques datant de l'époque romaine et enfin les restes de thermes romains. En remontant la route vers l'agora, sur votre droite, les restes de la basilique dite du Nord. Elle s'ouvrait sur l'agora par une cour rectangulaire et une façade décorée de statues monumentales de prisonniers barbares (deux sont encore visibles au musée) qui lui valurent son nom de « façade des Captifs ». Devant elle, l'entrée du souterrain qui mène à la fontaine sacrée (protégée par une grille) ; son eau était réservée au culte. Il ne vous reste plus qu'à revenir sur vos pas en traversant l'agora en direction du musée. La dernière curiosité est la fontaine Glauké, taillée dans le rocher qui semble sortir du sol tel un énorme cube de pierre. L'eau était captée au pied de l'Acrocorinthe et amenée jusqu'à la fontaine par un aqueduc. La fontaine doit son nom à la légende rapportée par Pausanias, selon laquelle la fille du roi Créon et deuxième épouse de Jason, Glauké, se serait jetée dans cette fontaine à cause de la douleur provoquée par la robe empoisonnée que lui avait envoyée Médée, la première femme de Jason, en cadeau de noces. Sur le bord de la route en partant se trouvent les deux derniers monuments du site. L'odéon, d'une capacité de 3 000 personnes, est taillé dans la pente naturelle de la colline. Il date de la fin du Ier siècle apr. J.-C. et fut restauré par Hérode Atticus en 175. Le deuxième monument est le théâtre, aujourd'hui encore envahi par de hautes herbes. A l'est du théâtre restent quelques fragments d'un mur qui devait faire partie du temple dédié à Athéna. A 300 m au nord du théâtre, le sanctuaire d'Asclépios et la fontaine de Lerne.

LIVAS TRAVEL

Ancien port

✆ +30 2741 08 59 08

www.livastravel.gr/index.html

Ouvert toute l'année. Horaires variant selon la saison. En général ouvert de 9h30 à 15h30.

Cette excellente agence belgo-grecque fondée en 1995 organise des voyages en fonction de vos envies. Sa patronne Lieve, une Flamande qui parle très bien français, a toujours de bons plans pour un hébergement, un transfert, des excursions, une croisière, un voyage d'affaires, un billet d'avion ou de ferry, ou une location de véhicule à petit prix. Elle propose également plusieurs activités (escalade, tournois de golf, spa, randonnées, etc.). Et surtout, elle connaît parfaitement le Péloponnèse et elle vous donnera tous les bons tuyaux pour le visiter.

GARE DE KIATO

www.trainose.gr

Compter 11 € pour un billet depuis Athènes.

C'est à Kiato, à 15 minutes de Corinthe, qu'arrive le train de banlieue (*Proastiakos*) en provenance du centre d'Athènes ou depuis l'aéroport. Cette ligne, ouverte en 2007, permet de rejoindre Corinthe depuis Athènes, voire depuis l'aéroport, moyennant une correspondance facile. Selon votre itinéraire, il est même possible de venir du port du Pirée ou de le rejoindre avec ce réseau. Les horaires (bonne fréquence) et itinéraires sont téléchargeables sur le site.

De la gare de Kiato, vous pourrez ensuite explorer la région en bus ou louer une voiture.

GARE DU PROASTIAKOS (TRAIN DE BANLIEUE)

✆ +30 210 527 2000 - www.trainose.gr

Un aller simple : Corinthe-Athènes 9 €, Corinthe-aéroport 12 €, Corinthe- Patras 17 € (car inclus, départ de Kiato).

- Le train de banlieue (*proastiakos*) relie Corinthe avec Athènes et Le Pirée. Deux départs par jour. Kiato est le terminus de cette ligne, desservi après Corinthe. (18 départs/jour). Durée du trajet : entre 1h15 et 2h15.
- Le proastiakos relie Corinthe à l'aéroport, via Ano Liossa. Départs environ toutes heures de 6h09 à 22h09. Durée : 1h20 environ.
- De Corinthe pour rejoindre Patras il faut prendre le car (TRAINOSE) à la station de Kiato (environ toutes les heures de 8h05 à 21h05).

GARE ROUTIÈRE KTEL

4 rue Demokratias

✆ +30 2741 07 54 10

www.ktelkorinthias.gr/en/corinth-state

Les cars de la compagnie KTEL assurent les liaisons entre les grandes villes grecques mais, également, entre les régions isolées et les villages du pays et les villes et les villages de chaque préfecture et département. Plusieurs gares routières existent à Corinthe : celle de la rue Dimokratias permet d'aller à Athènes tandis que celle d'Aratou dessert les villages des alentours : Loutraki, Kiato, Derveni... Depuis la gare de l'Isthmou, une autre gare routière, vous rejoindrez plusieurs destinations du Péloponnèse (Aigio, Patras).

LIVAS TRAVEL

Ancien port

✆ +30 2741 08 59 08

www.livastravel.gr/index.html

Ouvert toute l'année. Horaires variant selon la saison. En général ouvert de 9h30 à 15h30.

Cette excellente agence belgo-grecque fondée en 1995 organise des voyages en fonction de vos envies. Sa patronne Lieve, une Flamande qui parle très bien français, a toujours de bons plans pour un hébergement, un transfert, des excursions, une croisière, un voyage d'affaires, un billet d'avion ou de ferry, ou une location de véhicule à petit prix. Elle propose également plusieurs activités (escalade, tournois de golf, spa, randonnées, etc.). Et surtout, elle connaît parfaitement le Péloponnèse et elle vous donnera tous les bons tuyaux pour le visiter.

ARHONTIKO KEFALARI €

✆ +30 27470 22 200

www.arxontiko-kefalari.gr

Chambre double entre 50 et 75 €, petit déjeuner inclus.

L'hôtel Archontiko fait partie de ces établissements qui renouent avec la notion de l'hôtellerie et de l'hospitalité. Ce manoir du XIXe siècle, entièrement rénové et construit à l'ombre d'un platane vieux de 150 ans, est un lieu idéal pour apprécier un séjour en pleine nature et retrouver son bien-être. L'accueil est remarquable, la directrice vous transmettra tout son amour pour sa région. Le site de l'hôtel, en français, détaillé, va vous servir de guide en vous permettant de découvrir les richesses naturelles, culturelles et archéologiques de la région.

HÔTEL KALAMAKI BEACH €

Route d'Epidaure
✆ +30 274 10 37 653
www.kalamakibeach.gr
Chambre double entre 55 et 90 €, avec petit déjeuner.

Situé à 4 km du canal de Corinthe sur le golfe Saronique, cet établissement constitue un point de départ idéal pour des excursions ou des visites de sites archéologiques. Cet hôtel familial possède 80 chambres, situées au bord d'une plage de petits galets. On vous y réservera un accueil chaleureux. L'établissement dispose d'aires de jeux et d'une belle piscine. Option détente ou rythme sportif : à vous de voir. En tout cas, les activités ne manquent pas. Le restaurant sur jardin est très agréable autant le midi que le soir (possibilité de pension complète).

ARMONIA BOUTIQUE HOTEL €€

Kefalari ✆ +30 27470 22 475
www.xenonasarmonia.gr
Chambre double entre 70 et 110 €, avec le petit déjeuner.

Ce bâti datant de 1870 entièrement construit en pierre, en bois et en fer, réhabilité et aménagé en hôtel, est devenu le joyau de Kefalari et de la Corinthie montagneuse. Luxe, confort et services dignes (très largement !) d'un 3-étoiles pour ce boutique-hôtel hors du temps. Les chambres sont absolument ravissantes et uniques - avec une bonne dose de romantisme assumée. En résumé, une belle escapade dans la montagne et un autre visage de la Grèce à découvrir, à seulement une heure et demie d'Athènes et dans l'arrière-pays de Corinthe.

FOURNISTO MATZOUNI €

87 Patron
✆ +30 2741 401040
Ouvert tous les jours de 13h à 0h30, et jusqu'à 2h le week-end. Comptez autour de 15 € par personne.

Ce *mezzedopoleio* a su s'imposer parmi les plus fréquentés de Corinthe. La formule était simple : des plats raffinés mijotés dans les traditions culinaires grecques et d'Asie Mineure à partir des produits frais, un service chaleureux, une ambiance conviviale, le tout dans un cadre simple et coloré. Le menu est varié tandis que plusieurs plats sont gratinés dans le four à bois, au milieu de la salle intérieure. En saison, on s'installe sur la terrasse ombragée. Lieu de rencontre des jeunes, il est d'usage de finir les soirées du vendredi et samedi en concert.

O MAGKAS €

Kefalari
✆ +30 27470 22 280
Ouvert tous les jours, de 9h à 11h30. Compter autour de 20 € par personne.

Depuis 1975, cette taverne familiale propose des plats traditionnels et des spécialités de la région. En hiver autour de la cheminée ou en saison sur la terrasse, on déguste des plats faits maison, des grillades et des méchouis. Très prisée par les locaux, cette taverne doit sa renommée à la qualité des matières premières et le savoir-faire du propriétaire qui propose des grillades juteuses et bien savoureuses aux braises, à tomber ! Le vin au pichet est d'une très bonne qualité également. Portions généreuses. Accueil chaleureux.

TAVERNA MARINOS €

✆ +30 2741 03 11 30
marinos-restaurant.gr/
Compter autour de 18 € par personne. Ouvert tous les jours de 8h à minuit en haute saison, variant en saison basse.

Situé sur la rue piétonne du village Archaia Korinthos, ce restaurant familial où l'on parle français offre une très jolie vue sur Corinthe et le golfe. Il propose une cuisine traditionnelle grecque et des grillades. Les plats mijotés, les mets et les salades, soigneusement préparés, et avec des bons produits de la région, sont faits maison. N'hésitez pas à déguster les fromages proposés : la feta ou le gruyère de Limnes. Les viandes et volailles proviennent des éleveurs des environs. Les petits poissons du golfe de Corinthe sont, également, à déguster.

ALMIRIKI €€

✆ +30 2741 03 42 30
Ouvert tous les jours de midi à minuit. Comptez autour de 30 € par personne.

Situé au bord de la mer, sous les tamaris de la plage d'Almiri, à 10 km de Corinthe et à proximité de Loutraki et d'Isthme, ce restaurant se situe dans un cadre vraiment magnifique. La plage n'est pas très fréquentée, ce qui permet de n'être gêné pendant son repas que par les cigales. Le menu, soigneusement composé, privilégie les poissons, crustacés et fruits de mer frais. Le chef, C. Babalikis, propose une cuisine gastronomique méditerranéenne, revisitée et enrichie par ses touches personnelles. Service impeccable, accueil chaleureux, ambiance décontractée.

ESPEROS-ICHTHYS €€

✆ +30 6945 75 40 55

Ouvert de midi à minuit. Comptez autour de 25 € par personne. Plus cher pour le prix du poisson frais au kilo.

La plage de Derveni, à quarante minutes de Corinthe, est également connue sous le nom de Miami du Péloponnèse, grâce aux eaux cristallines de la mer. Située au bord de cette longue plage, cette taverne est une référence pour ceux qui aiment les poissons et les produits de la mer frais. La soupe aux poissons est un délice, les fritures de petits poissons et crustacés également. Etablissement idéal pour s'installer sur la terrasse (vitrée en saison) offrant pleine vue sur le golfe de Corinthe et apprécier son apéritif accompagné de quelques mezzedes.

DEL MAR

Rue Megalou Alexandrou

✆ +30 27410 73969

www.cafedelmarkorinthos.gr/

Ouvert toute l'année de 8h à 2h. Gaufres autour de 5 €.

Il s'agit d'un café-restaurant agréable donnant sur la mer. En journée on apprécie des moments de relaxation et de farniente en sirotant son café face à la mer. On peut vraiment prendre son temps pour apprécier une bière, un snack ou un petit repas. Les gaufres, saupoudrées de sucre, aux fruits, ou accompagnées d'une boule de glace, sont le grand atout de Del Mar. Plus tard en soirée l'ambiance devient plus festive et très souvent des soirées DJ ou avec de la musique en live sont organisées. En saison, transats disponibles sur la longue plage de sable de Corinthe.

ISTHMIA BRIDGE CAFÉ

✆ +20 2741 03 79 70

Ouvert tous les jours de 8h à 23h.

A l'entrée du canal de Corinthe, ce café-restaurant dispose d'une grande terrasse permettant d'observer les allées et venues des voiliers et autres navires empruntant cette voie maritime reliant la mer Egée à la mer Ionienne. L'établissement est très agréable pour siroter un café, surtout en début de journée pendant les mois les plus chauds de l'année ou pour y dîner ou boire un verre de vin le soir. A la carte : des snacks, des salades, des fritures de petits poissons du golfe de Corinthe et des calamars, boissons, glaces, etc. Vue magique et cadre reposant !

ASSOCIATION GRECQUE DE RANDONNÉE PÉDESTRE-CORINTHE

5 rue Ethnikis Antistasseos ✆ +30 27410 29 970

http://eoskorinthou.gr/

Ouvert le mercredi et le vendredi de 20h à 22h. Pour plus d'informations, consultez le site.

Fondée en 1932, l'association a pour objectif de faire valoir la beauté et la richesse des montagnes de Corinthe et ses environs. Escalades, randonnées, franchissement de canyons, la spéléologie, le rafting, le kayak, le vélo de montagne et le ski figurent parmi les activités proposées. Il s'agit d'une association très active qui ne cesse pas de multiplier les excursions dans les montagnes grecques. Consultez le site, il y aura toujours une activité à laquelle vous pourrez participer.

KORINTHOS DIVING - JASON CENTER

45A rue Ag. Nikolaou ✆ +30 2741 02 17 53

www.korinthosdiving.gr

Ouvert toute l'année. De 9h à 21h tous les jours en saison. Petite initiation autour de 50 €. PADI : à partir de 320 €.

Cette école de plongée sérieuse et très bien équipée, sur le port de Corinthe, propose des cours à ceux qui désirent évoluer ou connaître le monde maritime et subaquatique, quel que soit leur niveau. Elle délivre des diplômes tels que PADI en une semaine (piscine et mer), reconnus partout dans le monde. Les moniteurs sont des professionnels très expérimentés et assurent votre sécurité et votre confort. Windsurf et kitesurf sont aussi au programme. Cours de navigation NVG également.

ZULUBUNGY

En venant par la route de Corinthe, prendre celle qui longe le front de mer, traverser la voie de chemin de fer, puis bifurquer à gauche à la patte d'oie.

✆ +30 2741 04 94 65 - www.zulubungy.com

Ouvert tous les jours de 10h à 16h. Tarifs : 80 € le saut (78 m de hauteur), le DVD GoPro et le t-shirt du club.

En solo ou à plusieurs, si vous n'avez pas froid aux yeux, vous pouvez tenter le saut à l'élastique depuis le pont surplombant le canal de Corinthe. Une expérience inédite, organisée par cette association, très professionnelle, presque tous les jours sauf quand le temps n'est pas propice pour ce genre d'activité sensationnelle. Pas besoin d'entrainement ni de technique particulière, toutefois, si c'est la première fois que vous vous lancez dans cette activité, il faut le signaler : débutants acceptés sous certaines conditions physiques.

KIFISSIA

Autrefois peuplée de luxueuses résidences secondaires, Kifissia accueillait les hommes politiques et les familles fortunées pour des vacances à la fraîche. Alors réservée à une élite, le développement du réseau de transport urbain a permis son essor. Kifissia est aujourd'hui devenue une banlieue huppée du nord d'Athènes. On y accède en suivant l'avenue Kifissias, depuis la Vassilis Sofias, jusqu'à son terme. Villas et immeubles bas empiètent sur la nature du mont Pendeli et de nouveaux quartiers comme Ekali, Nea Erythrea ou Politia, tout aussi résidentiels. Le centre de cette bourgade très chic, essentiellement commerçante, jouit d'une architecture hétéroclite composée de magnifiques et grandioses villas, entourées de jardins verts, quadrillés par de hautes haies. Les allées sont larges et boisées, aménagées de larges trottoirs, un luxe en Grèce ! Certaines sont l'œuvre de grands architectes du début du XIXe siècle, comme l'Atlantis d'Ernst Ziller. Promenez-vous au gré des rues et hissez-vous, si nécessaire, sur la pointe des pieds pour apercevoir les demeures cachées derrière les grilles. Chaque année, au printemps, une grande foire aux fleurs est organisée dans le parc de Kifissia. Le Kifissia Flower Show présente une diversité impressionnante (une gamme de plus de 5 000 espèces différentes) et prodigue mille conseils de jardinage et d'aménagement de balcon. Toute l'année, les Athéniens, et surtout de nombreux groupes de jeunes, se donnent rendez-vous et aiment y passer des après-midi entières à faire les boutiques.

KOUVOUTSAKIS ART INSTITUTE

11 rue Levidou
✆ +30 210 62 33 682
www.kouvoutsakis-pinakothiki.gr
Du mardi au vendredi de 9h à 15h, samedi et dimanche de 10h à 15h. Fermé lundi et jours fériés. Entrée libre.

Cette galerie d'art abrite une vaste collection composée de plus de 1 500 œuvres de peinture et sculpture des XIXe et XXe siècles d'artistes grecs et étrangers. Cette riche collection est l'œuvre de P. Kouvoutsakis, un homme passionné d'art et collectionneur fervent lui-même. On y admire des chefs-d'œuvre d'Eugène Delacroix, L. Thiersch, V. Lantza, P. Hess, K. Heideck, A. Feuerbach, ou ceux des artistes grecs N. Gyzis, G. Iakovidis, K. Volanakis, I. Doukas, P. Lembessis...

MUSÉE GOULANDRIS D'HISTOIRE NATURELLE ★

13 rue Levidou
✆ +30 210 801 5870
www.gnhm.gr
Ouvert du lundi au vendredi de 9h à 14h30, le week-end de 10h à 15h. Fermé pendant les vacances. Entrée 6 €, réduit 4 €.

Fondé en 1975 par Niki Goulandris, écologiste convaincue, ce musée retrace l'évolution de la vie sur la Terre et sensibilise les enfants à l'environnement. Il abrite une collection de plantes, fleurs, insectes, reptiles, oiseaux, minéraux et fossiles marins. L'exposition a a été faite en collaboration avec le très renommé Musée d'histoire naturelle de Londres. Une géosphère, unique en son genre, illustre la rotation de la planète en 225 000 images haute résolution.

SAY HOTEL €€€

67 Ch. Trikoupi & Deligianni
✆ +30 210 2201700
www.sayhotel.gr/contact/
Chambre double standard à partir de 165 €, petit déjeuner compris.

Abrité dans une bâtisse emblématique de la place de Kefallari, datant des années 1950, Say Hôtel perpétue la tradition de l'hôtellerie de luxe de cette banlieue chic d'Athènes. Entièrement rénové, sophistiqué, l'établissement propose des chambres standards, supérieures et suites parfaitement bien équipées et offrant toutes les commodités modernes dans une ambiance cosmopolite. Toutes les chambres disposent d'un balcon privé permettant d'apprécier le paysage verdoyant qu'entoure l'hôtel. Très beau bar en rooftop. Brasserie dans le jardin intérieur. Restaurant.

SEMIRAMIS €€€

48 rue Charilaou Trikoupi
✆ +30 210 62 84 400
www.yeshotels.gr
Chambre à partir de 120 €, variable selon la catégorie et la période. Petit déjeuner compris.

Etablissement de luxe, l'hôtel Semiramis est l'œuvre du designer Karim Rashid, et membre du Design Hotels. Les pièces sont extrêmement lumineuses et le mobilier, aux couleurs acidulées, à la pointe de la modernité. Les chambres et parties communes qui se veulent extravagantes ressemblent à des aires de jeux pour enfants, où les fauteuils ont pris la forme de bonbons géants. Très confortable, avec sa salle de gym et sa piscine extérieure, cet hôtel aux airs glamour comme on en voit à Miami est une réussite. Alors, pourquoi en sortir ?

THE KEFALARI SUITES €€€

1 rue Pentelis & Kolokotroni

✆ +30 210 62 33 333

www.kefalarisuites.com/contact

La suite à partir de 200 €, en saison. Plusieurs offres sur le site.

Abritées dans un bâtiment néoclassique datant du XIXe siècle, les Kefalari Suites assurent à leurs hôtes luxe et détente dans un cadre très esthétique. Les suites (entre 32 et 36 m^2) sont spacieuses et très agréables, aménagées de façon à ce qu'on se sente chez soi. Chaque suite propose un niveau de prestations équivalent à ce type d'établissement. Elles possèdent toutes un salon équipé d'une kitchenette, un mini-réfrigérateur/bar, une cafetière-expresso, une bouilloire électrique et une salle de bains avec baignoire ou bain à remous. TV satellite. Wifi.

THESSALIA €

19, rue Elaion

✆ +30 210 80 78 837

www.thessaliarestaurant.gr

Ouvert tous les jours de midi à minuit. Compter autour de 20 € par personne.

La taverne Thessalia propose, depuis qu'elle a ouvert ses portes en 1978, des spécialités de la cuisine traditionnelle grecque et d'autres inspirées de la cuisine italienne. Connu également pour ses grillades et ses poissons frais, l'établissement est une référence pour les locaux, mais l'affluence s'intensifie surtout pendant le week-end lorsque les clients arrivent d'Athènes. En été, rien ne vaut un repas sous les grands platanes de sa cour intérieure. La maison propose des menus avantageux pour deux personnes, à commander les yeux fermés.

ARTISANAL LOUNGE & GARDENS €€

2 Zirini

✆ +30 210 8086111

www.artisanal.gr/

Ouvert tous les jours, de 10h à 2h. Comptez 30 € environ par personne pour un repas complet. Cocktail entre 10 et 12 €.

Dans un cadre verdoyant, ce lounge café-restaurant sort du lot et propose une ambiance authentique en plein accord avec la cuisine et les boissons servies. On y vient pour la qualité du menu et des moments de détente et de convivialité, au milieu de parterres fleuris, sous les pins et les platanes. Bar chaleureux, restaurant esthétique, l'ensemble de cet établissement ne fait que refléter le bon goût. Service impeccable. Une très bonne adresse qui mérite le détour.

VARSOS

5 rue Kassaveti

✆ +30 210 80 12 472

www.varsos.gr

Ouvert tous les jours de 7h à 0h, le samedi jusqu'à 13h, le dimanche jusqu'à midi.

Un retour aux traditions culinaires grecques s'impose en passant à Kifissia : Varsos. Devenu, depuis 1892, une institution gourmande, il propose des baklava, galaktoboureko, kadaïfi, gâteaux à la noix, à la crème, au miel... le fameux *tsoureki* (brioche), les traditionnels crèmes et riz au lait frais ou les magnifiques meringues. On peut s'asseoir parmi les retraités endimanchés, et déguster sa pâtisserie avec un café ou choisir de l'emporter, bien emballée, pour se régaler plus tard. Qualité assurée : excellentes matières premières, sans conservateurs.

MINAS DESIGNS

8 rue E.Benaki

✆ +30 210 62 33 577

www.minas-designs.com

Ouvert du lundi au vendredi de 10h à 21h et le samedi de 10h à 18h.

Célèbre designer de talent, Minas crée des objets contemporains et utiles, des bijoux et des meubles. En 1981, après un long séjour de formation et d'exploration à New York, Minas s'installe à Athènes et crée son premier atelier, Minas Studio. Attentif aux proportions et aux lignes racées, il nous offre des collections sophistiquées dont la marque est reconnaissable entre toutes. Avec plus de 57 ans de réussite et de reconnaissance internationale, l'artiste ainsi que ses deux fils œuvrent pour l'avenir de la marque Minas : l'avenir est prometteur.

CINE BOBONIERA

12 rue Papadiamanti

✆ +30 210 8019687

Billet : 8,50 €.

Ce cinéma, nommé « la noble de Kifissia », est le plus ancien cinéma de plein air en Grèce et se situe dans la banlieue chic de Kifissia ! La première projection ayant eu lieu en 1918, ce cinéma emblématique est devenu une véritable institution culturelle ! Actuellement, il peut accueillir 450 spectateurs qui affluent en saison ! Le choix des films peut satisfaire tout public mais en général on préfère ici les films pour cinéphiles et inconditionnés du septième art. Ils sont en version originale, le plus souvent en anglais et parfois en français.

MARATHON - MARATHONAS ★

Vous êtes à 42 km d'Athènes, forcément ! La distance est tout à fait agréable en voiture et facile à repérer : la ligne qui symbolise la course de Phidippidès est bien visible au sol, en bleu, tantôt sur la route, tantôt dans les champs. Marathon n'est pas très touristique, mais ses curiosités historiques sont plutôt amusantes. On pourra allier archéologie et détente en allant se baigner à Schinias, la plage de Marathon, surpeuplée les week-ends d'été mais agréable en semaine et hors saison.

Petit rappel : en 490 av. J.-C., la flotte perse, amarrée dans le golfe de Marathon, envoya 20 000 hommes pour conquérir Athènes. 9 000 hoplites [guerriers] athéniens et 1 000 Platéens s'établirent sur les pentes du mont Agriliki et, pendant sept jours, les adversaires s'observèrent, repliés sur leurs positions. Le général athénien Miltiade sut choisir le bon moment pour lancer l'attaque : l'armée perse fut anéantie, laissant sur le terrain, selon Hérodote, 6 400 morts. Les Athéniens pleurèrent seulement 192 victimes, en l'honneur desquelles ils élevèrent un tumulus de 9 m de hauteur, que l'on peut encore admirer aujourd'hui. Le messager Philippidès envoyé par Miltiade pour annoncer la bonne nouvelle à Athènes fit le trajet en courant sans s'arrêter un seul instant et put juste bredouiller son message avant de mourir d'épuisement. Ce malheureux a inspiré le marathon des Jeux olympiques, qui couvre une distance égale à celle qui sépare Athènes de Marathon, soit 42,195 km.

MUSÉE DE MARATHON ★

2 km avant Marathon en venant d'Athènes, à gauche ✆ +30 229 405 5155

Ouvert tous les jours, sauf le mardi, de 8h30 à 16h. Entrée : 6 €.

Le billet comprend la visite du tumulus, du cimetière protohelladique [3000-2300 av. J.-C.] situé à Tsepi [à 2,5 km du musée de Marathon] et du Sanctuaire des dieux égyptiens situé à Nea Makri. Juste avant d'arriver au musée de Marathon, on passe devant le tumulus des Platéens, les alliés des Athéniens pendant la bataille de 490 av. J.-C. Toujours avant le musée, un petit chemin en terre, en très mauvais état, conduit à travers champs jusqu'à une petite église d'où la vue sur le golfe est splendide. Un peu plus à gauche, près d'un ruisseau, se trouve la grotte dite de Pan. Le musée proprement dit est intéressant.

Dans la cour sont exposés des stèles et des bas-reliefs ; dans le hall d'entrée on peut voir un très beau casque en bronze datant de la bataille de Marathon.

Dans la salle A sont réunies les poteries trouvées dans la grotte de Pan et des photos du site.

La salle B abrite d'autres poteries et des figurines provenant des tombes de Marathon, dont une amphore d'époque géométrique. Cette époque est caractérisée par le remplissage de l'espace vide des poteries par des figures et lignes géométriques.

Dans la salle C, consacrée à la bataille, se trouve le trophée construit par les Athéniens après la victoire, mais dont il ne reste que le socle.

Dans la salle D, on découvre des stèles funéraires d'Athéniens morts à la bataille.

Enfin, dans la salle E, on peut voir une statue provenant d'un temple égyptien, peut-être celui d'Isis découvert non loin de là, ainsi que la tombe et le squelette d'un enfant de la période romaine.

LAC [LIMNI] MARATHONAS

Suivre les indications depuis le village.

Le lac de Marathon est splendide. Il est constitué par des rivages bordés d'oliviers et d'un barrage, construit entre 1926 et 1929, en marbre impressionnant, provenant du mont Pentélique, où les voitures ne passent que sur une file. Le lac est artificiel et a été créé à la confluence de deux torrents, Barnavas et Charadros. Entre 1931 et 1959, ce lac approvisionnait Athènes en eau. Sa surface mesure 2,45 km² et sa profondeur atteint les 54 mètres. Un tunnel d'une longueur de 13 km permettait à l'eau du lac d'arriver jusqu'à la capitale grecque.

TUMULUS DES ATHÉNIENS ★

Prendre à droite de la route 4 km avant Marathon, en venant d'Athènes. Suivre l'indication « tombes de Marathon ».

Ouvert de 8h30 à 16h. Entrée comprise avec le musée de Marathon.

Dans ce paysage grec fait de terre claire et d'oliviers s'élève en silence le tumulus des Athéniens, la tombe des morts au combat de la célèbre bataille de Marathon, conservant les cendres des quelque 192 soldats grecs morts et incinérés à l'endroit même du combat. Le site a changé et, évidemment, il faut beaucoup d'imagination pour se représenter la bataille, mais on peut s'aider de la stèle en marbre blanc réalisée par un guerrier de l'époque. Il s'agit d'une copie : l'originale se trouve exposée au Musée archéologique national d'Athènes.

PLAGE DE SCHINIAS ★

Accès en voiture, en suivant l'avenue Marathonas jusqu'au bout, et en longeant la côte jusqu'à Marathonas. C'est ensuite indiqué.

© OLEG ZNAMENSKIY - SHUTTERSTOCK.COM

Une des plus belles plages de ce côté de l'Attique, immensément longue et de sable fin, avec le bleu de la mer et le vert de la forêt de pins parasols qui arrive jusqu'à la plage, pour de bons moments de détente. A certains endroits, les tavernes sont accolées les unes aux autres. De nombreuses possibilités de sports nautiques sont proposées, ainsi que des chaises longues et parasols. Il reste cependant des bancs de sable pour étaler sa serviette et s'allonger à même le sol. Bref, une mini station balnéaire, pour les Athéniens.

MARATHON & EURO HOTELS €

✆ +30 229 4057 366

Chambre double à 50 €, chambre triple à 55 €, chambres 4 lits à 60 €, petit déjeuner compris. Paiement en espèces.

Il s'agit de deux hôtels différents, avoisinants, appartenant au même gérant : Marathon est l'hôtel classique des années 1970 qui propose des prestations convenables, sans plus. Bien entretenu, il est idéal pour un week end en famille : on profite de la mer et de la belle plage de Schinias. Rapport qualité-prix correct.

Le Euro Hôtel est un établissement proposant 30 chambres modernes, très fonctionnelles et propres. Certaines ont une vue imprenable sur la célèbre plage de sable de Marathon. Un bon rapport qualité-prix, indiscutablement. Wifi gratuit. Parking.

ISIDORA €

Pericleous

✆ +30 2294 05 64 67

www.isidora.com.gr

Ouvert toute l'année de 9h à minuit. Comptez autour de 20 € par personne. Plus cher pour le prix au kilo du poisson.

Offrant pleine vue sur le golf Evoikos, et à quelques mètres du tumulus de Marathon, cette taverne familiale et verdoyante est la plus fleurie du coin ! Etablie en 1959, elle offre l'occasion à se détendre les pieds dans l'eau tout en dégustant des plats succulents. Sa spécialité : les grands poissons frais. Les plats mijotés traditionnels grecs, les salades et les mets sont l'affaire d'Isidora, la gérante. Son époux et ses enfants préparent les crustacés, les petits poissons et les fruits de mer. Une très bonne cuisine, une très bonne adresse qui vaut le détour.

TO FRAGMA €

Barrage du lac de Marathonas

✆ +30 210 814 3415

www.fragma.gr

Ouvert toute l'année, en été de 9h à 1h, et en hiver jusqu'au coucher du soleil. Comptez environ 18 € par personne.

Situé au niveau du barrage (*fragma*) du lac de Marathonas, construit en 1929 avec des marbres de l'Attique, ce café-restaurant jouit d'une vue imprenable. Au milieu de ce cadre naturel si spécial, vous goûterez des spécialités méditerranéennes remises au goût du jour, des cocktails et des desserts surprenants. Une carte simple mais de bons plats bien cuisinés et, au final, un endroit assez unique dans la région de l'Attique. Fortement recommandé aussi pour un café ou une glace, surtout si vous poursuivez la journée avec une promenade sur le lac.

TO MAGIRIO TIS MARIOS €

118 av. Marathonos

✆ +30 2294 061637

Ouvert midi et soir. Comptez autour de 18 € par personne.

Taverne traditionnelle et familiale dont la renommée dépasse les bornes du village de Marathon. Il s'agit d'un établissement d'une propreté appréciable, spacieux, avec une terrasse bien ombragée par les mûriers et parfumée par les pots de basilic et de fleurs de toutes les couleurs. Les plats mijotés sont préparés au jour par jour, les portions sont généreuses. On y vient également pour déguster des grillades, des mets traditionnels et les gâteaux selon les recettes de la maman. Service rapide et très efficace, même pendant les heures de pointe.

I TRATA €€

30 av. Posidonos

✆ +30 2294 09 47 94

www.trata-neamakri.gr/

Ouvert tous les jours de 11h à minuit. C ompter autour de 25 € par personne.

I Trata est une taverne très connue de la plage de Nea Makri qui a pignon sur rue depuis 1981. On y vient pour ses plats à base de poissons frais, de crustacés et de fruits de mer ; nous vous recommandons le très maîtrisé poulpe grillé. Ajoutons au descriptif une belle terrasse ombragée, grâce à la présence bienfaitrice des mûriers, qui offre une pleine vue sur la mer. Parmi les mezzedes de la maison, penchez en priorité pour les anchois marinés et la salade d'aubergines cuites au feu de bois. Une bonne table traditionnelle.

LIGHTHOUSE - O FAROS €€

22 Pericleous

✆ +30 2294 05 61 64

Ouvert tous les jours de 9h à 23h30. Compter autour de 25 €/pers.

Une des plus anciennes tavernes de la région, connue pour la qualité des plats et des matières premières. Les poissons sont toujours frais, la salade de tarama exceptionnellement bonne, la salade aux aubergines, un délice. En saison, goûter la salade au crabe. Si vous voulez éviter les grands poissons à la braise, à cause de leur prix, vous pouvez vous régaler avec la friture des petits poissons et des crevettes rouges. La liste des mezzedes est assez variée et d'une qualité sûre. Il est conseillé de réserver afin de vous installer au bord de la mer.

ALCHEMY

36 av. Marathonos

✆ +30 2294 093644

Ouvert toute l'année, du matin jusqu'à très tard.

Dans un cadre avec vue sur la mer d'Eubée, au bord de la plage, cet allday café-bar propose une carte très variée afin de satisfaire toutes vos envies et à tout moment de la journée : brunch et petits déjeuners, restauration rapide, salades composées, hamburgers, desserts, sans passer outre les gaufres et beignets qui ont fait sa renommée dans la région et alentour. On y afflue pour un apéritif en début de soirée et on arrose les heures plus tardives en dégustant un cocktail les pieds dans l'eau. Bonne ambiance décontractée et, assez souvent, festive.

COMITÉ DU MARATHON CLASSIQUE D'ATHÈNES

137 av. Syngrou

✆ +30 2111 87 77 18

Le comité d'organisation du marathon classique d'Athènes enregistre toute l'année les inscriptions des marathoniens et des volontaires désireux de participer à cet événement sportif de grande envergure. La course classique se déroule tous les ans le deuxième dimanche de novembre. Pour des raisons historiques et symboliques, cette épreuve prend comme point de départ la petite ville de Marathon et s'achève dans le stade emblématique d'Athènes, le Kallimarmaro (Panathénaïque).

KARAVI

198 av. Poseidonos

✆ +30 229 405 59 50

www.karavi.gr

Ouvert de 9h à 21h tous les jours.

Ce centre de sports nautiques, de jeux de plage et de tennis, sponsorisé par de célèbres marques de sportswear et de boissons alcoolisées, propose sur sa plage privée de nombreuses activités nautiques et un bar-restaurant avec de la musique à la mode. Tournois de beach volley, beach football, tennis, marathons d'aérobic, compétitions de windsurf et wakeboard... Il est facile à trouver puisqu'il jouxte l'imposant Leon Anti Village Inn. Le soir, beach bar et restaurant animent la côte. En saison, l'endroit peut toutefois être bondé.

MONT PARNASSE

A 15 kilomètres d'Arachova, ce nom vous dit certainement quelque chose. En effet, la gare et le quartier bien connus de Paris tiennent leur nom du mont où vivaient les neuf muses des arts, d'ailleurs Montparnasse a toujours été un quartier fréquenté par les artistes... Une randonnée est possible sur le mont Parnasse pour arriver au sommet Diakouma, à 2 459 mètres d'altitude. On part de Pterolaka, à 1 600 mètres, que l'on rejoint en suivant la direction de la grotte de Pan ou encore de la station de ski. Il faut compter 3 heures de marche par temps clair pour gagner le sommet. Il est toutefois préférable d'être accompagné d'un guide.

KAISARIANI

Kaisariani est une banlieue d'Athènes qui a la chance d'être située au pied du verdoyant mont Hymette. Si la ville en elle-même ne présente aucun intérêt, l'Hymittos est la destination privilégiée des amateurs de balades faciles en montagne et de VTT. À 20 minutes d'Athènes, la petite route bordée de cyprès qui monte en serpentant vers le monastère de Kaisariani et ses alentours vaut une matinée au vert ! Dans un vallon tapissé de pins, de platanes et de cyprès, ce petit monastère byzantin édifié à partir du XIe siècle vaut le détour. Des cyprès dressent une garde rapprochée autour de l'église dédiée à la Présentation de la Vierge.

MEZEDAKI BY LORDOS €

3 place Anagenisseos
✆ +30 211 404 0516
mezedakibylordos.gr/
Ouvert tous les jours de 13h à minuit et un peu plus tard le week-end. Compter autour de 18 € par personne.

Situé juste à côté de la place Kaissariani (ou Anagenniseos), ce petit *mezzedopoleio* est connu pour la qualité des plats proposés, préparés avec de bons produits frais. Il propose des mets vraiment succulents. Le menu comporte également des plats mijotés, des fritures de poissons et de crustacés et de très bonnes grillades. Dégustez les boulettes à la tomate fraîche, la salade d'aubergines aux noix, les flûtes au fromage et au miel : la variété est grande et les prix sont une très bonne surprise ! Ambiance conviviale et service efficace.

TO KOUTOUKI TOU KALLINIKOU €

109-111 Iroon Polytechniou
✆ +30 2107235107
Ouvert tous les jours, de 13h jusqu'à très tard. Comptez autour de 18 € par personne.

De passage à Athènes, ne manquez pas de vous rendre à cette taverne dont les plats vous feront découvrir les saveurs authentiques de la cuisine grecque et anatolienne. Dans un cadre accueillant, vous allez déguster les meilleures côtelettes d'agneau d'Athènes, grillées au feu de bois, des mets succulents, du bon vin en pichet. Parmi les plats : le hounguiar, les beignets de tomate, le foie au basilic et au vin, et les desserts faits maison. Une très bonne adresse.

MONASTÈRE DE KAISARIANI ★

Sur le mont Hymette. ✆ +30 210 723 6619
Ouvert de 8h30 à 16h, sauf le mardi. Entrée : 2 €.

Arrivé au bas du mont Hymette, prenez le chemin en terre qui mène au monastère, il faut alors compter une demi-heure de marche pour arriver à bon port. En dehors de l'intérêt archéologique que présente le site, la promenade dans le monastère offre la possibilité de découvrir l'un des plus beaux jardins de l'Attique, reconnu par l'Union européenne, en 1993, comme l'un des « jardins historiques d'Europe ».

Fondé au XIe siècle dans un vallon rempli de pins et de cyprès au pied du mont Hymette, le couvent est dédié à la Vierge. Il est en effet construit sur l'emplacement d'un ancien temple d'Aphrodite, où les pèlerins venaient se faire guérir leur infertilité. Dans la cour, on peut encore voir la fontaine d'où jaillissait la source d'Aphrodite et dont il ne reste que la tête de bélier, qui lui donna son nom de « fontaine du Bélier ». Ovide a d'ailleurs immortalisé la fontaine d'Aphrodite en la mentionnant dans son *Art d'aimer*. Près de l'église, outre la célèbre fontaine, on peut voir les cellules des moines et le réfectoire. Dans l'église, ne pas oublier de contempler le Christ Pantocrator de la coupole, qui remonte au XVIe siècle.

A côté du monastère s'étend une remarquable oliveraie historique, qui a été recréée à partir de gravures du XVIIe siècle. A travers l'oliveraie passe un large chemin qui conduit, 500 m plus loin, jusqu'aux ruines d'un vieux couvent franc.

Comptez une heure pour la visite du couvent et deux heures en tout si vous voulez prolonger la balade jusqu'à un beau point de vue sur le mont Hymette.

© DIMITRIS PANAS/SHUTTERSTOCK.COM

XATHERI €€

232 rue Ethnikis Antistasseos
✆ +30 210 72 31 719
Ouvert du jeudi au samedi de 17h à minuit. Le dimanche, ouvert de 13h à minuit. Compter autour de 25 €/pers.

Xatheri, en langage crétois familier, signifie « authentique »... Grâce à leur amour inconditionnel pour leur île d'origine, les deux propriétaires de ce restaurant ont réussi à créer à Kaissariani un établissement où l'on peut apprécier les spécialités authentiques crétoises. La plupart de matières premières arrivent directement de l'île : les fromages, le beurre « staka », le miel et mêmes les herbes telles que le *diktamo* qui pousse uniquement en Crète et, bien évidemment, la tsikoudia (raki). L'ambiance s'anime pendant la soirée grâce aux musiciens crétois.

I KYRA ZOÏ €€

5 place Anagennisseos
✆ +30 210 723 79 00
https://kyrazoi.gr
Ouvert de 11h à 2h. Compter autour de 20 € par personne.

Ce *mezzedopolio* qui existe depuis plus de 30 ans, est une référence dans cette proche banlieue d'Athènes. Grand choix de mezzedes à base de produits de la mer. La gérante, m^me^ Zoé (I Kyra Zoï), et son fils mettent quotidiennement les mains à la pâte et préparent des mets, des salades, des plats traditionnels à base de poissons, de crustacés et de fruits de mer frais. Dégustez, entre autres, les moules au riz, les fritures de petites crevettes roses ou d'anchois, les beignets de crabe, la salade aux œufs d'oursin (selon la saison). Cadre bon enfant et agréable.

THÉÂTRE BADMINTON

Parc de Goudi
✆ +30 210 88 40 600

Construit en 2004 pour les JO d'Athènes, c'est dans ce complexe que se sont déroulées les compétitions de badminton. Après les compétitions, il a été entièrement restauré et par la suite, en 2007, réhabilité en théâtre contemporain. Depuis, il accueille des spectacles modernes ou classiques, pour tous les âges, ainsi que des concerts. Les représentations sont souvent des artistes internationaux de passage en Grèce à l'occasion d'une tournée. Son auditorium, le plus grand en Grèce, peut accueillir 2 430 spectateurs. Foyers. Parking gratuit.

PORTO RAFTI ★

Petite station balnéaire très prisée par la jeunesse athénienne. Elle est le fief de quelques propriétaires de résidences secondaires, à l'abri de cette baie encore peu connue du grand tourisme. Préservée et familiale, on y trouve de belles plages publiques ou privées, comme Avlaki, et des criques protégées comme Erotospilia : la « grotte de l'amour », tout un programme ! Bordé de maisonnettes et de quelques immeubles bas, le front de mer est à taille humaine. Des terrasses de cafés surplombent la mer. De l'autre côté de la baie, le port de plaisance crée une plus grande activité et l'animation autour des restaurants bat son plein les soirs d'été.

PLAGE D'AVLAKI

Au sud de la baie de Porto Rafti.
Entrée payante, variant selon les jours : entre 5 et 8 €. Bar, snack, douches, cabines. Horaires : de 8h à 20h.

Cette plage privée, nichée au fond de sa minuscule baie, est un petit paradis. C'est sa beauté naturelle qui la rend agréable et sa situation géographique qui en fait une plage très protégée. L'eau est translucide et turquoise, et le sable fin et blanc. La plupart des personnes qui y viennent sont des habitués et sont aussi ceux que l'on trouve pendant tout l'hiver, presque tous les jours. La mer est propre et très agréable même pendant les mois les plus chauds. Sur place on trouve tout ce qu'il faut pour passer une journée de détente. Maîtres-nageurs sauveteurs.

MUSÉE DE VRAVRONA (BRAURON)

D'Athènes, prendre la direction de Markopoulo (via l'Attiki Odos ou l'ancienne route) et, de là, prendre la direction de Porto Rafti avant de bifurquer sur la gauche lorsque le site est indiqué.
✆ +30 229 902 7020
Ouvert tous les jours en été, de 9h à 16h (sinon de 8h30 à 15h30), sauf le mardi. Entrée : 6 €, réduit 3 €.

Le plus intéressant se trouve sans doute dans la salle 2 où vous trouverez les statues des petites ourses qui animaient le temple à l'époque où l'on y célébrait le culte. Ces visages enfantins, dont la fraîcheur des traits s'est conservée dans la pierre et malgré le temps, sont superbes. Dans la salle 3, un bas-relief très bien conservé représentant de nombreux dieux grecs : Zeus et, assis face à lui, Léto, Apollon et Artémis (de gauche à droite).

Plage de Porto Rafti

SITE ANTIQUE DE VRAVRONA [BRAURON] ★

D'Athènes, prendre la direction de Markopoulo (via l'Attiki Odos ou l'ancienne route) et, de là, prendre la direction de Porto Rafti avant de bifurquer sur la gauche lorsque le site est indiqué.

✆ +30 229 902 7020

Ouvert de 9h à 16h en été (sinon 8h30 à 15h30). Fermé le mardi. Entrée : 6 €, réduit 3 €. Billet compris avec le musée.

C'est l'un des principaux lieux de culte à Artémis, déesse de la nature, de la chasse et des accouchements, qui a pris sa forme actuelle vers le VIe siècle av. J.-C. Déesse protectrice des animaux, elle devient, sur ce site également, protectrice de la famille et des enfants. Selon la légende, Iphigénie y aurait fini ses jours comme prêtresse de la déesse. À l'arrivée, le monument le plus imposant est le portique dorique dont quelques colonnes sont encore debout. Sur votre droite, le petit bassin en tuf, au pied de la terrasse du temple, devait alimenter le site en eau. Le portique donnait sur le sud, c'est-à-dire vers la petite chapelle que vous apercevez sur votre droite en entrant, et était encadré de deux ailes parallèles dont on distingue encore les fondations. Derrière le portique, vous pouvez voir les fondations de neuf petites chambres de forme carrée, meublées à l'époque de lits et de tables en marbre. Ces chambres servaient à héberger les « ourses », ces petites filles habillées de jaune qui accompagnaient les rituels dédiés à la déesse Artémis. Leur nom d'« ourse » vient de la légende selon laquelle Artémis aurait voulu punir les Athéniens du meurtre d'un ours par un jeune garçon qui défendait sa sœur. Vous pouvez voir, dans les chambres, les marques qui correspondent aux endroits où s'inséraient les lits. En tournant le dos au portique, vous verrez, à gauche de la petite chapelle, les fondations d'un sanctuaire composé de quatre chambres.

HOTEL KIANI AKTI €

40 rue Aghias Marinas & Kotopouli

✆ +30 229 908 6400

http://kianiakti.com/

En saison, entre 50 et 65 € la chambre double.

Seul hôtel de Porto Rafti, il dispose de 22 chambres doubles et 3 triples dont certaines offrent une belle vue sur la mer Égée, à seulement 20 mètres de la plage. Les chambres sont simples mais propres, et disposent toutes d'un balcon, d'une salle de bains privative avec douche et d'une télévision. Les chambres ne sont pas fournies de meubles design ou d'équipements high tech, mais rappellent les vieilles chambres traditionnelles des îles grecques, où la couleur bleue domine. Possibilité d'ajouter un troisième lit dans certaines chambres doubles.

AMMOS €

52 Aulakiou

✆ +30 229 908 4550

http://ammosportorafti.gr/

Ouvert tous les jours de 11h à 1h. Comptez autour de 15 € par personne.

Le long de la plage, étendue, un peu venteuse, et qui mène à la plage privée Avlaki, le restaurant Ammos est une taverne de poisson et de viande recommandée par les locaux. Il est tellement populaire que le week-end il vaut d'ailleurs mieux réserver ! Différents plats de *mezzedes*. Ambiance maritime, face à la mer. Un orchestre de musique traditionnelle accompagne les repas familiaux du dimanche midi. Le restaurant est situé près de la mer dont vous pouvez sentir les embruns. Très joli cadre en bleu pâle et blanc, parfait pour un vrai repas grec.

O IPIROTIS €

73 av. Gregou

✆ +30 2299 073 406

Ouvert de 11h à minuit. Compter autour de 20 € par personne. Plus cher pour le prix au kilo des poisssons.

Le Ippirotis est un *mezzedopoleio* renommé qui depuis plus de 45 ans est un point de rencontre pour les locaux. Il offre depuis sa véranda ombragée surplombant la mer une très belle vue sur le golf paisible de Porto Rafti et met, également, à la disposition des clients quelques tables au bord de la plage sous les tamaris et parasols. La cuisine est un peu standardisée, mais elle reste bonne et les poissons sont issus de la pêche du jour. On a le choix entre la cuisine traditionnelle grecque, les grillades de poissons frais et plusieurs mezzedes (mets).

KAZBA BAR €€

27 av. Gregou & Kefallinias

✆ +30 2299 076 800

www.kazba.gr/en.html

Ouvert tous les jours de 7h30 à 5h. Pour un repas complet comptez 25 € par personne environ. Cocktails à partir de 7 €.

Il s'agit d'un all day bar-restaurant, le plus branché de Porto Rafti. La vue magnifique sur la mer Egée est en parfait accord avec le décor et l'ambiance générale de l'établissement. Le menu proposé est composé d'une cuisine méditerranéenne. On peut également s'y régaler avec des snacks, un bon brunch, des salades et des desserts. La carte des vins et boissons est variée et assez accessible. Les soirées, souvent très animées, offrent l'occasion de se rafraîchir au bord de la mer, en saison, avec un bon cocktail à la main ou autour de la cheminée en hiver.

CHALCIS - CHALKIDA ★★

Bienvenue en Eubée ! À 80 km seulement de la capitale, l'île est désormais reliée par le proastikos, le nouveau suburbain, Chalcis n'a jamais été si proche. Touchée dans la partie Nord par de graves incendies pendant l'été 2021, l'île accueille de nouveau volontiers les touristes. Bâtie sur la côte occidentale, à l'endroit le plus étroit du détroit d'Euripe qui sépare l'île du continent, sa capitale est connue pour sa campagne, ses sources et ses belles plages. Les bâtiments de la ville moderne sont construits à flanc de colline au-dessus des ruines de l'ancienne citadelle où se dresse le fort de Kara Baba. Chalcis doit sans doute son nom au bronze (*chalkos*) que travaillaient ses habitants ou au *chalki*, coquillage d'où l'on extrayait la pourpre. La ville a été autrefois une cité riche et puissante où s'élevaient de nombreux temples dédiés à Zeus, Apollon ou Héra. Aujourd'hui, Chalcis ne laisse guère de souvenirs inoubliables à ceux qui en ont fait une base de départ pour visiter l'île d'Eubée. Néanmoins, le point d'attraction de Chalcis, que l'on y séjourne ou que l'on y passe simplement, reste indéniablement le canal de l'Euripe (39 m de large) qui sépare l'île du continent : un pont s'ouvre à certains moments pour laisser passer les bateaux dans le sens du courant. Les scientifiques n'ont pu encore expliquer pourquoi ces courants, qui atteignent 12 km/h, se dirigent alternativement du nord au sud et du sud au nord. Selon la tradition, Aristote se serait noyé en essayant d'élucider ce mystère…

▸ L'île est facilement accessible en voiture, en train (www.trainose.gr) et en bus (www.ktelevias.gr).

MUSÉE ARCHÉOLOGIQUE

13 rue Venizelou
✆ +30 22210 25 131
Ouvert tous les jours de 8h30 à 15h30, sauf le mardi. Entrée 2 €.

Ce petit musée mérite que l'on s'y arrête - que l'on séjourne à Chalcis ou même juste que l'on y passe - car il abrite en effet quelques pièces intéressantes réparties entre la cour et le bâtiment exigu. La principale gageure, comme ailleurs dans la ville, sera juste de se garer. Le bâtiment se compose aujourd'hui d'une grande cour et de trois pièces, où se trouvent les pièces exposées. Dans la cour de l'entrée, vous trouverez de nombreux monuments funéraires ainsi qu'un banc en marbre issu d'un théâtre dont l'emplacement est à ce jour inconnu. Au fond de la cour, en face de l'entrée du bâtiment, sont disposées des statues romaines ainsi que quatre chapiteaux doriques qui proviendraient du temple de Zeus à Chalkis.

Visite. Le musée présente de très belles œuvres de façon pédagogique et dans un ordre chronologique. Les vitrines n° 5 et 6 présentent des objets retrouvés dans les tombes datant de l'époque mycénienne, datées entre 1500 et 1050 av. J.-C. Dans la vitrine n° 9, des figurines en marbre cycladique de formes peu communes. La salle de gauche renferme de belles statues de Kouroi du VIe siècle av. J.-C. La vitrine n° 11 expose de superbes poteries archaïques et classiques. Dans la salle du milieu, outre la grande statue acéphale de Dionysos ou d'Apollon, vous ne manquerez pas, à droite, la statue d'Antinous, le favori d'Hadrien, vêtu, comme Dionysos, d'une peau de panthère, avec une couronne de lierre et de feuilles de vigne. Dans la cour du musée, vous verrez aussi des monuments funéraires et des sculptures romaines.

ÉGLISE D'AGHIA PARASKEVI

Aghia Paraskevi

Retenez son nom : le saint Paraskevi est le patron de Chalkida. L'édifice qui lui est ici dédié est une basilique du Ve siècle construite à l'emplacement d'un temple dédié à Artémis, Apollon et Léto. Au XIIIe siècle, les Vénitiens lui ont ajouté des sculptures gothiques. Cette église est un monument byzantin important, déjà par sa taille impressionnante (38,40 m sur 19,90 m). L'église a été construite initialement sur un ancien temple dédié à Zeus. Au cours de la période ottomane, elle fut, comme souvent dans le pays, transformée en mosquée.

PLAGES

Asteria est la plage du centre-ville. **Kourenti,** aussi dans la ville, reste prisée par les habitants pour leurs bains quotidiens. La plage d'**Alykes** (rochers, sable et mer peu profonde) est située près du village de Drosia. À 3 km, **Aghios Minas** a une belle plage de sable, un peu exposée au vent toutefois. La plage d'**Aulida** avec son célèbre phare et une étendue de sable ou de galets selon les endroits et là aussi plein de cafés et de restaurants, mais aussi des boîtes de nuit ici. La plage de **Valopoula,** près de la plage d'Aghios Minas a une mer peu profonde.

PONT DE CHALCIS

Un impressionnant pont suspendu, chef-d'œuvre d'architecture et de technologie contemporaines, coiffe aujourd'hui le canal. Il est venu se substituer au vieux petit pont mobile sur le chenal de l'Euripe. Le nouveau pont, construit plus au sud, permet d'accéder plus facilement au centre-ville et d'éviter ainsi l'engorgement du trafic. Le vieux pont mobile permet aux visiteurs d'observer le phénomène caractéristique des forts courants alternatifs qui changent de direction plusieurs fois par jour. Il a été construit, sous sa forme actuelle, en 1962.

SYNAGOGUE DE LA VILLE

27 rue Kotsou

Ouverte aux heures de services.

Bâtie au XIVe siècle, après que les Vénitiens ont permis à la communauté juive de quitter les murs du ghetto, elle est incendiée, puis reconstruite en 1847. Elle témoigne de l'importance et de l'ancienneté de la communauté juive de Chalcis, vieille de plus de 2 500 ans. Le cimetière juif de Chalkida est aussi l'un des cimetières juifs les plus importants de Grèce car il contient des tombes datant de la période ottomane (XVe siècle). La forme des tombeaux que l'on rencontre ici, avec des dômes, est unique. 600 tombes ont été restaurées depuis les années 1990.

KENTRIKON €

5 rue Angeli Goviou

✆ +30 222 102 2375

http://hotel-kentrikon.com

Chambre double standard entre 40 et 70 € en été, avec le petit déjeuner inclus. Ouvert toute l'année.

Un hôtel assez idéalement situé à Chalcis, comme son nom l'indique. Les 20 chambres ne présentent aucun charme particulier mais sont propres et fonctionnelles, avec air climatisé, télévision et salle de bains. D'ailleurs, l'hôtel propose même des réservations au mois, au trimestre, voire à l'année ! L'hôtel Kentrikon, mot qui signifie « central » en grec, est en fait situé à l'entrée de la ville, près de la gare, de la borne de taxi et de la base maritime d'Hellenic Seaways. C'est une ancienne villa construite en 1890 et rénovée en 2007.

L'EUBÉE : SE REPÉRER

L'Eubée (Εύβοια/Evia) est la sixième plus grande île de Méditerranée et la deuxième en Grèce après la Crète : elle s'étend sur 3 600 km², s'étire sur 180 km du nord au sud et compte 220 000 habitants. Elle est située en mer Égée, à l'est de l'Attique et de la Béotie et au sud de la Thessalie. Appelée **Chalkis** ou Chalkida, la ville principale et chef-lieu de l'Eubée (60 000 habitants) est reliée au continent par deux ponts qui enjambent le détroit de l'Euripe, qui atteint ici seulement 38 m de largeur dans sa partie la plus étroite. L'Eubée est ainsi facilement accessible par l'autoroute, à 78 km au nord du centre d'Athènes. Par ailleurs, différentes liaisons en bateau permettent de relier le nord et le sud de l'île depuis le continent, avec notamment des ferries au départ de Rafina, le deuxième port d'Athènes. Sur la côte orientale de l'Eubée, le port de **Kymi** dispose quant à lui de liaisons régulières avec Skyros, dans les Sporades. L'île offre des paysages très contrastés avec trois zones géologiques bien distinctes. La partie nord se rattache aux massifs de l'Olympe (sud de la Macédoine) et du Pélion (Thessalie) avec des dépôts sédimentaires et des montagnes verdoyantes. La partie centrale, au niveau de Chalkis, possède des sols karstiques comme dans l'Attique et en Béotie, ainsi que des montagnes rocheuses avec le mont Dirfi, point culminant de l'île à 1 743 m d'altitude. Enfin, la partie sud, également très accidentée, est constituée de roches métamorphiques et de paysages semi-désertiques comme dans les Cyclades. L'île d'Andros n'est d'ailleurs distante que de 10 km du sud de l'Eubée. C'est dans le sud, près de **Karystos**, que se trouvent les principales stations balnéaires de l'île, un spot réputé de kitesurf avec de forts vents constants sur la plage de Megali Ammos (Marmari) ainsi que d'intéressantes cavités marines, comme la splendide « grotte pourpre ». La partie centrale, dispose de la station d'**Alykes**, près de Chalkis. La partie nord possède quant à elle la belle ville portuaire de Limni et la station thermale de **Loutra Edipsou** avec plus de 80 sources chaudes, y compris sur les plages, émanant à des températures comprises entre 28 et 86 °C. La quasi-totalité de l'activité humaine est concentrée sur le littoral occidental. Du fait du relief, la partie orientale de l'Eubée est peu développée et plus difficile d'accès.

LUCY HOTEL €€

10 avenue Voudouri
✆ +30 222 102 3831
www.lucy-hotel.gr

Chambre double entre 90 et 150 €, avec petit déjeuner. Ouvert toute l'année.

L'hôtel Lucy est certainement l'une des adresses les plus confortables de la ville. Situé en bord de mer, l'établissement offre une vue panoramique sur la baie d'Evoikos, l'imposant château vénitien et l'ancien pont coulissant de Chalcis. Les 92 chambres, particulièrement spacieuses contrairement à leur balcon, sont avec air climatisé, télévision, programmes satellite, mini-bar... Vous y trouverez un restaurant et, surtout, une superbe vue sur l'Eubée si vous êtes côté mer. L'accueil est charmant et très professionnel. Wifi gratuit.

PALIRIA HOTEL €€

2 Venizelou
✆ +30 222 102 8001
www.paliria-hotel.gr

93 chambres. La double de 70 à 95 €. Petit déjeuner inclus. Ouvert toute l'année.

Un hôtel impeccable sur le front de mer, offrant une vue sur le détroit d'Evripos. Cet établissement vous accueille à proximité de la plage principale à Chalcis. Les chambres, bien orientées, offrent une vue panoramique sur le port et la « croisette » en contrebas. L'hôtel est également doté d'un bar à l'extérieur où vous pourrez siroter un verre d'ouzo en regardant passer gens et voiliers. Dans ce cadre agréable et à quelques mètres des meilleurs bars et restaurants, l'hôtel propose des chambres et des suites avec bain à remous.

MPES & PIES €

2 rue Kallia
✆ +30 6984 50 55 04

Ouvert tous les jours de 11h à 23h30. Compter entre 8 et 10 € par personne.

On apprécie particulièrement cette petite ouzerie qui défie toute concurrence… Dans un décor simple et moderne, avec une salle propre, vous y trouverez un service rapide et avec le sourire, et des mezzedes préparés selon les recettes traditionnelles, tout en étant revisités avec une approche agréablement contemporaine... Rien que par son nom, Mpes kai Pies, l'établissement vous invite à vous installer paisiblement et déguster ses spécialités avec un (ou plusieurs) verre d'ouzo ou de tsipousro… À consommer avec modération (ou pas) !

LIMNI

Limni est une assez jolie bourgade, construite en amphithéâtre sur une colline boisée autour d'une grande plage de galets. Un peu de mythologie au passage : elle fut, selon la légende, le lieu des noces de Zeus et d'Héra. Limni, qui a préservé quelques-unes de ses maisons classiques, n'est pas un mauvais choix pour passer des vacances tranquilles à l'abri des foules. Une excursion est possible pour visiter le monastère d'Aghios Nikolaos ou Moni Galataki, à 10 kilomètres de là. Ce monastère, fondé au VIIe siècle sur les ruines d'un temple de Poséidon, est la principale curiosité locale. Ses fresques du XVIe siècle sont intéressantes.

© LEFTERIS_ - ISTOCKPHOTO

Limni.

HOTEL PLAZA €

Paralia Limnis.
✆ +30 222 703 1235
Chambre double entre 40 et 60 € en été.
Ouvert toute l'année.

Pour vous loger, vous ne pourrez pas vous tromper puisqu'il n'y a que deux hôtels dans la ville de Limni. Si vous optez pour l'hôtel Plaza, sachez que vous serez au calme dans l'une des six chambres de la maison même si l'établissement se trouve en plein « centre-ville ». Bien que simples, ces dernières sont toutes équipées d'une télévision et certaines ont un petit balcon. Ce petit hôtel sympathique et honnête présente l'avantage certain d'être accessible aux petits budgets. Et on le recommande surtout pour son emplacement.

ASTRON €

Katounia
✆ +30 222 703 1487
Environ 15 € par personne. Ouvert tous les jours midi et soir.

To Astron, voici un restaurant typique qu'on apprécie à première vue pour sa belle cheminée et sa véranda donnant sur la mer et aux beaux jours pour son agréable terrasse protégée. La taverne Astron sert depuis 1961 une cuisine grecque authentique faite de viandes locales mais aussi des fruits de mer savoureux (garantis de grande fraîcheur car ils sont pêchés par le caïque du patron). Les crevettes du nord de l'Eubée sont paraît-il réputées, essayez aussi les langoustines de belle taille… Bons mezzedes à partager également.

PLAGE DE ROVIES

A 10 km au nord de Limni.

Entouré de pinèdes, Rovies, à quelques kilomètres au nord de Limni, reste un secret bien gardé et un village apprécié par les vacanciers grecs, notamment pour sa longue plage de sable et de galets fins. Son château vénitien abrite maintenant un centre culturel. À son extrémité occidentale, le fleuve Gerania se jette dans la mer sous les platanes. Un peu plus loin, la plage de Gregolimano est réservée aux résidents du Club Med. À 10 kilomètres, vous pouvez visiter, dans un beau paysage, le monastère d'Ossios David, datant du XVIe siècle.

KYMI ★

Kymi ne saurait se résumer à une petite station balnéaire en perte de vitesse : ce port de la côte ouest sera surtout votre point de départ vers Skyros et d'autres îles de la mer Égée. Du village partent des bateaux pour les îles Sporades. Les ancêtres des habitants de Chalcis, aujourd'hui en grande majorité des marins, ont fondé autrefois un grand nombre de colonies en Italie. De belles promenades sont possibles au monastère de Sotira, avec sa superbe vue sur la mer, ou au village de Hili, avec ses maisons en partie creusées dans le roc. Et vous y trouverez toujours un peu de tranquillité et des plages à l'eau calme où les enfants pourront se baigner.

ARCHONTIKO KYMIS HOTEL €€

✆ +30 2222 023 896
Chambre double à partir de 60 €. Petit déjeuner : 6 €.

Vrai joyau d'esthétique et de confort, ce boutique-hôtel est établi dans un ancien manoir de Kymi, entièrement rénové. Sept chambres, différentes les unes des autres, avec pleine vue sur la mer Egée, promettent un séjour paisible et confortable. La dégustation des vins dans la cave de l'établissement, la visite de la ferme appartenant à la demeure ou une promenade à cheval figurent parmi les activités proposées. Le petit déjeuner, l'autre secret de l'hôtel, est très varié et basé sur des produits bio. Bain à remous, TV, wifi.

VALLEDI VILLAGE €€

Sur la plage de Kymi
✆ +30 222 202 9150
www.valledivillage.gr
19 chambres. La double entre 70 et 90 € en été avec le petit déjeuner. Ouvert toute l'année.

Cet hôtel charmant propose des chambres spacieuses et appartements – certains avec cheminée – avec un design moderne, une cuisine équipée et vue sur la mer et la plage de Kymi. D'ailleurs les balcons confortables promettent d'agréables moments de contemplation des eaux limpides du site. Petit conseil, évitez, si possible, les chambres du rez-de-chaussée situées autour de la petite piscine, qui sont parfois un peu bruyantes. Enfin, le port de Kymi se trouve à 500 mètres et toutes commodités à deux pas. On recommande chaudement.

TO KAPITSALIO €

✆ +30 2222 023 909

Ouvert tous les jours de 12h à 2h du matin. Compter 15 € par personne.

A proximité de la place Kymi, cette taverne, très fréquentée par les locaux, offre une grande variété de mezzedes et de plats traditionnels grecs. Tout ce que nous avons goûté était délicieux, avec une mention spéciale pour le ragoût de chèvre à la sauce rouge, avec des spaghettis, si le plat est au menu. Nikolas, le propriétaire, est très chaleureux et vous aurez peut-être aussi beaucoup de plaisir à discuter avec lui. Les salles sont propres et soignées, le service est impeccable. Repas copieux, simple et généreux, avec un bon rapport qualité-prix.

ÉRÉTRIE - ERETRIA ★★

L'ancienne rivale d'Athènes essaie aujourd'hui de lui ravir des touristes. Ses atouts ? Érétrie est devenue une station balnéaire fréquentée par les Grecs. À 120 km d'Athènes, c'est un site exceptionnel encore méconnu de la grande majorité des touristes étrangers (et de beaucoup de Grecs...). Si la ville n'a rien de très remarquable - mis à part quand même quelques plages -, il faut absolument découvrir les trésors du musée d'Érétrie et son site archéologique. Les fouilles menées montrent trois couches de destruction : celle de 490 av. J.-C. par les Perses, celle du IIe siècle av. J.-C. par les Romains et celle de -87 causée par les guerres contre Mithridate.

CAMPING MYLOS €

Avenue Isidos

✆ +30 222 906 0420

www.camping-in-evia.gr

64 emplacements de 5,50 à 6 € par personne en été. De 3 à 7,50 € pour une tente.

Ce camping situé en bord de mer est propre, ombragé, bien aménagé et tenu par des propriétaires très accueillants. Du coup, cela attire les familles. Pas de vrai reproche à formuler, donc, si ce n'est que les emplacements sont un peu trop bétonnés à notre goût et que l'accueil à la supérette pourrait être plus sympa... Outre la supérette grincheuse, on trouve tout sur place : piscine, sanitaires modernes et propres, restaurant, bar, laverie, coin cuisine, aires de jeux, discothèque, espace entretien pour camping-cars, et même le wi-fi.

MIRAMARE HOTEL ERETRIA €€

Route nationale Chalcis-Kimi

✆ +30 222 906 1134 - www.miramare-eretria.gr

Chambre double à partir de 90 € en saison avec le petit déjeuner.

A 4 km de la vieille ville d'Erétrie, cet hôtel appartient à la chaîne Best Western et a été rénové en 2008 – notamment pour répondre aux normes antisismiques – avec tout le confort et le professionnalisme attendus. Des 44 belles chambres dans l'hôtel et 47 autres réparties dans 3 autres pavillons la moitié a une vue sur la mer. Pour le reste, vous trouverez un restaurant au bord de la piscine extérieure et même un passage souterrain reliant l'hôtel à la plage privée située à 120 m. Et quelques équipements : sauna, salle de fitness...

NEGROPONTE RESORT €€

✆ +30 22290 61935

www.negroponteresort.gr

Chambre double standard de 110 à 150 € en saison, avec le petit déjeuner. Ouvert toute l'année.

Le complexe se compose de cinq bâtiments distincts qui communiquent entre eux par des couloirs intérieurs ou des galeries abritées. L'hôtel, fonctionnel, est propre et demeure très bien intégré dans le paysage. Les chambres sont équipées de grands balcons avec une vue sur la mer vraiment réjouissante. On appréciera également la piscine intérieure à l'eau salée (chauffée de novembre à fin mai), le sauna, les bains à remous... Sinon, la toute petite plage de l'hôtel est naturellement ombragée et très agréable. Demi-pension en option.

PORTO EVIA BOUTIQUE HOTEL €€

A Amarynthos, sur le front de mer.

✆ +30 22290 36000

Chambre double ou studio de 50 à 100 € en été. Petit déjeuner en option : 6 €.

A 7 km d'Erétrie, ce boutique-hôtel récent, rénové en 2015 et 2018, mérite le détour. Idéalement placé à l'entrée du village d'Amarynthos, il propose 43 chambres dont 8 studios en « rez-de-piscine », la mer n'est qu'à 10 m puisqu'il suffit d'emprunter un petit escalier pour se baigner. Le petit déjeuner se prend au 4e étage, avec une vue panoramique. Idéal avec des enfants, d'excellentes tavernes à proximité. Prix intéressants en début de saison.

SITE ET MUSÉE ARCHÉOLOGIQUE ★★★

1, rue Archaiou ✆ +30 222 906 2206

Ouvert de 8h30 à 15h30, tous les jours, sauf le mardi. Entrée : 2 €.

Il s'agit de l'un des plus importants sites archéologiques de Grèce, à découvrir sans tarder. A noter que sur place, sont proposés en prime des commentaires en français. Le site d'Erétrie est également bien connu des visiteurs helvétiques, puisque c'est l'Ecole suisse d'archéologie de Grèce qui mène l'essentiel des campagnes de fouilles ici depuis les années 1960, à la demande du gouvernement d'Athènes. Construit en 1962 et rénové dans les années 1990, il abrite des objets provenant de plusieurs sites de fouilles de l'Eubée : Erétrie, Xeropolis, Skoumbri, Paléa Perivolia, Lefkandi, Paliochora et Magoula. Beaucoup d'objets trouvés dans l'île d'Eubée sont toutefois exposés au Musée archéologique national d'Athènes, mais aussi à Bâle, Rome et Londres, mais surtout au Louvre, à Paris.

Le musée. La fraîcheur et la pénombre des lieux contrastent agréablement avec le soleil éblouissant qui brille à l'extérieur. C'est dans la grande salle, directement après l'entrée que sont exposées les pièces datant de l'Antiquité : statues, offrandes funéraires, urnes, pointes de lance, récipients, outils, pièces de monnaie... L'un des plus beaux objets est un centaure en terre cuite datant de la deuxième moitié du Xe siècle av. J-C. Le plus étonnant est que cette statuette a été retrouvée cassée en deux, chacune des deux moitiés placée dans une tombe différente. Autre belle pièce à observer, cet alabastre mycénien du XIIe siècle av. J.-C. provenant du site de Lefkandi. Doté de trois anses, il s'agit d'une poterie utilisée pour conserver l'huile. La décoration en peinture blanche sur fond sombre représente un personnage dont l'épaule et le corps sont couverts de dessins d'animaux. Comme la plupart des œuvres exposées ici, ces pièces proviennent de tombes dans lesquelles étaient enterrées des objets funéraires. La seconde grande salle abrite quant à elle des découvertes datant de la Préhistoire.

Le site archéologique. Autour du musée, une partie du site est ouvert au public. Là, des panneaux présentent diverses restitutions architecturales, alignées au fil du parcours. A l'emplacement de la « Maison aux mosaïques », un bâtiment moderne permet d'assurer la conservation des pavages. Cette promenade donnant sur les sections de rempart montant vers l'acropole est en accès libre. Attention, avec des enfants, le parcours peut être à certains endroits difficile.

Maison aux mosaïques. Bâti en 370 av. J.-C., ce magnifique bâtiment a été habité pendant environ un siècle et détruit en 270 av. J.-C. Le pavillon moderne qui protège aujourd'hui les mosaïques ressemblerait à ce qu'était la maison à l'époque. Au milieu de celle-ci, vous pouvez voir les restes d'un tombeau construit sur les ruines de la maison d'origine. Sous l'auvent, vous admirerez les mosaïques (des Néréides chevauchant un hippocampe) qui animent le sol de cette demeure. A droite du tombeau se trouve le plus beau panneau de mosaïques de la maison : dans le vestibule, un sphinx et une panthère qui s'affrontent, et avant l'entrée, une Néréide sur un cheval marin.

Le théâtre antique. La première édification remonte au Ve siècle et a été détruite en 198 av. J.-C. par les Romains. Néanmoins, cela reste un monument impressionnant qui rappelle en beaucoup d'endroits le théâtre de Dionysos d'Athènes. Des fouilles ont été entreprises par l'Ecole archéologique américaine et des travaux de restauration sont encore en cours.

Musée d'Eretrie.

PRIMAVERA €

61 Leoforos Archeou Theatrou
+30 2229 064 051
Autour de 15 € par personne. Ouvert tous les jours midi et soir.

Un bon restaurant près de la mer avec une jolie terrasse ombragée. Vous serez les pieds dans l'eau, presque littéralement, ce qui donne à ce restaurant aux accents italiens une consonance romantique supplémentaire. La carte est plus grecque que le nom de l'établissement ne le laisse entendre mais ne déçoit pas : *gavros* (anchois), sardines et poulpe grillé sont au rendez-vous. La carte est en grec, anglais et français. On y trouve suffisamment de choix avec des produits de qualité. Accueil et service parfaits, professionnels et sympathiques.

GRAND BLUE TAVERN €€

1 rue Magoulas
+30 2229 061 012
Ouvert de mai à fin septembre de 10h à 16h30. Samedi et dimanche de 10h à 19h. Compter autour de 25 € par personne.

Installée sur la plage privée de l'hôtel Grand Blue, cette taverne reste idéale pour déguster de savoureux plats de la cuisine traditionnelle grecque ou des grillades de poissons frais (consultez la carte pour connaître les prix au kilo des poissons frais). Les pieds dans l'eau, vous pouvez apprécier votre repas ou votre apéritif sous les parasols et profiter à loisir de la plage privée. Les pâtes aux crevettes sont un délice, tout comme la salade de poulpe. Le service est charmant, tout y est, vous aimerez y passer du temps.

TO LIMANAKI TIS AMARYNTHOU €€

A Amarynthos, sur le front de mer.
+30 22290 36609
https://limanaki-amarynthos.gr
A partir de 15 € par personne. Ouvert tous les jours midi et soir.

Comme son nom l'indique, cette élégante taverne se trouve sur le front de mer d'Amarynthos (à l'entrée du village, à 7 km d'Eretrie). Les tables sont en bord de mer, isolées de l'agitation (relative) du front de mer et offrent la possibilité de piquer une tête dans l'eau avant, pendant ou après. La nourriture aussi vient d'en face. Nous recommandons le poisson de la pêche du jour, pour l'essentiel non d'élevage.Vous le choisirez en cuisine (au kilo), en fonction de votre budget.

MARMARI

Un coin d'Eubée peu connu des touristes qui vaut le coup d'œil. Si l'on n'a pas pris le bateau depuis Rafina, on arrive à Marmari en passant par des villages dont certains sont perchés à flanc de colline, surplombant la mer Egée, cachés au milieu des feuillages épais de platanes et de chênes verts. La route ploie ensuite dans la côte et vers la mer Egée. Ce petit port, avec un centre très vivant en été, est bordé d'une quinzaine de plages de sable aux eaux turquoise et claires et de criques tranquilles. En bateau, vous pourrez également visiter la petite île de Petalion en face de Marmari. A proximité, à découvrir, le lac de Dystos, un remarquable sanctuaire de biodiversité.

KARYSTOS

A 10 km de Marmari, la ville de Karystos est une station balnéaire agréable et moderne avec une belle promenade menant de la mairie au front de mer, des rues commerçantes intéressantes et un petit musée archéologique. Ne manquez pas son kastro (Castello Rosso ou Kokkinokastro), perché au milieu des villages environnants. Construit et fortifié par les Byzantins en 1030, il fut pris par les Francs en 1295 et acheté par les Vénitiens en 1359. Ce n'est qu'en 1833, avec le départ des Ottomans du sud de la Grèce, que les portes du château ont été ouvertes aux Grecs.

LAC DYSTOS

Le lac Dystos est une oasis de biodiversité qui abrite d'innombrables espèces végétales et animales. Bien qu'il se soit asséché à plusieurs reprises au cours de son histoire, le lac et les marais environnants ont réussi à se maintenir à flot au cours des dernières années. Sa taille est impressionnante et couvre une superficie de plus de 7 500 m^2, c'est un refuge pour les oiseaux migrateurs au printemps et un biotope important pour un certain nombre de plantes et d'animaux. C'est pourquoi elle a le label Natura 2000 de l'Europe.

MONT OCHI

Le mont Ochi est la 3e plus haute montagne de l'île, au nord de Karystos. Son sommet de 1 398 m domine toute la partie méridionale de l'île, l'est de l'Attique et certaines îles septentrionales des Cyclades. En plus de sa beauté apaisante, le mont est surtout connu pour les « maisons du dragon » disséminées sur ses pentes : il s'agit de mystérieuses structures antiques constituées d'énormes blocs de pierre (montés sans mortier), situées dans des endroits reculés et sans utilisation pratique apparente. La mieux préservée est située tout en haut de la montagne.

TO PARAMITHI TIS ANTONIAS €

Sur le front de mer.
✆ +30 22240 32455
Environ 15 €/pers. Ouvert tous les jours midi et soir. Ouvert toute l'année.

Le nom grec de la taverne signifie « le conte d'Antonia ». En tout cas, il nous donne une bonne histoire à raconter. Adossé à une aire de jeux, le lieu et sa terrasse ne payent pas de mine. Les mezzes et produits de la mer y sont pourtant excellents, avec une mention spéciale aux calamars proposés frais, avec un léger supplément, mais tendres à souhait. C'est l'endroit idéal où s'arrêter à toute heure de la journée pour une petite collation ou en attendant un bateau.

MARMARI BAY HOTEL €

✆ +30 2224 031301
http://marmaribay.gr
Chambre double à partir de 60 € la nuit en saison avec le petit déjeuner.

Construit sur une belle colline à 400 mètres du port du village, l'hôtel bâti en amphithéâtre offre une vue qui surplombe l'horizon bleu du golfe de Marmari et ses îles environnantes. Il compte 104 chambres dont 80 doubles « standard » avec TV satellite et mini-réfrigérateur. Légèrement en retrait, il promet aussi une certaine tranquillité. Moderne, le complexe hôtelier comprend un restaurant et une piscine, à moins que l'on préfère simplement profiter du coucher de soleil depuis son balcon. Petite bibliothèque et parc pour les enfants.

CAVO D'ORO €€

Karystos.
✆ +30 22240 22326
Environ 15 €/pers. Ouvert tous les jours midi et soir.

Légèrement en retrait du port et dans une petite ruelle, le lieu est très agréable. L'établissement Cavo d'Oro, une quasi-institution, fonctionne comme un restaurant depuis 1897. Il étale ses tables à l'extérieur, dans une ruelle étroite, où vous dégusterez de la viande grillée à la commande. Prenez aussi du poisson, des plats mijotés à la casserole. D'ailleurs, n'hésitez pas à jeter un œil en cuisine. Les portions sont copieuses et le menu varie selon la saison. Le service est sympathique, et les lieux sont bondés… mais pas par les touristes !

EXOCHIKO KENTRO €

Sur la plage de Figia
✆ +30 694 940 8474
Environ 15 €/pers. Ouvert tous les jours midi et soir.

Il faut parler grec ou y avoir mangé pour valider le nom de l'établissement. Traduisez : le lieu ou la taverne « extra ». Et ce n'est pas survendu. En face de la plage mais sous une tonnelle ombragée, vous trouverez ici des plats du jour très classiques (fava, gemista, croquettes de courgettes, nous n'avons rien laissé !). En cuisine, on choisit aussi son poisson fraîchement pêché et cuit à la perfection. C'est un peu en retrait, très grec et familial mais aussi de l'autre côté de la route du bord de mer, face à la mer pour une petite baignade entre deux plats.

TAVERNE-GRILL MPARMPA GIORGIS €€

Zoodoxos Pigi.
✆ +30 22240 51011
www.mparmpagiorgis.gr
Environ 15 €/pers. Ouvert tous les jours midi et soir.

On vient ici pour se retrouver en famille ou entre amis sur les hauteurs. Le voyageur, lui, s'y arrêtera avec bonheur en quittant Marmari ou Eretrie. Il faut s'aventurer un peu dans les terres mais le trajet vaut le coup. Sur la terrasse avec vue sur la baie en contrebas, vous vous régalerez de côtelettes d'agneau, de kokoretsi et autres grillades. Dans cette taverne traditionnelle ouverte depuis 1953, les généreuses pitas à la feta, au miel et au sésame se partagent aussi volontiers.

PALAIO FALIRO

Située à 9 km d'Athènes, la commune de Palaio Faliro s'étend le long de la côte face au golfe Saronique. Accessible facilement en tram ou en bus depuis le centre d'Athènes, elle offre en toute saison une agréable promenade le long de la mer. Cette banlieue a fait l'objet d'importantes transformations ces dernières années, avec la construction de la marina, et du stade olympique qui en 2004 a accueilli notamment les épreuves de taekwondo. Un autre projet de grande ampleur est actuellement en construction : il s'agit d'un opéra conçu par l'architecte Renzo Piano. A Palaio Faliro et dans la commune voisine Alimos, vous trouverez les premières plages de la riviera athénienne.

EUGENIDES PLANETARIUM ★

387 avenue Syngrou
✆ +30 210 94 69 600
www.eef.edu.gr/el/to-idryma/
Le lundi de 8h à 16h30, mardi de 8h à 20h et du mercredi au dimanche de 8h à 21h15. Entrée : 6 € et 8 € (projections).

Récemment réaménagé, ce planétarium est l'un des plus grands et mieux équipés d'Europe. Le dôme central mesure 25 m de diamètre tandis que sa surface est de 935 m2. Impressionnantes projections 3D sur 360° dans le Dôme. En plus du Planetarium lui-même où sont projetés les films, l'Eugenides dispose d'une exposition interactive permanente sur les sciences et technologies, d'une belle petite librairie, d'un original magasin de souvenirs et d'un café. Une expérience complètement différente et mémorable. Visite méritant le détour.

MARINA DE FLISVOS

La marina de Flisvos, créée en 2002, est un lieu de promenade et de sortie pour les Athéniens tout au long de l'année. Des yachts et voiliers affluent des quatre coins du monde, offrant un spectacle qui fait rêver les citadins et touristes. De nombreux cafés permettent de siroter un verre, particulièrement agréable au coucher du soleil. Des boutiques, bars, bistrots et restaurants bordent également cette jolie promenade. Les cyclistes aiment également venir dans les environs pour profiter de la piste cyclable longeant la côte.

PLAGE AKTI ILIOU

Tramway : Zephyros Kalamaki. Bus OASA 141 depuis le métro Ag. Dimitrios. Bus OASA 103 depuis Akademias.
✆ +30 210 98 55 169 - www.aktitouiliou.gr/en/
Ouvert de 8h à 20h. Entrée, variant selon les jours, de 8 à 12 € (chaise longue et parasol). Réduction pour les enfants.

Une des plages organisées les plus proches et rapides d'accès du centre-ville. Disons-le honnêtement, plus le trajet est court en venant d'Athènes, plus la plage a de chances d'être désagréable. Mais ça n'empêche pas de trouver l'endroit agréable à sa manière, relaxant. Plus simple que les autres plages, à Akti Iliou on peut y faire du beach volley et du beach soccer. Trois snacks sont ouverts ainsi qu'un bar ; toilettes et douches sont bien sûr à proximité, ainsi que des chaises longues et parasols en rangs d'oignons. Joli gazon pour étendre sa serviette.

STAVROS NIARCHOS FOUNDATION CULTURAL CENTER

86A av. Vas. Sophias
www.snf.org/en/contact/contact-us/
Pour les manifestations, activités et programme, consultez le site.

La Fondation Stavros Niarchos est une institution privée soutenant toutes les initiatives au profit du développement culturel en Grèce et partout dans le monde. Dans un cadre contemporain, entourée d'un vaste parc botanique qui mérite vraiment le détour, un véritable havre de paix à proximité du centre d'Athènes, la Fondation accueille des manifestations culturelles variées. Elle abrite également la Bibliothèque nationale ainsi que l'Opéra national grec.

CORAL HÔTEL €€

35 avenue Posidonos
✆ +30 210 9816441
www.coralhotel.gr
Chambre de 100 € à 200 € environ, selon la période et la catégorie.

Hôtel quatre étoiles tout confort, situé en bordure de mer et disposant d'une vue exceptionnelle. Super confortables, les chambres disposent d'un balcon avec tables pour petit déjeuner, possibilité d'être face à la mer. Il y a une piscine intérieure de grand luxe, chauffée selon la température extérieure. Une petite salle de gym, le bar/restaurant et le jardin sur le toit sont parmi les offres de cet hôtel qui sait mettre tout en œuvre pour faire de votre séjour un souvenir agréable. Wifi. Ordinateurs en accès libre. Garderie enfant. Offres sur le site.

TO FALIRAKI €

43 Afroditis
✆ +30 210 9815034
www.tofaliraki.gr
Ouvert tous les jours de midi à minuit. Comptez autour de 18 € par personne.

Taverne renommée se situant, depuis plus de 50 ans, à quelques minutes à pied de Flisvos, à Palaio Faliro, méritant le détour. Elle affiche souvent complet le dimanche à l'heure du déjeuner : les locaux y affluent. Établissement sans chichis, ici c'est la qualité qui compte et aussi la bonne humeur. Connu pour ses juteuses grillades, vous ne manquerez pas de déguster les côtelettes de poulet à la braise. Quelques plats mijotés traditionnels délicieux (ragoût, soupe de poisson, boulettes de viande, feuilleté aux épinards, etc.) vous sont également proposés.

NISSOS €€

Marina Flisvou
✆ +30 210 98 25 628
www.nisos-flisvos.gr/fr/view/nisos
Ouvert tous les jours, de 12h à 0h. Compter autour de 30 € par personne. Plus cher pour le prix au kilo de poisson.

Depuis la salle vitrée de Nissos, on a l'impression de se trouver sur une île grecque. Offrant pleine vue sur la mer Saronique, ce *mezzedopoleio* gastronomique propose un menu inspiré des saveurs provenant directement de la mer : poulpe et sardines grillés, fritures de petits poissons, fruits de mer, crabe aux petites pâtes grecques, spaghettis à la langouste ou aux crevettes, etc. Une très bonne adresse pour apprécier un magnifique coucher de soleil à l'heure de l'apéritif ou du repas, juste à côté du port de plaisance de Palaio Faliro.

NILINA MANAGEMENT YACHTING

2 rue Ethnarchou Makariou ✆ +210 98 03 130
www.nilinamanagement.com
A partir de 5 000 € par jour pour 8 personnes + frais pour l'essence et l'alimentation. Equipage compris.

Luxe et sécurité garantis ! Cette compagnie très fiable propose des locations et ventes de yachts partout dans le monde. Un grand yacht comprend quatre cabines séparées : deux cabines avec grands lits et salle de bains privée, et deux cabines avec deux petits lits et salle de bains et WC séparés. L'intérieur est splendide, on admire le mélange d'acajou et de cuir. Comptez 2 heures de navigation d'Alimos (Athènes) à Mykonos. Service limousine pour les transferts vers/de l'aéroport.

GLYFADA

Avec sa grande avenue bordée de palmiers qui longe toute la côte, ses barres d'immeubles blancs, ses plages et le bleu intense de la mer qui s'étend à l'infini, la côte sud d'Athènes est un petit paradis, à une demi-heure du centre-ville. Dans les magazines, les abords de Glyfada sont souvent surnommés la « Riviera », en souvenir des célébrités qu'ils attiraient dans les années 1960, comme Aristote Onassis ou Maria Callas. Aujourd'hui, les touristes sont nombreux à séjourner ici plutôt que sur une île, sans doute par facilité : l'endroit n'est qu'à 40 min de l'aéroport. Les Athéniens l'appellent amicalement la *paralia* (« la plage ») et migrent tous les étés vers ce nouveau centre d'animation. Clubs, restaurants, cafés et plages sont littéralement pris d'assaut par les locaux de mai à septembre. En hiver, la côte redevient une banlieue de charme, tranquille et paisible. Mais sous ses abords tranquilles, une féroce bataille se livre entre plages privées (8 €) et publiques. Une année, le maire d'une municipalité voisine avait même menacé d'entamer une grève de la faim pour que les barrières d'une plage soit levée, et que son accès libre soit enfin rendu aux citoyens. Sur les plages gratuites, l'ambiance est familiale et bon enfant, un peu plus populaire. À vous de choisir...

Y aller. Grâce au tram, on accède facilement et très confortablement, bien que lentement, à la côte sud et à ses plages depuis le centre-ville (Syntagma). Le bus est aussi une option.

ARISTOTLE TRAVEL LTD

6 Lazaraki
✆ +30 210 89 41 417
www.aristotletravel.com/el/

Depuis 1989, de nombreux Grecs mais également des étrangers se rendent chez cet opérateur pour qu'on leur concocte leurs vacances ou juste pour réserver des billets d'avion ou de ferry à bas prix. L'agence propose aussi des solutions pour trouver une chambre à Athènes et dans les environs, ou bien encore pour une location de voiture. Le patron, Christian, est parfaitement francophone, en plus d'être aimable. Une agence fiable et sérieuse parmi le grand nombre d'offres que renferme l'Athènes touristique, même si vous ne sortirez pas des chantiers battus.

BLUE SKY HOTEL €€

26 rue Eleftherias
✆ +30 210 89 47 722
www.hotelbluesky.gr
Ouvert toute l'année. Chambre double entre 50 € et 90 €. Petit déjeuner : 5 €.

A seulement 500 mètres de la plage d'Asteras, ce petit hôtel familial de 19 chambres se situe dans une rue calme de la banlieue huppée de Glyfada. Les chambres propres sont bien équipées et les prix se maintiennent à des niveaux raisonnables pour la quantité et la qualité des prestations offertes. Un bar très sympathique et un personnel accueillant améliorent le séjour. Idéal pour des vacances loin des foules du centre qui peut devenir étouffant en été, pas loin de la plage, disposant de tout le confort nécessaire pour être reposant.

CONGO PALACE HOTEL €€€

75 avenue Posidonos
✆ +30 210 89 46 711
www.congopalace.gr
A partir de 90 € la chambre, selon la période et la catégorie. Petit déjeuner compris.

Cet hôtel quatre étoiles construit dans les années 1960 a été totalement rénové, offrant aujourd'hui tout le confort nécessaire. Sur les 92 chambres bien aménagées, certaines possèdent un balcon avec une vue imprenable sur la mer, à la fois reposante et surprenante par son charme. Les chambres sont extrêmement modernes, bien décorées et, fait rare, le sol est parqueté. Autour de la piscine extérieure, un bar et un restaurant permettent de savourer les belles soirées athéniennes. Pour couronner le tout : climatisation, garderie et massages sur réservation.

SU CASA €€

Place Nymfon
✆ +30 210 89 85 554
Ouvert tous les jours de 8h à 3h. Compter entre 25 et 45 €.

Une demeure bourgeoise des années 1950, entièrement rénovée, un décor pour se sentir chez soi, une ambiance pour être à son aise, le restaurant-bar Su Casa est une oasis au cœur de Glyfada. Le chef étoilé de l'établissement, s'inspirant de la mer, propose un menu gastronomique et succulent. La liste des vins et des cocktails attire, également, une clientèle fidèle, surtout aux alentours de 18h. Une adresse hautement recommandée. La réservation est conseillée surtout si l'on a une préférence pour les tables installées dans le jardin.

BALUX CAFE – THE HOUSE PROJECT

58 avenue Posidonos
✆ +30 210 89 83 577
www.baluxcafe.com
Ouvert de midi à minuit.

Sur la plage Asteras, le Balux Café tente une expérience originale de café-maison. The House Project est un concept imitant l'architecture et la décoration d'une maison particulière, sur la plage, avec cour intérieure et baies vitrées immenses. Matin, après-midi ou soir, relaxez-vous sur les chaises longues de la plage ou asseyez-vous dans les canapés du salon, à moins que vous ne préfériez les lits... ou la salle à manger au dîner. Aire de jeux pour les enfants. Très convivial.

GOLF DE GLYFADA

Terma K. Karamanlis
✆ +30 210 89 46 820
www.glyfadagolf.org/index.php/en/
En saison, ouvert du mardi au dimanche de 7h30 au coucher du soleil. Le lundi ouvert à 12h30. Tarif par journée : 60 €.

Plaisir et défi vous attendent au terrain de golf de Glyfada, un ensemble magnifique de 530 hectares. Depuis 1962, ce terrain de 18 trous, verdoyant, offrant une vue magnifique sur la mer, promet des expériences sûrement exceptionnelles, même pour les habitués du green. Il est facilement accessible depuis le centre-ville d'Athènes. L'endroit est vraiment sublime et le terrain d'une qualité exceptionnelle. Inscriptions à l'année ou pour plusieurs séances possibles. Voir les tarifs sur le site. Possibilité de louer des courts de tennis également.

GALEA CLUB

18 av. Poseidonos
✆ +30 6941 681692
www.metr4u.gr/clubs/galea-club
Ouvert tous les vendredis et samedis, de 23h au petit matin.

Le Galea vous propose des nuits festives dans un club qui veut réinventer les nuits de Glyfada, un quartier qui fait bouger Athènes aux rythmes de toute sorte de musique depuis les années 1950. Emménagé dans un nouveau local, entièrement rénové, depuis novembre 2021, il a fait basculer le lieu en mode purement *clubbing*. C'est ainsi qu'après le premier verre tout le monde se met à groover jusqu'au petit matin... Club qui ne prend pas au sérieux le tri sélectif à l'entrée, une tenue correcte est à prévoir. Plusieurs night parties organisés.

VOULIAGMENI ★

Vouliagmeni, située à 20 km du centre d'Athènes, est une banlieue chic où résident de nombreuses célébrités et des hommes d'affaires. Longeant la mer, ses plages font partie de la riviera de la capitale grecque. Des plages privées ou publiques permettent aux estivants de profiter des eaux propres et translucides du golfe Saronique. Le lac Vouliagmeni permet par ailleurs la baignade en toute saison, même l'hiver, et son eau possède des vertus thérapeutiques. Ce lac est en réalité alimenté aussi bien par les eaux salées du golfe que par celles d'une source thermale. D'un écosystème très riche, n'hésitez pas à explorer les fonds si vous êtes des grands nageurs !

ASTIR BEACH ★

Tram Glyfada puis bus OASA 114.
✆ +30 210 89 020 000
www.astir.gr/beach/
Plage : en saison, ouverte de 8h à 20h. Prix variables selon les saisons et les jours : entrée adulte entre 8 € et 10 €.

L'Astir Beach, attenante à l'hôtel du même nom, est l'une des plages les plus organisées et les plus luxueuses de la riviera de l'Attique. La plus chère aussi ! Très belle plage de sable, aux eaux cristallines, dans un coin de la côte préservée. Outre les classiques d'une plage privée, vous pourrez y suivre quelques séances de gym aquatique ou de yoga, faire du shopping, et vous connecter à Internet... Restaurants, beach bars et cafés sont également les indispensables d'une journée à la plage, ainsi que plusieurs activités nautiques.

PLAGE DE KAVOURI ★

La plage de sable de Kavouri est une plage gratuite, bien protégée du vent, et où la température de l'eau, translucide, permet de se baigner pendant une bonne partie de l'année. Située à environ vingt kilomètres au sud de la capitale, elle est une des meilleures options pour les voyageurs qui veulent piquer une tête sans avoir à débourser une dizaine d'euros pour accéder à une plage organisée. On peut y étendre sa serviette sur le sable et se détendre tout au long de la journée. Facile d'accès, en bus ou en voiture. Parasols payants. Café-bar. Taverne.

LAC DE VOULIAGMENI ★

✆ +30 210 89 62 237
www.limnivouliagmenis.gr
Ouvert l'été de 7h30 à 20h, et hors saison de 8h à 19h. Entrée : 12-15 €.

© NICK PAVLAKIS / SHUTTERSTOCK.COM

Dans ce minuscule lac, aux eaux extrêmement profondes, les locaux se baignent été comme hiver, puisque l'eau y est naturellement tiède, entre 21 °C et 27 °C. C'est une sorte de petite piscine autour de laquelle sont disposés des chaises longues et parasols, des cabines et des douches. Une cafétéria sert des sandwichs et des rafraîchissements. Les plus âgés vous diront que l'eau de ce lac est un bienfait pour le corps et les médecins, qu'elle a des vertus thérapeuthiques et soulage arthrite, sciatique, lumbago, problèmes dermatologiques...

THE MARGI €€€

11 Litous
✆ +30 210 89 29 000
www.themargi.gr
Chambre double à partir de 250 €, variant selon la saison et la catégorie. Petit déjeuner inclus.

Situé sur la péninsule de Vouliagmeni, ce boutique-hôtel comblera tous les amoureux du grand luxe. A l'intérieur, les chambres et le lobby sont aménagés dans un style anglais classique et ultra-confortable. A l'extérieur, autour de la piscine, l'ambiance est plus moderne mais toujours aussi relaxante. Le bar Malabar évoque un style plus ethnique ; des DJ s'y produisent. Salle de fitness, yoga, piscine, bar, restaurant. Une villa est également proposée, se situant littéralement au bord de la mer, ombragée par des pins parasols.

GARBI €€

21 Iliou & Selinis
✆ +30 210 89 63 480
www.garbi.gr
Tous les jours de 12h30 à 0h30. Comptez 35 € environ pour un repas complet. Plus cher pour le prix du poisson au kilo.

C'est la troisième génération de Garbi qui est à la tête de cet établissement de grande qualité, un des meilleurs restaurants à poisson de la riviera athénienne. Situé sur la plage de Kavouri, le décor est soigné et le service impeccable. Laissez-vous tenter par les petites crevettes de Simi, le calamar frit, le caviar d'aubergine, et le *kritharoto* de la mer, sorte de risotto avec des petites pâtes grecques. Le poisson frais est également excellent, mais il faut y mettre le prix ! Très belle terrasse offrant pleine vue sur la mer.

LAMBROS €€

20 Posidonos
✆ +30 210 89 60 144
https://labrosrestaurant.gr/
Ouvert tous les jours, midi et soir. Compter autour de 30 € par personne. Plus cher pour le prix au kilo de poisson.

Située face au rivage et tout près du lac de Vouliagmenis, cette taverne vieille de plus de cent ans propose poissons et produits de la mer dans un cadre idéal et unique pour profiter du coucher de soleil. Le menu peut changer selon la pêche du jour, mais la fraîcheur et la qualité des repas concoctés sont garanties : moules farcies au riz, filets d'anchois marinés, crevettes à la sauce tomate et fromage frais, spaghettis aux langoustes ou gambas, soupe de poissons… La variété de grands poissons est impressionnante, mais les prix sont salés.

MATSUHISA NOBU €€€

40 Apollonos
✆ +30 210 89 60 510
Ouvert du lundi au vendredi de 19h30 à 1h, et le week-end de 19h30 à 1h30. Comptez au minimum 70 € par personne.

Le célèbre chef Nobu a posé ses valises à Athènes et plus précisément à l'hôtel de luxe Astir Palace pour offrir aux gourmets la fine fleur de la cuisine japonaise. Ses créations s'inspirent aussi de la cuisine péruvienne et internationale. Le menu ne cesse pas d'être innovant et de proposer des expériences gastronomiques extraordinaires : nouilles de calmars à l'oursin, le « plat du jardin », etc. L'établissement propose également une carte de vins et de cocktails très variée. Le décor est magique, face à la mer, mais c'est la note qui est salée…

EN PLO

4 Posidonos
✆ +30 210 96 71 770
www.en-plo.gr
Ouvert tous les jours de 9h à 2h.

Le club nautique de Vouliagmenis dispose de cet all day café-restaurant qui étale ses tables quasiment les pieds dans l'eau. Confortablement installé, vous pourrez siroter de délicieux freddocinos ou autres boissons glacées face au coucher de soleil ! Mais il est aussi possible de grignoter de succulents en-cas, comme le club sandwich maison, ou des plats plus raffinés. Le must : piquer une tête dans la baie après le repas ! Aux heures plus tardives, on peut y apprécier la fraîcheur de la brise de la mer tout en dégustant une boisson ou un cocktail.

NOTOS CAFÉ

12 Karamanli
✆ +30 210 89 93 702
www.notos-cafe.gr
Ouvert tous les jours de 9h à 1h.

Surplombant la plage et la côte, à l'ombre de grands arbres, le all day café/bistrot Notos, offrant pleine vue sur le golfe Saronique, est l'endroit idéal pour fuir le brouhaha des plages. À l'intérieur ou sur le bord de la promenade plantée, sous les parasols, l'ambiance est agréable et très reposante. Assis confortablement autour d'une table, vous pouvez prendre un café, un rafraîchissement, un apéritif ou vous restaurer légèrement, au bord de la mer. En contrebas, sur la plage, se trouve un espace de jeux pour les enfants. Parking gratuit.

DIVANI APOLLON PALACE & THALASSO

10 Agiou Nikolaou ✆ +30 210 89 11 100
divaniapollonhotel.com/fr/
Chambre double à partir de 250 €, variant selon la saison et la catégorie. Thalassothérapie à partir de 45 €.

Spa et thalassothérapie proposés par le Divani Palace face à la plage de Kavouri. Le parcours dans la piscine d'eau de mer, avec des jets massants multiples, est revitalisant, déstressant et fort agréable ! Cadre luxueux qui justifie le prix d'entrée élevé. Massages, remise en forme et soins du visage sont également proposés. L'hôtel propose des chambres et des suites de luxe offrant toutes les prestations équivalentes à un établissement de son genre. Restaurants. Piscine. Bar.

VARKIZA

Située à une vingtaine de kilomètres du centre d'Athènes, Varkiza dispose de belles plages de sable privées, de clubs réputés et de bons restaurants. Etendue au bord du golfe Saronique, la ville est une station balnéaire dynamique et animée. Son littoral, tantôt rocheux, tantôt buissonnant, avec quelques petites oasis de fraîcheur, formées de pins parasols qui longent la mer, tantôt sableux, se distingue par son insularité. La plage la plus fréquentée, privée, la Varkiza Resort Yabanaki, est incontournable. Sur la route entre Varkiza et Lagonissi, de petites criques et des calanques, aux eaux cristallines, invitent le voyageur à la baignade.

GRAND RESORT LAGONISSI €€€

✆ +30 22910 76000

www.lagonissiresort.gr

Chambres et bungalows avec piscine privée : de 600 à 3 000 € en haute saison, à partir de 350 € en basse saison.

Vous l'aurez compris, nous sommes ici dans le très grand luxe. Le complexe promet de devenir à terme l'un des plus beaux hôtels de Méditerranée. Installé sur la riviera athénienne, sur la péninsule de Lagonissi, ce palace, offrant pleine vue sur la mer, propose des chambres, bungalows, suites et villas dans un cadre idyllique. Le niveau des prestations est celui d'un établissement 5-étoiles : spa, piscine, sports nautiques, plusieurs restaurants, des boutiques... Le cadre est vraiment paradisiaque mais n'est accessible qu'aux voyageurs les plus aisés.

GRAND BEACH LAGONISSI

Bus KTEL du parc Pedio tou Areos en centre-ville, direction Sounio. ✆ +30 229 107 60 00

www.lagonissiresort.gr

Ouvert tous les jours, entre 9h et 18h. Entrée : de 10 à 20 € (sans parasol ou transat). Parking payant.

La Grand Beach est la plage privée et chic du resort de Lagonissi qui a été récompensé par le label Pavillon bleu. Le cadre est idyllique et harmonieux, mais il faut y mettre le prix ! De nombreuses activités sont proposées aux petits comme aux grands : tennis, beach volley, sports nautiques (ski nautique, bananes), et tout est fait pour que vous passiez une agréable journée. Le sable est fin et la piscine (pour ceux qui sont autorisés à l'utiliser) est dans la mer aux eaux transparentes et très claires. Snack-bar et magasins de jeux de plage.

KASTELORIZO €€€

Avenue Posidonos

✆ +30 210 96 55 022

Comptez environ 40 € pour un repas complet. Plus cher pour le prix au kilo de poisson.

Le Kastelorizo est un restaurant chic réputé pour ses poissons et produits de la mer frais. Depuis la grande terrasse, vitrée en hiver, on a pleine vue sur le joli port des pêcheurs de Varkiza et le golfe Saronique. Vous pouvez vous laisser tenter par une bouillabaisse ou, par des spaghettis au homard ou aux gambas. Selon la saison, on peut déguster le calamar, provenant de l'île de Léros, farci au riz ou au gruyère. Quelques desserts faits maison sont également proposés. Carte de vins variée. Cadre magique au bord de la mer, mais il faut y mettre le prix !

PLAGE YABANAKI

M° Daphni, puis bus OASA 171.

✆ +30 210 45 11 888

En saison, ouvert de 8h à 20h. Prix variables selon les saisons et les jours : entre 8 € et 10 € par adulte.

Destination familiale et entre amis, la plage Yabanaki est située près de Varkiza. Tout y est prévu pour une journée plage pleine d'activités, de détente et de sport. Café, restaurant, windsurf, bateau à pédales, beach volley, bananes, chaises longues, canapés, chambres d'appoint... Les parents peuvent en plus se relaxer en toute sérénité puisque leurs enfants sont surveillés sur l'aire de jeux prévue à cet effet. La plage, en partie envahie par les parasols et les transats, est propre. La mer, aux eaux cristallines, est bordée de sable blanc, très fin.

ISLAND ATHENS RIVIERA CLUB

✆ +30 210 96 53 563

www.islandclubrestaurant.gr/the-club/

Compter entre 10 et 18 € pour un verre ou un cocktail. Ouvert entre fin avril et début octobre.

Depuis son ouverture, il y a plus de 25 ans, le Island s'est imposé comme le spot de la riviera. Situé sur un rocher surplombant la mer, ce club est prisé de la jeunesse noctambule athénienne, dans un décor imitant l'ambiance des îles d'où on sort jamais déçu. Les meilleurs DJ grecs et internationaux passent derrière les platines et proposent un spectre musical varié mais c'est le style électro qui l'emporte vers la fin de la soirée. Le dress code est libre, on y va comme on le sent.

SOUNION - SOUNIO ★★★★

Parce que le temple de Poséidon, qui se dresse au bout du cap, est une merveille avec ces ruines surplombant la mer depuis leur promontoire rocheux. Tous les photographes ont le souhait d'immortaliser l'instant magique où les colonnes du temple semblent prises dans la toile rose du coucher du soleil ! Mais Sounion est aussi connue pour ses plages et ses criques superbes au fil des virages. On ne saurait trop vous conseiller une excursion en début de matinée ou en fin d'après-midi. Continuez ensuite vers Lavrio, où vous pourrez vous régaler !

Y aller. La solution la plus économique est de prendre le bus à la gare routière principale de Mavrommateon.

© SVEN HANSCHE/SHUTTERSTOCK.COM

Sounion – Sounio.

CAMPING BACCHUS €

4-5 km de Sounion ✆ +30 229 203 9572
www.campingbacchus.gr

Ouvert de mai à mi-septembre puis les week-ends. 7,50 € par adulte. Emplacement : entre 5 € et 12 € la tente.

Le seul camping qui reste ouvert à proximité de Sounion. Il se trouve à deux pas d'une jolie crique au sable fin et aux eaux translucides. Les emplacements sont entourés de végétation assez dense pour l'endroit. Les infrastructures sont simples mais correctes et fonctionnelles. Le personnel sympathique et certains sont francophones. Des soirées sont organisées sur la plage tous les samedis. On peut également profiter de stages de planche à voile et d'autres sports aquatiques. Une bonne façon de passer une partie de ses vacances dans une région exceptionnelle.

TEMPLE DE POSÉIDON ★★★

✆ +30 22920 39363

Ouvert de 9h30 au coucher du soleil. Entrée : 10 €.

C'est un des passages « obligés » de l'Attique. Quel impressionnant monument en effet que ce splendide temple dédié à Poséidon, dieu de la mer, des océans, sources et tremblements de terre ! Perché comme une vigie à la pointe sud de l'Attique, sur ce qu'Homère appelait le « rocher sacré », il occupe un site grandiose, accroché au bord d'un promontoire de 60 m plongeant dans les flots. Ce magnifique temple trône sur son rocher, surplombant, au sud, l'île de Makronissos derrière laquelle se cache l'île de Kéa (la première des Cyclades), et, à l'ouest, le golfe Saronique. Au crépuscule, les gracieuses colonnes du temple sont enveloppées d'un voile rose mauve, et, en voyant au loin les bateaux en route vers les îles allumer leurs lumières, on se sent l'âme vagabonde.

Histoire du site. Cet endroit si particulier était déjà au temps d'Homère un rocher sacré qui abritait deux sanctuaires. L'un était consacré à Poséidon et l'autre à Athéna. Ces sanctuaires étaient déjà importants au VIe siècle av. J.-C., comme en témoignent les nombreux fragments de kouroi retrouvés et désormais exposés au Musée archéologique national. Vers 440 av. J.-C., le sanctuaire en tuf de Poséidon, qui avait été détruit par les Perses en 480 av. J.-C., fut remplacé par un temple périptère dorique en marbre. Moins d'un siècle plus tard, les Athéniens construisirent dans le cadre de la guerre du Péloponnèse une énorme enceinte qui entourait le temple. Celle-ci devait permettre d'assurer la sécurité des navires athéniens chargés de blé. Sounion était alors une des places fortes les plus importantes d'Attique, elle abritait d'ailleurs en permanence une garnison.

Visite du site. A gauche de l'entrée du site, en montant, on remarque des vestiges des tours de la forteresse construite en 412 av. J.-C. On aperçoit aussi les restes d'un grenier ou d'un arsenal. On grimpe jusqu'au temple où se trouvent deux propylées en partie conservés. Ils figurent les piliers centraux qui étaient initialement en tuf avant d'être recouverts de marbre. Au centre des escaliers, on remarquera les restes d'une rampe pour chars. Le temple dorique était, quant à lui, constitué de 6 colonnes en façade et de 13 colonnes sur les côtés. Il présente plusieurs similitudes avec l'Héphaistéion de l'Agora d'Athènes. Les frises sculptées représentaient des combats de centaures, des scènes de la gigantomachie et les exploits de Thésée. Plusieurs pèlerins romantiques ont voulu laisser dans la pierre une trace de leur passage, et c'est ainsi qu'on peut aussi y voir gravé entre autres noms celui de Byron.

Temple de Poseidon.

HÔTEL SARON €€

60 km Sounion Avenue
+30 229 203 9144
www.saronhotel.gr

Ouvert toute l'année. Chambre double à partir de 65 €, selon la période. Petit déjeuner compris.

On tombe immédiatement sous le charme des parfums du jardin et du calme du hall. Plage à 150 m, grande piscine, bar et taverne. L'hôtel et ses chambres sont simplissimes mais l'ensemble est chaleureux et on s'y sent bien. Le Saron propose des chambres standards pour deux, trois et quatre personnes et des suites (plutôt des grands studios bien équipés). Les chambres disposent d'une salle de bains privative avec douche, d'un petit réfrigérateur et d'une télévision. Toutes les chambres sont climatisées. Wifi. Transats au bord de la piscine. Bon rapport qualité-prix.

GRECOTEL CAPE SOUNIO €€€

67e km Route Athens-Sounio
+30 229 206 9700

A partir de 160 € pour 2 personnes, avec le petit déjeuner.

Le Grecotel Cape Sounio est un somptueux resort, couleur sable et chic, superbement placé face à la mer et au cap Sounion. La vue est bluffante. On y profite à l'envi d'un accès direct à la plage privée et ses transats confortables via un petit tunnel aménagé sous la route (pratique pour les familles avec des jeunes enfants). Les bungalows et villas sont de grand luxe, rien ne manque. La nature aux alentours est vierge de toute construction, on se sent au bout du monde. A noter : une très bonne table sur place. Une adresse exclusive.

FREEZBE BEACH BAR

+30 6972 542864

Ouvert tous les jours. En saison de 9h à 21h30.

Un peu loin d'Athènes mais le cadre et les services proposés vont vous récompenser du trajet ! Sur cette plage privée hyper propre, on peut s'installer sous un parasol, s'allonger sur un transat (gratuit !) loin du brouhaha habituel des autres bars de plage. Musique agréable, en sourdine, bonnes prestations, excellent service, accueil et personnel très agréables. La plage est faite de sable et de petits galets, la mer translucide. Un très bon plan pour les familles et ceux qui préfèrent profiter de la mer sans se ruiner pour autant. Café-bar. Cabines. WC. Parking.

AQUALIZED DIVE ADVENTURES

2 Ilektras +30 22911 59651
www.aqualized.com

En saison, ouvert de 9h à 18h. Baptême à 65 €, plongée bateau à 40 €. Rescue : 490 €. Prix régressifs pour les groupes.

Centre très expérimenté qui offre la possibilité de plonger sur plusieurs sites différents de l'Attique, la Grèce ainsi que sur les meilleurs parcs nationaux de la Méditerranée du bord ou du bateau. Le club propose des cours, pour débutants ou confirmés, PADI, Open Water, Scuba Diver etc., avec des encadrants de haut niveau, très agréables et tout l'équipement multimédia nécessaire. Cours de sauvetage et de photos sous-marines. Location, service et vente de matériel. Diplômes délivrés.

LAVRION - LAVRIO

Lavrio est un petit port du sud de l'Attique, doté d'une longue histoire. En témoignent les vieilles bâtisses néoclassiques qui truffent le centre-ville. Il a eu son heure de gloire grâce à ses mines exploitées depuis l'Antiquité, puis, à la fin du XIXe siècle, par la Compagnie française des Mines du Laurion. C'est un joli port de plaisance où accostent des voiliers du monde entier. Le front de mer est un but de promenade en soi. A l'opposé de la mairie, le port devient celui des pêcheurs. Plus loin, les ferrys assurent la traversée vers des îles comme Kéa ou Tinos. Les plages commencent lorsque l'on quitte la ville, sur la côte vers Sounion ou de l'autre côté.

MARINA DE LAVRIO - OLYMPIC MARINE

+30 22920 63 700
www.olympicmarine.gr

Avec une capacité actuelle de 685 bateaux, la marina de Lavrio se vante d'être une des plus modernes de toute la Méditerranée, avec une sécurité maximale. De nombreux voiliers des quatre coins du monde y accostent tout au long de l'année. Idéale pour accoster son bateau (tout type) à proximité d'Athènes avant de découvrir les îles de la mer Egée ou entre deux traversées, elle offre des services d'hivernage, d'entreposage et stockage, des réparations complètes, de ravitaillement, etc.

FEGGON €

18 rue Vassileos Georgiou
✆ +30 2292 024 881
www.feggon.gr/
Ouvert tous les jours midi et soir. Pour un repas, comptez autour de 25 € par personne avec boisson.

Le Feggon est un établissement reflétant les idées rénovatrices des deux jeunes entrepreneurs de Lavrio et leur goût pour la restauration moderne. A la place de l'épicerie parentale, on trouve une partie destinée à la vente (fromages, charcuterie, vins, etc.) et une autre aménagée en bistrot. Parmi les spécialités proposées : le risotto aux champignons, les pâtes grecques à la saucisse, les chaussons à la pastirma (charcuterie anatolienne), les côtelettes du porc noir grillées, etc. Le menu peut varier selon la saison mais la qualité est irréprochable.

MEZZEDOPOLIO DE LA PLACE DU MARCHÉ €

2 rue Vassileos Georgiou
✆ +30 2292 022092
Ouvert toute l'année, toute la journée à partir de 11h. Comptez 15 €/pers.

Tous les locaux connaissent bien l'adresse et s'agglutinent sur ses petites chaises en bois du midi au soir. Purée de fava, poissons en friture, poulpe marinée, calamars frits, moule en sauce... tout y est frais et délicieux. Et chapeau bas au *bakaliaros skordalia* (cabillaud frais frit accompagné d'une purée à l'ail), recette traditionnelle parfaitement exécutée avec des ingrédients de première qualité, qui n'est servie que très rarement ailleurs.

EN LAVRIO €€

11 rue Pleioni & Ermou
✆ +30 2292 060502
Ouvert tous les jours de 9h à 2h. Compter autour de 18 € par personne pour un repas complet.

Dans le centre de Lavrio, du côté des ruelles piétonnes, le En Lavrio est le spot le plus classe de cette jolie bourgade. Le patron a réhabilité une haute demeure néoclassique, lui redonnant toute sa splendeur originelle : plafond très haut, poutres apparentes, murs en pierre, grand lustre en bronze… A l'intérieur ou sur la terrasse de ce bistrot, on peut se détendre en sirotant son café, ou en dégustant des snacks, petits plats, mets et salades, quelques desserts également. En tant que bar branché, il est fréquenté par des jeunes pour ses boissons et cocktails.

IL GRANDE PICCOLO

49-51 rue Mitropoulou
✆ +30 22920 27 775
Ouvert de 8h à minuit du lundi au jeudi, le vendredi de 8h à 16h, et le week-end de 9h à 2h.

Le pub vintage de Lavrio ! Et peut-être même le pub vintage le plus recommandable de toute l'Attique. Avec ses cadres accrochés savamment dans tous les sens sur les murs et sa déco de récup, style bistrot, le Grande Piccolo vous enferme dans son monde. On y écoute de la bonne musique rock et de longues bougies blanches dégoulinantes de cire sur les tables renforcent le côté alternatif des lieux. En résumé, un endroit bien sympathique pour sortir et pas cher. Mais pas que : car on y mange bien également. La terrasse est très agréable.

ROLOI CAFE

Port de Lavrio
✆ +30 22920 28 188
Ouvert de 7h à 3h tous les jours.

Ce clocher et sa montre sont l'image caractéristique du port de Lavrio. Le café juste au-dessous, le point de rencontre des locaux, est également bien connu des jeunes, le soir, qui affluent en vue de moments plus animés. La vue sur la mer est magnifique et l'on en profite amplement de la terrasse. On peut y prendre son temps pour siroter son café, déguster un snack, quelques plats et mets traditionnels grecs ou des pizzas, salades, desserts, etc. La musique jazz, R'n'B, hip-hop, blues du DJ anime l'endroit jusque tard dans la nuit. Bon rapport qualité-prix.

PERITECHNO

Stoa Nikolaou
✆ +30 22920 27 681
www.peritexno.com
Lundi et mercredi de 9h à 14h30, samedi de 9h à 15h et mardi, jeudi et vendredi de 9h à 14h30 et de 16h30 à 21h.

Cette boutique, située un peu en retrait de la rue centrale et commerciale qui traverse Lavrio, est très connue pour ses bijoux de bon goût, ses bijoux fantaisie, des accessoires et objets décoratifs faits main. En vitrine, une grande gamme de colliers, pendentifs, bracelets, chaînes ou boucles d'oreilles en or ou argent attire l'œil. La Peritechno propose également des bijoux en pierres naturelles ou semi-précieuses. Vous y trouverez de nombreuses idées cadeaux, typiquement grecques, notamment les bracelets porte-bonheur ou plus génériques.

KORISSIA ★

Bienvenue à Kea ! Voici l'île des Cyclades la plus proche du continent grec, ce qui en fait aussi une destination privilégiée pour le week-end. C'est ici que débarquent nombre d'Athéniens avec leurs propres voitures, ce qui explique pourquoi l'île est si mal desservie par les transports en commun et mal pourvue en loueurs. A l'emplacement de l'antique Korissia, le port de Kea se distingue quand même par d'élégantes maisons néoclassiques aux toits de tuiles rouges. A proximité d'Aghios Savas, vous trouvez quelques ruines des murailles de l'antique cité ; au sommet de la colline d'Aghia Triada s'élevait un sanctuaire d'Apollon. A la base de cette colline a été découvert le fameux Kouros de Kea, que vous pouvez voir au musée archéologique d'Athènes. La baie de Korissia donne accès à un ensemble de baies plus petites, dans la direction d'Otzias. Vous y trouverez quelques plages sympathiques, dont la plage de Gialiskàri, et surtout le joli port de pêcheurs de Vourkari, centre de rassemblement des yachts et la partie la plus populaire de l'île. Le site archéologique d'Aghia Irini ferme la baie par une intéressante péninsule. L'École américaine d'archéologie a découvert une cité de l'époque du cuivre. Malgré sa proximité géographique avec le continent, Kea reste épargnée par le tourisme de masse.

Transports

- **En bateau,** l'île n'attire pas ou peu les touristes internationaux, notamment en raison de l'absence de liaison avec le port du Pirée. Tous tous les départs d'Athènes pour Kéa se font depuis le port de Lavrio (les bus KTEL relient Athènes de la place Aigyptou, près de la station de métro Victoria en 1h30). Plusieurs liaisons par jour en ferry (1h) ou en hydroglisseur (35 min) en été.
- **Avec les autres îles,** les liaisons sont possibles mais pas toujours très fréquentes : avec Kythnos (1h20, 2 à 3 j./sem.), Paros (6h20, 1 j./sem.) ou Naxos (7h45).
- **Pour se déplacer,** vu le nombre insuffisant de loueurs et la nécessité d'avoir un véhicule, il peut être intéressant de louer sa voiture à Athènes.
- **Les horaires des bus** et itinéraires sont affichés sur la porte du bureau d'informations touristiques, en face du débarcadère et en ligne (kea.gr/ dromologia-leoforeion-keas).

AGHIA IRINI ★

Dans la baie d'Aghios Nikolaos

Sur une petite péninsule qui s'avance dans la baie, Aghia Irini est sans nul doute la plus belle des quelque 200 églises et chapelles que compte Kéa. Elle s'élève près des ruines d'un des plus vieux sites de la mer Egée. L'École américaine d'archéologie y a découvert une cité de l'époque du cuivre (environ 2800 avant J.-C.). Vous y verrez également les vestiges de murailles et les restes d'un palais de l'époque mycénienne. Un sanctuaire complétait l'antique cité : pendant l'ère classique, le lieu était consacré au culte de Dionysos.

VILLAGE DE VOURKARI ★

A 2 km au nord de Korissia.

Quand on vous disait que Kéa était comme une banlieue chic d'Athènes : en voici l'illustration. Ce joli petit village de pêcheurs à quelques kilomètres au nord de Korissia est trahi par les bateaux de plaisance. Pas de plage à proprement parler et seulement quelques appartements à louer. Tel un petit Saint-Tropez, Vourkari sert surtout de port de mouillage pour les yachts et autres voiliers. Vous pouvez vous restaurer dans l'une des belles tavernes du front de mer (bons plats de poisson) et vous prélasser dans les cafés et bars qui s'animent en soirée.

HOTEL KORISSIA €

Sur la route de la plage, prenez à gauche en sortant du port.

✆ +30 228 802 1484

Ouvert d'avril à octobre. Chambre double de 65 à 80 €.

C'est un petit hôtel de 16 chambres bienvenu quand il s'agit de dépanner. Certes, l'ensemble est sans fantaisie et manque un peu de personnalité mais les chambres sont très propres et plutôt spacieuses. Simple, mais fonctionnel. Les visiteurs apprécient son accueil plutôt sympathique, les chambres spacieuses avec vue, l'air frais et la bonne ventilation. C'est au calme, près du port avec les contingences et le service à l'avenant : le personnel pourra vous préparer votre petit déjeuner avant l'heure prévue en raison d'un départ en bateau.

IOULIS - HORA ★★★

C'est ici, dans l'ancienne cité antique d'Ioulis, que sont nés, au Ve siècle av. J.-C., les poètes Simonide et Bacchylide. Située à 5,5 km de Korissia, la capitale de l'île se distingue par ses maisons néoclassiques aux tuiles rouges, ses nombreuses fontaines et ses ruelles escarpées construites en amphithéâtre sur les flancs des collines. Le centre-ville, interdit aux voitures, est particulièrement calme la semaine et revit le week-end avec ses nombreux bars et restaurants branchés fréquentés par les riches Athéniens. Ne vous étonnez si vous entendez parler aussi bien de Ioulis, Ioulida, Ioulides ou Chora : toutes ces dénominations désignent le village principal de Kéa.

LION DE PIERRE ★★★

Sur le rocher qui surplombe Ioulis, à 15 minutes de marche de l'église Aghios Spiridon en direction de Kastriani.

Sculpté à même la falaise (6 m de long et 3 m de hauteur tout de même), le Lion de Tsia sourit aux visiteurs depuis le VIe siècle av. J.-C. Selon une version de la légende (mais il y en a d'autres…), les habitants du village auraient abandonné Ioulis, car les nymphes qui vivaient dans la montagne tuaient leurs femmes. Un prêtre implora alors l'aide de Zeus, qui envoya un lion afin de chasser les créatures cruelles. Les habitants décidèrent alors de tailler une reproduction de l'animal dans la roche afin que les nymphes, apeurées, ne reviennent jamais.

KASTRO ★★

C'est le plus haut point de vue de la ville, où se dressait jadis l'acropole. Relié à la Piazza, c'est une petite balade à faire. Les ruines du château fort vénitien surplombent le centre-ville et offrent une vue imprenable. Le kastro actuel a été construit vers 1210 sur les anciennes fortifications de Ioulis. Les murs ont été construits avec les pierres d'un temple antique dédié à Apollon. Le panorama, sur les îles face à l'Attique, vaut le détour et la montée. Sinon, il ne reste rien quasiment rien de la citadelle vénitienne.

MUSÉE ARCHÉOLOGIQUE

A 20 m en entrant dans le village.
✆ +30 22880 22079
Ouvert tous les jours sauf le mardi de 8h30 à 15h30 en été, du jeudi au dimanche en hiver. Entrée : 2 €.

Près de la place principale de Chora, ce petit musée est l'un des plus intéressants des Cyclades, avec des découvertes uniques datant du Néolithique et des périodes ultérieures. Ouvert depuis les années 1970, il a été rénové et agrandi en 2000 pour accueillir de nouvelles expositions. Les salles présentent la vie quotidienne, le culte et les coutumes funéraires. Les plus belles pièces sont des figurines protocycladiques en marbre de la colonie préhistorique d'Aghia Irini, des reliefs du fronton du temple d'Athéna à Karthaia et la statue sans tête de la Victoire.

Ioulis – Hora.

Kastro.

KEA VILLAGE €€

✆ +30 6972 243330
www.keavillage.gr
Chambres doubles à partir de 140 € en été avec le petit déjeuner.

Des chambres spacieuses, épurées et confortables dans un somptueux établissement situé en périphérie de Ioulida avec des vues exceptionnelles sur la mer Egée. Kea Village propose des suites au confort impeccable et au style recherché. Vous pourrez passer les chaudes après-midi au bord de la piscine et regarder le soleil se coucher depuis la terrasse de votre chambre. Design réussi et chambres vraiment agréables. Une très belle adresse. Vue exceptionnelle et imprenable aussi bien au niveau des villas qu'au niveau du restaurant et du bar.

I PIATSA €

A proximité du parking, en entrant dans la ville basse.
✆ +30 22880 22195
Ouvert tous les jours de 8h jusqu'au dernier client. Compter 15 €/pers.

Un emplacement de choix, sur la petite place à l'entrée de Ioulida. Nous sommes venus à plusieurs reprises dans ce restaurant qui sert une très bonne cuisine traditionnelle. Ce café-restaurant agréable sert tous les plats typiques de la cuisine grecque et certaines spécialités locales, comme la saucisse fumée ou la *loza* par exemple. Vous pourrez venir également pour le petit déjeuner ou en soirée pour boire un verre. Une ouzerie en somme, où certains soirs on joue de la musique traditionnelle et on danse. L'accueil y est chaleureux, le service attentif.

CAFE PANORAMA

Dans le centre, dans la rue qui mène au Lion.
✆ +30 22880 22341
Ouvert tous les jours à partir de 10h jusqu'au soir.

Cette pâtisserie a été transformée en un café agréable, avec une terrasse splendide. La promesse du nom est tenue. Les locaux viennent ici pour une boisson plus ou moins alcoolisée à mesure que la journée s'étire. Les gâteaux sont aussi vraiment délicieux (en particulier celui à l'orange), avec un service attentif. C'est également devenu un passage obligé après le dîner pour un café ou un dessert. Mais rien ne vaut l'ivresse de la profondeur de la vue, au-dessus des toits du Ioulida. Vraiment une des plus belles vues de l'île !

KOUNDOUROS

À 23 kilomètres du port de Korissia s'ouvre la baie de Koundouros : de belles criques de sable, un minuscule mouillage pour les voiliers, quelques maisons de vacances et la mer à l'horizon. Avec de bonnes chaussures ou un scooter, vous profiterez des chemins aménagés dans les forêts de chênes des alentours. Le village se situe près des plus belles plages de l'île. En progressant vers le sud et vers le village de Kampi, vous trouverez une succession de petites plages agréables, dont Frea qui est ombragée, ou Lygia, une plage de galets aux eaux cristallines. Mais les plus belles plages sont certainement celles qui frangent la côte au-delà de Kampi.

PLAGES ★

Les plages du sud-ouest de Kéa sont parmi les plus belles de l'île et elles ont l'avantage d'être abritées du *meltemi* en été. A Koundouros même, la grande plage de sable est particulièrement appréciée et donc très fréquentée en été. Vous y trouverez tavernes de plage, transats et parasols. Tout l'inverse de la petite crique d'Aghios Emilianos, située un peu plus haut. En progressant vers le sud et vers le village de Kampi, vous trouverez une succession de petites plages agréables, dont Frea, ombragée, ou Lygia, une plage de galets aux eaux cristallines.

SITE DE KARTHAIA ★★

Entrée libre tous les jours.

Dans le port de Koundouros, vous pourrez embarquer sur un caïque pour l'autre côté de l'île, par le cap de Tamelos et son phare de 1893, le plus méridional de Kéa, et jusqu'à la baie de Poleis. Là, vous pourrez visiter les ruines de la cité antique de Karthaia. Sur ce site archéologique sont visibles : les temples d'Athéna et d'Apollon Pythios (Ve siècle av. J.-C.), des fortifications (VIe-IVe siècles av. J.-C.) et un théâtre (IIe siècle av. J.-C.). Profitez d'une excursion à la journée pour vous baigner sur les plages isolées de Mikres Poleis et Megales Poleis.

LES ENVIRONS D'ATHÈNES

BUNGALOWS ST GEORGE €€

Au-dessus de la plage de Koundouros.
✆ +30 22880 31277
www.stgeorgekea.gr
Chambre double à partir de 90 € en été avec vue sur mer.

Vous voilà avec une certaine tranquillité assurée dans l'un de ces 20 bungalows bien équipés, avec chacun une terrasse ou une véranda et un réfrigérateur disséminés dans un parc de 14 ha, au calme, avec vue, et à 200 m seulement de la mer. Au milieu des bougainvilliers, avec une bonne taverne en prime. Les chambres ont été toutes récemment rénovées et disposent toutes d'un balcon avec vue sur la mer. Il faut monter une petite côte (la vue se mérite), et l'utilisation d'une voiture sur place, sinon indispensable, sera fortement appréciée.

PORTO KOUNDOUROS €

✆ +30 22880 31111
Ouvert tous les jours de 8h à 23h. Comptez 20 € par personne.

C'est simple, c'est la seule option pour se restaurer vraiment à Koundouros. Il s'agit apparemment d'un simple restaurant de plage, mais que la plupart des visiteurs plébiscitent. Sous les grands tamaris, on y vient toute la journée et on y traîne jusque tard dans la soirée pour sa cuisine grecque un peu plus recherchée que celle que l'on trouve habituellement sur les plages de Grèce. Au menu : de la viande grillée et du poisson frais, et une carte des vins correcte. Les prix sont aussi un peu plus élevés mais rien de très méchant.

TO KAMPI €

Plage de Kampi
✆ +30 22880 31211
A partir de 10 € par personne. Ouvert tous les jours de 11h à 23h.

Vous passez la plage de Pisses puis de Koundoros et finalement vous tombez sur la petite plage de Kampi. Cette bonne taverne est située sur la petite plage éponyme : le décor est paradisiaque et d'un calme presque absolu. Gérée par Manousos et Eleni Psimitis, elle se trouve juste en face de la mer et en haut de quelques marches où vous avez une belle vue sur le bleu. Du poisson, certes, mais on se régale de *zucchini balls* et de tzatziki et de tartes aux légumes en regardant la mer à l'infini. Franchement, que demander de plus ici ?

OTZIAS

A 11 kilomètres d'Ioulis, en face de la ville de Káristos à Eubée, ce petit village a une plage ombragée mais un peu exposée au meltemi. Le paysage de Vourkari jusqu'à Otzias est très beau, vous traversez une vallée parsemée d'oliviers, d'amandiers et d'arbres fruitiers. La plage d'Otzias, peu étendue et exposée au meltemi, offre l'avantage d'être encore calme et peu fréquentée. Vous pouvez aussi vous baigner sur la plage de Kastri. Une autre belle plage de sable : I Tris Boukes, entre la presqu'île de Kefalas et la baie d'Aghios Nikolaos. Pour un autre point de vue, le monastère de Kastriani, fondé au début du XVIIIe siècle, est construit sur un rocher abrupt qui domine la mer.

PLAGES D'OTZIAS, KASTRI ET TRIS BOUKES ★

La plage d'Otzias offre un bon point de vue sur la ville de Karistos, en face sur l'île de l'Eubée. Pour y accéder, vous traversez une vallée plantée d'oliviers, d'amandiers et d'arbres fruitiers. Peu étendue et exposée au meltem, cette plage offre l'avantage d'être encore calme et peu fréquentée. Vous pouvez aussi vous baigner sur la plage de Kastri. Une autre belle plage de sable : I Tris Boukes, entre la presqu'île de Kefalas et la baie d'Aghios Nikolaos.

ANEMOUSA STUDIOS €

✆ +30 22880 21 335

www.anemousa.gr

À partir de 75 € la chambre, selon la période et la catégorie.

Une vingtaine de chambres spacieuses se logent dans un hôtel à l'architecture traditionnelle. Tous les studios comportent une vraie cuisine équipée et une véranda. Salle de sport, piscine (avec bar) et jardin font partie de l'établissement. A cent mètres seulement de la plage. Des promenades à faire autour. Avec des chambres spacieuses, vous bénéficierez aussi d'un coin cuisine avec de quoi préparer un café ou un thé et d'une terrasse avec vue sur la piscine. Dans les chambres que nous avons vues, les portes et fenêtres étaient équipées de moustiquaires. Utile !

CAVO PERVELOS STUDIOS €

Sur la plage ;

✆ +30 22880 21120

www.cavostudios.gr

Ouvert toute l'année. À partir de 90 € selon la période et la catégorie, sans petit déjeuner.

Des studios aménagés dans des constructions en pierre traditionnelle avec une terrasse agréable et... des hamacs. Derrière une route qui mène à la plage d'Otzias à 20 mètres, ces petits cabanons dans leur complexe en brique sont uniques. Les studios, qui peuvent accueillir entre deux et quatre personnes, ont tous un réfrigérateur, une petite cuisinière. Un bon équipement. Des jeux pour enfants (terrain de basket notamment) font partie du lieu. Joli jardin où l'on peut déguster un cocktail. Studios de bon confort et de belle superficie.

CHEZ ANNA €

✆ +30 22880 21137

A partir de 15 € par personne. Ouvert tous les jours de midi à minuit.

Une jolie terrasse, sur deux niveaux, surplombant légèrement la baie d'Otzias, accessible depuis la mer en marchant trois minutes. Chez Anna - « Tis Annas » en grec - vous trouverez calme avec vue sur mer, sous une véranda ombragée. Des mezzes simples mais souvent inédits en Grèce comme des pâtés en croûte. Ici, le poisson est cuit au charbon. Portions généreuses. Rend service quand on loge à Otzias. Une belle adresse, avec à la carte des mets typiques et raffinés. Au passage, le vin rouge de la maison proposé au kilo est très bien.

OTZIAS KOUZINA €

✆ +30 2288 029057

Ouvert tous les jours de 10h au dernier client. Comptez 15 € par personne.

Face à la plage d'Otzias, cette taverne traditionnelle propose tous les classiques de la cuisine grecque. Mezzés et poissons, dont de petits anchois succulents. Le cadre est très agréable et fait avec goût. Quelques tables les pieds dans le sable et grande terrasse ombragée. Une belle surprise pour déjeuner comme en témoignent de belles salades aux épinards et aux figues, tomates séchées et parmesan ou roquette avec ses petits oignons, tomates cerises, fromage crémeux local et une vinaigrette à l'orange. On a aussi apprécié les sardines joliment grillées.

PISSES ★★

Dans la partie sud de l'île, à 17 kilomètres du port, construit à l'emplacement de l'antique Piyessa, ce village assez calme cache une belle plage de sable et quelques tavernes pour se restaurer. Une vallée verdoyante débouche sur une large bande de sable peu fréquentée. Derrière la plage s'étend une plaine avec des vergers et des cyprès. C'est un village où se retrouvent des habitués bien renseignés. C'est aussi ici que vous trouverez le seul camping de l'île. Idéalement situé, même s'il est un peu excentré : sur place, on trouve une cafétéria, des sanitaires, un resto pour les petits déjeuners et une cuisine commune.

PLAGE DE PISSES ★★

Vous trouverez tout autour de l'île de nombreuses plages et des dizaines de petites criques, pour la plupart facilement accessibles en bus ou par la route. Parmi nos préférées, Pisses est l'une des plus ravissantes plages de Kéa, bordée d'arbres, avec des eaux limpides. Une vallée verdoyante débouche sur une large bande de sable peu fréquentée. Cette plage de sable blanc et fin peut se targuer d'être bordée d'arbres qui donnent de l'ombre toute la journée. Accessoirement, elle vous promet aussi de magnifiques couchers de soleil.

CAMPING €

✆ +30 228 803 1302
www.campingkea.com
6 € par personne et par nuit, 3 € par enfant, emplacement à partir de 8 €, voiture 3,50 €.

Vous trouverez ici le seul camping de l'île. Un beau camping avec suffisamment d'ombre pour les tentes sur un site idéalement situé, à 100 m de la plage. Sur place, on profitera d'une cafétéria, des sanitaires, d'un restaurant (pratique pour les petits déjeuners), d'une salle de télévision, d'une cuisine commune, de machines à laver, de toilettes chimiques et même du wifi. Bien équipé, il a la qualité de ses défauts. Il est ainsi aussi calme qu'excentré. Pour information, les propriétaires proposent aussi des studios meublés et entièrement équipés.

GALLINI APARTMENTS €

✆ +30 698 923 56 80
www.galinikea.gr
Chambre double entre 60 et 80 €.

Des studios spacieux, décorés simplement et meublés de lits traditionnels en pierre (et confortables). Légèrement en retrait de la plage, l'endroit idéal pour loger sur la plage de Pisses en évitant le camping ! Chaque studio comprend une kitchenette, tous les ustensiles ménagers nécessaires et un réfrigérateur. Pendant votre séjour, vous pouvez acheter ce dont vous avez besoin à la supérette voisine, située à seulement 50 m. Mais vous pourrez également déguster des plats locaux, dans une ambiance agréable, à la taverne voisine, à 100 m.

CHRISTOFOROS €

✆ + 30 22880 31308
A partir de 10 € par personne. Ouvert midi et soir.

Une petite taverne familiale, à proximité de la plage et sous l'ombre des mûriers l'été, les pieds dans l'eau. On y sert quelques plats traditionnels de Kéa. On va choisir en cuisine les plats familiaux du jour : aubergines à la tomate, bonnes boulettes de viande à la sauce tomate, bœuf mijoté ou bien encore légumes farcis au riz ou à la viande... Tout sent bon dans la cuisine ! Idéal et revigorant, pratique et honnête pour une salade grecque ou des côtelettes grillées après la baignade ! Ici, la cuisine est simple et copieuse.

EXOCHIKO MARGARITAS €

Sur la plage.
✆ +30 22880 31223
Ouvert toute la journée. Autour de 10 €/pers.

Une petite taverne comme on les aime. Voilà un établissement simple et agréable dans la rue, juste avant la plage. Margarita - qui donne son nom au restaurant - connaît les secrets des grillades. Elle est notamment fière de son hamburger - pas une spécialité trop grecque a priori - fait à 100 % de bœuf. Elle fait aussi de la moussaka parfaite. Vous trouverez également des plats cuisinés, mijotés de légumes cuits à l'étouffée et de la viande rôtie à la broche. A la fin, ils vous offriront un morceau de tarte à l'orange moelleuse.

Plage de Pisses.

Monastère de Faneromeni.

SALAMINA CHORA - ΧΩΡΑ

Les ferrys arrivent à Paloukia, le port de l'île, juste à côté de la Chora. En vous promenant dans les rues, vous verrez la petite chapelle d'Aghios Gheorghios, des églises des XIe et XIIe siècles ou encore le monastère byzantin de Phaneromeni dans l'avenue du même nom. A 4 km au sud, le vieux port d'Ambelakia date du IVe siècle av. J.-C. Ensuite, direction le site de la bataille de Salamine...

Transports

Des bacs et ferrys font la navette toute la journée depuis Le Pirée (30 min de traversée) ou le petit port de Perama (15 min), à 4 km à l'ouest du Pirée. Il est accessible avec les lignes de bus urbain B18 et 843.

BATAILLE DE SALAMINE

Au niveau du détroit de Salamine, long de 7 km et large de 2 km.

C'est ici que se déroula la bataille de Salamine, en 480 av. J.-C. Les Perses décident de se venger d'une cuisante défaite qu'ils ont subie dix ans plus tôt et envoient une importante flotte de 500 bateaux lourdement armés et plus de 300 000 soldats prêts à débarquer à l'est du Pirée. La tactique est restée : les Grecs, simulant la retraite vers Salamine, invitent les Perses à lancer la moitié de leur flotte à leur poursuite, dans le détroit. Le lendemain, sous les ordres de Thémistocle, les Athéniens commencent à encercler la flotte adverse.

MONASTÈRE DE FANEROMENI

✆ +30 210 468 18 61

A 6 km de la capitale, ce monastère a conservé des fresques intéressantes du XVIIIe siècle. Il a été fondé par Lambros Kanellos (futur saint Laurent), un fervent chrétien de Mégara, qui avait eu une vision de la Vierge Marie. Il se serait rendu sur le lieu indiqué où il aurait trouvé une icône miraculeuse, le site donc du futur monastère. Pendant la révolution de 1821, il devint un refuge pour les combattants et les civils. Il accueillit des héros grecs comme Makriyanis, Tsavellas, Ypsilantis. Désormais, seules quelques religieuses y vivent.

VOTSALAKIA €

64 Akti Themistokleous

✆ +30 210 467 1334

Chambre double à partir de 60 € en été avec le petit déjeuner.

Ici aussi la vue est belle. A 1 km du port, 16 chambres fonctionnelles, en bord de mer, pour les personnes de passage. Chaque chambre du Votsalakia s'ouvre sur un balcon et certaines offrent aussi une vue sur la mer. Vous disposerez également d'une télévision par satellite à écran plat. Le restaurant sert un petit-déjeuner continental, ainsi que des menus végétariens et italiens. La réception, ouverte 24h/24, pourra vous aider à louer une voiture. Un service de navette est par ailleurs proposé. Connexion wifi gratuite accessible dans l'ensemble des locaux.

AIGINA ★

Bienvenue à Egine ! Si l'île dispose de trois ports (Aghia Marina à l'est et Souvala au nord), c'est généralement ici, à l'ouest, que vous débarquerez. Cette ville à la beauté discrète reste agréable avec ses maisons néoclassiques et sa blanche église d'Aghios Nikolaos et ses vendeurs de pistaches. Ne manquez pas non plus d'aller voir l'unique colonne rescapée du temple dorique d'Apollon (520 av. J.-C.) sur la colline où se trouvait l'antique acropole, ainsi que l'intrigant sphinx de marbre dans son intéressant musée archéologique.

Transports

L'île est reliée au Pirée régulièrement, en ferry et hydroglisseur. Liaisons aussi avec Méthana et Porto Heli dans le Péloponnèse.

MUSÉE ARCHÉOLOGIQUE

10 rue Mitropoleos
✆ +30 229 702 2248
Ouvert tous les jours sauf le mardi de 10h à 17h30. Entrée : 4 € comprenant l'accès au site de Kolona.

Créé en 1828, il a été le premier musée national de Grèce, fondé en 1829 par Ioannis Kapodistrias à Egine, alors capitale de l'État grec. Dans les trois salles du musée archéologique, les collections exposées couvrent la période allant de la Préhistoire à l'époque romaine. Vous y trouverez, sur deux étages, des sculptures provenant du temple d'Aphaia et la statue d'Héraclès du temple d'Apollon. Situé sur la colline où se trouvait l'antique Acropole, vous verrez aussi sur le site l'unique colonne rescapée du temple dorique d'Apollon (520 av. J.-C.).

PALEOHORA

A 6 km d'Egine.

Cette cité byzantine fut bâtie en 896 pour échapper aux attaques des Sarrasins. Devenue capitale de l'île au IXe siècle, elle a été abandonnée par ses habitants au début du siècle dernier. Construite sur une colline, cette ville fantôme a possédé 565 églises. Il n'en reste, à l'heure actuelle, que 28, avec des fresques très intéressantes. La visite des églises constitue une balade vraiment très agréable. Sur place, vous visiterez aussi le monastère Saint-Nectaire, patron de l'île, qui a passé les dernières années de sa vie en ce lieu.

AEGINITIKO ARCHONTIKO €€

1 rue Aghiou Nikolaou et Thomaidou
✆ +30 22970 24 968
http://aeginitikoarchontiko.gr
12 chambres. La double de 60 à 80 € en été avec le petit déjeuner fait maison. Ouvert toute l'année.

Cette auberge de charme a été aménagée dans une villa qui appartenait jadis à Zinova, célèbre féministe de l'île (la première femme qui ait osé conduire une voiture !). Ce manoir unique est aussi l'ancienne résidence de plusieurs politiciens, poètes et artistes grecs, notamment Nikos Kazantzakis et Kostas Varnalis. L'actuel propriétaire, Fotis Voulgarakis, a rénové la maison en respectant son architecture traditionnelle. Rena vous accueille avec chaleur et convivialité, et saura vous faire sentir comme à la maison. Son petit-déjeuner est véritablement succulent.

TO DROMAKI €

Akti Toti Hatzi 4
✆ +30 2297 024445
www.dromaki.gr
Ouvert tous les jours en saison, de 10h à minuit. Comptez 15 € par personne.

Cette taverne située au rez-de-chaussée de l'Hôtel Brown est une très bonne adresse dans la ville d'Egine. Midi et soir, vous pourrez y déguster une savoureuse cuisine traditionnelle (vérifiez les plats du jour, toujours d'une fraîcheur irréprochable) ou venir prendre le café et le petit-déjeuner dans la matinée. Goûtez au veau à la bière, aux champignons farcis, aux pâtes au porc et à la sauce au yaourt. Le service est chaleureux et le cadre impeccable, avec vue directe sur la mer. Un cadre magnifique sur le sable au bord de la mer, au bord du port, en été.

TSIAS €

47 rue Dimokratias
✆ + 30 22970 23529
Ouvert tous les jours en saison, de midi à minuit. Comptez 15 € par personne.

Avec une vue sur les caïques et les fruits de l'épicerie, c'est un lieu de rencontre pour les habitants d'Egine. Voilà un restaurant familial comme on les aime où l'on vous présente le poisson frais ou les plats en cuisine avant de commander. Comme d'habitude, si vous optez pour le poisson frais, demandez le prix de la bête choisie au moment de commander, cela vous évitera les mauvaises surprises au moment de l'addition. Les boulettes de viande sont excellentes, tout comme le poulpe et les filets de maquereau à l'ail et au romarin. Belle atmosphère. On y revient !

PERDIKA ★

Ce charmant village de pêcheurs a gardé les caractéristiques architecturales du style égéen, avec des maisons carrées et des rues étroites. Il compte aussi de nombreuses tavernes pour manger du bon poisson. Du port, vous pouvez prendre un petit bateau pour l'île de Moni : des bateaux font la navette avec l'îlot Moni Eginas, juste en face (trajet de 10 minutes), où vous pouvez vous baigner très tranquillement dans une mer translucide. Ses hôtels ne sont pas encore assiégés par les groupes et le voyageur individuel pourra y trouver une chambre. Au passage, on mange aussi très bien chez Nontas ou Eginitissa avant ou après quelques ploufs…

HIPPOCAMBUS €

✆ +30 229 706 1363

www.hippocampus-hotel-greece.com

Chambre double entre 50 et 70 €, petit déjeuner compris. Ouvert toute l'année.

Situé au centre de Perdika, cet hôtel de 20 chambres est tellement typique qu'il dispose même de sa propre église ! Il y a aussi un bel extérieur, abrité par la vigne. Cet hôtel (qui signifie hippocampe) propose 20 chambres, toutes avec un balcon donnant sur la mer ou la montagne. Il dispose d'un beau jardin ombragé où vous pouvez prendre votre petit-déjeuner, boire un verre ou simplement vous asseoir et vous détendre. La terrasse sur le toit est aussi l'endroit idéal pour admirer le coucher du soleil. Le prix des chambres familiales est très attractif.

ANGELINA BOUTIQUE HOTEL €€

✆ + 30 22970 61233

https://angelina-aegina.gr

Studio standard à partir de 100 € en été, avec le petit déjeuner. Ouvert toute l'année.

On aime beaucoup ces chambres modernes, joliment meublées et bien équipées avec vue sur le village et la piscine de l'établissement. Un bel ensemble propre et bien situé, proche des tavernes et du port où l'on peut prendre le bateau pour Moni. Les bus circulent vers le port. Le bâtiment principal de l'hôtel et les premières chambres ont été construits en 1992, et après l'ajout des 3 bâtiments en pierre en 2003, l'établissement compte désormais 34 chambres. La taverne de poissons Nontas appartient également à la famille. Et le personnel est sympathique.

NONTAS FISH RESTAURANT €€

Sur la promenade de Perdika.

✆ +30 22970 61233

www.nontasfishrestaurant.gr

Ouvert toute l'année, tous les jours de midi à minuit. Compter 15 à 20 €/pers.

Une taverne simple et authentique, sur la promenade de Perdika, dont l'histoire remonte à 1936. Ses spécialités comptent les spaghettis au homard (*kritharoto*) et la soupe de poisson (*tiganosoupa*) mais il y a aussi des classiques du poulpe, des calamars et autres caviars d'aubergine, pitas (maison) et poissons. Tout cela avec une jolie vue sur le port avec les bateaux de pêche qui vous auront ravitaillé. Comme souvent, si vous hésitez, vous pouvez choisir en cuisine. Les desserts maison et souvent offerts sont aussi un petit délice.

Perdika.

MARATHONAS

Attention : voilà un village souvent pris d'assaut ! Marathonas est très fréquenté pendant les mois d'été, mais si vous arrivez tôt le matin - soyez là vers 9h - vous aurez la plage pour vous jusqu'à 11h. Ceux qui arrivent tôt pourront également profiter de l'horizon. Lorsque le ciel est dégagé, contemplez la vue vers l'île de Moni sur votre gauche avec Methana derrière, et, plus en face, vous pouvez voir l'île d'Agistri avec le Péloponnèse en arrière-plan. Cette plage, bordée de quelques arbres, de quelques excellentes tavernes et de bars, est idéale pour les sorties en famille grâce à ses eaux chaudes et peu profondes.

CROWNVIEW SUITES €€

Sur la plage.
✆ +30 229 702 8470
www.crownviewsuites.com
A partir de 70 € la chambre double, en été, avec le petit déjeuner.

Ce complexe propose des appartements entièrement meublés et bien équipés. Cuisine, réfrigérateur, petite salle à manger, TV couleur, de grands balcons et une vue magnifique. Les appartements sont propres et décorés simplement, mais ne vous attendez pas à pouvoir préparer des repas trop compliqués. Cela reste un charmant complexe d'appartements sur la plage. Vous n'aurez ici devant vous que du sable, la mer et une vue dégagée... Avec des tavernes agréables sur les deux côtés, mais pas assez proches pour être dérangé par le bruit.

AMMOS €

✆ +30 229 702 8160
A partir de 15 € par personne. Ouvert tous les jours en saison, de 10h à minuit.

Situation idéale, les pieds dans l'eau. Cette taverne de plage est très agréable et invite à une pause pour déjeuner. Les parents pourront surveiller les enfants en baignade du coin de l'œil. Parfait pour boire un verre également. Pour la petite histoire, Christian, l'un des propriétaires, est français. Il a ouvert le restaurant avec Stella, son épouse grecque, et le couple s'est forgé une jolie réputation sur place. Stella vous guidera dans vos choix en vous présentant son menu (et surtout ses poissons) avec parfois une pointe d'influence française à découvrir.

OSTRIA €€

✆ +30 22970 27 682
https://ostria-taverna.gr/ostria/
Ouvert toute la journée d'avril à novembre. Compter autour de 20 € par personne.

Situé au bord de la plage, sous les tamaris, ce restaurant vous permettra de vous reposer et de vous rafraîchir tout en appréciant une très bonne cuisine traditionnelle grecque, un verre d'ouzo ou un café. La famille Marmarinos accueille ici sa clientèle fidèle, et des nouveaux venus, depuis plus de 25 ans. Pas grand-chose à redire : les poissons sont frais, les salades et les légumes proviennent du potager des propriétaires. Si vous optez pour le dîner, sachez que l'endroit est idéal pour admirer un coucher de soleil spectaculaire.

AGHIA MARINA

L'endroit est très touristique en été. Si vous n'aimez pas la foule, ce lieu ne vous conviendra peut-être pas. Hôtels, restaurants, bars et discothèques abondent également. Pour vous baigner, la plage de Portes, 5 kilomètres plus loin, est bien plus calme. Mais on n'y débarque pas forcément pour cela. Nous vous conseillons d'y venir le temps d'une excursion d'une demi-journée pour visiter le magnifique temple dorique d'Aphaia, l'un des trois temples du triangle sacré avec le Parthénon et Sounion. A 4 km au nord d'Aghia Marina, sur une colline boisée, ce majestueux temple datant du Ve siècle av. J.-C. offre une vue saisissante sur le golfe Saronique.

TEMPLE D'APHAIA ★

Accès par la route ou par un chemin boisé depuis Aghia Marina.
Ouvert tous les jours de la semaine de 8h à 19h (17h hors saison). Entrée 6 € (musée compris).

A 4 km au nord d'Aghia Marina, sur une colline boisée offrant une vue saisissante sur le golfe Saronique, un majestueux temple datant du Ve siècle. De style dorique, c'est l'un des trois temples du triangle sacré Parthénon, Sounion et Aphaïa. Pendant très longtemps, on considéra, à tort, qu'un si beau temple ne pouvait être consacré qu'à Jupiter. À la fin du XIXe siècle, on comprit que le temple était consacré à Athéna. A l'entrée, un panneau rappelle comment le sanctuaire se présentait à l'origine, vers 490 av. J.-C. Un musée complète le récit.

HOTEL RACHEL €

188 K. Galari
✆ +30 229 703 2168
www.hotelrachel.com
Chambre double à partir de 50 €, avec le petit déjeuner, mais les prix montent en saison et en fonction de l'étage.

A 40 mètres d'une plage de sable, vous ne serez pas malheureux ici. Récemment rénové et sur la plage, cet hôtel très fonctionnel propose des chambres avec frigo, télévision et wifi. La décoration est élégante, aux tons pastel, et l'emplacement idéal. Vous pourrez commencer votre journée avec un petit-déjeuner (buffet) et des confitures faites maison. Des repas légers et des boissons rafraîchissantes sont servis au bar sur place toute la journée. Un bon choix pour les budgets serrés : les chambres les moins chères sont au rez-de-chaussée.

APOLLO HOTEL €€

Sur le front de mer
✆ +30 229 703 2271
www.apollo-resort.com
Chambre double de 130 à 200 € en été, petit déjeuner compris. Possibilité de demi-pension et de pension complète.

Rénové en 2019, ce gros complexe de 107 chambres offre aujourd'hui tout le confort moderne, tout en préservant l'architecture et la décoration uniques de ses locaux. Ce n'est pas le charme qui caractérise les lieux mais l'établissement est très bien situé et offre de multiples services qui plairont aux familles avec enfants. Parmi les activités proposées, du tennis de table, un minigolf et un terrain de tennis. Piscine. Emplacement idéal, dans la baie d'Aghia Marina aux eaux bleues et entouré d'une forêt de pins sous le célèbre temple antique d'Aphaia.

ARGO SPA HOTEL €€

Sur le front de mer
✆ +30 229 703 2266
www.argohotel.gr
60 chambres. A partir de 60 € la double en été. Possibilité de pension complète.

Ce beau complexe situé près de la mer, dispose aussi d'une salle de sport et d'une piscine. Les chambres les moins chères s'ouvrent sur un balcon avec vue sur la montagne et disposent d'une télévision par satellite et d'un réfrigérateur. D'autres ont un canapé, et une vue sur la mer de leur balcon privé avec chaises. Programmes de cures possibles et offres spéciales pour les séjours à la semaine. Télévision, frigo et balcon dans chaque chambre. Attention : les prix varient aussi selon le jour de la semaine (et c'est le samedi le plus cher).

I THALASSA €€

Sur le front de mer.
✆ + 30 22970 32145
Ouvert tous les jours de 10h à minuit en saison. Comptez 25 € par personne environ.

Située en bord de mer, cette taverne propose des plats grecs et des poissons frais, grillés ou frits. Cette petite taverne accrochée aux rochers propose des plats variés de poissons ou des plats plus mijotés de grande qualité. Vin rouge en carafe, de production locale, qui se boit bien aussi. Service rapide et pro. Le vendredi soir et le samedi soir, guettez les concerts de musique live. C'est un peu plus cher qu'ailleurs mais vous serez récompensé par la qualité de la cuisine et le calme et la fraîcheur provenant de la mer, notamment après le coucher du soleil.

Aghia Marina.

HYDRA CHORA - ΧΩΡΑ ★★★★

Hydra est un labyrinthe de ruelles emmêlées les unes aux autres qui, pour la plupart, ne portent pas de nom. Elles ont conquis jadis Leonard Cohen, Brigitte Bardot ou Maria Callas et continuent de séduire la jet-set. Mais pas que, dès que l'on s'évade. Une rue longe la côte jusqu'au petit port de Kamini. L'escalier de la rue Lignou vous donnera l'accès au promontoire. La rue Miaouli est également importante puisqu'elle traverse tout le village portuaire puis grimpe jusqu'aux maisons installées en hauteur, sur les flancs de la ville.

Transports

L'essentiel des liaisons du Pirée se fait en hydroglisseur, sans voiture.

Le port pictural de l'île de Hydra dans le golfe saronique.

ARCHIVES D'HYDRA

Miaouli 454

✆ +30 22980 52355

www.iamy.gr

Ouvert tous les jours de 9h à 16h30. Entrée : 5 €.

Le musée, fondé en 1919, est surtout consacré à l'histoire de l'île aux XVIIIe et XIXe siècles. On y trouve des reliques, des œuvres d'art, des figurines en bois, des costumes d'époque ainsi qu'une série de documents historiques qui mettent en lumière la période de la lutte pour l'indépendance du point du vue hydriote. Une vraie façon d'en connaître davantage sur votre destination de vacances. Le musée accueille aussi quelques expositions d'art temporaires. Pour information, la onzième salle du musée a été transformée en galerie historique.

ÉGLISE DE SAINT-CONSTANTIN

Aghios Konstantinos

L'église est typiquement orthodoxe, avec un joli intérieur paisible contenant quelques icônes. Il y a un petit musée ecclésiastique juste à côté, avec quelques intéressantes reliques religieuses et d'autres icônes. Le personnel présent sur place pourra répondre à vos éventuelles questions pour vous renseigner un peu sur le contenu de ce qui vous est présenté. L'église est située dans les hauteurs de l'île et offre une vue unique sur la mer et les montagnes environnantes.

MONASTÈRE PROFITIS ILIAS ★

Au mont Eros.

Ouvert de 9h à 17h.

Une heure de marche vous mènera au sommet du mont Eros – plus haut point de l'île – où vous découvrirez le monastère du Prophète Elie sur les hauteurs de la ville : appréciez la balade qui vous y mène, la vue est à couper le souffle. Si vous êtes bon marcheur, continuez jusqu'au monastère inhabité d'Episkopi (une heure de marche supplémentaire), à travers un paysage idéalement serein. C'est un peu costaud comme randonnée – évitez de la faire quand le soleil tape trop fort – mais vous l'apprécierez une fois arrivé en haut pour profiter de la vue imprenable.

PLAGES

Pas franchement la spécialité de l'île, elles sont généralement faites de galets peu hospitaliers, mais quelques-unes valent le détour. Dans la ville d'Hydra, tout le monde se baigne près des rochers cimentés qui bordent le port. À l'extrémité ouest du port, vous trouverez la plage de galets de Bitsi, qui possède son propre centre de plongée. Elle n'est pas trop fréquentée et son eau est turquoise. Les familles préféreront la plage de Kamini, à 20 minutes de marche à l'ouest du port. Celle de Mandraki à l'est du port est un peu plus vaste que la moyenne hydriote.

Dans les ruelles d'Hydra.

RUE LEONARD COHEN

Rue Léonard Cohen

Pas de visite.

Si l'intérieur ne se visite pas, la maison de Leonard Cohen se situe dans une rue qui porte aujourd'hui son nom. Celui que ses voisins grecs appelaient « Leonardos » est décédé le 7 novembre 2016, à l'âge de 82 ans. Il avait acheté la propriété dans les années 1960 et y a vécu pendant une quarantaine d'années. A Hydra, il rencontrera son grand amour et sa muse favorite, la Norvégienne Marianne Ilhen, à qui la chanson *So Long Marianne* est dédiée. C'est aussi ici qu'il écrivit le recueil de poèmes *Flowers for Hitler* ainsi que le roman *Beautiful Losers.*

HYDRA HOTEL €€€

8 rue P. Voulgari

✆ +30 22980 53420

www.hydra-hotel.gr

Chambre à partir de 190 à 300 € en été, selon la catégorie. Petit déjeuner compris.

Hôtel chic et cosy. Sa situation en hauteur garantit un séjour à l'écart du bruit. Le revers de la médaille est qu'il faudra gravir des marches pendant bien 15 min pour y accéder depuis le port. Pour les bagages, le personnel viendra vous chercher au port avec une mule et vous y déposera au moment de votre départ. L'établissement dispose de 8 chambres stylées, à la décoration très réussie. Certaines sont dotées d'un salon et d'autres d'une vue imprenable sur la ville avec un balcon. L'accueil est vraiment aux petits soins et mérite une mention spéciale.

ALKIONIDES PENSION €

Dans une cour, à 120 mètres du port.

✆ +30 229 805 4055

www.alkionidespension.com

Chambre double standard de 50 à 70 € en été, sans petit déjeuner. Ouvert de mars à novembre.

La Pension Alkionides se trouve à seulement trois minutes à pied du port d'Hydra et propose 7 chambres et un studio très bien entretenus. Situation centrale et pourtant très calme bien qu'à 120 m du port - sans escaliers à monter - dans un cul-de-sac sur la gauche de la rue Economou. Internet sans-fil gratuit. Le studio possède une terrasse privée avec une belle vue en prime. Le jardin fleuri est un endroit agréable aménagé avec des tables et chaises, tout comme la véranda d'où l'on admire les toits d'Hydra. Une solution relativement bon marché pour l'île.

GEITONIKON €

Rue Rafalia.

✆ +30 2298053615

Ouvert tous les jours de 12h à minuit. Environ 15 € par personne.

Jolie petite taverne qui attire le client avec ses tables en extérieur, sous un patio chaleureux, avec une grande terrasse avec pergola. La cuisine, traditionnelle et familiale, est absolument délicieuse. Essayez le veau aux coings, par exemple. On en a pour son argent puisque les plats sont très copieux et pour des prix raisonnables à Hydra. La vitrine expose les plats du jour et les poissons frais. Le service est exécuté avec une attention délicate. En dessert, les conserves de fruits et le halva classique d'Hydra sont remarquables. C'est authentique !

PORTA DEL MARE €€

A 30 m du port, vers la plage de Spillia.

✆ +30 229 805 4105

www.portadelmare.gr

Chambre double à partir de 120 € en été.

Voici une magnifique maison d'hôtes traditionnelle, en pierre, avec des espaces intérieurs zen et luxueux. Quatre studios seulement (trois pour quatre personnes maximum, et un pour deux personnes), mais aménagés et décorés avec soin. Chaque chambre dispose en outre d'une cuisine entièrement équipée. Véranda, salle de fitness, sauna et massages sur demande ! Vous pourrez prendre votre café dans le jardin (avec vue), ou profiter du bain à remous. L'emplacement est idéal, dans une rue très calme mais proche du port. Le personnel est très amical.

TO KRIFO LIMANI €

8 rue Tobazi

✆ + 30 22980 52585

Environ 15 € par personne. Ouvert tous les jours midi et soir.

Des plats savoureux servis dans un cadre idyllique, avec un patio rempli de végétation. Il n'y a que quelques tables dans la jolie petite cour alors il vaut mieux réserver en haute-saison. La cuisine est typique mais très travaillée. Les produits sont frais et la carte est très variée. On apprécie tant le rapport qualité/prix que l'ambiance calme et chaleureuse et l'efficacité convenable du service. C'est authentique et vivant, à l'image d'une Grèce qu'on trouve parfois difficilement là où sont les touristes. Franchement, que demander de plus ?

XERI ELIA €€

✆ +30 22980 52 886

Ouvert midi et soir. Compter à partir de 20 € par personne.

Il paraît que cet établissement est le berceau du tourisme grec ! De père en fils, et cela va bientôt faire 200 ans, cette petite échoppe qui faisait en même temps épicerie et petite taverne est devenue une référence à Hydra. Taverne très prisée, on y trouve des plats traditionnels mais également les poissons frais du jour et des homards étalés, avant d'être choisis, devant l'entrée de l'établissement, en vitrine. Mettez-vous à l'ombre, aux tables qui s'alignent sur la place dallée, se trouvant juste en face de la taverne, et prenez le temps de savourer.

OMILOS RESTAURANT €€€

Sur le port.

✆ +30 22980 53 800

www.omiloshydra.com

Ouvert tous les jours en saison, de 10h jusqu'à minuit. Comptez au moins 30 € par personne.

Dans les années 1970, il abritait le club légendaire Lagoudera (connu aussi sous le nom de Yachting club) fréquenté par la jet set de l'époque : Brigitte Bardot, Elizabeth Taylor, John Lennon, les Rolling Stones, Maria Callas, Onassis... Aujourd'hui, c'est LE restaurant gourmet d'Hydra. Coup de cœur garanti pour ce lieu mythique accroché aux rochers et pour cette cuisine méditerranéenne créative. Excellente carte des vins et bon choix de cocktails. Le week-end, l'histoire se répète et le restaurant se transforme en bar où l'on danse.

THE PIRATE BAR

Sur les quais.

✆ +30 22980 52711

thepiratebar.gr

Ouvert de 9h au petit matin.

Entrer dans le bar le plus célèbre de la ville ne se refuse pas ! Ouvert du matin au milieu de la nuit, l'établissement propose ici des petits déjeuners, verres et goûters, et se targue, à la tombée de la nuit, d'être l'un des bars les mieux achalandés en alcools. Il sert des snacks de 9h du matin à 17h. L'emplacement est franchement digne d'une visite en journée et le service est bon. La nuit, l'endroit se transforme en discothèque, qui passe quelques (rares) fois des vieux tubes rock et, la plupart du temps, de la musique électronique.

VLYCHOS

Si le soleil ne frappe pas trop fort, cela peut valoir la peine de marcher - plutôt que de prendre un bateau-taxi - jusqu'à ce petit village au bord de l'eau, situé à 30 minutes de marche et deux petits kilomètres du port. Vous y trouverez quelques chambres à louer et des tavernes, ainsi que le luxueux Four Seasons. Une jolie balade vers une plage (ce qui est déjà rare à Hydra), bien équipée et surtout moins bondée que les rares accès autour du port, avec de jolies petites tavernes sur le chemin et moins de monde sur la plage que plus près d'Hydra. Côté gastronomie, vous pourrez vous poser chez Castello, l'une des belles et bonnes tables de l'île, là aussi un peu excentrée...

FOUR SEASONS HYDRA €€€

Au sud du port d'Hydra, sur la plage Vlychos.

✆ +30 229 805 3698

www.fourseasonshydra.gr/fr

A partir de 200 € la nuit en début de saison. Offres spéciales en mi-saison (mois de mai et octobre).

En cinq minutes, on y accède par un petit bateau qui navigue gratuitement entre l'hôtel et le port jusqu'à 20h. Un petit hôtel de rêve unique sur cette île pour se détendre au calme. Entièrement réaménagé en 2008, l'hôtel dispose de 5 suites luxueuses imprégnées par des couleurs « quatre saisons », pouvant accueillir jusqu'à 4 personnes. Le petit-déjeuner est servi dans le restaurant à même la plage. Le personnel professionnel est serviable avec le sourire. Une belle marche d'une trentaine de minutes pour le village d'Hydra s'impose.

CASTELLO €€

Kaminia

✆ +30 22980 54101

Ouvert tous les jours, midi et soir. A partir de 25 €/pers.

Voilà l'un des lieux de rendez-vous privilégiés de l'île. Terrasse, tables et chaises longues sur la plage privée. Le menu met l'accent sur les plats roboratifs comme les pâtes et les risottos, mais vous trouverez des suggestions plus *light* le matin. Essayez la morue aux haricots, le carré d'agneau, le poulpe grillé ou la salade de lentilles et de crevettes. Divers événements et cocktails sont souvent organisés ici. Pour des moments exclusifs, faites une réservation pour la « table du chef » super privée à l'intérieur du bâtiment...

SPETSES CHORA - ΧΩΡΑ ★★★

Spetses l'aristocrate résonne au son des calèches qui battent le pavé et longent les belles villas. Aujourd'hui, les vacanciers s'attablent aux terrasses des cafés et des tavernes dès que le soleil se couche. Juste à côté du port, vous trouverez des plages nommées Kounoupitsa. La seule route de l'île circule le long de la côte : on rejoint Kounoupitsa en allant vers la droite du port (dos à la mer), tandis qu'en allant dans le sens inverse, on arrive vers le Paléo Limani.

Transports

Le port est relié au Pirée et aux autres îles du golfe. Proche du Péloponnèse, l'île permet des liaisons vers Methana et Porto Heli.

MAISON DE BOUBOULINA ★

✆ +30 229 807 2416

6 € l'entrée. Visites guidées en anglais (environ quatre par jour en saison, horaires affichés sur le tableau).

Parmi les archontika, c'est celle de la Bouboulina. Figure héroïque de la guerre d'indépendance, Laskarina Bouboulina est née dans une prison d'Istanbul mais a grandi en partie à Spetses. Elle y faisait construire des navires avec l'argent de ses maris successifs, afin de lutter contre l'occupation ottomane. La visite guidée permet surtout d'accéder à l'intérieur d'une maison spetsiote d'autrefois. Vous verrez aussi sa statue dans la ville. Un film, *Bouboulina*, sorti en 1959, a été réalisé par Kostas Andritsos, avec Irène Papas dans le rôle principal.

MUSÉE MEXIS ★

De Dapia, prenez vers le centre-ville puis à gauche.

✆ +30 229 807 2994

Ouvert tous les jours de 10h à 14h, sauf le mardi. Entrée 3 €.

Aménagé dans une magnifique demeure du XVIIIe siècle qui fut la propriété de Hadziyannis Mexis, l'un des chefs spetsiotes de la guerre d'indépendance et le premier gouverneur de l'île, ce musée présente une collection de costumes, de modèles de bateaux, d'armes et de monnaies. Le premier étage est ouvert au public et ses expositions couvrent 4 000 ans d'histoire culturelle de l'île. La visite du musée, rapide, ne vous occupera pas longtemps mais la somptueuse bâtisse, qui date de 1798, vaut le détour pour son architecture spectaculaire.

PLAGES ★

Les plages sont parmi les plus belles du golfe. Anargiri, à l'est, est idéale pour les sports nautiques et la visite de la petite grotte de Békiri. La charme des plages d'Aghia Paraskevi et d'Aghia Marina, au sud, est mis à mal par la fréquentation dense des visiteurs pendant l'été. Mais pour jouir d'un peu d'espace et de tranquillité, rendez-vous en caïque à Vrellos ou à Zogeria, belle plage de sable fin, à seulement sept kilomètres du centre, et entourée d'une pinède. Pour se baigner presque seul, nous vous recommandons Xyloheriza et Poulaki, tout au sud.

Promenade en calèche.

MARGARITA VILLA €

A 500 m en sortant du port par la gauche, en direction du musée.
✆ +30 229 807 5152
http://margaritahotel-spetses.gr
Chambre double à partir de 60 €.

Situé à 10 minutes à pied du port, l'établissement n'est pas loin du musée Hadzigiannis, mais aussi de la plage Agios Mamas, très agréable. On apprécie ici le cadre plutôt simple et chaleureux. Les 16 chambres traditionnelles sont complètement équipées, avec un balcon ayant vue sur la mer pour la plupart. Et il y a une piscine. Accessoirement, on apprécie qu'il soit perdu au milieu d'un dédale de rues dans le village de Spetses, loin de l'agitation touristique et dans un contexte plus familial. Le cadre est charmant. Bon rapport qualité-prix.

KASTRO HOTEL STUDIO-APPARTEMENTS €€

A 300 m du port, à droite après la place Bouboulina.
✆ +30 229 807 5319
www.kastrohotel-spetses.gr
Appartement pour 2 personnes entre 90 et 140 € en saison. Petit déjeuner inclus.

Bien que central, cet hôtel de 39 chambres reste calme. Les appartements avec kitchenette sont classiques et propres, tous équipés (frigo, TV). Pas de balcon privé, mais un patio aménagé, table et chaises devant chaque porte. Il y a une belle grande terrasse de toute façon. Le jardin est aussi à votre disposition : véranda, piscine, chaises longues, palmiers et autres plantes sont plantées dans le décor pour parfaire le cadre idyllique. Une bonne adresse.

KLIMIS HOTEL €€

Sur le port.
✆ +30 22980 73725
www.klimishotel.gr
Chambre double à partir de 75 € la nuit, avec le petit déjeuner. Ouvert toute l'année.

Un hôtel familial s'il en est sachant que vous serez sans doute accueilli par Klimis lui-même, le fils de la famille, qui a donné son nom à l'établissement. L'hôtel est construit au-dessus d'un agréable salon de thé géré, lui, par son papa. C'est d'ailleurs là que vous prendrez d'excellents petits-déjeuners, sauf si vous préférez vous faire servir en chambre. Avec 19 chambres, l'établissement s'offre le luxe d'être aux petits soins de chacun. Les chambres, élégantes et spacieuses, sont bien situées sur le port avec pour moitié une vue sur mer.

© PAULCOWAN - ISTOCKPHOTO

Spetses.

ORLOFF RESORT €€

Vieux Port
✆ +30 229 807 5444
www.orloffresort.com
Chambre standard à partir de 120 €. Petit déjeuner compris.

Christos Orloff est le gérant de ce superbe hôtel. L'homme est attentionné, il a le souci du détail et du travail bien fait. L'hôtel a été aménagé en 2005 au cœur de l'un des nombreux domaines de la famille Orloff, datant de 1865. 18 chambres modernes de style minimaliste et, pour les vacances entre amis, possibilité de louer une villa pour 10 personnes. Les gérants pourront vous raconter beaucoup d'histoires à propos de l'île et de l'hôtel. Bien que récent, ses extérieurs des habitations créent l'illusion d'une authenticité historique. Excellent restaurant.

POSEIDONION GRAND HOTEL €€€

Sur le port ✆ +30 22980 74553
poseidonion.com
Chambre double à partir de 200 € avec petit-déjeuner inclus.

Bordé de palmiers, ce magnifique hôtel au charme rétro fut construit par Sotirios Anargyrios en 1914. L'édifice est imprégné de souvenirs littéraires, grâce notamment à John Fowles, auteur des romans *La Maîtresse du lieutenant français* et *Le Mage*, qui se déroulent à Spetses. Les chambres sont spacieuses, avec vue sur la mer ou le jardin. La terrasse est un des endroits les plus agréables de la ville. Il dispose de toutes les prestations régulières des hôtels cinq étoiles mais sa valeur ajoutée est son passé historique, ainsi que son cadre splendide.

LES ENVIRONS D'ATHÈNES

ALDEBARAN €

Dapia.

✆ +30 2298 072911

Ouvert tous les jours de 9h à minuit. À partir de 10 €/pers.

On adore ce café-restaurant, situé sur le front de mer, proche du débarcadère (suffisamment pour deviner l'arrivée de son bateau) mais pas trop pris d'assaut par la foule et les bagages. La vue est dégagée sur la mer et la carte permet d'y trouver son bonheur à toute heure de la journée. Dès potron-minet, on peut y prendre son petit déjeuner ou juste un café ou une collation en quittant le Musée de la Bouboulina. Le midi, la carte est variée et cosmopolite, avec des mezzedes et des salades ou burgers. On y trouve aussi de très bons desserts.

TO SPETSIOTIKO €

Sur le port.

✆ +30 2298 072882

Ouvert tous les jours de 10h à 2h du matin. Compter 15 €/pers.

Impossible de manquer cette taverne, sans doute l'une des mieux situées et plus fréquentées sur le port. Elle pourrait profiter de sa situation mais elle reste ouverte toute l'année et doit aussi contenter les locaux - toujours un gage de qualité. Nous y avons trouvé une carte variée avec des spécialités grecques et des salades avec des produits de saison. L'établissement se targue aussi de proposer des pizzas maison. Vérification faite, c'est bien le cas : sorties du four et pas du congélateur. Bref, une taverne honnête avec un personnel très chaleureux.

MOURAYO €

Sur le vieux port

✆ +30 229 807 3700

A partir de 15 € par personne. Ouvert tous les jours en saison, de 8h jusqu'au dernier client.

On célèbre à ce jour plus de 30 ans de succès pour ce restaurant-bar, qui a accueilli aussi des célébrités comme Nana Mouskouri, George Moustaki, Joan Collins... Cadre pittoresque et romantique à souhait avec vue sur les yachts et les bateaux amarrés. La terrasse est idéalement installée en surplomb de la mer. On commence au coucher du soleil par un cocktail, puis on prolonge par un dîner aux chandelles sur fond de musique lounge. On peut même rester faire la fête, une fois la nuit bien avancée. Bon rapport qualité-prix, service efficace.

NERO TIS AGAPIS €€

Kounoupitsa

✆ +30 22980 74749

Ouvert tous les jours en saison, de 11h à minuit. Comptez à partir de 25 € par personne.

Une taverne contemporaine, avec une véranda en bord de mer et un bar au milieu. « L'eau de l'amour » était le nom d'un authentique café spétsiote, qui fonctionne encore quelques heures par jour dans la cour du bâtiment. Le restaurant, lui, sert des plats traditionnels méditerranéens, avec de succulents poissons mais aussi des légumes frais du jardin. Il y a une terrasse avec une vue impressionnante, très romantique. En plus du poisson frais et des mezzes de poisson, le menu propose des pâtes aux fruits de mer et du risotto. Service poli et atmosphère agréable.

TO PACHNI €

Kokkinaria

✆ +30 29807 5299

www.pachni.com.gr

Ouvert toute l'année de 19h à minuit. Comptez autour de 15 € par personne.

Dans un petit quartier au-dessus du vieux port, Kostas a transformé, il y a de nombreuses années, une vieille mangeoire en taverne (en témoignent de vieilles photos et des fûts en bois dans le décor). A 15 min à pied de Dapia, cette taverne est réputée pour ses viandes grillées. L'établissement fait des ravages auprès des locaux et veille sur la bonne qualité de ses produits, tous bio. Grande variété de *mezzedes* également. N'oubliez pas de finir sur une touche sucrée avec les fruits confits préparés par Nikki. Arrosez l'ensemble de vin maison.

POINT OF VIEW

Agios Mamas

✆ +30 2298 074468

Ouvert tous les jours de 8h à 2h du matin.

Quand on porte un tel nom, il faut tenir sa promesse ! Ici, point de belvédère ni de vue plongeante mais une excellente situation, sur le front de mer, en s'éloignant un peu du débarcadère vers l'ancien port de Spetses. Il suffit de marcher 10 minutes pour trouver un peu de tranquillité. Le café, charmant, propose d'excellents cafés et chocolats chauds notamment. L'endroit est idéal pour prendre un goûter ou juste boire un ver en guettant le coucher du soleil ou juste en regardant de loin l'agitation du port. A chacun son point de vue, en somme !

ORGANISER SON SÉJOUR

Athènes est, en dépit de toutes ses péripéties historiques et urbanistiques, une ville que l'on peut apprivoiser sans difficulté. Le centre historique, marqué par le passé antique, est accessible par les transports en commun et c'est à pied que l'on y découvre agréablement ses trésors cachés. Ville moderne et assez récente par rapport aux autres capitales européennes, elle est connectée avec le monde entier grâce à son nouvel aéroport tandis que le port du Pirée et celui de Lavrio assurent l'escale vers la grande bleue. Tous les services dont on peut avoir besoin lors de son séjour sont réunis dans la capitale grecque. Pas de problème non plus pour communiquer avec les locaux, ils se feront un grand plaisir de vous rendre service en anglais et très souvent en français. Réservez, donc, bien à l'avance vos billets et votre hôtel, et préparez-vous à arpenter une ville attachante et surprenante.

ARGENT

Depuis le 1er janvier 2002, la Grèce (et donc Athènes) est entrée dans l'Union monétaire européenne : l'euro y est donc en circulation, en remplacement de la drachme. Si les billets en euros sont les mêmes, quel que soit le pays émetteur, les pièces de monnaie sont, quant à elles, spécifiques à chaque État. Les banques sont ouvertes uniquement le matin, en général entre 8h et 14h. Elles sont fermées le week-end et les jours fériés. Des distributeurs automatiques de billets sont disponibles 24h/24 aussi bien dans les quartiers touristiques que dans la capitale grecque et alentour. Toutefois, pour éviter les mauvaises surprises, il faut toujours prévoir de garder un peu d'argent sur vous. Pour connaître le distributeur le plus proche, un outil de géolocalisation de distributeurs est à votre disposition. Rendez-vous sur visa.fr/services-en-ligne/trouver-un-distributeur. De façon générale, évitez d'avoir trop d'espèces sur vous. Celles-ci pourraient être perdues ou volées sans recours possible. Préférez payer avec votre carte bancaire quand cela est possible.

▶ **Acceptation de la carte bancaire**. À Athènes, la carte bancaire (Visa, MasterCard, etc.) est acceptée dans la majorité des hôtels, restaurants, musées et autres services liés au tourisme. Cependant, certaines habitudes ont la vie dure et dans les petites pensions ou certaines tavernes, la carte bancaire peut être refusée. Lorsque vous vous rendez dans ce type de lieux, pensez donc à retirer de l'argent au distributeur au préalable. Pour les paiements par carte bancaire, notez qu'ils sont gratuits partout, à l'inverse des retraits qui sont soumis à une commission de retrait d'environ 2-3 euros, selon les banques.

BUDGET / BONS PLANS

Malgré la progressive sortie de crise et l'inflation, le coût de la vie en Grèce reste globalement moins cher qu'en France. Toutefois, la vie à Athènes est plus chère que dans certaines autres régions de province, mais les prix sont sensiblement moins élevés qu'en Europe. Pour l'instant – et surtout hors saison –, le voyageur sera encore surpris par la douceur de certains prix dans les bars et les restaurants. Et dans les hôtels, il est encore possible de trouver une chambre à prix avantageux et négociable en dehors des mois de juillet et d'août, toujours saturés de touristes. Il suffit parfois de décaler son séjour d'une semaine, vers le début du mois de juillet ou vers la mi-septembre pour voir son budget fondre de 30 % environ.

Pour avoir une idée plus précise de budget par personne, en haute saison, il faut compter 90 € par jour avec nuitée dans une chambre standard et à partir de 130 € par jour si l'on choisit des hôtels plus luxueux.

Il faut compter autour de 40 € par personne pour une sortie avec repas complet et deux verres, par la suite, dans un bar. Un cocktail coûte en moyenne 10 €, une bière entre 4 et 6 €.

PASSEPORT ET VISAS

La carte d'identité ou le passeport en cours de validité sont suffisants pour tout ressortissant de l'Union européenne. Les mineurs non accompagnés doivent être munis d'une autorisation de sortie du territoire (formulaires dans les mairies ou les commissariats de police). Pour les ressortissants canadiens, le visa n'est pas exigé si leur séjour est d'une durée inférieure à trois mois. Pour les Suisses, il est nécessaire de pouvoir présenter une carte d'identité ou un passeport en cours de validité. Documents nécessaires si vous venez en voiture : permis de conduire national rose à trois volets (à ne pas oublier aussi si l'on a prévu de louer sur place voiture ou moto) ou permis international, carte verte d'assurance. Il est de bon conseil de photocopier tous les documents que vous emportez avec vous, avant votre départ. En cas de perte ou de vol, les démarches de renouvellement seront ainsi beaucoup plus simples auprès des autorités consulaires.

Les ressortissants non européens doivent effectuer leurs démarches auprès de l'ambassade de Grèce à Paris (17, rue Auguste Vacquerie – Paris 16e – 01 47 23 72 28 – www.mfa.gr/france) et du consulat général (23, rue de Galilée – Paris 16e – 01 47 20 40 64 – ouvert du lundi au vendredi de 9h30 à 13h).

▶ **Vous pouvez également** conserver des copies sur le site Internet officiel (mon.service-public.fr). Il vous suffit de créer un compte et de scanner toutes vos pièces d'identité et autres documents importants dans l'espace confidentiel.

PERMIS DE CONDUIRE

Un permis de conduire délivré par un pays de l'UE est reconnu dans toute l'UE : les permis de conduire français et belges sont reconnus en Grèce et seront acceptés par tous les loueurs, que ce soit pour une voiture ou un scooter.

L'ASSURANCE VOYAGE, LE BON RÉFLEXE POUR PARTIR L'ESPRIT TRANQUILLE

avec CATHERINE DIBOUES, responsable du marché voyage, loisir et mobilités chez Allianz TraveL

En cas d'annulation de voyage, peut-on bénéficier d'un remboursement des frais engagés ?

L'assurance voyage propose une indemnisation lorsque l'on doit abandonner son projet de séjour pour une raison indépendante de sa volonté. Contrairement aux idées reçues, les assurances liées aux cartes bancaires ne proposent pas toutes une assurance annulation.

Que se passe-t-il en cas de retard de vol ?

Avec l'assurance voyage Allianz Travel, les frais supplémentaires liés à l'attente sont pris en charge, à partir de 2h de retard. Il peut s'agir des frais de restauration, de transport lors d'un changement d'aéroport ou d'une éventuelle nuit d'hôtel.

L'assurance voyage couvre-t-elle la perte ou le dommage des bagages ?

Allianz Travel indemnise les voyageurs en cas de bagages endommagés ou perdus par la compagnie aérienne. Cela comprend l'indemnisation du bagage et son contenu.

Quelles sont les destinations couvertes par votre zoning Europe svp ? Est-ce uniquement l'UE ou l'ensemble du continent européen ?

Les pays européens ont des accords avec l'administration française. Avant de partir, il faut demander la carte européenne d'assurance maladie. La sécurité sociale et la mutuelle prennent alors en charge les frais médicaux, selon leurs barèmes. Les frais médicaux étant majoritairement plus élevés qu'en France, l'assurance voyage permet de se voir remboursé du reste à charge.

En cas de souci de santé sur place, que faut-il faire ?

En cas de doute ou pour des symptômes légers, nous proposons un service de téléconsultation médicale, par téléphone et en visio, qui permet d'être conseillé et orienté par un professionnel ainsi que d'obtenir une ordonnance si besoin. Pour une situation plus grave, il est nécessaire d'appeler les urgences locales, dont les numéros sont disponibles sur notre application mobile. Une fois à l'hôpital et dans un état stable, on appelle Allianz Travel pour déclencher les procédures de prises en charge. Notre centre d'assistance fonctionne 24h/24, 7j/7.

À noter cependant : le permis B classique français intégrait la conduite de scooters (mais sans inclure) les scooters 125cc. Pourtant, certains loueurs refuseront de vous laisser un scooter (même un 50cc) si vous n'avez pas un permis moto/scooter spécial ou que vous ne pouvez pas prouver que vous avez suivi la formation deux-roues dorénavant obligatoire en France.

SANTÉ

La Grèce ne présente aucun risque majeur sur le plan sanitaire. À Athènes, l'eau est potable et l'hygiène équivalente à la France. Faites attention tout de même aux piqûres de moustiques et aux brûlures de soleil.

▸ **Pour recevoir des conseils avant votre voyage**, n'hésitez pas à consulter votre médecin. Vous pouvez aussi vous adresser à la société de médecine des voyages du centre médical de l'Institut Pasteur au ✆ 01 45 68 80 88 (www.pasteur.fr/fr/sante/centre-medical) ou vous rendre sur le site du ministère des Affaires étrangères à la rubrique « Conseils aux voyageurs » (www.diplomatie.gouv.fr/voyageurs).

▸ **En cas de maladie ou de problème grave**, appelez le 166 (Grèce- Athènes) ou le 112 et ayez le réflexe de contacter si besoin le consulat de France. Vous trouverez les établissements aux standards internationaux sur les sites www.diplomatie.gouv.fr et www.pasteur.fr

VACCINS OBLIGATOIRES

Aucun vaccin n'est recommandé avant de partir.

SÉCURITÉ

Athènes est l'une des capitales les plus sûres d'Europe. Toutefois, comme dans la plupart des grands pôles touristiques, mais beaucoup moins qu'ailleurs, les pickpockets sont en action dans les quartiers touristiques ou encore dans le métro ou les bus pendant les heures de pointe. Pensez donc à vérifier les fermetures de votre sac et évitez de mettre vos papiers d'identité, votre mobile et portefeuille dans la poche arrière de votre sac à dos. Une photocopie certifiée de vos documents est aussi valable que l'original en cas de besoin. Notez aussi que l'opérateur du standard de la police grecque (tél. 100) répond en anglais. Sinon, à ceux qui se déplacent en voiture ou en deux-roues, la plus grande prudence sur les routes est exigée.

En cas d'incendie, prévenez les locaux ou appelez les pompiers (tél. standard : 199).
Enfin, il est conseillé de vous référer aux recommandations publiées par l'ambassade de France en Grèce, et cela, avant votre départ, concernant les mesures et les précautions à prendre en cas de séisme. Parmi elles :

▸ **Si vous êtes à l'intérieur d'un bâtiment :**
Restez calme et ne vous précipitez pas dehors.
Protégez votre tête et votre visage.
N'utilisez pas l'ascenseur ou tentez d'en sortir le plus vite possible.
Éloignez-vous des surfaces vitrées, des meubles en hauteur, des miroirs, des fenêtres.
Éteignez tous les appareils électroménagers.
Abritez-vous sous une table solide ou un bureau.

▸ **Si vous êtes à l'extérieur :**
Restez-y et éloignez-vous des fenêtres, des immeubles, des fils électriques ou des poteaux de téléphone. Évitez les trottoirs qui longent des immeubles ou des hôtels en hauteur.

▸ **Si vous êtes dans un véhicule :**
Restez calme et essayez de vous arrêter dans un endroit sûr sans bloquer la route.
Éloignez–vous des ponts, des viaducs et des immeubles.
N'essayez pas de sortir de votre voiture si des fils électriques sont tombés dessus. Attendez qu'on vous vienne en aide.

▸ **Enfin, pour connaître toutes les informations sur la sécurité sur place**, consultez le site du ministère des Affaires étrangères, rubrique « Conseils aux voyageurs » : www.diplomatie.gouv.fr/voyageurs. Il faut cependant savoir que les dangers prévus sur ce site ne sont pas très encourageants : Athènes, reste, malgré tout, une destination où la sécurité n'est pas mise en question.

DÉCALAGE HORAIRE

La Grèce est dans le fuseau horaire GMT + 2, c'est-à-dire qu'il y a une heure de décalage avec la France : quand il est 9h à Paris, il est 10h à Athènes, hiver comme l'été.

LANGUES PARLÉES

La langue officielle en Grèce est le grec moderne. Cependant, la majeure partie des locaux parle l'anglais, voire le français, ce qui facilite la communication. Malgré tout, il est toujours utile et très apprécié d'apprendre quelques mots de grec avant de partir. Saluons l'effort des Grecs qui parlent souvent une langue étrangère.

Il existe différents moyens d'apprendre quelques bases de la langue et l'offre pour l'auto-apprentissage peut se faire sur différents supports : CD, cahiers d'exercices ou même directement sur Internet. La meilleure méthode d'apprentissage reste toutefois l'effort de communication avec les locaux.

COMMUNIQUER

Depuis juin 2017, lorsque vous utilisez votre téléphone portable français dans un pays membre de l'UE, vous ne payez pas la communication, que vous émettiez l'appel ou que vous le receviez : les frais d'itinérance des portables ont été supprimés. De même, le *roaming* est gratuit dans l'UE et vous pourrez utiliser les données mobiles et la 4-5G sur vos portables sans coût supplémentaire.
La capitale grecque est à jour dans le domaine d'Internet et dans la plupart du temps, cela marche très bien. Le wifi public est désormais accessible certains endroits du centre-ville.

ELECTRICITÉ ET MESURES

Électricité : comme en Europe occidentale, les Athéniens utilisent le 220 volts. Pas de panique donc, avant d'emmener vos appareils électriques, ils pourront servir lors de votre séjour. Quant à ceux qui utilisent encore le 110 volts, il ne faudra pas oublier un adaptateur, car il ne sera pas facile d'en trouver sur place.

Poids et mesures : le système métrique a été adopté en 1959. En Grèce, on parle ainsi en mètres et kilomètres, grammes et kilogrammes.

BAGAGES

Les Athéniens vous diront que le climat de l'Attique, très spécial, est le plus clément du pays. L'omniprésente luminosité habille la capitale et avive ses couleurs : bleu du ciel, blanc des murs ; impressionnant dès la descente d'avion. En juillet et août, la chaleur peut être torride. Elle se fait plus douce de mars à juin, puis de septembre à mi-novembre. Restent quelques mois d'hiver pendant lesquels un blouson est de rigueur. En somme, il vaut mieux prévoir des vêtements légers, en fibre naturelle comme le coton, sans oublier son maillot de bain, une serviette et un bon chapeau. N'oubliez pas lunettes de soleil et crème solaire, absolument essentielles. Côté chaussures, prenez une paire de claquettes ou chaussures « ouvertes » et des baskets si vous aimez marcher. Il faut aussi penser à emporter, pour les hommes, un pantalon et, pour les femmes, une jupe ou une robe longue, si vous souhaitez visiter les édifices religieux à l'intérieur desquels une tenue décente est exigée (pas de shorts et mini-jupes ainsi que des décolletés trop ouverts). Le soir, et parfois lorsque le vent souffle, l'air peut se rafraîchir. Un pull ou un coupe-vent peuvent alors s'avérer utiles, ainsi qu'un foulard pour se couvrir la gorge.

LES PHRASES CLÉS

Bonjour, je voudrais réserver un billet aller/retour pour…
Γεια σας, θα ήθελα ένα απλό/μετ' επιστροφής εισιτήριο για…

J'ai raté mon avion. Je voudrais échanger mon billet s'il vous plaît.
Έχασα την πτήση μου. Θα ήθελα να αλλάξω το εισιτήριό μου.

Mon vol est très en retard. Ma correspondance sera bien assurée ?
Η πτήση μου έχει μεγάλη καθυστέρηση. - Θα προλάβω την ανταπόκρισή μου;

Mes bagages ont été égarés, à qui dois-je m'adresser ?
Χάθηκαν οι αποσκευές μου, με ποιον πρέπει να μιλήσω;

Louez-vous des voitures avec chauffeur ?
Νοικιάζετε αυτοκίνητα με οδηγό;

Je n'ai presque plus d'essence. Où se trouve la station-service la plus proche ?
Η βενζίνη μου έχει σχεδόν τελειώσει. Ποιο είναι το πιο κοντινό βενζινάδικο;

S'Y RENDRE

Les vols depuis la France, et l'Europe en général, sont quotidiens, tandis que plusieurs compagnies relient directement la capitale grecque à d'autres villes françaises. Des vols *low cost* sont disponibles de l'aéroport international d'Athènes, E. Venizelos, ce qui vous permettra de trouver des A/R à moindre prix. Le vol entre Paris et Athènes dure 3 heures 30 environ tandis que le prix moyen oscille entre 150 et 350 €. L'aéroport est situé à 35 km du centre-ville et vous pouvez le rejoindre très facilement en métro, bus (24h/24) et taxi. Si vous aimez l'autonomie, optez pour la belle aventure et voyagez en voiture ou en bateau. En voiture depuis Paris, comptez 30 heures de route et 12 entre Paris et Ancône, là où vous attend le ferry qui assure le trajet entre l'Italie et Patras, la ville portuaire du Péloponnèse, à 2h30 d'Athènes. Enfin, pour ceux qui évitent l'avion, sachez qu'un trajet Paris-Athènes en train dure une trentaine d'heures. Il est souvent combiné avec un voyage en bus : plus d'infos sur www.rome2rio.com

TRAINLINE

www.trainline.fr

Se rendre à Athènes en train n'est pas impossible, mais le voyage sera rempli d'étapes et souvent combiné avec un voyage en bus. Le trajet dure en moyenne trente heures, mais il vaut le coup : au départ de Paris, on passe par environ 7 pays : l'Allemagne, l'Autriche, la Slovaquie, la Hongrie et les pays des Balkans. Sur Trainline, aucun résultat ne s'affichera pour un aller-retour « Paris-Athènes », mais le site vous permettra de réserver les billets de la SNCF et d'autres compagnies européennes (Thalys, Eurostar, Deutsche Bahn, Renfe, Trenitalia…).

AIR FRANCE

✆ 09 69 39 36 54

La compagnie nationale propose de nombreux vols tous les jours au départ des aéroports de Paris : plusieurs destinations en France, en Europe et à l'international. La compagnie, qui existe depuis 1933, est synonyme de qualité, de service et de confort. Elle fait partie du groupe privatisé Air France-KLM et est également membre fondateur de l'alliance Skyteam, ce qui lui donne de nombreuses correspondances et beaucoup de partenariats. Air France propose trois vols directs par jour de Paris à Athènes (durée de vol : 3 heures 15). Départs de province également.

AEGEAN AIRLINES

Aeroport Paris Charles de Gaulle Terminal 1

✆ +33 1 70 03 13 23

fr.aegeanair.com

Aegean Airlines est la plus importante compagnie aérienne grecque. Figurant parmi les 10 meilleures compagnies européennes selon Skytrax et membre du réseau Star Alliance, premier réseau aérien mondial, elle propose des vols réguliers directs avec des prestations complètes au départ de Paris, de Lyon, de Marseille, de Bordeaux et de Nantes. La compagnie dessert également 34 destinations domestiques grecques en correspondance via Athènes. Elle dessert Athènes 2 à 3 fois/jour au départ de Roissy-Charles de Gaulle Terminal 1, toute l'année.

BLUE AIR

✆ 08 92 70 15 22

www.blueairweb.com

Call center : premier numéro (surtaxé) tous les jours 7h-21h, second numéro lundi-vendredi 9h30-18h et samedi 10h-14h.

Blue Air est une compagnie *low cost* roumaine qui dessert plus de cent destinations en Europe (Angleterre, France, Allemagne, Belgique, Italie, Espagne, Portugal, Grèce, Suède…). Créée en 2004, la compagnie est présente dans quatre aéroports français (Paris, Bordeaux, Lyon et Bordeaux). Par ailleurs, avec trois types différents d'abonnement annuel, adaptés au profil des voyageurs (couples, familles, groupe d'amis) la compagnie propose plusieurs types de réductions supplémentaires sur vos billets d'avion pour toute destination.

EASYJET

✆ 09 77 40 77 70

La première compagnie aérienne « à petits prix » d'Europe propose de relier Athènes à Paris Orly (excepté en hiver) à raison de trois vols par semaine ; la fréquence s'accentue en été avec un vol quotidien, excepté le mercredi. Il s'agit d'une agence en ligne anglaise et comme pour toutes les compagnies *low cost*, il faut compter des frais supplémentaires pour les grands bagages, les repas à bord, l'option de cartes annuelles pour de meilleurs tarifs, le choix d'assurances spécifiques ou de bonnes places réservées à l'avance.

EASY VOLS

✆ 08 99 19 98 79

www.easyvols.fr

Pour voyager malin, il faut faire ses recherches en toute efficacité, sans perdre trop de temps à jongler d'un site à un autre. Pour trouver le bon vol au bon prix, l'idéal est la plateforme comparatrice de vols. Easyvols permet de comparer en temps réel les prix des billets d'avion chez plus de 700 compagnies aériennes et pas seulement des compagnies low-cost. Vous pouvez économiser jusqu'à 70 % du prix si vous êtes prêts à saisir au vol les meilleures offres. Des avis avisés de clients sont aussi consultables sur le site Internet.

RYANAIR

✆ 08 92 56 21 50

www.ryanair.com

Ses vols décollent de Beauvais, dans l'Oise, avec des navettes assurées en bus depuis Paris, Porte Maillot. On aime souvent ses prix attractifs, mais ses conditions de voyages un peu moins. Pour vous rendre à votre destination sans supplément, par exemple, il vous faudra maintenant voyager avec un sac qui se place sous le siège passager. Et le billet est non remboursable. Les conditions de transports mises à part, il faut reconnaître à Ryanair des rotations intéressantes à prix très doux. Vols de Paris-Beauvais à Thessalonique pendant toute l'année.

OPTION WAY

✆ 04 22 46 05 23

www.optionway.com

Option Way est l'agence de voyages en ligne au service des voyageurs. L'objectif est de rendre la réservation de billets d'avion facile en vous faisant économiser. 3 bonnes raisons de choisir Option Way :

- la transparence comme mot d'ordre. Finies les mauvaises surprises, les prix sont tout compris, sans frais cachés ;
- des solutions exclusives qui vous permettent d'acheter vos vols au meilleur prix ;
- le service client, basé en France, joignable gratuitement, composé de véritables experts de l'aérien. Ils sont là pour vous, n'hésitez pas à les contacter.

VUELING

✆ 08 99 23 24 00

www.vueling.com

La compagnie *low cost* espagnole propose de nombreuses liaisons en Europe depuis Paris, Toulouse, Lyon, Rennes et Bordeaux. Le prix sans option permet de voyager avec un bagage à main et un petit sac, mais pour ne pas avoir à se limiter sur place, il est possible de retenir l'option « optima » (plus 47 € par personne) qui inclut un bagage de 25 kg et le choix des places et l'enregistrement instantané. Vueling relie Paris Orly à Athènes. Également des départs depuis la province (Lyon, Marseille, Bordeaux, Lille, Nantes, Toulouse).

MINOAN LINES

www.minoan.gr

Pour parcourir la Grèce avec son propre véhicule (avec les avantages que l'on imagine), la traversée en bateau est intéressante. Minoan Lines dessert six destinations en Grèce et à l'étranger. Vous pouvez ainsi rejoindre Le Pirée, Patras, Igoumenitsa, Héraklion ainsi que Trieste et Ancône (plusieurs liaisons disponibles : Le Pirée-Héraklion-Le Pirée ; Ancône-Igoumenitsa-Patras ; Trieste-Ancône-Igoumenitsa-Patras). La compagnie Minoan Lines dispose d'une flotte de 7 navires et propose également quotidiennement des liaisons Le Pirée-Héraklion.

SÉJOURS ET CIRCUITS

Athènes figure, en termes absolus, parmi les dix destinations les plus populaires d'Europe du Sud. De par le fait de son histoire antique, mais aussi grâce à sa situation géographique qui permet d'accéder très facilement aux îles grecques, la capitale grecque se trouve à l'affiche d'un grand nombre d'agences de voyages tous les ans. Choisissez parmi les tour-opérateurs généralistes que nous avons sélectionnés afin d'organiser et préparer au mieux vos vacances à Athènes, vos visites aux sites archéologiques, points d'intérêt et ses environs. Ou alors, fiez-vous aux conseils des spécialistes qui arpentent la ville d'un bout à l'autre, parfois mieux que les locaux, afin de réaliser un séjour selon vos envies et budget. Sur place, vous allez également trouver des agences multiples, à thème, qui assurent la découverte de la capitale de manière agréable et efficace avec des visites guidées, pédestres, à vélo, à moto, en bus… et en français.

ANNE-ROSE TRAVEL

7 rue du Lac
GENÈVE
✆ +41 22 735 74 44
http://anne-rose-travel.ch/

Depuis maintenant vingt-six ans, Anne-Rose Travel met son expérience à la disposition du voyageur qui recherche une expérience cousue main. Cette agence genevoise est avant tout un spécialiste de la Grèce. Parmi ses offres, des week-ends sont proposés pour visiter Athènes, les îles grecques ou des séjours *farniente*, hors des endroits touristiques, notamment dans le sud-ouest de la Crète. Par ailleurs, l'agence propose des voyages dans l'océan Indien, le Pacifique, les Caraïbes et l'Inde. Egalement des voyages de noces et des voyages à la carte.

ARTS ET VIE

251, rue de Vaugirard - **PARIS** (15e)
✆ 01 40 43 20 21
www.artsetvie.com

Autres agences : Grenoble, Lyon, Marseille et Nice.
Du lundi au vendredi de 9h à 12h30 et de 14h à 17h.

Depuis 50 ans, Arts et Vie, association culturelle de voyages et de loisirs, développe un tourisme tourné vers le savoir et la découverte. L'esprit des voyages culturels Arts et Vie s'inscrit dans une tradition associative et tous les séjours sont animés par des accompagnateurs passionnés et formés par l'association. Arts et Vie propose des conférences et ateliers thématiques portant sur la culture ou les différentes civilisations, animés par des universitaires. Ville de savoir et de culture par excellence, Athènes fait bien évidemment partie du programme.

ATHÉNA

204, route de Vourles
SAINT-GENIS-LAVAL
✆ 04 78 16 04 44
www.athenavoyages.com

Spécialiste de la Grèce, Athéna est une association dont la vocation est de défendre et de promouvoir les langues grecque, latine et française à l'échelle internationale et propose aux amateurs de culture de découvrir ou redécouvrir les pays méditerranéens. Elle organise des voyages éducatifs et des voyages pour adultes (en groupe et en individuel), mais également des circuits classiques, des séjours alliant détente et culture, des randonnées et des formules à la carte à travers la Grèce et ses îles. Athènes occupe une place de choix dans le catalogue.

ATSARO VOYAGES

9, rue de l'echelle
PARIS (1er)
✆ 01 42 60 98 98

Spécialiste très expérimentée et fiable de la Grèce à la carte, Atsaro Voyages aide le voyageur à préparer son périple grâce à différentes prestations proposées : sélection d'hôtels, location d'appartements et de villas et autotours. L'agence met également à la disposition de ses clients des prestations supplémentaires telles que les voyages en avion, les traversées maritimes et location de voitures. Sur le site, le voyageur trouvera aussi un grand nombre d'informations pratiques, utiles à la bonne préparation d'un inoubliable séjour.

DÉTOURS

80, boulevard Raspail
PARIS (6e)
✆ 01 44 55 01 01
www.detours.fr

Spécialiste de la Grèce et de ses îles depuis plus de trente ans, l'offre de Détours est très large : des réservations de billets d'avion en vols réguliers et charters, une sélection d'hôtels et des locations d'appartements, des locations de voitures, séjours, croisières, combinés. Ce voyagiste, membre du réseau SELECTOUR, spécialisé dans le voyage à la carte donne l'occasion de concocter son séjour selon ses envies : voyages en Grèce classique, Athènes et Météores, des circuits et des autotours au départ d'Athènes, entre autres.

HÉLIADES

✆ 0 892 23 15 23
www.heliades.fr
Appeler du lundi au vendredi de 9h à 19h et le samedi de 10h à 18h.

Héliades est le spécialiste de la Grèce et propose donc une très large gamme de voyages pour cette destination. Séjours en hôtels (plusieurs catégories sélectionnées), locations d'appartements, de studios ou de villas, week-ends à Athènes... Pour les circuits, plusieurs formules existent : ceux en « étoile », qui alternent visites et détente depuis votre hôtel ; les classiques, qui sont des itinéraires très complets et exclusifs ; et les combinés, qui se font au départ de deux hôtels pour un bon équilibre entre détente et découverte.

INTERMÈDES

10, rue de Mézières
PARIS (6e)
✆ 01 45 61 90 90
www.intermedes.com
Du lundi au jeudi de 9h30 à 18h et le vendredi de 9h30 à 17h.

Intermèdes, c'est une autre façon de voir le monde, et, en l'occurrence, la Grèce et Athènes antiques. Avec son équipe de spécialistes passionnés par le voyage culturel au service de particuliers ou de groupes, cette agence vous conseillera un voyage accompagné d'un conférencier ou une croisière de qualité à dimension humaine ou encore un circuit original, mais aussi l'accompagnement sur les chemins de pèlerinage. Les groupes sont limités à 25 participants. Parmi les séjours proposés : « Un voyage en Grèce classique » (circuit 9 jours et 8 nuits).

PLANÈTE DÉCOUVERTE

20, avenue du Maréchal-de-Lattre-de-Tassigny
CACHAN
✆ 09 86 76 66 15
www.planete-decouverte.fr
Mises à jour en ligne récurrentes.

Des guides-accompagnateurs passionnés qui décident de se réunir, voilà ce qu'est l'agence Planète Découverte, qui fait du voyage un moment de convivialité, à petite échelle (jamais plus de 12 participants), tout en respectant les populations et l'environnement. Présente sur les cinq continents, elle propose les thématiques « Aventure », « Culturel » et « Découverte » avec comme point d'orgue, une grande liberté laissée au voyageur. A noter le circuit « A la rencontre des mythes grecs » qui vous fera, entre autres, découvrir Athènes et ses trésors archéologiques.

TWINTOUR

5, avenue du Parmelan
ANNECY
✆ 04 56 49 80 30
www.voyage-moto.com
Ouvert du lundi au vendredi de 14h à 17h30

Ce spécialiste des voyages en moto propose plus de 50 destinations en Europe, Afrique du nord et aux États-Unis. A l'exception des États-Unis, tous ces circuits se font avec votre propre moto. Initiateur des formules Free Ride, Twintour reconnaît et valide tous ses circuits (en moto), et vous fournit les hôtels, ferrys, et le road book. Vous partez en toute liberté, sans guide, aux dates que vous souhaitez. Le circuit « Grèce Antique » en 13 jours permet de contempler des sites antiques uniques, dont les plus beaux d'Athènes, qui retiennent les voyageurs 3 jours.

VOYAGEURS DU MONDE

55, rue Sainte-Anne - **PARIS** (2e)
✆ 01 88 33 06 93
www.voyageursdumonde.fr
Tous les jours sauf dimanche 10h-18h. Autres agences en France, à Bruxelles, à Genève, à Montréal et à Québec.

1 800 m² consacrés aux voyages ! Depuis plus de trente ans, Voyageurs du Monde construit pour vous un univers totalement dédié au voyage sur mesure et en individuel, grâce aux conseils pointus transmis par des spécialistes qualifiés sur leur destination, de cœur ou d'origine. Vous bénéficiez de leur aide pour préparer le voyage ou durant toute la durée du voyage, sur place. Tous les circuits peuvent être effectués avec des enfants. On retient la formule très intéressante, « Athènes et Hydra » en 4 jours, une escapade culturelle et farniente de premier choix.

INTERVIEW

LE VOYAGE-SUR-MESURE

AVEC STEVEN LE CHEVALIER ET MATHIEU VALLY DE QUOTATRIP

Quel est le concept de l'agence QuotaTrip ?

Quotatrip est la première plateforme de mise en relation entre voyageurs et agences locales. Grâce à elle, les voyageurs peuvent enfin échanger en direct avec des agences qui sont sur place et concevoir un voyage unique, au meilleur prix et 100% personnalisé.

Pourquoi voyager avec des agences locales ?

À l'inverse des agences traditionnelles, les agences locales sont des expertes de la destination choisie. Ce sont aussi les mieux placées pour concevoir des séjours qui sortent des sentiers battus. Elles sont ainsi en mesure de répondre à l'ensemble des envies, le voyageur rentre dans l'univers de l'equi-tourisme = le tourisme sans intermédiaire.

Quels sont les autres avantages pour les voyageurs ?

Il y a une multitude d'avantages. Cela permet notamment de ne pas voyager comme tout le monde, d'organiser de manière simple et rapide un séjour sur mesure et au meilleur prix. Fini les mauvaises surprises, les voyageurs posent toutes les questions qu'ils souhaitent et bénéficient d'un accompagnement sur mesure, de la conception du projet jusqu'à sa réalisation en toute sécurité car les agences référencées sont sélectionnées et recommandées par les journalistes des guides du Petitfute en toute impartialité.

Les démarches sont-elle simples à effectuer ?

Les sites de voyage en ligne font perdre beaucoup de temps aux internautes sans pour autant répondre entièrement à leurs désirs. QuotaTrip propose un formulaire simple et rapide qui permet de décrire les souhaits, les envies et les besoins. L'internaute reçoit aussitôt gratuitement et sans engagement les offres de trois ou quatre agences locales avec qui il peut ensuite échanger afin de personnaliser son projet grâce à la messagerie mise en place.

Quelles sont les destinations proposées ?

Notre plateforme propose plus de 21 000 projets de voyage sur plus de 100 destinations à travers le monde. De l'Amérique latine en passant par l'Asie et l'Afrique, nos mille agences partenaires sont là pour répondre à vos projets de voyage.

Décrivez votre projet de voyage. Échangez en direct avec les agences locales et partez au meilleur prix.

***Plus d'informations** : quotatrip.com*

© D.R

© D.R

© D.R

DEVELOP TRAVEL

24 Ag. Ioannou str. / Bat. C
✆ +30 210 60 83 307
www.developtravel.gr

Agence réceptive francophone polyvalente, très expérimentée et fiable située dans la banlieue nord d'Athènes. Elle propose ses services pour toutes réservations de billetterie maritime, séjours hôteliers ou location à Athènes et en Grèce, ainsi que pour l'organisation de circuits individuels ou de groupes. L'agence organise des excursions de trois ou plusieurs jours ainsi que des croisières en yacht pour visiter les îles grecques avec escale à Kusadasi, le joli port égéen, en Turquie. Develop Travel propose également des locations de voitures.

YALOS TOURS

151 av. A. Syggrou
✆ +30 210 924 8919
www.yalostours.com
Du lundi au samedi de 9h à 19h30.

Une équipe de francophones qui travaille avec le marché français depuis 1984. Yalos Tours est une agence réceptive très fiable et efficace. Si vous voulez sérieusement être assisté par des professionnels locaux pour des conseils, des excursions hors normes aussi bien dans les îles qu'en Grèce continentale, des réservations d'hôtels, l'organisation de séminaires, la location de voiliers… Ici, on conjugue bien le haut de gamme et l'authenticité. L'agence assure une assistance 24h sur 24, 7 jours sur 7, et prend en charge ses clients dès leur arrivée à l'aéroport.

GRÈCE SUR MESURE

64 Mitropoleos str.
✆ +30 210 32 23 330
www.grece-sur-mesure.com
Ouvert du lundi au vendredi de 9h à 17h.

Agence francophone basée à Athènes, Grèce sur mesure concocte votre séjour en Grèce. Parmi ses offres, des randonnées à Delphes, Épidaure, aux Météores, des excursions à pied en Crète ou dans les Cyclades. L'agence crée avec vous votre voyage personnalisé, adapté à vos envies de marche, de tourisme, de découvertes culturelles et culinaires. Quel trek vous tente ? « Sur les traces des dieux grecs, des Météores à l'ascension de l'Olympe » ? « Randonnée dans les Cyclades » sur les îles d'Andros et Tinos ? « Randonnée en Crète » ?…

LILIGO

www.liligo.com
Site comparateur de voyages qui propose d'étudier le prix de votre prochain séjour.

Liligo interroge les agences de voyages, compagnies aériennes (régulières et low cost), trains (TGV, Eurostar…), loueurs de voitures, mais aussi 250 000 hôtels à travers le monde pour proposer à ses clients les offres les plus intéressantes en temps réel. Les prix incluent les frais de dossier, d'agence… Une fois la recherche établie et l'offre sélectionnée par l'utilisateur, le comparateur le met directement en relation avec le site marchand. Quelques astuces sont délivrées en ligne pour bénéficier des offres les plus intéressantes.

PROFIL VOYAGES

3-5 rue Athanase Axarlian (ex rue Lekka).
✆ +30 210 323 9482
www.profilvoyages.gr
Ouvert du lundi au vendredi de 9h à 18h.

Voici une agence francophone pour groupes et particuliers. Françoise Deschamps, la responsable, vit en Grèce depuis plus de 30 ans. Avec son équipe, elle vous concoctera un itinéraire sur mesure et s'occupera de vos réservations d'avion, de bateau, de voiture, d'hôtel, etc. vous faisant profiter des ses tarifs très préférentiels obtenus auprès des hôteliers et loueurs de voiture. La philosophie de Profil Voyages : faire connaître la Grèce dans le partage de ses valeurs et le respect de la beauté, l'éthique, l'histoire et la culture du pays.

QUOTATRIP

www.quotatrip.com
Voyages sur mesure.

QuotaTrip est une nouvelle plateforme de réservation de voyage en ligne qui met en relation des voyageurs à la recherche d'expériences authentiques et uniques et des agences de voyages locales sélectionnées pour leurs compétences et leur sérieux. Le réseau de QuotaTrip couvre près de 200 destinations dans le monde entier. Le but de ce rapprochement est simple : proposer un séjour entièrement personnalisé aux utilisateurs. QuotaTrip promet ainsi l'assurance d'un voyage serein, sur mesure, sans intermédiaires et sans frais supplémentaires.

BUDGET / BONS PLANS

La Grèce accueille chaque année plus de 26 millions de touristes, une fréquentation qui constitue un des principaux apports de devises du pays. A Athènes, l'infrastructure touristique est bien évidemment présente partout : vous n'aurez aucun mal à trouver un hébergement correspondant à votre budget. Pour un hôtel confortable, il faut compter aux alentours de 90 €.

Les prix peuvent varier du simple au double, voire au triple sur certaines quartiers, et sont négociables hors saison. En haute saison, en revanche, les chambres sont souvent rares, et vous serez heureux d'en trouver une ; marchander devient alors impossible. A cette période, il est fortement conseillé de réserver. Les véritables arnaques sont rares, mais si quelque chose d'imprévu et de désagréable arrive, n'hésitez pas à contacter les autorités grecques ou la police touristique pour qu'elles vous informent de vos possibilités.

Il existe des auberges de jeunesse dans la plupart des villes touristiques, mais sachez qu'à part une à Athènes, les autres ne font pas partie de l'International Youth Hostel Federation et n'en respectent donc pas les standards. Néanmoins, elles restent souvent le moyen le plus économique pour passer la nuit et elles n'imposent pas de couvre-feu. Pour les jeunes, elles sont également un des lieux de contact privilégiés avec des homologues étrangers.

La solution des chambres d'hôtes est bien plus courante sur les îles. A Athènes, elles se font plus rares, et prennent davantage l'allure d'un petit hôtel. Les *domatia* (pluriel de *domatio*, « chambre » en grec), rebaptisées également *rooms to rent* ou *rooms to let* (chambres à louer, en anglais), sont en général dans la propriété de l'habitant, mais en sont indépendantes. De la simple chambre au complexe de studios en passant par une série d'appartements, les caractéristiques des locations chez l'habitant sont très variées. Généralement ouvert d'avril à octobre, ce type de logement présente une solution plus économique, à mi-chemin entre le camping et la chambre d'hôtel. Le touriste dispose de sa propre chambre avec ou sans salle de bains, avec ou sans kitchenette, mais toujours à des prix raisonnables. En revanche, on ne vous proposera généralement pas de repas ni de petit déjeuner. Les propriétaires viennent souvent vous les vanter aux arrêts de bus ou à la descente des ferries. Soyez vigilant, comparez les prix, faites-vous préciser exactement l'emplacement de la *domatio* et, si possible, regardez des photos. Mais rassurez-vous, de manière générale, les chambres sont propres et fonctionnelles même si quelques rares loueurs sont de véritables escrocs. Ainsi, ne payez jamais plus d'une nuit à l'avance et n'hésitez pas à partir si cela ne vous plaît pas. Reste que cette solution vous permettra parfois de nouer des contacts avec des autochtones. Souvent, on arrive à négocier de meilleurs prix si l'on reste plusieurs nuits.

À RÉSERVER

En haute saison, le plus grand nombre d'hébergements d'Athènes et alentour sont pleins et, surtout, les prix grimpent : il est donc impératif de réserver avant son départ. La période de réservation commence dans plusieurs cas au début de l'année.

C'EST TRÈS LOCAL

La plupart des campings en Grèce sont privés, ceux qui sont gérés par l'EOT font figure d'exception. Souvent à des prix raisonnables, un grand nombre d'entre eux s'avèrent propres et assez agréables à vivre. Toutefois, en haute saison, certains campings réservent de mauvaises surprises à ceux qui cherchent un minimum de calme. Généralement, ils sont ouverts de mai à octobre. Après une série d'abus qui menaçaient de nuire aux plages bien davantage que la pollution, le camping sauvage n'est en principe plus autorisé. En réalité, on peut toujours le pratiquer en choisissant un endroit isolé et discret, et en vérifiant qu'aucune interdiction n'est affichée. Faites surtout très attention au feu : si vous êtes la cause d'un départ d'incendie dû à un barbecue mal éteint, votre responsabilité sera engagée, et les Grecs ne plaisantent pas avec cela. Pour obtenir la liste des campings en Grèce, adressez-vous à l'office de tourisme hellénique.

Faire du camping sauvage en Grèce. Le camping sauvage est interdit partout en Grèce, même sur les îles ou sur les plages athéniennes. Pourtant, il est assez vraiment courant de voir des jeunes planter une tente dans une petite crique cachée ou même dans les régions plus montagneuses en été, dans les vallées ou proches des rivières. En campagne ou près de la mer, cela amuse parfois les habitants, habitués, qui peuvent proposer de vous dépanner pour un trajet ou une douche. Cependant, d'autres sont plus récalcitrants, surtout les propriétaires d'hôtels ou autres hébergements qui n'hésiteront pas à appeler la police – vous encourrez alors une amende de 300 euros... Certaines des plages en bordure d'Athènes sont accessibles, mais d'autres ferment la nuit, car elles sont semi-privées. Renseignez-vous auprès des habitués si vous avez l'intention de faire du camping sauvage en Grèce. Prenez alors vos précautions, mais gardez en tête que c'est un des pays d'Europe les plus habitués à cette activité. Certaines îles comme Aggistri (tout près d'Athènes) ou encore Anafi et Samothraki sont réputées pour être des îles bourrées de campeurs sauvages en été, tous regroupés sur des plages magnifiques.

Il existe cinq catégories d'hôtels en Grèce : catégories L (luxe), A, B, C et D. Mais attention, ces catégories sont différentes de celles pratiquées dans les autres pays européens et elles ne reflètent qu'un niveau d'équipement, non la qualité intrinsèque de l'hôtel. Ainsi, un excellent hôtel qui ne propose pas de télévision dans ses chambres sera dans la catégorie C, alors qu'un autre établissement, sale et bruyant,

© MARIA TATIC - ISTOCKPHOTO.COM

pourrait se trouver dans la catégorie B. Ne vous fiez donc pas aveuglément à ces catégories, n'attendez pas non plus le même confort d'un 4-étoiles grec que d'un homologue français. Ce guide ne mentionne donc pas les catégories, mais décrit uniquement la qualité et un ordre de prix des établissements. Beaucoup d'hôtels ont obtenu des subventions pour se refaire une beauté à l'occasion des Jeux olympiques de 2004. Ainsi, en plus d'une nouvelle façade et d'équipements plus modernes, la plupart des établissements ont désormais équipé toutes leurs chambres de l'air climatisé et de la télévision.

Vous serez peut-être étonné par la quantité d'hôtels appelés Xenia ou Filoxenia, termes signifiant l'hospitalité mais qui ne témoignent pas de l'appartenance des hôtels à une chaîne quelconque. C'est plutôt le propriétaire de l'hôtel qui a manqué d'imagination en baptisant son établissement ainsi ! Les chaînes hôtelières grecques proposent souvent des établissements de petite taille et ne comptent qu'une vingtaine d'hôtels au maximum.

Une petite précision linguistique : vous vous entendrez souvent proposer une suite (*souita*, le grec a grécisé le mot français). Elle ne désigne pas toujours comme en français une chambre luxueuse : en fait, il s'agit, parfois, de chambres équipées comme un studio, souvent conçues pour plusieurs personnes, avec cuisine et salle de bains, et parfois plusieurs pièces. Si vous voyagez en famille, cela peut se révéler plus économique.

POUR LES GOURMANDS

Pour votre petit déjeuner, choisissez le rooftop d'un hôtel ou la terrasse d'un café à Plaka, Monastiraki et Thissio donnant plein vue sur l'Acropole ou les sites archéologiques.

FUMEURS

En général, on peut fumer dans toutes les parties extérieures de différents types d'hébergements hôteliers, et parfois même en intérieur. Lorsque c'est interdit, c'est bien indiqué au moment de la réservation, ou alors une fois sur place, dans les chambres. Toutefois, en Grèce et, surtout, à Athènes, on vit presque toute l'année en plein air, ce qui enchante les fumeurs farouches.

LES PHRASES CLÉS

Bonjour, avez-vous de la disponibilité pour une chambre double pour ce soir ou demain soir ?
Γεια σας, υπάρχει διαθέσιμο δίκλινο δωμάτιο για σήμερα ή αύριο;

Avez-vous un code wifi… les enfants ne tiendront pas sans !
Έχετε κωδικό για το *Wi-Fi*, αλλιώς τα παιδιά μου θα τρελαθούν!

C'est bruyant, est ce que je peux changer de chambre ?
Το δωμάτιό μου έχει θόρυβο, μπορώ να μετακινηθώ σε άλλο;

Jusqu'à quelle heure est-ce que nous pouvons aller à la salle de sport et à la piscine ?
Τι ώρα κλείνουν η πισίνα και το γυμναστήριο;

Est-ce que je peux laisser mon bagage et revenir plus tard le récupérer ?
Μπορώ να αφήσω τις αποσκευές μου και να τις πάρω αργότερα;

Est-ce que vous pouvez nous appeler un taxi ? Merci beaucoup.
Μπορείτε να μας καλέσετε ένα ταξί; Σας ευχαριστώ πολύ.

SE LOGER

Choisir un logement à Athènes ne dépend que du cadre dans lequel vous aimerez vivre pendant votre séjour. Si vous cherchez la nostalgie et le charme, il faut trouver un hôtel dans les quartiers de Plaka, Monastiraki et Psirri. Le chic et le luxe se cachent dans le quartier de Syntagma et de Kolonaki. Si vous aimez les quartiers alternatifs, vous vous dirigerez vers Exarcheia ou Gazi. À la différence des îles et du reste de la Grèce, il n'y a pas de chambres à louer chez l'habitant à Athènes. En revanche, il y a des appartements à louer grâce au site Airbnb. Beaucoup même, au grand dam des habitants qui ont de plus en plus de mal à se loger dans les quartiers centraux. La haute saison, à Athènes, contrairement à ce que l'on pourrait penser, n'est pas juillet et août, mais au printemps et à l'automne. Les prix sont alors à leur maximum. Quelques bonnes adresses, pas trop chères, sont rares et prises d'assaut. Mais elles existent encore…

BEWELCOME €€

www.bewelcome.org

Le système est simple : être hébergé chez l'habitant, partout dans le monde. C'est le site Internet qui se charge de contacter les accueillants et les postulants puis de les mettre en contact, que ce soit en ligne ou dans la vraie vie. Avec leur carte interactive, les profils *des « welcomers »* s'affichent, avec leurs disponibilités. Certains font part de leurs projets de voyage afin de pouvoir trouver des affinités, des opportunités d'action avec les membres du site. Idéal pour un voyage solidaire et plein de belles rencontres !

HOME EXCHANGE €€

www.homeexchange.fr

Abonnement annuel 149 €.

Et si vous échangiez votre maison avec d'autres pour partir en vacances ? HomeExchange est une plateforme d'échange de maisons et d'appartements entre particuliers. L'idée : un site Internet pour échanger son logement (studio, appartement, villa…) moyennant un abonnement annuel à l'agence en ligne, qui se charge de la présentation du bien et de la mise en contact des intéressés. Un excellent moyen de faire des économies pour partir en vacances et réduire ainsi les frais d'hébergement sur place. Le choix est large, avec plus de 450 000 offres dans 159 pays.

HELPX €€

www.helpx.net

Plateforme Internet pour séjourner chez l'habitant.

Des fermes biologiques, des B&B, des hôtels où l'étranger aide tout en bénéficiant, selon les hôtes, d'un hébergement, de repas ou de cours de langues selon le travail fourni. Un panel de lieux, partout dans le monde, où vivre durant une année ou moins, afin d'améliorer une langue ou vivre une expérience hors du commun pendant une année de césure. Lors de notre dernière visite sur le site, des propriétaires de *guesthouse* proposaient lit + déjeuner en échange de quelques heures de travail. Peut être une bonne affaire pour les plus jeunes.

ATHENS STUDIOS €

3A Veikou

✆ +30 210 9235811

www.athensstudios.gr

Appartement pour 4 entre 150 € et 270 €, 350 € avec vue sur l'Acropole. Variant selon la période et la catégorie.

Studios, appartements de luxe, dortoirs... toutes les formules pour combler les familles en vacances, les touristes, les hommes d'affaires ou les backpackers ! Le choix est vaste et s'élargit chaque année. L'emplacement d'Athens Studios est central, à quelques mètres du métro Akropoli. Il dispose d'un grand toit avec vue sur l'Acropole et de deux bars. Les chambres sont simples et propres. Accueil chaleureux. Services complémentaires : guides, excursions, sports... Consigne bagages, laverie. Fish café, très prisé. Une véritable agence de voyage alternative.

ACROPOLIS HILL HOTEL €€

7 Mousson & Drakou
✆ +30 210 32 16 777
www.acropolishill.gr
Chambres doubles à partir de 70 € hors saison et 120 € en été, petit déjeuner compris.

L'hôtel Acropolis Hill est un beau boutique-hôtel, tout neuf. Situé à proximité de l'Acropole, il dispose d'espaces modernes, d'installations et de services luxueux, et d'un emplacement idéal à proximité du superbe musée de l'Acropole et du centre historique d'Athènes. Les chambres sont spacieuses, d'un luxe discret, disposant de tous les conforts pour rendre votre séjour agréable. Elles possèdent toutes un balcon privé et elles sont entièrement équipées. Wifi gratuit, coffre-fort, air climatisé. Piscine extérieure en rooftop.

ADAM'S HOTEL €€

6 Herefontos & Thalous
✆ +30 210 322 5381
www.adamshotel.gr
Chambre à partir de 80 €, varie selon la période et la catégorie. Petit déjeuner inclus.

Une adresse simple et correcte, à la déco un brin kitsch. Sa situation n'en est pas moins excellente, mais les prix sont un peu élevés compte tenu des prestations. Personnel accueillant. Les chambres, récemment rénovées, propres et assez confortables, disposent toutes d'un balcon, certaines avec pleine vue sur l'Acropole. Elles sont climatisées, insonorisées et possèdent une salle de bains privative avec douche. Il y a un bar-cafeteria à l'intérieur et un agréable toit-terrasse aménagé en café. Parking payant, à deux pas de l'hôtel. Wifi gratuit.

ARION ATHENS HOTEL €€

18 Agiou Dimitriou
✆ +30 210 324 0415
www.arionhotel.gr
Ouvert toute l'année. En saison, à partir de 110 €, incluant le petit déjeuner.

Une bonne adresse proche du square de Monastiraki. Dans une rue calme proche du Métro Monastiraki reliant directement l'aéroport et le Pirée. Un hôtel qui allie confort, service et esthétisme. Meublées avec goût, les chambres disposent de grandes baies vitrées offrant une vue imprenable sur Plaka. L'hôtel dispose de chambres doubles standard et supérieures et d'une suite. Elles sont toutes entièrement équipées. Wifi gratuit, air climatisé, coffre-fort, buffet continental et américain. Terrasse panoramique sur le toit avec bar pour contempler l'Acropole illuminée.

ACROPOLIS HOUSE €€

6-8 Kodrou
✆ +30 210 32 26 241
www.acropolishouse.gr
Ouvert toute l'année. Chambre double de 45 € à 145 € selon la période et la catégorie. Petit déjeuner continental : 5 €.

Il s'agit d'un hôtel abrité dans un manoir du XIXe siècle, l'un des plus vieux bâtiments du centre historique d'Athènes. Réhabilité et rénové, choisissez-le si cela est, pour vous, un avantage. L'établissement, traditionnel, est propre et très bien situé, à l'entrée du quartier de Plaka. Pour faire des économies, il est possible de choisir une des deux chambres avec salle de bains privative mais sur le palier. Il dispose de 22 chambres doubles et triples. Elles sont climatisées et certaines disposent d'un balcon. Bibliothèque. Wifi. Garderie.

© AH

© AH

ORGANISER SON SÉJOUR

ATHENS BACKPACKERS €

12 Makri
✆ +30 21 0922 4044
www.backpackers.gr
Nuit entre 20 et 120 € selon la période et la catégorie. Petit-déjeuner compris.

Beaucoup de places pour dormir en dortoirs, et quelques chambres privées. C'est moderne, spacieux, propre, bien équipé (kitchenette). Le personnel est très chaleureux et tous les employés parlent un très bon anglais. L'ambiance rappelle l'auberge de jeunesse, en favorisant les activités de groupe, les rencontres entre voyageurs. Il y a un bar sur le rooftop au 5e étage, avec une vue sympathique sur l'Acropole. Le quartier contient beaucoup de restaurants et de commerces, et on s'y sent très en sécurité lorsque l'on est un voyageur solitaire.

ATHENS CENTER SQUARE €€

15 Aristogeitonos
✆ +30 210 32 22 706
www.athenscentersquarehotel.gr
Chambre double à partir de 70 €. Petit déjeuner compris.

Au cœur de la ville, cet hôtel 3 étoiles se démarque par son style moderne et sa simplicité. Il faut reconnaître que ses couleurs vivantes donnent un petit coup de fraîcheur salutaire à l'hôtellerie traditionnelle du pays. Toutes les chambres sont confortables et originales, avec les équipements nécessaires. Grand buffet sucré/salé et chaud/froid pour le petit déjeuner. Bar panoramique sur le toit, avec vue unique sur le quartier illuminé et sur l'Acropole, ouvert de 18h à minuit. Le service est effectué avec chaleur et professionnalisme.

ATHENS WAS €€€

5 rue Dionysiou Areopagitou
✆ +30 210 92 49 954
www.athenswas.gr
Chambre double en été à partir de 200 €, petit déjeuner compris. Suites pour quatre personnes également disponibles.

Cet hôtel design ouvert en avril 2015 dispose d'un atout majeur : une terrasse splendide avec vue panoramique sur l'Acropole et sur la colline du Lycabète. Côté confort, l'adresse n'est pas en reste, et les chambres de 28 m² affichent un décor chic où moquettes épaisses côtoient un mobilier élégant. Même sans y résider, il est possible de venir y prendre un verre, au bar de l'hôtel situé sur la terrasse, ou déguster les plats soigneusement préparés par le chef Alexandre Charalampopoulos et son équipe. Le *dress code* est à l'élégance (ouvert entre 18h et 23h).

DIVANI PALACE ACROPOLIS €€€

19-25 Parthenonos
✆ +30 210 928 0100
http://divaniacropolishotel.com/fr/
Chambre double à partir de 130 €. Variable selon la période, la catégorie et la vue. Plusieurs offres sur le site.

Le grand luxe en face de l'Acropole ! Le Divani offre une vue inoubliable sur le Parthénon et l'Odéon d'Hérode Atticus. Au sous-sol, on aperçoit une partie de l'ancienne enceinte d'Athènes. Au rez-de-chaussée, piscine, agréable, avec un bar. Chambres spacieuses et lumineuses. Le personnel, parfois un peu dépassé, fait son possible pour satisfaire tous les clients. Petit déjeuner continental classique. Hôtel très calme, malgré sa location centrale, offrant le repos nécessaire. Peut-être pas le meilleur rapport qualité-prix pourtant, car l'été les prix grimpent.

ELECTRA PALACE HOTEL €€€

18 Nikodimou
✆ +30 210 337 0000
Chambre de 100 à 300 € selon la période et la catégorie.

Hôtel de grand standing, très bien situé, avec vue sur l'Acropole. C'est un classique dont on ne se lasse pas. Les chambres sont aménagées avec beaucoup de goût. Deux restaurants, deux piscines (dont une extérieure avec vue sur l'Acropole), deux salles de sports avec spa : ici, on a vu les choses en grand. Le service est en prime de qualité. À moindre coût, adressez-vous à l'Electra Hotel, appartenant aux mêmes propriétaires. Le Palace Hotel est l'un des meilleurs choix parmi les hôtels de luxe de l'Attique, allez y les yeux fermés.

GUESTHOUSE DIOSKOUROS €

6 Pittakou
✆ +30 210 324 8165
www.hoteldioskouros.com
Chambre double à partir de 60 € et dortoir à partir de 15 €, selon la saison. Petit déjeuner compris.

Une pension sympathique proposant 14 chambres doubles et triples et un dortoir. Ce n'est pas le grand luxe, la décoration n'est pas vraiment au goût du jour et il n'y a pas toujours de salle de bains individuelle (le linge et les serviettes de toilettes sont tout de même fournis), mais c'est calme et chaleureux. Les espaces communs (cuisine commune équipée et laverie) peuvent vous permettre de rencontrer d'autres vacanciers, dans un bon esprit. La pension est située en plein cœur du quartier de Plaka et à cinq minutes à pied du métro. Wifi gratuit.

HELLENIC VIBES SMART HOTEL €€

7 Agias Irinis
✆ + 30 210 32 40 504
www.hellenicvibes.gr/el/smart-hotel/
Chambre double entre 110 et 160 €, variant selon la saison et la catégorie. Petit déjeuner compris. Café/restaurant.

Derrière une belle façade datant du XIXe siècle, ce boutique-hôtel, tout nouveau et ultra moderne, propose 35 chambres (standard, supérieures et suites) très confortables, bien équipées, en face de la jolie place d'Agias Irinis, à deux pas de Monastiraki. Grâce à une application mobile, mise à votre disposition, vous pouvez organiser tout ce qui concerne votre séjour à distance : le check-in et le check-out, la température de votre chambre, l'appel d'un taxi… Hôtel écologique.

HÔTEL ADRIAN €€

74 Adrianou
✆ +30 210 32 21 553
https://adrian.hotelsathens.org/
Chambre double de 100 à 150 €, selon la période et la catégorie. Petit déjeuner compris.

Hôtel professionnel et bien agencé, situé au milieu des magasins de souvenirs de Plaka, un quartier très animé. Le *roof garden* est agréable pour prendre son petit déjeuner, copieux. À noter que le propriétaire gère d'autres hôtels dans la capitale, dotés, eux aussi, d'une bonne réputation – d'ailleurs, il parle français et est généreux en conseils. Personnel chaleureux et disponible dans l'ensemble. Les chambres ne sont pas très grandes, mais elles disposent du confort nécessaire. Réservez pour obtenir des tarifs compétitifs.

HÔTEL ATTALOS €€

29 Athinas
✆ +30 210 32 12 801
www.attaloshotel.com
Chambre double entre 90 et 120 €, selon la période et la catégorie. Petit déjeuner.

L'hôtel est situé au centre de la ville tout près de la station de métro Monastiraki, très animé jour et nuit en été. Le bar de la terrasse offre une vue imprenable sur l'Acropole et propose de délicieux cocktails pour un agréable moment. Tout le confort est présent dans l'établissement : salon avec petite variété de livres en toutes langues, chambres climatisées avec TV satellite, téléphone… Malheureusement, les chambres sont assez petites et au confort très minimal, pas toujours bien insonorisées. Elles sont cependant propres et fonctionnelles.

HÔTEL CAROLINA €€

55 Kolokotroni
✆ +30 210 324 3551
www.hotelcarolina.gr
Chambre double standard à partir de 55 € selon la saison. Petit déjeuner : 6 €.

Ce bâtiment de style néoclassique, récemment entièrement rénové, a été construit en 1936. Il figure parmi les premiers hôtels de la capitale et se vante d'être le premier disposant d'un ascenseur… Les chambres, climatisées, sont plutôt petites mais propres, décorées simplement, et certaines disposent d'un petit balcon agréable à la belle saison. Bien situé, à proximité de la place de Monastiraki, cet hôtel représente une bonne option à des prix très corrects. Les chambres doubles disposent d'une salle de bains avec douche. Sèche-cheveux. TV. Coffre-fort.

HÔTEL KIMON €€

27 Apollonos
✆ +30 210 33 14 658
www.kimonhotelathens.com
Ouvert toute l'année. Chambre double à partir de 50 €, le prix augmente selon la période et la catégorie.

Situé en plein cœur de Plaka et à proximité du Jardin national, ce petit hôtel de luxe et de 14 chambres est d'un rapport qualité-prix correct compte tenu de son emplacement et de son roof garden avec vue sur l'Acropole. Les chambres doubles standard sont équipées de climatisation, et disposent d'une salle de bains (linge et articles de toilette fournis), d'un mini-frigo et d'une TV. L'hôtel propose également un studio pour 4-5 personnes disposant d'une cuisine séparée, et ayant accès direct au jardin verdoyant de l'établissement. Consigne bagages. Wifi.

HÔTEL NEFELI €€

2 Hatzimichali
✆ +30 210 32 28 044
www.hotel-nefeli.com
Ouvert toute l'année. Chambre double à partir de 50 €. Petit déjeuner compris.

Tout près du centre historique de Plaka. L'endroit ne paie pas de mine, mais affiche souvent complet grâce au bouche-à-oreille et à ses prestations confortables pour un prix abordable. Le personnel est efficace, accueillant et agréable. Les chambres, insonorisées et équipées de climatisation, sont petites, mais bien propres. Elles disposent d'une salle de bains privative avec douche équipée d'un sèche-cheveux et d'une télévision. C'est un établissement pratique pour rester deux-trois jours et visiter le centre historique d'Athènes à pied et à un tarif raisonnable.

HÔTEL PHILIPPOS €€

3 Mitseon
✆ +30 210 92 23 611
www.philipposhotel.gr
Chambre double de 110 à 140 €, selon la saison et la catégorie. Petit déjeuner compris.

Le Philippos, situé idéalement au pied du rocher sacré de l'Acropole, offre tout le confort nécessaire et dispose de quelques chambres familiales. Les chambres, spacieuses et lumineuses, insonorisée et équipées de climatisation, sont décorées de manière classique, dans des tons clairs et avec des touches fleuries. Sachez que certaines ont un balcon avec vue sur l'Acropole. Les chambres doubles standard disposent d'une salle de bains équipée, avec douche ou baignoire, et possèdent une TV à écran plat, satellite, un coffre-fort et un bureau. Snack-bar.

HÔTEL PLAKA €€

7 Kapnikareas & Mitropoleos
✆ +30 210 32 22 706
www.plakahotel.gr
De 110 à 150 € selon la période et la catégorie, avec le petit déjeuner.

Bel emplacement dans Plaka, avec plusieurs sites archéologiques, musées et l'Acropole à proximité de ses 67 chambres. Vous n'aurez pas de groom à l'entrée, mais le confort et la déco de goût ainsi que la qualité du service vous rappelleront les grands hôtels. Le petit déjeuner est copieux, varié, et au bar, les cocktails sont, eux aussi, excellents. Le petit plus est sans doute la terrasse d'été sur le toit avec sa superbe vue sur l'Acropole et le centre d'Athènes. Même groupe que les hôtels Hermès. L'équipe est francophone. Possibilité de chambres mitoyennes.

MARBLE HOUSE €

35 An. Zinni
✆ +30 210 922 8294
www.marblehouse.gr
A partir de 45 € en saison avec une salle de bains partagée. Petit-déjeuner : 5 €.

Un petit hôtel familial de 16 chambres bien aménagées et bien tenues. Des chambres simples, doubles et triples et même quadruples pour les familles sont disponibles. Douze d'entre elles possèdent une salle de bains privée, les quatre autres sont avec salle de bains sur le palier à partager avec une seule autre chambre. Non loin des bus et de la station de métro Syngrou-Fix (direct depuis l'aéroport), il est cependant placé un peu à l'écart du centre-ville, dans une impasse résidentielle tranquille. Il fait partie des hôtels les plus économiques du quartier.

PERIANTH HOTEL €€€

2 rue Limpona ✆ +30 210 32 16 660
https://perianthhotel.com/el/contact/
Chambre double entre 140 et 260 € selon la saison. Petit déjeuner compris. Possibilité de lit supplémentaire. Wifi.

Dans un bâtiment des années 1930, aménagé en 2018 par les architectes de l'équipe prometteuse de K-Studio, ce boutique-hôtel de style néo-moderne offre à proximité de Monastiraki un luxe et un calme surprenants. Les chambres sont parfaitement bien isolées et disposent d'un confort apprécié par une clientèle exigeante. Le revêtement du sol datant des années 1960 est en terazzo et avec des motifs différents d'une chambre à l'autre. Toutes les chambres sont bien équipées et les salles de bains ne manquent pas d'allure et de confort. Accueil remarquable.

TEMPI HOTEL €

29 Eolou ✆ +30 210 321 3175
www.tempihotel.gr
Ouvert toute l'année. Chambre simple de 30 € à 38 €, double de 35 € à 55 €, triple de 50 € à 67 €. Acompte demandé.

Situé dans une rue piétonne agréable, cet hôtel qui se veut familial peut s'enorgueillir de réserver un bon accueil à ses hôtes. Pratique pour les petits budgets, l'établissement est doté d'une cuisine et d'un réfrigérateur communs. Les chambres, insonorisées, sont un peu spartiates et les prix aussi ! L'établissement propose quelques chambres doubles avec salle de bains commune, pas chères du tout, mais non remboursables. Sinon, l'hôtel propose des chambres doubles et triples avec salle de bains privative. Articles de toilette et linge fournis. A/C. Wifi.

THE ATHENIAN CALLIRHOE €€

32 Kallirois & Petmeza
✆ +30 210 921 5353
www.tac.gr
En haute saison, chambre double entre 110 et 220 €, petit déjeuner compris. Sauna. Salle de gym. Internet haut débit.

Le Callirhoe, situé à proximité de l'Acropole et à 10 minutes de Plaka, est un boutique-hôtel de 84 chambres, qui mise sur un service chaleureux et impeccable. Avec son slogan « le luxe dans le détail », vous verrez bien que rien n'a été laissé au hasard. La décoration est moderne et plutôt minimaliste. Deux différents types de chambres : standard et executive, avec tous les aménagements prévus pour un hôtel de ce standing. Au dernier étage se trouve un joli bar-restaurant avec vue imprenable sur la partie méridionale de l'Acropole et sur le Lycabette.

CECIL HOTEL €

39 Athinas
✆ +30 210 3218 005
www.cecil.gr
Ouvert toute l'année. Chambre double entre 75 et 85 €, selon la période et la catégorie. Petit déjeuner inclus.

C'est davantage un hôtel pratique, par sa location, qu'autre chose. Dans le centre-ville, près de la place Monastiraki, cet hôtel dispose de 39 chambres équipées d'une salle de bains privée, de l'air conditionné et TV. Esprit rétro, décoration minimale, mais charmante, propre et plaisant. Préférez les chambres sur cour si possible, il y a moins de bruit. Le Cecil Hotel est bien situé, à deux pas du quartier en vogue de Psirri et près de la place très centrale Omonia, l'occasion de découvrir un coin d'Athènes plein de charme.

HÔTEL ARION €€

18 Agiou Dimitriou
✆ +30 210 32 40 415
www.arionhotel.gr
Ouvert toute l'année. Chambre double de 95 à 120 €, petit déjeuner compris.

Une bonne adresse à Psirri, toute proche de Monastiraki et de son métro ! Arion se situe au cœur du nouveau quartier de la vieille ville, dans une rue très calme. Cet hôtel allie service, confort et esthétique. Meublées avec goût, les chambres disposent d'immenses baies vitrées offrant une vue imprenable sur Plaka. Préférez, autant que possible, les étages élevés avec vue sur l'Acropole illuminée ; sinon, il y a toujours la terrasse pour la photo panoramique ! Air climatisé, TV satellite, réfrigérateur. Possibilité d'être pris en charge dès l'aéroport.

IVIS 4 €€€

4 Ivis
✆ +30 210 32 13 340
www.ivis4.com/
Chambre double entre 140 et 200 €, selon la saison et la catégorie. Petit déjeuner compris. Deux chambres doubles PMR.

Ce nouveau boutique-hôtel très design, situé en plein cœur de Psirri, vous invite à profiter d'un hébergement confortable, d'un excellent service et d'une technologie avancée pour un séjour reposant. D'une ambiance feutrée, l'hôtel s'incline au street art de SimpleG, un artiste grec de renommée internationale qui, avec ses œuvres, marque le caractère unique de l'établissement. L'hôtel propose des chambres doubles et suites entièrement équipées. La carte du restaurant et le petit déjeuner portent la signature du chef grec A. Loukakos. Accueil chaleureux. Wifi.

JASON INN €€

12 Agiou Assomaton
✆ +30 210 32 51 106
www.jasoninn.com
Chambre double de 85 à 99 €, selon la période et la catégorie, petit déjeuner compris.

L'hôtel paraît modeste, mais jouit d'une très belle situation : proche de Thissio, en face du Céramique, à côté du musée d'Art islamique, et à quelques minutes de l'Acropole et de Monastiraki. Les chambres sont agréables et le *roof garden* a vue sur le rocher sacré donne une belle occasion de prendre un petit déjeuner avec vue ! Une bonne adresse agréable. Un accueil chaleureux et un personnel toujours présent et souriant. Même si les chambres sont simples, elles sont très propres et disposent d'une bouilloire avec café ou thé.

O&B HOTEL €€

7 Leokoriou ✆ +30 210 33 12 940
www.oandbhotel.com
Chambre entre 190 € et 350 € selon la période et la catégorie, petit déjeuner compris. Plusieurs offres sur le site.

Un petit boutique-hôtel, tout confort et très moderne, à deux pas du métro Thissio. Digne d'un grand hôtel, le service et l'hospitalité impressionnent par leur professionnalisme. Le décor, simple et minimaliste, s'harmonise avec l'atmosphère calme des lieux. L'hôtel, offrant la meilleure vue sur l'Acropole, dispose de chambres et de suites fonctionnelles parfaitement équipées. Les matelas, les draps et le linge sont d'une excellente qualité. Les salles de bains sont aménagées avec goût et disposent de tous les articles de toilette et accessoires nécessaires.

THE FOUNDRY SUITES ATHENS €€€

Sarri 40
✆ +30 6908 68 80 04
www.thefoundrysuitesathens.com
Ouvert toute l'année. Suite entre 200 et 350 €, petit déjeuner inclus.

La réhabilitation du quartier de Psiri l'a transformé, ces dernières années, en un terrain de jeu ambitieux pour les designers grecs. Le Foundry est incontestablement le coup le plus réussi : une usine de fonderie des années 1930 a été merveilleusement bien rénové et transformé en hôtel proposant 12 suites de luxe. Le rooftop, un havre de paix, transformé en jardin botanique, est un excellent choix pour un dîner ou un verre aux heures plus tardives. Une très bonne adresse.

ART SUITES ATHENS €€

Mihalakopoulou 88A & 3 Sevasteias
✆ +30 210 52 40 501
www.artsuitesathens.gr
Tarifs à partir de 60 € la chambre double avec petit déjeuner.

A côté du Megaro Moussikis, au calme dans le quartier résidentiel d'Ilisia. Chacune des 10 suites décorées individuellement mesurent entre 45 et 55 m². De style un peu froid, elles sont cependant très pratiques et agréables car entièrement équipées de kitchenettes. Ce boutique-hôtel moderne possède aussi un bain bouillonnant, le wi-fi gratuit, une TV LCD, une piscine extérieure, l'air conditionné, un bar, une laverie… non loin des attractions principales de la ville. C'est le deuxième établissement d'Athens Art Hotel. Une valeur sûre.

PERISCOPE HOTEL €€€

22 Charitos
✆ +30 210 729 7200
www.yeshotels.gr
Chambres doubles de 140 à 180 € avec le petit déjeuner. Suites et penthouse disponible au dernier étage.

L'établissement occupe 6 étages et offre 21 chambres douillettes. Il fournit une piscine privée et le wifi gratuit. D'une modernité exemplaire, cet hôtel est situé dans une rue calme du quartier. Minimalisme tendance, design au goût parfait : voici une adresse pour les amateurs d'esthétique contemporaine. Grande luminosité dans la plupart des chambres supérieures et confort absolu. Il dispose aussi d'un restaurant. C'est l'adresse arty-chic de Kolonaki. Et les clients peuvent admirer une vue à couper le souffle sur la colline de Lycabette.

PI ATHENS HOTEL €€

Fokianou 4
✆ +30 210 7512345
www.piathens.com
Ouvert toute l'année. Chambre double entre 100 et 140 €. Petit déjeuner compris.

Situé à deux pas du Stade panathénaïque et à quelques mètres du Jardin national, ce boutique-hôtel calme figure incontestablement parmi les hôtels à tester lors de son séjour à Athènes. Il s'agit d'un établissement à taille et aux prestations humaines proposant 6 chambres et appartements élégants, lumineux, d'un style contemporain, très vastes et qui possèdent tous les conforts pour un agréable séjour. Vue imprenable sur le Parthénon depuis le rooftop. Idéal pour un séjour en famille. Wifi. Parking gratuit à quelques pas de l'hôtel.

SAINT-GEORGE LYCABETTUS €€€

2 Kleomenous
✆ +30 210 741 6000
www.sglycabettus.gr
Chambre double à partir de 140 € avec le petit déjeuner. Prix variables selon la vue et la saison.

En contrebas du mont Lycabette, à l'ombre de sa dense pinède, le Saint-Georges jouit d'une belle réputation. A deux pas des boutiques et cafés branchés de Kolonaki, il dévoile une impressionnante vue sur les toits de la ville, l'Acropole et, au loin, le Pirée. Cette adresse 4-étoiles compte 25 chambres et 7 étages, et une piscine sur le toit. Malgré son confort haut de gamme, le Saint-Georges assure une ambiance chaleureuse qui mettra les familles à l'aise. Les chambres sont très bien équipées (climatisation incluse). Accueil exemplaire.

THE GOLDEN AGE €€

Michalakopoulou 57 ✆ +30 210 72 40 861
www.hotelgoldenage.com/
Ouvert toute l'année. Chambre double entre 85 et 150 €. Petit déjeuner compris. Offres sur le site. Wifi. Parking.

Si vous êtes à la recherche d'un hôtel tendance, à proximité du centre historique, dans un quartier calme, de toute sécurité et à des prix abordables pour la qualité des prestations proposées, alors vous pouvez choisir The Golden Age. Entièrement rénové, cet établissement possède des chambres et suites modernes, lumineuses et confortables, avec un mobilier ergonomique ne manquant pas de style. Les chambres possèdent un minibar, un coffre-fort, une TV plate. Salles de bains entièrement équipées avec sèche-cheveux, linge, peignoir, produits de toilette.

THE MODERNIST ATHENS €€

Métro Mégaro Moussikis. ✆ +30 216 00 02 130
www.themodernisthotels.com
Chambre double à partir de 120 €. Prix variables selon la catégorie et la saison. Petit déjeuner compris. A/C. Wifi.

Le bâtiment dans lequel a été aménagé le tout nouveau The Modernist Athens abritait l'ambassade du Canada. Surplombant la place du quartier Kolonaki, dans une bâtisse caractéristique des années 1950, ce boutique-hôtel s'étale sur 6 étages et propose 38 chambres dont 25 disposent d'un balcon tandis que celles du type XL disposent également d'un patio et d'un jacuzzi. Entièrement rénovées et réaménagées, les chambres sont équipées d'un minibar, d'un coffre-fort, d'une bouilloire et d'une machine à expresso, d'une TV plate et d'une salle de bains entièrement équipée.

APOLLO HOTEL €

10 Achilleos

✆ +30 210 5238303

www.apollonhotel-athens.com

Chambre double entre 45 et 70 €, selon la période et la catégorie. Petit déjeuner compris.

Hôtel sans prétention, et bien desservi par les transports en commun car juste à côté du métro Metaxourgio, il est central sans être au cœur de la vie athénienne touristique. Cependant, vous aurez la possibilité de trouver dans le quartier de chouettes adresses pour boire un verre ou manger. Quant à l'hôtel, il dispose d'une terrasse sur le toit, d'un bar, d'un restaurant… Les prestations sont de qualité raisonnables (avec un bon petit déjeuner !), mais ce sont surtout les prix – compétitifs – qui attirent la clientèle dans ses petites chambres.

CANDIA HOTEL €€

40 Deligianni ✆ +30 210 524 6112

www.candia-hotel.gr

Ouvert toute l'année. Chambre entre 70 et 190 €, varie selon la période et la catégorie. Petit déjeuner compris.

Cet hôtel attire par son emplacement (proche de la gare Larissis) et reste pratique pour les voyageurs en provenance du nord de la Grèce ou désireux de s'échapper de la capitale par le train. Sinon, il y a encore à faire concernant le personnel et le confort du séjour. Toutefois, les chambres sont insonorisées, et, en général, d'un standard rudimentaire. Elles disposent d'une salle de bains, récemment rénovée, avec douche (sèche-cheveux), d'un mini-frigo, d'une TV satellite, d'un bureau et d'un coffre-fort digital. Demandez une chambre côté cour si possible.

FRESH HOTEL €€

26 Sofokleous

✆ +30 210 524 8511

www.freshhotel.gr

Chambre entre 90 et 200 € selon la période et la catégorie. Petit-déjeuner compris. Parking gratuit. Wifi.

Ouvert à l'occasion des J. O. de 2004, près de l'hôtel de ville et Monastiraki, c'est un hôtel très tendance. Design intérieur épuré et couleurs acidulées. Il propose 133 chambres (standard, supérieures et suites) fonctionnelles, équipées, insonorisées et possédant un balcon ou une terrasse privatifs, donnant vue sur l'Acropole ou le centre-ville. Immense terrasse au dernier étage avec vue imprenable sur la capitale. Sauna, hammam, salle de sport, A/C. Accueil attentionné et très professionnel. Le soir, malheureusement, les alentours sont peu recommandables.

HÔTEL EXARCHION €

55 Themistokleous

✆ +30 210 38 00 731

www.exarchion.com

Ouvert toute l'année. Chambre double à partir de 58 € sans petit déjeuner. Petit déjeuner : 4 € par personne.

Cet hôtel très fonctionnel a l'avantage d'être situé dans un quartier particulièrement vivant (surtout le soir), proche du centre-ville et pas encore trop touché par le tourisme. Il dispose d'un *roof garden* qui n'est pas très haut mais qui offre une vue correcte sur Athènes et le Lycabette. Pratique si vous voulez fuir les zones touristiques pour une ou deux nuits. Il propose 50 chambres (pour une, deux, trois et quatre personnes), avec air climatisé, télévision, minibar sur option, salle de bains privative. L'accueil est sympathique et familial.

HÔTEL ORION - DRYADES €

105 Emm. Benaki

✆ +30 210 33 02 387

orion-dryades.com

Chambre entre 55 et 90 € environ, selon la période et la catégorie.

Situés sur la colline Stréphi, ces deux hôtels en un, Dryades le 2-étoiles et Orion le 1-étoile, se trouvent l'un à côté de l'autre, au calme. L'ambiance y est plutôt jeune, simple et chaleureuse, et le confort basique. Certaines chambres et salles de bain ont été rénovées en 2014. L'hôtel Orion dispose d'une belle terrasse avec vue sur l'Acropole où est servi le petit déjeuner. Les clients en sont très satisfaits, car la localisation est idéale, dans le coin pittoresque de la colline Strefi, à Exarchia. Un des meilleurs rapports qualité-prix de la ville.

HÔTEL TITANIA €€€

52 Panepistimiou

✆ +30 210 33 26 000

www.titania.gr

Ouvert toute l'année. Chambre double entre 105 et 125 € selon la période et la catégorie, avec petit déjeuner. Parking.

Ce géant qui trône entre les places Omonia et Syntagma est un hôtel impeccable en plein centre d'Athènes. Sa grande fierté est son prestigieux restaurant Olive Garden, perché sur un *roof garden* en forme de serre qui surplombe la ville. Très propre, décoré et récemment partiellement rénové (2017). Dans une ambiance fraîche et d'une luminosité exceptionnelle, on déguste une cuisine méditerranéenne déjà récompensée par le premier prix des cuisines d'hôtels à Athènes. Pour l'anecdote, c'est l'hôtel choisi par le journal *L'Équipe* durant les JO.

MELIA ATHENS €€

Chalkokondili 14 & avenue du 28-Octobre
✆ +30 210 3320100
www.melia.com/en/hotels/greece/
Chambre entre 80 € et 150 € selon la période et la catégorie. Wifi. Laverie.

L'hôtel propose 136 chambres (standard, supérieures et suites), très jolies et assez spacieuses. Entièrement insonorisées, à triple vitrage, bien équipées, disposent d'une salle de bains en marbre avec douche ou bain à remous, selon la catégorie. En plus de son rooftop ouvert de mi-mai à mi-octobre, l'hôtel propose également une piscine sur le toit, avec spa et bain à remous. Calme et pratique grâce à son emplacement en plein centre, cet hôtel moderne est une bonne option à proximité d'Exarchia. Bon petit-déjeuner et service agréable et professionnel.

NOVOTEL €€

4 Michail-Voda-et-Liosion
✆ +30 210 820 0700
www.novotel.com
SHe Travel Club. Ouvert toute l'année. Chambres doubles affichées à 125 €. Petit déjeuner inclus.

Belles chambres très confortables et bien aménagées, modernes mais peu spacieuses. Piscine, roof garden et restaurant. Aire de jeux pour les enfants. Le gage de la qualité du service d'un hôtel de la chaîne Accor. Les chambres climatisées du Novotel Athens sont équipées d'un bureau et d'un coin salon avec un canapé-lit. Elles comprennent également une télévision par satellite, un coffre-fort pour ordinateur portable et un minibar. Une salle de sport entièrement équipée est installée au 7e étage. Vous trouverez aussi un parking souterrain gratuit.

PAME PARADISSO €€

Klissovis 7
✆ +30 6985 03 30 93
www.pameparadiso.com
Ouvert toute l'année. Chambre double entre 100 et 160 €, avec petit déjeuner. Prix variables selon la catégorie.

Les boutiques-hôtels étant devenus tendance, le quartier alternatif d'Exarchia ne pouvait pas y échapper. Situé dans la jolie ruelle piétonne Klissovis, le tout récent Pame Paradisso (« allons au paradis » en français) propose des chambres et suites très agréables, entièrement rénovées et réaménagées, insonorisées, qui possèdent toutes des balcons. Les logements proposés sont équipés d'un mini-réfrigérateur, d'une machine pour expresso, d'une TV plate. Les salles de bains, avec douche, disposent d'un sèche-cheveux et de produits d'accueil.

PELLA INN €

104 Ermou
✆ +30 210 32 50 598
www.pellainn.com/contact-us/
Chambre double autour de 70 €. Dortoir autour de 10 € par personne. Prix variables selon la période et la catégorie.

Nelly vous accueillera avec le sourire et en français avant de vous faire découvrir les atouts incontestables de sa demeure : la vue splendide sur l'Acropole et l'Agora qu'offre le roof garden, l'éloignement de la zone ultra-touristique tout en profitant des charmes d'Athènes. Cet établissement, situé à deux pas de la station du métro Monastiraki, propose des chambres doubles, triples et quadruples donnant toutes sur l'Acropole, ainsi qu'un dortoir. Seul inconvénient : certaines chambres ne disposent pas de salle de bains ou de WC privatifs.

QUINTA HOTEL €

Methonis 13 ✆ + 30 213 03 05 322
http://athens-quinta.hotelsathens.org
Dortoir 20 € par personne, petit-déjeuner inclus. Chambres doubles à partir de 50 €. Air conditionné. Wifi.

Une auberge de jeunesse qui emprunte les codes *vintage* pour vous accueillir dans un environnement rétro et cosy. Cuisine et salon partagés entre les résidents, ainsi qu'une petite cour extérieure, font partie des lieux de vie commune et de socialisation. Les chambres doubles sont bien équipées (chacune dispose en outre d'un balcon privé d'un coffre-fort et d'une salle de bains privative avec douche) et la location est impeccable, car la rue Methonis est assez calme, bien que dans le cœur d'Exarchia. Nuit en dortoir ou en chambre privée avec salle de bain partagée.

RADISSON BLU PARK HOTEL €€€

10 Alexandras
✆ +30 210 88 94 500
www.rbathenspark.com
Chambre à partir de 110 €, selon la période et la catégorie. Wifi. Petit déjeuner compris. A/C. Piscine. Sauna. Parking.

A proximité du musée national d'Archéologie, l'hôtel a une belle vue dominante sur le parc Pedion Tou Areos depuis les chambres. La vue est également magnifique depuis la piscine sur la terrasse. Service impeccable dans les deux restaurants : au rez-de-chaussée, cuisine grecque et internationale et, au bord de la piscine sur le toit, une carte dite « gourmet ». Ouvert au public extérieur à l'hôtel, le café-bar près de la réception est bien fréquenté. Un mélange d'ancien et de moderne confère à cet établissement une touche particulière. Fitness, relaxation.

ATHENS UTOPIA €€

46 Ermou

Chambre double standard entre 90 € et 150 € environ, variant selon la saison. Petit déjeuner inclus.

Situé à deux pas du Parlement grec et dans le triangle formé par le quartier de Monastiraki, l'Acropole et la place Syntagma, cet hôtel vous permet de découvrir la capitale grecque et la sillonner à pied et à votre rythme. Il s'agit d'un établissement moderne proposant des chambres rondes et équipées de toutes ces prestations nécessaires pour rendre votre séjour agréable. Vous pouvez y apprécier votre petit déjeuner, votre cocktail ou vos repas sur le rooftop de l'hôtel offrant pleine vue sur le Parthénon, le mont Lycabette et le Parlement.

CYPRIA HOTEL €€€

5 Diomas

✆ +30 210 32 38 0348

http://athenscypria.com/

Chambre autour de 100 €-170 €, variant selon la période et la catégorie. Petit déjeuner compris. Offres sur le site.

Si cet hôtel est classé grand luxe, c'est uniquement au regard des prix pratiqués. Le service est impeccable, ainsi que les chambres et la situation, à deux pas du métro et d'Ermou, dans une ruelle paisible. Mais l'hôtel n'a rien de luxueux. Il offre juste un très bon confort dans une ambiance familiale et un mobilier simple, de style années 1980-90. Toutefois, les chambres sont équipées d'une salle de bains avec douche, d'une TV sat, d'un bureau et d'un coffre-fort. L'hôtel possède également des toilettes adaptées pour les PMR. Rooftop avec bar. Restaurant.

ELECTRA METROPOLIS €€€

15 Mitropoleos

✆ +30 214 100 62 00

Chambre double standard, entre 180 € et 280 €, selon la période et la catégorie. Restaurant. Gym, spa, piscine. Wifi.

Abrité dans les anciens locaux du ministère de l'Éducation, cet hôtel de luxe ouvre ses portes en 2016 et propose 216 chambres ultra-modernes, bien équipées et très élégantes. Une vue à couper le souffle du roof top et son bar, au dixième étage, avec des chambres qui disposent d'un balcon. Situé à proximité de l'Assemblée Nationale et de la station du métro, il est fort heureusement un peu en retrait des rues commerciales et touristiques. En face de l'Acropole, il distille l'image d'une capitale qui se modernise. Il y a une piscine chauffée au sous-sol. Garderie.

HERMES HOTEL €€

19 Apollonos

✆ +30 210 32 22 706

www.hermeshotel.gr

Chambre double à partir de 80 € selon la période et les promotions. Possibilité de chambres familiales.

Cet établissement jouit d'une situation vraiment idéale dans Plaka près de Syntagma. L'hôtel, rénové en 2016, possède 45 chambres tout confort avec parquet et salle de bains en marbre. Un petit déjeuner copieux est servi sous forme de buffet. Bénéficiant d'un superbe emplacement, l'hôtel dispose de tout le confort souhaitable à Athènes. Vous trouverez aussi une salle de jeux pour les petits enfants, un bar, une terrasse sur le toit avec vue panoramique. L'hôtel est idéal pour les familles, à des prix abordables. L'accueil est exemplaire, chaleureux.

HERODION HOTEL €€

4 Rovertou Galli

✆ +30 210 92 36 832

www.herodion.gr

Chambre à partir de 90 € environ, selon la période et la catégorie. Petit-déjeuner compris.

Grand hôtel de près de 90 chambres, moderne et confortable, l'Hérodion est idéalement situé à cinq minutes du musée de l'Acropole. Pas loin des métros, des commerces et des lieux touristiques, son emplacement est vraiment idéal. Sa terrasse sur le toit est munie d'un bar. Son agréable jardin d'hiver permet de faire une pause au calme entre la visite du musée et la découverte des ruelles de Plaka. Il offre une vue directe sur l'Acropole. Le petit-déjeuner est copieux et très satisfaisant, il en est de même pour le restaurant gastronomique de la terrasse.

HÔTEL ACHILLEAS €€

21 Lekka

✆ +30 210 323 3197

www.achilleashotel.gr

Ouvert toute l'année. Chambre double de 80 à 120 € selon la période et la catégorie, petit déjeuner compris.

En plein quartier de Syntagma dans une ruelle, voici un hôtel 3-étoiles, confortable et calme malgré sa situation centrale (pile entre Plaka et Syntagma). Très agréable, il a été rénové en 2019. Bien-être et modernité caractérisent aujourd'hui l'atmosphère de ce lieu. Il est idéal pour les familles car possibilité de chambres (avec parquet) quadruples spacieuses à des prix très corrects. Possibilité de service en chambre et personnel vraiment accueillant et chaleureux. Air conditionné, wifi. Parking souterrain pratique juste à côté de l'hôtel.

ORGANISER SON SÉJOUR

HÔTEL AMALIA €€

10 Amalias
✆ +30 210 323 7300
www.amalia.gr
Chambre à partir de 130 € environ, variant selon la période et la catégorie. Petit déjeuner compris. Restaurant. Wifi.

Sur l'avenue Amalias, ce grand hôtel est étonnamment calme et très bien situé, près de l'Assemblée nationale et face à l'agréable Jardin national, oasis de fraîcheur en été. L'hôtel propose des chambres standard et supérieures et des suites entièrement rénovées, vastes, propres et très fonctionnelles. Très bien équipées, confortables, elles disposent de toutes les commodités modernes et nécessaires pour rendre votre séjour agréable. Ordinateur portable sous demande. Réception efficace. Endroit qui séduit. Restaurant et lounge café.

HÔTEL GRANDE-BRETAGNE €€€

1 Vassileos Georghiou ✆ +30 210 33 30 000
www.hotelgrandebretagne.gr
Chambre double à partir de 500 €, variant selon la période et la catégorie. Petit déjeuner compris. Wifi, climatisation.

Hôtel emblématique d'Athènes, créé en 1874, symbole d'une capitale nouvelle qui, après la guerre d'indépendance, veut avoir l'air d'une ville bourgeoise, moderne et européenne. De style XIXe siècle, impeccable et grandiose, c'est une véritable institution. Les prix de cet hôtel historique défient tous les budgets. Les stars et les grands de ce monde s'y arrêtent. Rien ne vous empêche d'y prendre un verre, un café ou d'apprécier les plats gastronomiques sur le rooftop qui offre une vue imprenable sur l'Acropole, le Parlement et le Lycabette. Tenue correcte exigée !

LOZENGE HOTEL €€€

6 Valaoritou & Voukourestiou
✆ +30 210 33 88 889
http://lozengehotel.com/el/index.html
Chambre double à partir de 120 €, suite à partir de 250 €, selon la saison et la catégorie. Petit déjeuner compris.

Sur la très branchée rue piétonne Voukourestiou, entre Syntagma et Kolonaki, ce nouveau boutique-hôtel propose 25 chambres et suites bien équipées, confortables et lumineuses. D'un style feutré, mélangeant le marbre, le cuir, les surfaces métalliques, les miroirs en couleur et les touches vertes des balcons fleuris, cet établissement offre à ses hôtes toutes les commodités modernes. Le petit déjeuner est servi au rooftop de l'hôtel donnant vue sur l'Acropole. Au rez-de-chaussée : le café-bistrot Lozenge propose une cuisine méditerranéenne. Wifi.

METROPOLIS €€

46 Mitropoleos
✆ +30 210 321 7469
www.hotelmetropolis.gr
Chambre double de 50 € pour la plus économique. Petit déjeuner sur demande : 6 €.

Depuis la rue, vous trouverez ce bâtiment face la cathédrale. Les chambres les moins chères sont petites et à l'arrière tandis que les chambres standards offrent salle de bain privative et balcon (jolie vue sur l'Acropole ou sur l'église Metropolis). Internet sans fil, TV, air conditionné, téléphone, coffre-fort, parking. Son plus grand atout est son emplacement idéal, entre Syntagma et Monastiraki. Notons un petit coin de paradis flanqué au 5e étage : un bar tout en fleurs et une magnifique vue sur l'Acropole et la cathédrale où vous prendrez le petit-déjeuner.

PAN HOTEL €€

11 Mitropoleos ✆ +30 210 323 7816
www.panhotel.gr
Chambre double à partir de 75 €, triple à partir de 95 €, variant selon la période, avec petit déjeuner. Wifi.

Situation idéale : cet établissement de taille moyenne est planté à seulement une cinquantaine de mètres de la place Syntagma, donc à proximité de tout (métro et bus pour l'aéroport à 50 m). Le service est impeccable et le confort d'un excellent rapport qualité-prix. Les chambres doubles standard disposent d'une salle de bains privative (sèche-cheveux, articles de toilette), d'un mini-frigo, d'une bouilloire électrique, d'une TV et d'un coffre-fort. Toutes les chambres possèdent la climatisation et sont insonorisées. Un très bon hôtel où l'on parle français.

THE ZILLERS €€€

54 Mitropoleos
✆ +30 210 32 22 277
www.thezillersathenshotel.com/contact/
Chambre double à partir de 160 €, variant selon la saison. Petit déjeuner compris. Bar-restaurant en rooftop.

Le bâtiment qui abrite Zillers date de la fin du XIXe siècle et a été construit par E. Ziller, l'architecte allemand qui a réalisé la majorité des bâtiments néoclassiques de l'Athènes moderne. Très récemment rénové, ce boutique-hôtel, garde le caractère authentique de la bâtisse tout en offrant un confort indéniable et des commodités de haute qualité qui sauront satisfaire les clients les plus exigeants. Du réseau des petits hôtels de charme du monde, et de seulement 10 chambres, l'hôtel distille une atmosphère nostalgique. Petit déjeuner avec vue sur l'Acropole.

S'INFORMER

Le guide que vous tenez en main est la meilleure aide vous permettant de préparer votre voyage et votre séjour à Athènes, et d'effectuer votre voyage avant de vous rendre sur place ! Il y a, bien sûr, d'autres pas à faire avant de se lancer à la découverte de la capitale grecque. Le nouveau site de l'office de tourisme grec offre la possibilité d'avoir un aperçu assez détaillé du pays et de sa capitale et de faire à l'avance quelques réservations. Pour les Français et les francophones, le site de l'ambassade de France à Athènes est incontournable pour vous informer sur les derniers « avis aux voyageurs » ainsi que sur l'actualité grecque telle qu'elle est présentée par les plus importants médias du pays. Une fois sur place, les visiteurs peuvent suivre les informations locales de tout genre à travers un grand éventail de sites sérieux et fiables, en français et en anglais, et qui ont l'avantage de se renouveler très régulièrement.

CARNETS DE VOYAGE

36, Boulevard de la Bastille
PARIS (12e)
www.us.phoenix-publications.com

Trimestriel consacré à des destinations de voyage avec des focus dédiés à la découverte des régions, *Carnets de Voyage*, le magazine des voyages réussis. Tous les 3 mois, la revue vous invite à découvrir à travers ses reportages le meilleur des destinations. Grande ou petite escapade à la découverte d'une ville, d'une région, en France, en Europe ou dans le monde à travers des reportages photo uniques complétés de conseils pratiques et de bonnes adresses pour nous faciliter le voyage avec enfin, un agenda des rendez-vous à ne pas manquer.

VISIT GREECE

www.visitgreece.gr

Le très beau site officiel de l'office de tourisme grec. Disponible uniquement en anglais ou en grec, il regorge quand même d'infos sur les destinations, les hôtels et les différents moyens de transport. On apprécie qu'il permette d'acheter en ligne des billets pour certains sites archéologiques et musées. Il est aussi possible de télécharger des cartes et des guides spécifiques (http://www.visitgreece.gr/en/downloads/guides). Et les plus hermétiques aux langues pourront toujours télécharger de jolies photos et autres fonds d'écran.

AMBASSADE DE GRÈCE

7 av. Vas. Sophias
✆ +30 210 33 910 00
https://gr.ambafrance.org/

L'ambassade de France s'est installée en Grèce en 1896. Depuis, elle est abritée dans ce magnifique édifice, conçu par A. Metaxas, que l'on ne peut pas manquer lors d'une visite dans Syntagma. Acheté en 1914 par l'Etat français, il a initialement été nommé Hôtel Merlin de Douai, pour rendre hommage à un révolutionnaire français, ancêtre du premier propriétaire de ce bâtiment, Ch. Merlin. L'édifice a été rénové en 1990 par l'architecte français Christian Duval. Ne manquez pas à consulter le site de l'ambassade : une mine d'informations en français sur la Grèce.

CITYOFATHENS.GR

www.cityofathens.gr

Il s'agit du site de la municipalité d'Athènes en anglais. Il est régulièrement mis à jour. Il offre actualités, conseils pratiques et informations de fond. Vous pouvez, en outre, le consulter pour connaître les manifestations et autres évènements culturels qui ont lieu en ville. Un autre site a été également créé par la mairie spécialement pour les visiteurs : www.thisisathens.org. Ce site, disponible en français, peut vous donner quelques idées supplémentaires au sujet de l'organisation de votre séjour dans la capitale grecque.

RESTER

Si vous avez pris la décision de prolonger vos vacances à Athènes et de vous y installer, vous allez vivre une expérience hors de commun ! Plus de 16 000 Français vivent actuellement dans la capitale grecque. Malgré la crise économique de 2010 qui a touché le pays, leur amour pour leur ville d'adoption n'a pas été ébranlé. Aujourd'hui, 14 associations françaises et francophones siègent à Athènes dont celle d' « Entraide » qui peut vous donner les premiers conseils ou apporter du réconfort si vous rencontrez quelques difficultés, une fois installés en Grèce. L'éducation et la scolarité des enfants sont assurées par les institutions françaises qui figurent parmi les meilleures du pays. Les étudiants ont également la possibilité de passer une année Erasmus à Athènes et de participer, ainsi, à une vie estudiantine animée… Bien sûr, tout n'est pas idyllique. Mais il y a encore à Athènes bien de l'espace pour respirer et poser ses bagages !

AEFE

23, place de Catalogne
PARIS (14e)
✆ 01 53 69 30 90
www.aefe.fr

Cette agence, sous tutelle du ministère des Affaires étrangères, anime et gère un réseau de près de 500 établissements d'enseignement français à l'étranger, dans près de 140 pays. 370 000 élèves fréquentent ces établissements. Offres d'emploi à l'international pour les titulaires de la fonction publique et informations sur la politique pédagogique, la scolarité et l'orientation émaillent le site Internet de cet organisme qui soutient également l'association Anciens des lycées français du monde et le Lycée Français International Georges Pompidou à Dubaï.

BUSINESS FRANCE

77, Boulevard Saint-Jacques
PARIS (14e)
✆ 01 40 73 30 00
Ouvert en semaine de 8h30 à 18h30.

L'Agence pour le développement international des entreprises françaises travaille en étroite collaboration avec les missions économiques. Le site Internet recense toutes les actions menées, les ouvrages publiés, les événements programmés et renvoie sur la page du Volontariat International en Entreprise (VIE). Fondée en 2015, cette structure est née de la fusion entre Ubifrance et l'Agence française pour les investissements internationaux. Elle est affiliée au Ministère de l'Europe et des Affaires étrangères et au Ministère de l'Économie et des Finances.

CLUB TELI

Les Clarets
SAINT-PIERRE-D'ENTREMONT
✆ 04 79 85 24 63
www.teli.asso.fr
L'adhésion est à 45 €.

Le Club Teli est une association d'aide à la mobilité internationale créée voici bientôt 30 ans, forte de 4 000 adhérents en France et dans 65 pays. Si vous souhaitez séjourner à l'étranger, quel que soit votre projet, vous trouverez par le biais de ce club des infos et des offres de stages, de jobs d'été et de travail pour francophones. Si vous avez besoin d'aide pour envoyer des candidatures, le Club peut vous aider à mettre votre CV aux normes du pays où vous souhaitez partir. Pour bénéficier de ces aides et informations, il faut adhérer.

VIE - VOLONTARIAT INTERNATIONAL EN ENTREPRISE

✆ 04 96 17 26 50
mon-vie-via.businessfrance.fr

Le VIE est destiné aux jeunes de 18 à 28 ans. Il s'effectue en entreprise, dans une ONG, dans une collectivité locale ou dans un service de l'État – allant de l'ambassade à l'établissement culturel en passant par le consulat. Par ailleurs, il peut durer de 6 à 24 mois et être renouvelé une fois, de deux ans au plus. Enfin, sa rémunération mensuelle est constituée d'un salaire fixe de 749,33 € et d'une indemnité supplémentaire dont le montant varie selon la mission.

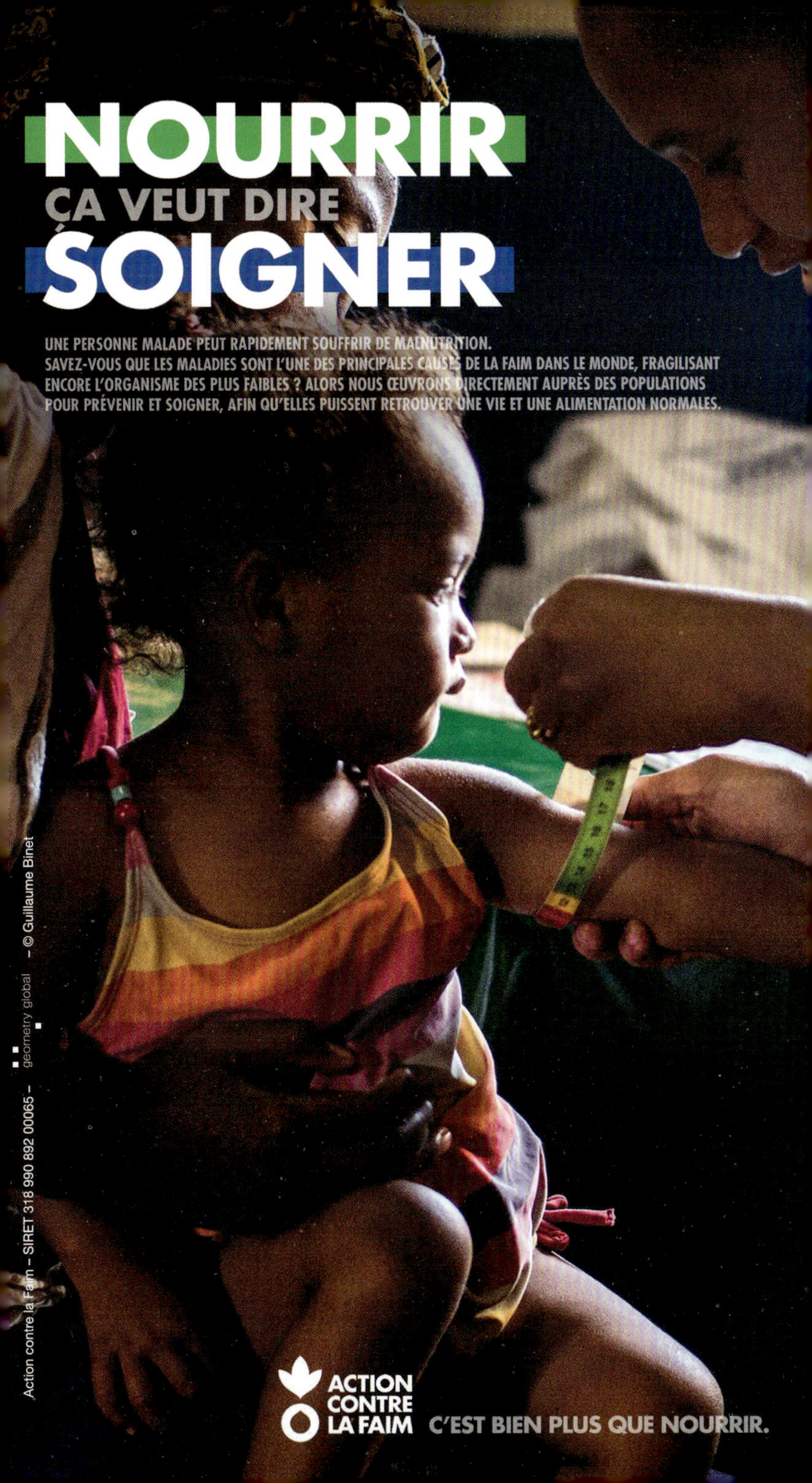
NOURRIR
ÇA VEUT DIRE
SOIGNER
UNE PERSONNE MALADE PEUT RAPIDEMENT SOUFFRIR DE MALNUTRITION.
SAVEZ-VOUS QUE LES MALADIES SONT L'UNE DES PRINCIPALES CAUSES DE LA FAIM DANS LE MONDE, FRAGILISANT ENCORE L'ORGANISME DES PLUS FAIBLES ? ALORS NOUS ŒUVRONS DIRECTEMENT AUPRÈS DES POPULATIONS POUR PRÉVENIR ET SOIGNER, AFIN QU'ELLES PUISSENT RETROUVER UNE VIE ET UNE ALIMENTATION NORMALES.
ACTION CONTRE LA FAIM
C'EST BIEN PLUS QUE NOURRIR.
Action contre la Faim – SIRET 318 990 892 00065 – geometry global – © Guillaume Binet

INDEX

I

J

K

L

M

© SCALIGER - STOCK.ADOBE.COM

Vue sur la ville d'Athènes.

EDITION

Directeurs de collection et auteurs : Dominique AUZIAS et Jean-Paul LABOURDETTE
Auteurs : Kalliopi MORFI, Juliette COURTOIS, Priscilla PARARD, Pauline BOYER, Marina RAFENBERG, Delphine MILLET-PRIFTI, Jean-Paul LABOURDETTE, Dominique AUZIAS et alter
Directeur Editorial : Stéphan SZEREMETA
Rédaction Monde : Laure CHATAIGNON, Morgane VESLIN, Pierre-Yves SOUCHET, Natalia COLLIER
Rédaction France : Briséis CREAC'H-MENUT, Audrey VEDOVOTTO, Marie VIGNERON, Nicolas WODARCZAK, Mélanie PEILLET

FABRICATION

Maquette et Montage : Romain AUDREN, Julie BORDES, Delphine PAGANO
Iconographie et Cartographie : Anne DIOT, Julien DOUCET

WEB ET NUMERIQUE

Directeur Web : Louis GENEAU de LAMARLIERE
Technical Project Manager : Hervé MARION
Développeurs : Guillaume BARBET, Adeline CAUX
Intégrateur Web : Mickael LATTES, Antoine DION
Webdesigner : Caroline LAFFAITEUR
Community Traffic Manager : Alice BARBIER, Noémie LE SAUX

DIRECTION COMMERCIALE

Directeur commercial : Guillaume VORBURGER
Coordinatrice des Régies commerciales : Manon GUERIN
Account Manager Marketplace : Leila ROUGEOT
Responsable Régies locales : Michel GRANSEIGNE
Responsables Développement régie inter : Jean-Marc FARAGUET, Guillaume LABOUREUR et Camille ESMIEU
Assistante commerciale Régie internationale : Leila ANTRI-BOUZAR
Chefs de Publicité Régie nationale : Caroline AUBRY, François BRIANCON-MARJOLLET, Perrine DE CARNE MARCEIN, Jonathan TOUTOUX
Régie Athènes - Attique : Maurin GUILLERMOU

DIFFUSION ET PROMOTION

Directrice des Ventes : Bénédicte MOULET assistée d'Aissatou DIOP
Responsable des ventes : Jean-Pierre GHEZ assisté de Nelly BRION
Relations Presse-Partenariats : Jean-Mary MARCHAL

ADMINISTRATION

Président : Jean-Paul LABOURDETTE
Directrice des Ressources Humaines : Dina BOURDEAU assistée de Sandra DOS REIS et Eva BAELEN
Directrice Administrative et Financière : Valérie DECOTTIGNIES
Comptabilité : Guillaume PETIT, Aminata BAGAYOKO, Jeannine DEMIRDJIAN et Adama DIABY
Recouvrement : Fabien BONNAN assisté de Sandra BRIJLALL
Responsable informatique : Elie NZUZI-LEBA

PETIT FUTÉ ATHÈNES

LES NOUVELLES EDITIONS DE L'UNIVERSITE
18, rue des Volontaires - 75015 Paris.
✆ 01 53 69 70 00 - Fax 01 42 73 15 24
Internet : www.petitfute.com
SAS au capital de 1 000 000 € - RC PARIS B 309 769 966
Couverture : Athènes © sborisov - iStockphoto.com / Peinture murale antique, art grec © Viacheslav Lopatin - Shutterstock.com
Impression : IMPRIMERIE CHIRAT - 42540 Saint-Just-la-Pendue
Achevé d'imprimer : février 2023
Dépôt légal : 06/04/2023
ISBN : 9782305075471

Pour nous contacter par email, indiquez le nom de famille en minuscule suivi de @petitfute.com
Pour le courrier des lecteurs : info@petitfute.com

IMPRIMÉ EN FRANCE

COLLABOREZ
À LA PROCHAINE ÉDITION